El cuerpo nunca olvida
Trabajo forzado, hombre nuevo
y memoria en Cuba (1959-1980)

Ensayo

El cuerpo nunca olvida
Trabajo forzado, hombre nuevo y memoria en Cuba (1959-1980)

ABEL SIERRA MADERO

Rialtaediciones

D. R. © Abel Sierra Madero, 2022

Primera edición: marzo de 2022

Fotografía de cubierta: Paul Kidd

ISBN: 978-607-98884-7-3

Publicado bajo el sello Rialta Ediciones
Santiago de Querétaro
www.rialta.org

D. R. © Carlos Aníbal Alonso Castilla (Rialta Ediciones)
Blvd. Hacienda La Gloria #1700, Col. Hacienda La Gloria 76177
Santiago de Querétaro, México

Para Ale, una vez más, y para ti, Lucía.

[...] hombre nuevo de Cuba,
Abroquelado entre la propaganda y los cerrojos.
Triste de interrogantes, de sonrisas y miedos,
Con una sola ventana para mirar el mundo.

Ángel Cuadra

Manos esclavas
en el nombre de la patria y sus sagrados principios

Reinaldo Arenas

No hay poder político sin el control del archivo, si no de la memoria.
La democratización efectiva siempre se puede medir
con este criterio esencial: la participación y el acceso al archivo,
su constitución y su interpretación.

Jacques Derrida

Introducción

«Vamos saltando de los vagones mientras nos cuentan. De los rieles del tren a la entrada del campo nos separa un tramo. Caen algunas gotas. Trato de saltar entre los charcos y el fango. Los otros están saltando todavía cuando estoy casi a la entrada. El tren ha echado a andar. Una tela blanca con letras rojas y algunas manchas de lluvia anuncia: "El trabajo os hará hombres. Lenin"».[1] Así describe José Mario Rodríguez su ingreso a los campos de trabajo forzado en Cuba, conocidos como Unidades Militares de Ayuda a la Producción (UMAP), a fines de noviembre de 1965. Las instalaciones le recordaron el poema de Salvatore Quasimodo sobre el campo de exterminio de Auschwitz y el cartel del pórtico con el que recibían a los nuevos confinados: «El trabajo os hará libres». «El juego entre las palabras *libres* y *hombres*», agregó el escritor cubano, «se confundió en mi mente».[2]

---

[1] Dada la cantidad de recursos bibliohemerográficos y audiovisuales que se comentan en este volumen, se ha optado por un sistema acumulativo de referencias al pie de página. En aquellos casos en que el autor remite a una misma fuente continuadamente en un pasaje, la información referencial correspondiente no se consigna a pie de página hasta que se dan por terminadas las alusiones a dicha fuente. No se ha seguido esta lógica cuando se cita en bloque aparte, ni cuando, de manera excepcional, el conjunto de remisiones a una fuente se extiende en el discurso [N. del E.].

[2] José Mario Rodríguez: «2279: ¿definitivamente?», *Exilio*, vol. III, n.º 1, primavera, 1969, p. 33. Este cuento, junto a «El stadium» y «El primer día», forma parte de la novela «La contrapartida», que nunca se ha publicado íntegramente.

José Mario Rodríguez había sido el director de Ediciones El Puente, un proyecto cultural independiente que fue desmantelado por el Departamento de Seguridad del Estado cubano a mediados de 1965. Antes de ser enviado a las UMAP, era vigilado constantemente y fue arrestado decenas de veces. La última, asegura, fue un amanecer en el que lo sacaron de su casa a punta de pistola y lo llevaron a una estación de policía donde lo esperaba una orden de ingreso en la prisión de La Cabaña, en la que estuvo nueve meses.[3]

Las UMAP han sido una suerte de punto ciego en la historiografía sobre la Revolución cubana y en los estudios de memoria. Usualmente, aparecen diluidas en referencias o notas al pie de textos que intentan explicar la homofobia estatal, sin hacer un análisis extenso y profundo de la historia, el diseño y el impacto de estos infames campos en la subjetividad y la experiencia de vida de los confinados.

Muy poco se ha escrito sobre el tema. El texto más conocido es *La UMAP. El gulag castrista* (2004) del historiador autodidacta Enrique Ros.[4] El libro utiliza valiosos documentos, imágenes y fuentes orales, pero muchas veces opera con nociones preestablecidas y no sobre la base del rigor historiográfico. Otro de los que ha estudiado esta institución con un poco más de profundidad es Joseph Tahbaz, cuando aún era un estudiante de Historia en Dartmouth College. En 2013, publicó en el *Delaware Review of Latin American Studies* «Demystifying las UMAP: The Politics of Sugar, Gender, and Religion in 1960s Cuba», un artículo orientado a desmontar la tesis de que las UMAP fueron instituciones diseñadas para el control y reconversión de homosexuales.[5]

---

[3] Cfr. José Mario Rodríguez: «Cabrera Infante entristece a los tigres», *Hypermedia Magazine*, 21 de mayo de 2021, <https://www.hypermediamagazine.com/columnistas/fiebre-de-archivo/jose-mario-cabrera-infante-entristece-a-los-tigres/>, [22/05/2021]. Este texto fue originalmente escrito para la revista *Exilio*, pero nunca llegó a publicarse, al parecer, por las duras críticas que en él se hacen al escritor Guillermo Cabrera Infante. Antes de morir en 2002, José Mario envió a su amigo, el poeta Reinaldo García Ramos, buena parte de su papelería. Gracias a la generosidad de Reinaldo he podido acceder a estos documentos.

[4] Cfr. Enrique Ros: *La UMAP. El gulag castrista*, Ediciones Universal, Miami, 2004.

[5] Cfr. Joseph Tahbaz: «Demystifying las UMAP: The Politics of Sugar, Gender, and Religion in 1960s Cuba», *Delaware Review of Latin American Studies*, Vol. XIV,

Es cierto, las Unidades Militares de Ayuda a la Producción formaron parte de un sistema económico y policial más complejo dentro de un proyecto amplio de «ingeniería social», basado en la intervención sistemática en todos los niveles de la vida, en el control de la sexualidad y en una pedagogía que descansaba en los programas de rehabilitación política. Las UMAP se articularon sobre la base de un poder biopolítico y tenían, entre otros objetivos, la intención de someter y disciplinar a aquellos sujetos considerados como «indeseables» en el proyecto revolucionario, cuyo ideal era el hombre nuevo, es decir, el militante comunista. La sexualidad, la religión, el origen de clase, la moda, entre otros, se convirtieron en variables que el régimen cubano manejó en sus políticas de control.

En 2016 hice un par de contribuciones al tema: «Academias para producir machos en Cuba» es un pequeño artículo que fue publicado por la revista *Letras Libres*, y «"El trabajo os hará hombres": Masculinización nacional, trabajo forzado y control social en Cuba durante los años sesenta» apareció en *Cuban Studies*.[6] Estos textos ensayaron algunas ideas que pasaron después a este libro.

Al igual que sucedió en Europa con la difusión y circulación de las narrativas sobre el gulag soviético, muchos en el mundo no dieron crédito a las historias que se filtraban y difundían sobre los campos de trabajo forzado en Cuba a fines de la década de 1960. A pesar de las semejanzas, el número de testimonios, documentales y libros que existe sobre este tipo de experimentos en Europa del Este y Alemania supera por mucho el que hasta hoy se puede encontrar sobre el caso cubano. Generalmente, los historiadores e investigadores que estudian Cuba –ya sea dentro o fuera de la isla– han evitado indagar sobre las políticas estatales relacionadas con el trabajo forzado, la concentración y el aislamiento de miles de

---

n.º 2, December 31, 2013, <http://udspace.udel.edu/handle/19716/19725>, [19/01/20].

[6] Cfr. Abel Sierra Madero: «Academias para producir machos en Cuba», *Letras Libres*, año 18, n.º 205, 2016, pp. 34-38; «"El trabajo os hará hombres": Masculinización nacional, trabajo forzado y control social en Cuba durante los años sesenta», *Cuban Studies*, n.º 44, 2016, pp. 309-349.

ciudadanos en granjas creadas durante los años sesenta y setenta. Además, han rechazado la utilización de estos términos como si no se ajustaran al análisis del socialismo en la Isla.

Tomando en cuenta estos malentendidos, *El cuerpo nunca olvida. Trabajo forzado, hombre nuevo y memoria en Cuba (1959-1980)* parte de la necesidad de llenar vacíos historiográficos sobre los objetivos, el diseño y el impacto de esos campos de trabajo forzado en la vida de los confinados y en el imaginario colectivo del país. Ahora bien, ¿qué elementos del campo de concentración pueden aplicarse a la estructura de esta institución? ¿Puede considerarse como una experiencia excepcional, aislada, o como parte de un sistema más complejo de control? ¿Qué fines tenía para la sociedad socialista la instalación de estos campos de trabajo forzado? ¿Cuáles fueron las tecnologías y dispositivos que utilizó el Estado para justificar su emplazamiento? ¿Cómo la izquierda internacional lidió con esta problemática? ¿Sobre qué bases y marcos ideológicos el Estado cubano ha tratado históricamente de borrar de la memoria colectiva la existencia e implementación de los campos de trabajo forzado? ¿Qué papel desempeña la historia de las UMAP en la política cubana contemporánea?

La indagación que supone dar respuestas a todas estas preguntas está sujeta a varios retos; uno de ellos es el del acceso a la información, a las fuentes documentales, al archivo –espacio fundamental en cualquier proceso de reconstrucción histórica–. A diferencia de otros contextos, como los de Rusia, Bulgaria o España, por ejemplo, en los que los campos de trabajo forzado se han integrado a los lenguajes públicos y a las políticas de la memoria, en Cuba la historia de las UMAP ha estado rodeada de un manto de silencio. Esto se debe, en gran medida, a la imposibilidad de acceder a los archivos que están controlados totalmente por el Estado y sujetos a una política de secretismo muy poco transparente.

Los gobiernos autoritarios establecen un férreo control sobre los archivos. Todavía en Rusia el acceso a la documentación sobre el gulag y los materiales acerca de la promulgación y aplicación del Artículo 121 –conocido como «estatuto o código antisodomita» de

1933 y 1934– está controlado. En tiempos de Boris Yeltsin, todos los archivos se abrieron por un corto período de tiempo y algunos investigadores tuvieron la posibilidad de consultarlos. Aún en la actualidad, están restringidos los del Ministerio del Interior (MVD), los de la policía y los del Servicio de Seguridad Estatal (FSB), la entidad que sustituyó a la KGB.

Recientemente se supo que el gobierno de Vladimir Putin, en su intento por recuperar la figura de Stalin y construir otro tipo de memoria sobre el gulag y las purgas de la década de 1930, ha estado destruyendo en secreto las tarjetas de registro de los prisioneros de los campos que aún permanecen en poder de la policía y los oficiales de inteligencia. En 2018, Alexander Makeyev, archivista del Museo de Historia del Gulag, reveló que en 2014 algunas agencias del Estado habían recibido una orden para proceder con la destrucción de los archivos de los prisioneros que para entonces habían cumplido ochenta años.[7] El empeño de la era Putin replica la práctica de la era soviética de eliminar los expedientes de cada persona enviada al gulag.

En Cuba, los archivos de más interés son los del Ministerio del Interior (MININT), especialmente los del Departamento de Seguridad del Estado, la entidad más turbia y temida en el país que ha estado encargada de garantizar, desde su fundación y hasta la actualidad, el gobierno policial. También conocido popularmente como Villa Marista –por tener su sede en el edificio que fuera propiedad de la Congregación de los Hermanos Maristas antes de 1959–, ese enclave almacena la información sobre las zonas más oscuras del poder en Cuba. El escritor Norberto Fuentes asegura que los muros de la institución están preparados con cargas de dinamita para que el archivo y las instalaciones no sobrevivan en caso de que se produzca un cambio de régimen: «Los nichos blandos donde eventualmente han de ser colocadas las cargas de

---

[7] Cfr. Associated Press in Moscow: «Russian museum discovers secret order to destroy Gulag data», *The Guardian*, International Edition, June 8, 2018, <https://www.theguardian.com/world/2018/jun/08/russian-museum-discovers-secret-order-to-destroy-gulag-data>, [28/07/2019].

explosivos que deben convertir en un inmenso cráter estas cuatro manzanas de edificaciones y un terreno de pelota y otro de campo y pista, son inspeccionados con regularidad para saber, con certeza, que ni un pedazo de papel del tamaño de un confeti pueda caer en manos enemigas».[8]

La eventual destrucción de Villa Marista o de los archivos de las UMAP no debe preocuparnos ni quitarnos el sueño. El archivo, como bien advierte Arlette Farge, no escribe páginas de Historia.[9] Por otra parte, no debemos depositar muchas expectativas en los documentos sobre los campos de trabajo forzado, si es que aún existen. En esos legajos apenas encontraríamos, seguramente, información sobre las tecnologías y dispositivos que utilizó el Estado para gestionar el poder, quizás algunos detalles sobre el proceso de internamiento y clasificación de los confinados. Sin embargo, esa papelería no podrá dar cuenta de los maltratos, las arbitrariedades cometidas por los cancerberos y, mucho menos, de las secuelas traumáticas que dejaron en las víctimas. La reconstrucción de la historia de una institución de este tipo sin archivos oficiales es compleja. De ahí que este libro haya tenido que recurrir a otras fuentes como cartas, fotografías, narrativas de memoria de tipo autobiográfico, testimonial o ficcional, producidas por los que padecieron aquella experiencia.

¿Quiénes escribieron sobre las UMAP? A pesar de que muchos escritores y artistas fueron enviados allí, muy pocos se animaron a hablar sobre el asunto. Por alguna razón que desconozco, la mayoría de los relatos sobre este experimento fue escrita por religiosos.

Los autores que decidieron dar testimonio tienen modos diferentes de relacionarse con ese pasado. Aquellos que lo han hecho desde Cuba asumen una ética de testigo muy distinta a la de quienes lo hicieron desde el exterior. Por su parte, los exiliados cubanos conciben sus relatos no solo como parte de un proyecto arqueológico de memoria, sino como un artefacto, una

---

[8] Norberto Fuentes: *Dulces guerreros cubanos*, Seix Barral, Barcelona, 1999, p. 135.

[9] Cfr. Arlette Farge: *La atracción del archivo*, Edicions Alfons El Magnànim, Institució Valenciana D'Estudis I Investigació, Valencia, 1991, p. 11.

herramienta para pensar el presente político y un eventual proceso de administración de justicia. Los textos producidos en Cuba, en cambio, tienden a acomodar y a despolitizar la experiencia traumática; buscan que el pasado sea leído como Historia dentro de un relato evangelizador.

Existen varios relatos sobre las UMAP: *La mueca de la paloma negra* (1987) de Jorge Ronet; *Insider: My Hidden Life as a Revolutionary in Cuba* (1988) de José Luis Llovio-Menéndez; *UMAP: cuatro letras y un motivo, destruirnos* (1993) de Nelson Noa; *Tras cautiverio, libertad* (1993) de Luis Bernal Lumpuy; *Dios no entra en mi oficina. Luchando contra la amargura cuando somos víctimas de la injusticia* (2003) de Alberto I. González Muñoz; *UMAP: una muerte a plazos* (2008) de José Caballero Blanco; y *Agua de rosas* (2012) de René Cabrera. En 2018, se publicó en Cuba el libro del reverendo Raimundo García Franco *Llanuras de sombras. Diario de las UMAP*.

A este corpus narrativo también se suman *Los unos, los otros... y el seibo* (1971) de Beltrán de Quirós (seudónimo de Jorge Luis Romeu); «2279: ¿definitivamente?», «El stadium» y «El primer día» de José Mario Rodríguez; *Arturo, la estrella más brillante* (1984) de Reinaldo Arenas; la obra de teatro *El loco juego de las locas* (1995) de Héctor Santiago; y la novela *Un ciervo herido* (2003) de Félix Luis Viera, quien estuvo en las UMAP desde mediados de 1966, en un período en que la situación de los confinados había mejorado, en parte debido a las críticas y denuncias internacionales. Recientemente se publicó la novela *Aislada isla* (2016) de Pío Rafael Romero. Este libro, aunque está empaquetado dentro del género de novela de no ficción, tiene igualmente un alto componente autobiográfico y testimonial.

La novela *Arturo, la estrella más brillante* de Reinaldo Arenas es quizás el texto que más atención ha recibido. Pero esto solo sucedió después de su muerte y de la publicación en 1992 de su autobiografía *Antes que anochezca*. A excepción de Arenas, que no estuvo en las UMAP, todos los autores a los que he mencionado pueden ser considerados testigos «auténticos» o testigos presenciales; es decir, escribieron los textos a partir de sus propias experiencias en los campos.[10] Como explicaré más adelante, no uso este tipo de categorías ni jerarquizaciones absurdas y mecánicas en el análisis que propongo. El testigo es una noción amplia que puede constituirse a partir de transferencias. No es imperativo vivir un acontecimiento para ser considerado un testigo.

La mayoría de las escrituras de memoria sobre las UMAP se empezó a producir muchos años después de su desmantelamiento y se publicaron fundamentalmente en Estados Unidos por sellos editoriales modestos y de poca circulación. Las más recientes, incluso, han formado parte de ese basurero editorial compuesto por factorías de autopublicación. Como se sabe, las editoriales son instituciones que conceden prestigio y credibilidad a los textos. Además, poseen redes de circulación y comercialización que potencian su alcance y recepción. Estas narrativas de memoria, aunque han democratizado los discursos públicos y literarios, también han sido silenciadas, desechadas y enviadas a una suerte de *matadero* –para utilizar el término de Franco Moretti.[11]

El cuerpo nunca olvida... tiene un enfoque transdisciplinar y transnacional. Se trata de poner en conversación el caso cubano con otras experiencias de trabajo forzado que se implementaron no solo en el campo socialista, sino también en otros lugares. Esta perspectiva comparativa está orientada también a conjugar la aproximación historiográfica con los estudios de memoria, trauma, historia oral y archivo.

La conexión entre memoria y trauma puede ser muy productiva para analizar los modos en que los testigos dieron cuenta del confinamiento, de los abusos y de las torturas. Sin embargo, no entiendo el *trauma* como una identidad fijada, sino como un lenguaje que también genera silencios. En este sentido, tomo distancia de la

---

[10] Tomo la noción de *testigo auténtico* de Juan Duchesne Winter. Cfr. *Narraciones de testimonio en América Latina. Cinco estudios*, Editorial de la Universidad de Puerto Rico, 1992, p. 5. En el prólogo a *La mueca de la paloma negra*, de Jorge Ronet, Reinaldo Arenas utiliza el término *testigo presencial* en un sentido muy similar al de Duchesne.

[11] Cfr. Franco Moretti: «The Slaughterhouse of Literature», *Modern Language Quarterly*, Vol. LXI, No. 1, March 2000, pp. 207-227.

jerga médica y psicológica con la que muchos de los estudios de memoria se han aproximado al describir la experiencia traumática. Este encuadre termina casi siempre por diluir nociones como la de *justicia* dentro de un lenguaje terapéutico y sanador que ha traído, entre otras consecuencias, la victimización excesiva, la pérdida de agencia y la despolitización de los relatos.

Por lo tanto, las narrativas de memoria van a ser entendidas aquí como un *acto*, una *performance* resultado de una agencia colectiva.[12] Esta aproximación toma en cuenta los modos creativos en que puede operar la memoria en los procesos de reconstrucción de la experiencia. Uno de los estudiosos que ha contribuido a estas discusiones a través de sus proyectos de Historia Oral es Alessandro Portelli, quien entiende la memoria como una especie de *documento histórico* o como Historia en sí misma.

El historiador reconoce que la memoria «manipula» detalles factuales y secuencias cronológicas. A tales gestos los llama «errores creativos», y los ve como formas culturales de procesamiento de la experiencia y de articulación de subjetividades que se posicionan de un modo diferente ante el *hecho histórico*. Estas decisiones, agrega, no atentan contra la legitimidad ni la credibilidad del testimonio, sino que sirven para entender las negociaciones en las que se involucra el testigo para que su relato sea «representativo» de una comunidad determinada. La memoria no opera en el vacío, sino que se articula a partir de una relación continua y tensa con otras narrativas que reclaman también legitimidad y credibilidad.[13]

Portelli utiliza la noción de *History-Telling* para analizar narrativas de memoria. Se trata, explica, de una «formación dialógica», un «género narrativo» más amplio que lo que se conoce

---

[12] Cfr. Mieke Bal, Jonathan Crewe & Leo Spitzer (eds.): *Acts of Memory: Cultural Recall in the Present*, University Press of New England, Hanover, 1998.

[13] Alessandro Portelli: *The Death of Luigi Trastelli and Other Stories: Form and Meaning in Oral History*, SUNY Press, 1991, p. IX. En un texto posterior, Portelli profundiza más en la noción de *History-Telling*. Cfr. Alessandro Portelli: «History-Telling and Time: An Example from Kentucky», *The Oral History Review*, Vol. 20, No. 1-2, Spring-Autumn, 1992, pp. 51-66.

tradicionalmente como *storytelling* que conecta biografías y experiencias individuales con la Historia. El *History-Telling* genera nuevas narrativas que exploran otras áreas menos tradicionales de la experiencia, como el silencio o lo suprimido, por ejemplo.[14]

El cuerpo nunca olvida... propone una lectura de las UMAP dentro de una lógica totalitaria. La noción de *totalitarismo* que ofrece Emilio Gentile resulta útil para la comprensión del caso cubano. De acuerdo con este autor, el totalitarismo, más que un régimen, es un experimento de dominación política implementado por un movimiento revolucionario que impone una disciplina de tipo militar, para destruir o transformar un sistema anterior y fundar un nuevo Estado que se basa en un modelo de partido único. Asegura Gentile que el principal objetivo de este tipo de organización del poder es lograr la homogenización social a través de un proceso que descansa en una ideología institucionalizada que tiene forma de religión política. En la base del totalitarismo, agrega, subyace la intención de moldear individuos o masas a través de una revolución antropológica que pretende la regeneración humana y la creación de un hombre nuevo.

Lo más interesante de ese argumento es la visión del totalitarismo como experimento y no como un régimen establecido; es decir, como proceso continuo que no puede usarse solo para definir un sistema de poder o un método de gobierno. Así, el régimen totalitario es entendido como un gran laboratorio que se basa en el «voluntarismo experimental» de un movimiento o un partido, que persigue la homogenización social y la construcción de una colectividad moralmente unida por su fe en la religión política.[15] Siguiendo esta ruta, voy a considerar el proyecto de creación del hombre nuevo implementado en los años sesenta en Cuba como un ejercicio totalitario de depuración y homogenización social. Dentro de ese proceso, en el que la isla se convirtió en un gran «laboratorio», es que voy a analizar las UMAP.

---

[14] Ibídem, p. 6.

[15] Cfr. Emilio Gentile: *Politics as Religion*, Princeton University Press, 2006, pp. 46 y 48.

¿Cuál fue la estructura de estas Unidades Militares de Ayuda a la Producción? ¿Bajo qué criterios se diseñó? En un documento de la Agencia Central de Inteligencia de los Estados Unidos (CIA) del 4 de abril de 1967, se estimaba que en el sistema de las UMAP había instalados en el país alrededor de ciento sesenta campamentos, y que el ejército planeaba construir otros cincuenta. Según la información que se ofrece, la comandancia de las UMAP estaba situada en la ciudad de Camagüey y era conocida como la Unidad 1015. El edificio se ubicaba a cinco cuadras al suroeste de un lugar llamado el Casino Campestre. Subordinadas a la comandancia, describe el informe, había seis agrupaciones distribuidas en varias ciudades de la provincia. Cada agrupación estaba conformada por ocho oficiales, quince guardias y un oficial «adoctrinador», quien tenía bajo su mando cinco batallones.[16] En el ejército cubano, a este cargo se le conoce como «político», y lo ocupan representantes del Partido Comunista. Cada batallón constaba de cuatro compañías. Por lo general, una compañía contiene ciento veinte hombres. Al frente estaban dos oficiales, seis sargentos, un instructor político y seis cabos. Los guardias, se agrega, estaban armados con fusiles checos M-52. En el mismo reporte aparece el testimonio de un informante que le comunicó a la Agencia de las humillaciones y los castigos que los guardias propinaban a los confinados.

Ahora bien, ¿qué herramientas teóricas disponibles se ajustan más para describir una institución de este tipo? Tomando en cuenta la naturaleza totalitaria del régimen cubano, el primer concepto que tuve a mano fue el de *institución total* (*total institution*), ensayado por Erving Goffman en 1961. El sociólogo llamó *institución total* al lugar de residencia y de trabajo donde se recluye por cierto período de tiempo a un gran número de personas, cuyos vínculos con la sociedad han sido cortados y a los que se les administra

---

[16] Central Intelligence Agency: «Umap Headquarters Staff», Assassination Archives and Research Center, Box JFK16, Folder F68, RIF#: 1993.07.17.10:38:36:250440, 04/20/1967, p. 3, <https://www.maryferrell.org/showDoc.html?docId=72462>, [18/02/2019].

la vida. Muchas de ellas, aclara, son secuestradas, a pesar de no haber quebrantado ninguna ley.[17] Aunque el centro de atención de Goffman era los hospitales psiquiátricos, los campos de concentración o las prisiones también se ajustan a esa descripción.

En sus textos sobre los diseños carcelarios y punitivos modernos, Michel Foucault aporta dos conceptos que resultan muy útiles para entender la naturaleza de las UMAP. En cierto sentido, esos establecimientos respondieron a las lógicas de los «emplazamientos funcionales» de los que hablaba el francés, porque, al tiempo que servían de espacio disciplinario y de vigilancia, tenían una utilidad social productiva y «reeducativa».[18] Sin embargo, esta noción resulta insuficiente para analizar todo el entramado de ingeniería social en el que descansaban los campos de concentración cubanos. Por eso creo conveniente pensar las UMAP utilizando también su concepto de *instituciones de secuestro*, que se conecta y complementa con la *institución total* de Goffman.[19]

Las UMAP fueron un híbrido entre campos de trabajo forzado y unidades militares adonde fueron enviados miles de cubanos entre 1965 y 1968. Se instalaron con la cobertura de la Ley 1129 del 26 de noviembre de 1963 que estableció el Servicio Militar Obligatorio (SMO) durante un período de tres años para los hombres comprendidos entre las edades de dieciséis y cuarenta y cinco años. Esto permitió al gobierno revolucionario camuflar los objetivos reales del experimento, justificar la organización y el régimen disciplinario a que estaban sometidos los confinados, y desconectar a las UMAP de la tradición de los campos de trabajo forzado. La entrada al ejército se manejó como un imperativo, como un deber de todos los ciudadanos a servir con las armas a la Patria y defender con ellas a la Revolución cubana. Los que se resistieran al reclutamiento podrían enfrentar consecuencias legales.

---

[17] Cfr. Erving Goffman: *Asylums. Essays on the Social Situation of Mental Patients and Other Inmates*, Aldine Publishing Company, Chicago, 1968, p. 4.

[18] Cfr. Michel Foucault: *Vigilar y castigar. Nacimiento de la prisión*, Siglo XXI Editores, México, 1991, pp. 145-147.

[19] Cfr. Michel Foucault: *La verdad y las formas jurídicas*, Gedisa, Barcelona, 1996, p. 134.

El Capítulo VI, Artículo 23, de la Ley 1129 del SMO de 1963 exceptuaba del reclutamiento a los que padecieran algunas «enfermedades» o tuvieran «defectos físicos». En teoría, también se descartaba a aquellos que fueran el único sostén económico para sus padres, esposa e hijos. Asimismo, permitía una prórroga a los que estuvieran terminando el último año de estudios secundarios, preuniversitarios o universitarios.[20] Sin embargo, las autoridades utlizaron de modo discrecional estos acápites cuando se trataba del reclutamiento para las UMAP. Algunos jóvenes que constituían la única fuente de ingreso para sus familias fueron reclutados con un criterio político, sin tomar en cuenta el impacto que tendría en esas economías domésticas. Muchos estudiantes de diferentes niveles educacionales que estaban a punto de graduarse se convirtieron en elegibles para incorporarse al SMO, después de ser expulsados de sus centros de estudio a través de procesos de «depuración».

Aunque las UMAP parecen un programa diseñado exclusivamente para hombres, un informe de la CIA del 26 de abril de 1967 aseguró que, en la zona de Vertientes, Camagüey, se pudo constatar la existencia de un campamento de las Unidades Femeninas de Ayuda a la Producción (UFMAP). Según el reporte, en un lugar conocido como El Jagüey se encontraban confinadas unas setenta mujeres. Habían sido trasladadas de una prisión en Nuevitas con el objetivo de implementar un nuevo experimento concentracionario. Los oficiales, se explica, buscaban que las reclusas contribuyeran a la economía del país, en vez de estar ociosas tras las rejas. El informante dijo, además, que el régimen disciplinario en ese establecimiento era menos riguroso que el que se implementaba en los campamentos de los hombres.[21]

El cuerpo nunca olvida... está dividido en cinco capítulos. El primero de ellos, «Los "enfermitos". Higiene social, consumo cultural

---

[20] Cfr. «Ley N.º 1129 del 26 de noviembre de 1963 del Servicio Militar Obligatorio», *Folletos de divulgación legislativa. Leyes del Gobierno Provisional de la Revolución*, Editorial Nacional de Cuba, n.º 50, noviembre y diciembre, 1963, p. 9.

[21] Central Intelligence Agency: «UMAP Camps», Assassination Archives and Research Center, Box JFK16, Folder F68, RIF#: 1993.07.17.10:47:37:310440, 04/26/1967, p. 2, <https://www.maryferrell.org/showDoc.html?docId=72455>, [18/02/2019].

y sexualidad en Cuba durante los años sesenta y setenta», está orientado a explorar la lógica totalitaria y biopolítica en la que se asentaron las UMAP en la década de 1960. Además, me interesa analizar de qué modos la noción de *hombre nuevo*, fundamental en la teorización y la imaginación del socialismo, formó parte de un proceso de masculinización nacional en el que se insertaron los campos de trabajo forzado y otras políticas diseñadas para corregir cuerpos «incorrectos» y conductas «impropias».

Especial interés tienen los discursos encaminados a la construcción de estereotipos nacionales, identidades «perversas» y prácticas «patológicas» que contribuyeron a representar la nación como un «cuerpo enfermo». A partir de las contribuciones de Foucault (*diagnóstico*), Susan Sontag (*contagio*) y Roberto Esposito (*inmunización*) a los estudios de la biopolítica, propongo un marco analítico basado en la noción de *enfermedades ideológicas*. Se trata de entender cómo la jerga biopolítica, los discursos de la enfermedad y de la criminología se conjugaron con políticas de homogenización social, de control de la sexualidad no normativa, la moda y la música, para desarrollar una pedagogía de la reeducación y la rehabilitación que permitió la instalación de las UMAP.

Pero estos lenguajes no circularon solamente a través de las plataformas tradicionales de la propaganda, sino que también invadieron formas de expresión como el humor. A partir del estudio de los discursos e imágenes producidos desde el semanario humorístico *Palante* y las revistas *Mella* y *Combate*, incluyo aquí un análisis sobre el humor manejado por el Estado. Me interesa, particularmente, cómo el humor se convirtió en un dispositivo de control y tradujo la retórica biopolítica y los discursos de la enfermedad para amplificar los mensajes oficiales.

El segundo capítulo, «Médicos, afocantes y locas. Producción de saber, archivo y teatro de resistencia en las UMAP», indaga sobre una operación secreta que trató de convertir a los homosexuales enviados a los campos de trabajo forzado en «hombres nuevos». El proyecto fue emprendido por algunos especialistas de la Facultad de Psicología de la Universidad de La Habana, en conjunto con el Ministerio de las Fuerzas Armadas. Aquí propongo una lectura transhistórica de los lenguajes médicos encaminados a la producción de saber sobre el cuerpo y la subjetividad del sujeto *queer* en el contexto del campo de concentración.

También ensayo algunas reflexiones sobre el papel del archivo y del testigo en la reconstrucción histórica, a partir de la papelería de Héctor Santiago –uno de los que padeció el rigor de los campos de trabajo–, que se encuentra en el Cuban Heritage Collection de la Universidad de Miami. Además, integro a la reflexión la crítica que el escritor Reinaldo Arenas hizo en su novela *Arturo, la estrella más brillante* (1984) a las *performances* teatrales en las que participaron muchos de los sujetos estudiados e intervenidos por el equipo de psicólogos en las UMAP.

«Nadie escuchaba. Guerra Fría, trabajo forzado y reescritura de la Historia» es el título del tercer capítulo. Aquí indago en los debates que se produjeron entre la década de 1960 y 1970 sobre la instalación de campos de trabajo forzado en la Unión Soviética. Esa polémica se pondrá en diálogo con las críticas que desencadenó el documental *Conducta impropia* (1984) de Néstor Almendros y Orlando Jiménez Leal en la década de 1980 en Estados Unidos. El documental dio espacio y voz a cubanos exiliados que habían sufrido la experiencia traumática de las UMAP y la represión, lo que generó escozor y enconados ataques entre algunos intelectuales con afectos marcados hacia la Revolución cubana.

Estas discusiones, además de integrarse a la historia intelectual y cultural de la Guerra Fría con respecto a Cuba, pusieron a debate la naturaleza del testimonio como forma de memoria de los sujetos subalternos. La subalternidad de los exiliados cubanos casi siempre estuvo en entredicho. Generalmente, se los describía como sujetos excepcionales con privilegios en Estados Unidos y fueron enmarcados dentro de una campaña anticomunista mundial. De ahí que sus argumentos no fueran reconocidos, siquiera, como narrativas testimoniales. Este género, que tanto interés despertó en espacios académicos, estaba reservado para aquellos sujetos que se ajustaban a la etiqueta de «subalternos» o «desposeídos», casi siempre provenientes de ese Tercer Mundo desde la década de 1970.[22]

En este capítulo analizo, además, los modos en los que las UMAP han empezado a integrarse a los discursos de la transición postsocialista, a un proceso de lavado de memoria y de reescritura de la historia oficial de la Revolución. Utilizo la noción de *travestismo de Estado* para explicar los reajustes que vienen produciéndose en las retóricas oficiales. Estos nuevos lenguajes utilizan de modo instrumental la noción de *diversidad* para ofrecer hacia el exterior una imagen de cambio con apenas unos retoques. Las UMAP forman parte de esos maquillajes. Por último, introduzco una discusión sobre la relación y las tensiones que se producen entre la experiencia traumática y el campo de los afectos.

En el cuarto capítulo, «Azúcar, plantación y Revolución. Trabajo forzado, literatura y testimonio», propongo un análisis de las UMAP, no solo como institución disciplinaria y reeducativa, sino también como una unidad económica. El gobierno revolucionario usó este tipo de programas para apropiarse de la fuerza de trabajo de miles de jóvenes sin tener que compensarlos económicamente. Al mismo tiempo, dialogo con los relatos de varios confinados. ¿Cómo podemos acceder o reconstruir esa experiencia? ¿Cuáles son los lenguajes disponibles para realizar ese ejercicio? Me dedico a pensar entonces en el modo en que los autores de los testimonios se convirtieron en testigos y representaron el trabajo forzado y la vida en el campo de concentración.

Ahora bien, ¿son el testigo y el testimonio entidades fijas y estables? ¿Puede el testimonio reconstruir toda la experiencia, el adentro y el afuera del campo de concentración? Con estas preguntas me interesa examinar el papel de la literatura como un proyecto de memoria, y si puede constituirse en un espacio

---

[22] Cfr. John Beverley: *Against Literature*, University of Minnesota Press, 1993, p. 92.

central, no periférico o complementario, en la producción de un régimen de saber y de verdad. ¿Puede el escritor ser considerado un testigo? ¿Es la literatura un testimonio? Para explorar estas indagaciones, tomo como punto de partida *El central*, un extenso poema escrito por Reinaldo Arenas en 1970 y publicado en España en 1981.

Debo aclarar que me siento interpelado por el ensayo *La política de la literatura* de Jacques Rancière. Por lo tanto, no se trata solamente de advertir la manera en que Arenas representa las estructuras del trabajo forzado, sino también de ver cómo su literatura, «en tanto literatura» –diría Rancière–, participa en un régimen de significación e interviene en nuevos modos de decir, de contar el acontecimiento, en nuevas formas de visibilidad, en la redistribución de espacios, tiempos e identidades, y a la vez se convierte en un signo de Historia.[23] En resumen, propongo una lectura de la literatura como otra forma de memoria.

En su libro sobre los campos de concentración en Chile, Jaume Peris Blanes reflexiona sobre la precariedad del testimonio como relato en sí mismo. El testimonio del testigo, decía, puede aportar elementos y detalles importantes en la reconstrucción de la memoria de los campos de trabajo forzado, pero, al mismo tiempo, es un saber muy precario, descriptivo. De ahí que sea necesario, agrega, conjugar el testimonio con otros campos y saberes, para que la memoria no sea fijada a partir de imágenes que puedan generar fascinación o emocionalidad excesiva y limitar una comprensión más compleja de los acontecimientos.[24]

En parte tiene razón, pero la noción de *precariedad* puede distorsionar la potencialidad del género. El testimonio no debe asociarse en lo absoluto con la pobreza narrativa, prefiero entenderlo como parte de un sistema de representación que, al igual

---

[23] Cfr. Jacques Rancière: *Política de la literatura*, Libros del Zorzal, Buenos Aires, 2011, pp. 16, 17 y 32.

[24] Cfr. Jaume Peris Blanes: *La imposible voz. Memoria y representación de los campos de concentración en Chile: la posición del testigo*, Editorial Cuarto Propio, Santiago de Chile, 2005, pp. 148-149.

que la literatura, tiene sus puntos ciegos. La idea es construir un marco analítico de estudio de la memoria que no haga divisiones ni jerarquizaciones entre los géneros.

¿Qué tipo de memoria pública sobre los campos de trabajo forzado se produjo desde la historia oficial y los medios manejados por el Estado? En esa pesquisa se involucra el quinto capítulo, «Narrativas en conflicto. Historia oficial y control de la memoria». Me interesa específicamente el proceso de producción de ficciones orientadas a que la memoria oficial del autoritarismo cubano se asentara, no solo como memoria pública sino también como memoria colectiva. No se trata de crear un marco binario que contraponga el relato oficial al testimonio como forma de evidencia o como un archivo de contramemoria. La idea es pensar la memoria como un espacio de tensión que pueda producir también otro relato público sobre la historia de las UMAP y de la propia Revolución.

La instalación de campos de trabajo forzado en Cuba se manejó como un secreto de Estado. Pero la estrategia cambió cuando las historias de las atrocidades y los abusos comenzaron a verse como síntomas autoritarios de la Revolución y generaron pánico internacional. Entonces se produjo una política de control de daños orientada a crear un archivo, una memoria pública que trataré de explicar. Esa memoria se gestionó a partir de un proceso dual de producción y borrado; es decir, la creación de ese archivo suponía la destrucción de otro.

En la segunda parte del capítulo cinco examino otros modelos de trabajo forzado que coexistieron con las UMAP. He encontrado evidencias que demuestran que, mientras el relato oficial aseguraba el fin del experimento de las UMAP, otras instituciones de trabajo forzado se estaban desarrollando y emplazando. Los campamentos juveniles del Ministerio del Interior, la Columna Juvenil del Centenario y los Campamentos para Apátridas, creados para las personas que querían abandonar el país, son algunos ejemplos. En esta sección propongo la lectura de *Diario de Uchiram* (2008), de Julia Miranda, una mujer que sufrió junto a su familia el escarnio y el rigor del trabajo forzado solo por haber tomado la decisión de irse del país.

El sexto y último capítulo, «"¡Aquí los huevos están por la libre, Mister!" Nacionalismo, sexualidad y violencia colectiva en Cuba durante el éxodo del Mariel», es una suerte de *bonus track*. No quise dejar fuera este ensayo sobre la violencia colectiva organizada y gestionada por el Estado durante el éxodo del Mariel. La coyuntura del Mariel fue utilizada por el gobierno revolucionario para reactualizar procesos de inclusión y exclusión nacional. Los «marielitos» en la década del ochenta se reinsertaron dentro de una narrativa antinacional en la que se cruzaban cuestiones de sexualidad, criminalidad, vagancia, entre otras, tal y como había ocurrido durante los primeros años de la Revolución. Una versión de este texto fue publicada en inglés en el libro *The Revolution from Whitin. Cuba 1959-1980*, publicado por Duke University Press en 2019.[25]

Por último, *El cuerpo nunca olvida. Trabajo forzado, hombre nuevo y memoria en Cuba (1959-1980)* ha sido posible gracias a una beca MacCracken y forma parte de mi disertación de doctorado en Literatura Hispánica en New York University (NYU). Agradezco mucho la lectura que hicieron del manuscrito Rubén Ríos Ávila, Jo Labanyi, Zeb Tortorici, Frances Negrón-Muntaner y Julio Ramos. Mi gratitud también va para el equipo del Cuban Heritage Collection de la Universidad de Miami por la ayuda y generosidad. Además, quiero agradecer a otros colegas y amigos como Lillian Guerra, Rachel Hynson, Carlos Aguilera, Marial Iglesias, María Antonia Cabrera Arús, Jennifer Lambe, Felipe Lázaro, Reinaldo García Ramos, Jorge Luis García Vázquez y Librada González. Sin el apoyo de Nora Gámez, Beatriz Hernández, Olga Díaz y Anay Rodríguez este proyecto tampoco hubiera sido posible. Doy las gracias también a la editorial Rialta, a su director Carlos Aníbal Alonso

---

[25] Cfr. Abel Sierra Madero: «"Here, Everyone's Got *Huevos*, Mister!": Nationalism, Sexuality, and Collective Violence during the Mariel Exodus», en Michael J. Bustamante & Jennifer L. Lambe (eds.), *The Revolution from Whithin. Cuba 1959-1980*, Duke University Press, Durham/ London, 2019, pp. 244-275.

por haber asumido el reto de publicar este proyecto al que le he entregado seis duros años, y en especial al editor Roberto Rodríguez. Su meticulosidad y lectura le han aportado muchísimo al libro. No quisiera terminar sin expresar mi gratitud y respeto a todos aquellos que sufrieron la experiencia del trabajo forzado en los campos de concentración revolucionarios y compartieron sus historias conmigo.

Capítulo 1
Los «enfermitos». Higiene social, consumo cultural y sexualidad en Cuba durante los años sesenta y setenta

Templando al hombre nuevo

El triunfo revolucionario de 1959 generó una gran atracción mediática. Cientos de periodistas se embarcaron hacia Cuba para reportar los acontecimientos. Uno de ellos fue el francés Victor Franco. Llegó a la isla en 1962 y contó que, en una ocasión, mientras caminaba por las calles de La Habana, fue asediado por varios jovenzuelos:

> Alcanzo a dar algunos pasos, cuando se precipitan hacia mí uno, dos, y luego media docena de muchachos muy jóvenes. «¿Checo, señor? ¿Ruso?» «No». «¿American, míster? *Come on! Nice girls! Mister, come on! ¡Girls, girls!* ¡Catorce años! ¡De todos colores! *Little boys!* ¡Muchachitos! *Cheap!* ¡Baratos! *Cheap! Yes, sir! Cheap! Cheap!*» Les explico que no soy americano. «Francés. Soy francés, soy de Francia». Pero simulan no comprender mi castellano.[1]

De momento, tres barbudos acudieron a su auxilio y espantaron la turba: «¡No podemos permitir que esos ociosos le hagan formarse una mala opinión de Cuba! Deberían encarcelar a sus padres. Fidel ha prohibido las alcahueterías», le aseguraron.[2]

---

[1] Victor Franco: *La Revolución sensual*, Editorial Pomaire, Santiago de Chile, 1962, p. 55.

[2] Ídem.

Entonces este tipo de escenas era muy común, aunque los líderes revolucionarios habían lanzado una cruzada contra «vicios del pasado» que pretendía garantizar la regeneración nacional y, al mismo tiempo, el control social sobre identidades que se consideraron alternativas o disidentes del proceso. Pero muy pronto esa retórica de *pánico moral* fue remplazada por un complejo sistema de ingeniería social en el que la noción de *enfermedad social* desempeñó un papel fundamental.

Los discursos biopolíticos comenzaron a circular desde el mismo año 1959. Un artículo publicado en *El Mundo*, con el título de «Perversidad juvenil», y firmado por José Monto, fue uno de los primeros en utilizar lenguajes médicos para representar a la delincuencia y a la juventud en general. El autor, preocupado por la proliferación de las pandillas en La Habana, utilizó la enfermedad como imagen para recomendar acciones sociales contra el fenómeno. Como en la medicina, explicaba, «cuando aparece una identidad morbosa, lo primero que se trata de hallar es la "etiología", es decir, el germen, la casusa; después se estudian los síntomas y, finalmente, se aplica el tratamiento más adecuado». Para no perder tiempo, recomendaba que cuando aparecieran los primeros «brotes», lo mejor era recurrir a un «tratamiento intensivo». El columnista llamó a la ciudadanía a tomar acciones con «coraje y la virilidad». Luego, concluyó, «vendrá el reformatorio, la atención del psiquiatra, la obra del educador, etc.».[3] Esta aproximación, como se verá más adelante, fue retomada y desarrollada por varias instituciones.

A inicios de la década de 1960 los discursos médicos y psiquiátricos se pusieron al servicio del nuevo poder y contribuyeron a la producción de estereotipos, a la politización de la sexualidad y a la legitimación de políticas de rehabilitación social que dieron sustento a la pedagogía revolucionaria. En esos años también se produjo un cambio en los modos de imaginar la nación. Hasta entonces, Cuba era representada generalmente como un cuerpo femenino susceptible a la penetración imperialista estadounidense.

---

[3] José Monto: «Perversidad juvenil», *El Mundo*, 6 de noviembre de 1959, p. A-4.

Sin embargo, desde el triunfo de la Revolución se construyó también una imagen de la nación como un «cuerpo enfermo».

Los discursos encaminados a la construcción de identidades «perversas» y prácticas «patológicas» proliferaron. Se trataba de la fundación de una «ortopedia» política que garantizara un control más eficiente y racional sobre los enemigos. La Revolución, tal y como ha advertido Adriana López-Labourdette, fue entre otras cosas una maquinaria biopolítica de corrección y normalización, que terminó por producir varios tipos de monstruos: «aquellos que fueron pensados como ideal humano y los que en su nacimiento fungían como desvío de esos designios eugenésicos».[4] Como se sabe, el ideal del socialismo fue el hombre nuevo.

Las teorías y proyectos de creación de un hombre nuevo, tanto en los regímenes comunistas como en los fascistas pasaron primeramente por el cuerpo. El cuerpo se convirtió en la primera instancia de imaginación política y el escenario para el diseño de técnicas de control. En su libro *The Image of Man. The Creation of Modern Masculinity*, George L. Mosse cuenta que a inicios del siglo XX algunos socialistas como el austriaco Max Adler tenían una visión del hombre nuevo que difería de la proyectada tanto por el nacionalismo alemán como por el futurismo italiano que se basaba en la imagen corporal y en una mentalidad militarista. Para Adler, el hombre nuevo era una noción que debía responder a otras necesidades sociales y orientarse a la creación de una masculinidad no normativa fundada en un «espíritu humanista».[5] Pero el humanismo que había imaginado Adler se diluyó y, en la práctica, el hombre nuevo comunista terminó siendo un producto de la lucha de clases y la nueva masculinidad, una promesa.

En Stalin, explicó el sociólogo Michel Heller, la idea del hombre nuevo estaba asociada a la «teoría de la tuerca» que concebía

---

[4] Adriana López-Labourdette: «El sueño de la revolución produce monstruos. Cuerpos extra/ordinarios y aparato biopolítico en *La sombra del caminante* (Ena Lucía Portela, 2001)», *Mitologías Hoy*, n.º 12, 2015, p. 40.

[5] Cfr. George L. Mosse: *The Image of Man. The Creation of Modern Masculinity*, Oxford University Press, 1998, p. 14.

al individuo como «un simple engranaje en la gigantesca maquinaria del Estado», obligado a renunciar completamente a su individualidad.[6] Dentro de esa imaginería no hubo una mejor metáfora que la de la rueda dentada para representar al hombre nuevo. Si el ser determina la conciencia, como aseguraba el marxismo, bastaba solo con transformar ese ser para construir el socialismo. Como en las fábricas, las sociedades comunistas se dieron a la tarea de producir en masa sujetos obedientes y disciplinados. De acuerdo con Richard Stites, a partir de la década de 1920, las imágenes del trabajador como soldado y de la fábrica como campo de batalla comenzaron a tomar mucha fuerza en la sociedad soviética.[7]

Las discusiones y las ideas sobre el hombre nuevo se concentraron en torno a la clase y la sexualidad. Pero la integración del sexo a los discursos nacionalistas sobre el poder y su relación con las masas no fue un fenómeno exclusivo de los regímenes comunistas. En su libro *Male Fantasies*, el sociólogo alemán Klaus Theweleit demostró cómo en la imaginación nazi el cuerpo y el sexo desempeñaron un papel fundamental en la organización de lo político y la creación de un marco totalitario. La utopía del hombre nuevo del fascismo, argumenta Theweleit, perseguía la creación de un hombre/máquina que se basó en la imagen del cuerpo del guerrero, del soldado.

En ese proceso, coincidentemente, las imágenes del hombre de acero (*Stahlgestalt*) y del cuerpo como armadura contra el afeminamiento, considerado por los nazis como una «inundación comunista», también se integraron a la retórica fascista de la producción de una nueva raza. Las conexiones entre las fantasías fascistas y las comunistas con respecto a la creación del hombre nuevo son sorprendentes. En la imaginación comunista se advierten los mismos

---

[6] Cfr. Michel Heller: *El hombre soviético. De la utopía a la realidad*, Planeta, Barcelona, 1985, p. 13. Según Heller, en un artículo de Piotr Tkachov, «El hombre del futuro y el héroe pequeñoburgués», escrito en 1868, se encuentra la génesis de la teoría sobre el hombre nuevo en Rusia. En él, refiere Heller, se inspiró Lenin para crear sus propias ideas sobre la Revolución. (Cfr. Michel Heller: Ob. cit., p. 18.)

[7] Cfr. Richard Stites: *Revolutionary Dreams: Utopian Visions and Experimental Life in the Russian Revolution*, Oxford University Press, 1989, p. 133.

ejercicios que Theweleit encontró en Alemania. Para este autor, el fascismo, en tanto sistema totalitario, se basaba en la supresión de los deseos humanos a través de procesos de codificación que le atribuían al bolchevismo y a los judíos características como el afeminamiento, la insalubridad, la enfermedad, la criminalidad, entre otras.[8] A este tipo de construcción de analogías basadas en el miedo al contagio y a la peligrosidad de los enemigos políticos, Ernesto Laclau las llamó «cadenas de equivalencia».[9]

En Cuba los primeros esbozos o teorizaciones sobre el hombre nuevo empezaron a producirse poco después de que Fidel Castro declarara el carácter socialista de la Revolución en abril de 1961. En diciembre de ese año, Gaspar Jorge García Galló, comunista de la vieja guardia y Secretario General del Sindicato de Trabajadores de la Educación, ofreció un par de conferencias dentro de un seminario organizado por el Ministerio de Educación. El evento estaba orientado a elaborar los programas de las materias de la Enseñanza Primaria y el funcionario enumeró algunos de los objetivos que la pedagogía revolucionaria perseguía. Se trataba, en resumidas cuentas, de «preparar al hombre integral, al hombre total y armónico física, intelectual y moralmente».

El nuevo sujeto imaginado tenía que ser saludable y que la «alegría de vivir, le salte por todos los poros».[10] En los regímenes comunistas la alegría fue entendida como un bien en sí mismo y llegó a constituirse en un valor normativo y obligatorio, porque la felicidad representaba un símbolo de salud y de bienestar en el socialismo. La Revolución cubana manejó el campo de los afectos y de las emociones como un espacio disciplinario. El entusiasmo y la felicidad, por ejemplo, se constituyeron en signos de lealtad que contrastaban con la tristeza y la apatía, síntomas de debilidad y

---

[8] Cfr. Klaus Theweleit: *Male Fantasies. Volume 2. Male Bodies: Psychoanalyzing the White Terror*, University of Minnesota Press, 1989, pp. 160 y 13.

[9] Cfr. Ernesto Laclau & Chantal Mouffe: *Hegemonía y estrategia socialista. Hacia una radicalización de la democracia*, Siglo XXI, Madrid, 1987, p. 152.

[10] Gaspar Jorge García Galló: *Conferencias sobre educación*, Ministerio de Educación/Sindicato Nacional de los Trabajadores de la Educación, La Habana, 1962, p. 19.

de descontento con el proceso revolucionario. El socialismo quiso construir un individuo –tal y como lo diseñó Ernesto Guevara– «que estuviera guiado por grandes sentimientos de amor», alejado de los *ugly feelings* del capitalismo: envidia, avaricia, odio, entre otros.[11] Ya sabemos cuál era la noción de *amor* que manejaban.

Además de la alegría y el entusiasmo, Gaspar García Galló conjugaba otros valores. Para el comisario, el hombre del futuro, «superior», que debía engendrar la sociedad socialista, tenía que ser sano, física y mentalmente, además de elástico, firme, decidido, enérgico y activo. «Ese es el hombre», prometía.[12] Lo curioso es que ese mismo eslogan lo usó Fulgencio Batista en 1951 para postularse a unas elecciones que no llegaron a realizarse porque en marzo de 1952 dio un golpe de Estado. En inmensas vallas publicitarias y a todo color, se veía la imagen de Batista en traje y zapatos de dos tonos, y abajo un letrero aseguraba: «Este es el hombre. Sin odio ni rencor». Como se sabe, los comunistas, siguiendo las orientaciones de Moscú, hicieron una alianza con el dictador entre 1938 y 1944. El pacto respondió a la necesidad de consolidar un bloque antifascista y estuvo condicionado porque Batista, en apoyo a sus socios comerciales y políticos, le había declarado la guerra a la Alemania de Hitler.

En noviembre de 1961, se celebró en La Habana una jornada de proyección de películas provenientes de la República Democrática Alemana (RDA). A la inauguración asistió el Viceministro de Cultura Hans Rodenberg, quien explicó que las producciones de su país tenían, entre otros objetivos, la creación del «rostro moral del nuevo hombre, dispuesto al sacrificio, superando todas las dificultades que se oponen al logro del hombre socialista y luchador».[13]

En Cuba terminó imponiéndose, al menos en el discurso oficial, la versión soviética que utilizaba la metáfora de la fragua, proveniente de la industria del acero y del hierro. Esa imagen fue ampliamente utilizada por los líderes de la Revolución para recrear la

---

[11] Cfr. Sianne Ngai: *Ugly Feelings*, Harvard University Press, 2005.

[12] Gaspar Jorge García Galló: Ob. cit., p. 19.

[13] José Manuel Valdés-Rodríguez: «Nuestros filmes buscan formar el nuevo hombre», *El Mundo*, 8 de noviembre de 1961, p. 8.

masculinidad revolucionaria. El hombre debía fundirse en la masa colectiva. El 17 de abril de 1965, en un discurso en la base aérea de San Antonio de los Baños, el Ministro de las Fuerzas Armadas Revolucionarias Raúl Castro Ruz afirmó que los objetivos de la Revolución solo se podían alcanzar con «una juventud con un carácter templado», con un «carácter firme», «forjado sobre el sacrificio», alejada de las «blandenguerías», que no se inspirara «en los bailadores de *twist* ni de *rock and roll*, ni tampoco en las manifestaciones de alguna seudointelectualidad». En resumen, una juventud que se alejara «de todo lo que debilita el carácter de los hombres».[14] Dentro de esta lógica, el concepto de *hombre nuevo* funcionó como un molde, y quienes no se ajustaran a la horma eran considerados escorias o desechos de la fragua, es decir, contrarrevolucionarios y «blandengues».

El proceso del «templado» de metales se convirtió en la metáfora en estos regímenes para recrear el carácter y la personalidad de los ciudadanos. Uno de los libros clásicos del realismo socialista, la novela de corte autobiográfico *Así se templó el acero* (1934), de Nikolái Ostrovski, sirvió para estos propósitos. La trama relata las vicisitudes de Pavka Korchaguin, el personaje principal, que funciona como un *alter ego* del propio autor. El texto está encaminado a la modelación de personajes arquetípicos que se sobreponen a situaciones de extrema adversidad y contribuyen al bien colectivo. Durante los años sesenta en Cuba la Imprenta Nacional distribuyó miles de ejemplares del libro, que fue utilizado con fines pedagógicos y propagandísticos. Por cierto, en el lenguaje popular cubano el término *templar* tiene también otra connotación: alude al acto sexual.

En diciembre de 1965, Miguel Martín, Secretario Nacional de la Unión de Jóvenes Comunistas (UJC), durante un Pleno Nacional de la organización explicaba qué era el proyecto de la forja revolucionaria y cómo debía ser el sujeto ideal que reencarnara en el hombre nuevo.

---

[14] Raúl Castro Ruz: «La formación del hombre nuevo. Extractos de discursos», *Granma*, 9 de julio de 1966, p. 2.

> La Unión de Jóvenes Comunistas debe formar jóvenes entusiastas, alegres, jóvenes forjados en el sacrificio, en el esfuerzo; jóvenes de acero, fuertes, activos, comprendedores, que no vean el marxismo como una cuestión intelectual sino que vean al marxismo como una cuestión práctica, que sean capaces de luchar contra el intelectualismo que aún nos corroe algunos medios educacionales y culturales en nuestro país; intelectualismo que traba la participación de las masas, que crea sentidos de élite, que con el pretexto de la calidad aleja la Revolución de las masas; intelectualismo que no forma revolucionarios.[15]

El fragmento resume el modelo de pensamiento ingenieril que se desarrolló como ateología y bioideología, como religión secular, en la década de 1960.[16] Podría decirse, siguiendo a René Girard, que la figura del intelectual se convirtió en un chivo expiatorio, en uno de los lugares desde donde se produjo la imaginación nacional, la homogenización social y el machismo de Estado.[17] A partir de entonces, se incrementó una campaña contra los artistas e intelectuales, muchos de ellos fueron enviados a las UMAP y a otros campos de trabajo forzado. Los que se habían desempeñado como consejeros culturales en las embajadas del mundo occidental fueron enviados de vuelta, para que dejaran de vivir la *dolce vita* y sintieran el rigor de la fragua revolucionaria. Se trataba, en palabras de Fidel Castro, de «ponerle fin, a esa blandenguería, a esos contactos con el mundo burgués, a esos contactos con el mundo capitalista con evidentes intenciones corruptoras, reblandecedoras».[18]

Aquellas palabras de Miguel Martín estaban inspiradas en «El socialismo y el hombre en Cuba», un panfleto escrito por Ernesto

---

[15] «La UJC debe forjar jóvenes fuertes y alegres, jóvenes forjados en el esfuerzo y el sacrificio», *Juventud Rebelde*, 3 de mayo de 1966, p. 2.

[16] Cfr. Dalmacio Negro: *El mito del hombre nuevo*, Ediciones Encuentro, Madrid, 2009, p. 17.

[17] Cfr. René Girard: *El chivo expiatorio*, Anagrama, Barcelona, 1986.

[18] Fidel Castro Ruz: «Discurso pronunciado por el noveno aniversario del Asalto al Palacio Presidencial en la escalinata de la Universidad de La Habana, 13 de marzo de 1966», Departamento de Versiones Taquigráficas del Gobierno Revolucionario, <http://www.cuba.cu/ gobierno/discursos/1966/esp/f130366e.html>, [11/12/2019].

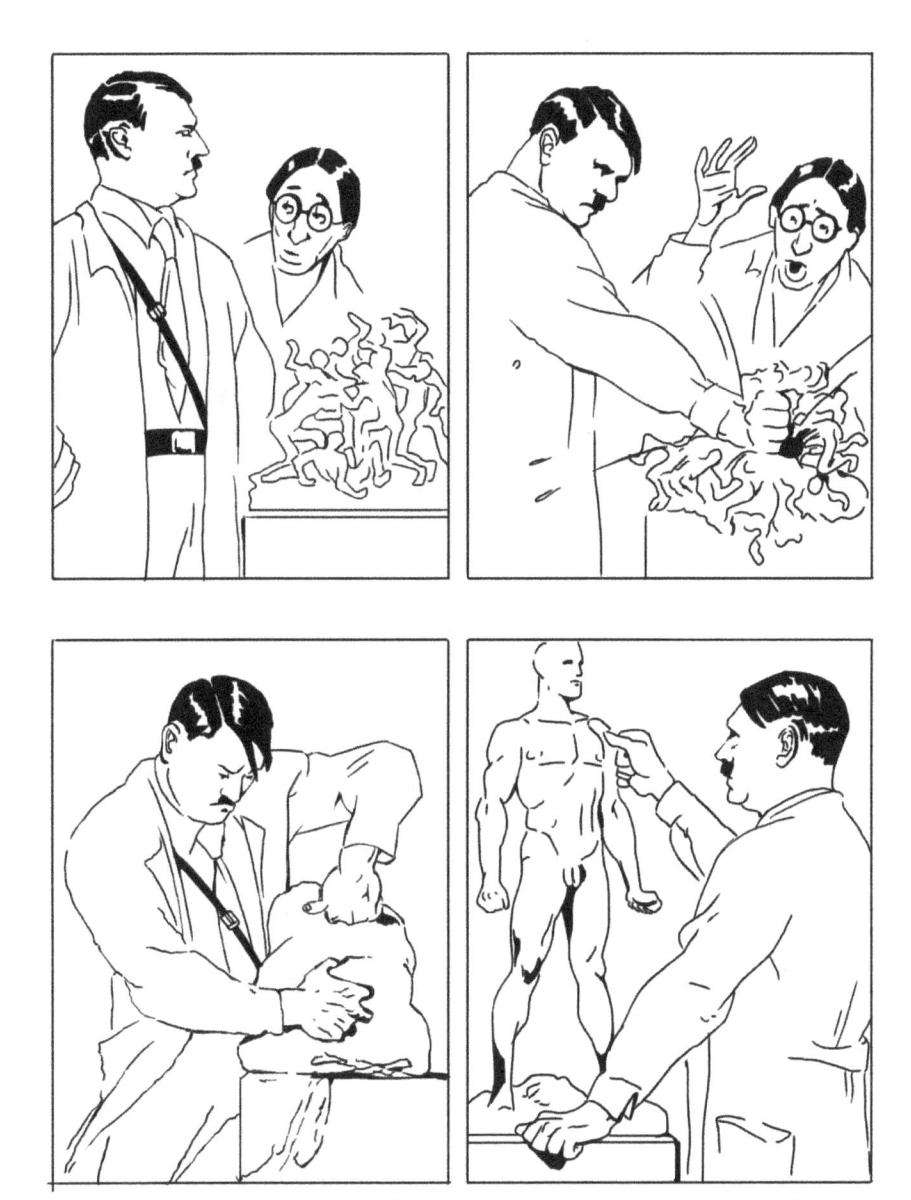

Imagen 1. «El escultor de Alemania», ilustración de Oskar Garvens, muestra a Adolf Hitler creando al hombre nuevo. Fue originalmente publicada en la revista satírica alemana *Kladderadatsch*, año 86, N.º 49, 3 de diciembre de 1933.

Guevara que se publicó como carta a Carlos Quijano en el semanario *Marcha* en marzo de 1965, y que se convirtió en el manual de la construcción del hombre nuevo en Cuba. Para Guevara, los intelectuales estaban bajo sospecha porque no eran «auténticamente revolucionarios». Los despreciaba y los consideraba, cuanto menos, culpables, pecadores, tarados y pervertidos. Su tarea, explicaba el argentino, consistía en impedir que esa generación de intelectuales, «dislocada por sus conflictos, se pervierta y pervierta a las nuevas», y agregaba: «Ya vendrán los revolucionarios que entonen el canto del hombre nuevo con la auténtica voz del pueblo». Si Stalin había desarrollado la teoría de la tuerca, no era de extrañar que el argentino tuviera también su versión del hombre/máquina con pistones de cuatro tiempos incluidos. El revolucionario, dijo, era una suerte de «motor ideológico», y la juventud, esa «arcilla maleable con que se puede construir al hombre nuevo sin ninguna de las taras anteriores».[19] Aquí Guevara se representa a sí mismo como un gran alfarero que moldea y funde cuerpos para producir los sujetos ideales en una gran fragua de la Revolución.

La sospecha sobre los intelectuales también pasó por la sexualidad. Para contrarrestar la influencia de escritores y artistas y acabar con las discusiones y debates tradicionales en el campo de la cultura, el gobierno revolucionario diseñó varios programas orientados a crear un intelectual de nuevo tipo que se ajustara a las necesidades del proyecto político, tal y como había sucedido en la Unión Soviética y en China. Con ese objetivo, se crearon las Escuelas de Instructores de Arte a inicios de la década de 1960. Olga Alonso fue una de las que participó en esa experiencia. En uno de sus poemas, la emprendió contra los escritores, en especial contra Virgilio Piñera y su obra de teatro *Aire frío*. En el texto se lee:

¡rómpanse los tímpanos
  menos sensibles
    a la revolución cultural!

[19] Ernesto Guevara: «El socialismo y el hombre en Cuba», en Virgilio López Lemus (ed.), *Revolución, Letras, Arte*, Editorial Letras Cubanas, La Habana, 1980, p. 45.

escuchen esta musicalidad combativa
¡cariados intelectuales!
nuestro arte tiene pinzas nuevas
y modernas
[...]
poetas cojos y tarados
que desechan las piernas firmes y sanas del pueblo
les amputaremos de cuajo de la isla
con poemas de horas incontadas de trabajo
    ¡les desafiamos!
        ¡en su puesto la cultura!
            ¡en las turbinas!
            ¡en los surcos!
                ¡las trincheras!
[...]
                ¡somos instructores comunistas!
                del arte!

y eso
es bastante serio
¡cuádrense ante nosotros
        saluden al pueblo!
¡déjense de lamer
        las calles de la soledad!
¡de sacudir
        las tristezas de aires fríos!
[...]
¿no han oído las palabras
    del camarada Fidel!
¡nuestra tarea es impulsar el socialismo
¡Cariados intelectuales
    poetas cojos
        devoradores sintéticos
            coléricos!
vayan a la plaza de la revolución
    a hacerse una autocrítica ante el pueblo!

> [...]
> *tendrán que comenzar de nuevo*
> *aprender nuestro idioma colectivo*
> *y si persisten*
> *vuestras ideas arcaicas*
> *–no es una amenaza*
> *es un advertimiento*
> *serán aplastados en la marcha!*
> *nuestro manifiesto*
> *es consigna de la práctica:*
> [...]
> *¡por un arte revolucionario socialista*
> *para las masas obreras y campesinas!*
> *Patria o Muerte*
> *¡Venceremos!*[20]

No se sabe bien si es un poema o un himno de guerra. Lo cierto es que el discurso antiintelectual había calado muy profundo, y el arte y la literatura tenían el imperativo de estar al servicio de la Revolución. Este no sería ni el primero ni el último de los ataques a Virgilio Piñera, que, como se sabe, fue uno de los fundadores de la revista *Ciclón* en los años cincuenta y en 1959 se integró al suplemento cultural *Lunes de Revolución*, que se desmanteló en noviembre de 1961. El comisario cultural José Antonio Portuondo fue uno de los que criticó ese proyecto conformado, precisamente, por algunos de los antiguos colaboradores de *Ciclón*. Al igual que Stalin, Portuondo concebía a los intelectuales como «ingenieros del alma» y vio en los integrantes de *Lunes* la misma «actitud rebelde contra todos y contra todo, muy característica del grupo *beatnik* de los Estados Unidos o el de los *young angry men* ingleses».[21] Este grupo de intelectuales,

---

[20] Olga Alonso: [«Sois un ejército del arte...»], *Testimonios*, Departamento de Orientación Revolucionaria del Comité Central del Partido Comunista de Cuba, La Habana, 1974, pp. 210-214.

[21] José Antonio Portuondo: «Itinerario estético de la Revolución cubana», en Virgilio López Lemus (ed.), Ob. cit., p. 165.

entre los que se contaban Guillermo Cabrera Infante, Heberto Padilla, entre otros, constituía un ruido dentro del sistema. Eso explica las agresiones oficiales que recibieron.

En junio de 1961, meses antes del cierre de *Lunes de Revolución*, se produjeron las reuniones que el Primer Ministro Fidel Castro sostuvo con artistas e intelectuales a propósito de la polémica que se desató por la censura del documental *PM*, de los realizadores Sabá Cabrera Infante y Orlando Jiménez, ambos asociados al *magazine*. En uno de los encuentros, Fidel Castro dejó la pistola sobre la mesa y pronunció la lapidaria frase que ha marcado el campo de la cultura cubana: «dentro de la Revolución, todo; contra la Revolución, nada». Años después y gracias a las transcripciones de esas reuniones, se supo que Virgilio Piñera había dicho muy en su estilo: «hay un miedo que podíamos calificar de virtual que corre en todos los círculos literarios de La Habana, y artísticos en general, sobre que el Gobierno va a dirigir la cultura».[22] Nunca se lo perdonaron.

En agosto de ese año, el presidente de la República Osvaldo Dorticós Torrado intervino en el Primer Congreso Nacional de Escritores y Artistas de Cuba y pronunció un discurso en el que orientó a los intelectuales sobre los temas que debían abordar: «¡Al pueblo hay que ir, y no digo descender, porque al pueblo se asciende y no se desciende! [...] Al pueblo hay que ir, para encontrar en él el contenido temático de las producciones futuras, la inspiración cotidiana o la inspiración suprema».[23] El realismo socialista como política se había instaurado en Cuba.

Ya en junio de 1963, el propio Dorticós afirmaba que no era posible la construcción de la sociedad socialista sin la creación de un hombre nuevo, portador de una nueva conciencia y una nueva moral.[24]

---

[22] «Encuentro de los intelectuales cubanos con Fidel Castro. (Fragmentos de la primera sesión). Biblioteca Nacional, La Habana, 16 de junio, 1961», *Encuentro de la Cultura Cubana*, n.° 43, Invierno, 2006/2007, p. 163.

[23] Osvaldo Dorticós Torrado: «¡A las puertas de esta reunión los espera el pueblo!», *Noticias de Hoy*, 20 de agosto de 1961, p. 7.

[24] Osvaldo Dorticós Torrado: «La formación del hombre nuevo. Discurso pronunciado por el presidente de la República a estudiantes becados», *Verde Olivo*, n.° 25, 23 de junio de 1963, p. 29.

Imagen 2. Parte superior de la portada del periódico *Juventud Rebelde*, La Habana, 22 de abril de 1966. El entonces Ministro de Educación José Llanusa ocupa el centro de la plana con una entrevista en la que explica la importancia de la formación del hombre nuevo.

Ese es el contexto en que se escribió «El socialismo y el hombre en Cuba» de Ernesto Guevara. En el panfleto, además de atacar a los intelectuales, el argentino conceptuaba a los líderes de la Revolución como una vanguardia ideológicamente más avanzada que la «masa», esa abstracción por excelencia de los regímenes totalitarios. La distinción entre vanguardia «iluminada» y masa o pueblo estaba encaminada a despersonalizar a los individuos para poder construirlos como una entidad anónima e impersonal sobre la que ejercer violencia. Se trataba de vaciar de contenido la ciudadanía, de aniquilar al ciudadano, cambiar su naturaleza y convertirlo en un ser obediente. Estos individuos que «solo ven a medias», explicaba Guevara, «deben ser sometidos a estímulos y presiones de cierta intensidad; es la dictadura del proletariado ejerciéndose no solo sobre la clase derrotada, sino también individualmente, sobre la clase vencedora».

A través de un pensamiento naturalista, eugenésico y religioso, el Che hablaba de la necesidad de crear instituciones, es decir, «un conjunto armónico de canales, escalones, represas, aparatos bien aceitados que permitan esa marcha, que permitan la selección natural de los destinados a caminar en la vanguardia y que adjudiquen el premio y el castigo a los que cumplen o atenten contra la sociedad en construcción».[25] De este modo, Guevara les adjudicaba a los líderes de la Revolución una legitimidad natural, un poder de origen divino para premiar a los obedientes y disciplinados que aceptan esa autoridad y para castigar a los que disienten o atentan contra ese poder.

En 1960 empleó varias técnicas para seleccionar «elegidos» a las que denominó «coladores de prueba». Una de ellas consistía en subir tres veces la montaña del Pico Turquino situada en la histórica Sierra Maestra. A los que aspiraban a entrar en el ejército se les exigía hacerlo unas veinte veces. Aquellos que no pasaran el examen eran considerados flojos y eran automáticamente desechados. Criterios como estos se aplicaron, incluso, para obtener becas del gobierno. Era obligatorio haber transitado por grandes obstáculos físicos y psicológicos. En uno de sus discursos de 1964, Fidel Castro lo explicaba:

> ¿Cómo podemos saber si cuando sean maestros van a ir a trabajar al campo? Necesitamos saber si pasan la prueba. Y un principio pedagógico muy recomendado es que siempre que se quiera seleccionar hombres se les haga pasar por pruebas duras [...] que sirven para formar el carácter, que sirven para poner a prueba el honor, el sentido del deber, la capacidad de resistir, que sirve para poner a prueba la voluntad.[26]

---

[25] Ernesto Guevara: Ob. cit., p. 40.

[26] Fidel Castro Ruz: «Discurso en la concentración para celebrar el cuarto aniversario de la integración del Movimiento Juvenil Cubano, en la Ciudad Escolar Abel Santamaría, Santa Clara, 21 de octubre de 1964», Departamento de Versiones Taquigráficas del Gobierno Revolucionario, <http://www.cuba.cu/gobierno/discursos/1964/esp/f211064e.html>, [15/12/2019].

El pensamiento guevariano estaba concentrado en generar una nueva subjetividad y conciencia colectivas a partir de la reconceptualización de las premisas económicas que rigen el capitalismo. Asociaba la noción de *trabajo* a la de *deber social* y montó toda una teoría sobre el «trabajo voluntario» que se basaba «en la apreciación marxista de que el hombre realmente alcanza su plena condición humana cuando produce sin la compulsión de la necesidad física de venderse como mercancía».[27] Lo que sucedió en la práctica es bastante conocido. El Estado terminó apropiándose de la fuerza de trabajo de millones de personas, y el sistema voluntario, además de ineficiente, se convirtió en un régimen compulsivo y disciplinario.

El hombre nuevo era una unidad ideológica que involucraba a ambos sexos, aunque en los lenguajes públicos son raras las alusiones a un proyecto destinado a la construcción de una «nueva mujer» en Cuba. De acuerdo con la socióloga Marisela Fleites, el modelo de mujer que se proponía dentro de las instancias de poder estaba orientado a formar y a educar al hombre nuevo, no a encarnar el modelo. El hombre nuevo fue –explicó la estudiosa– «un ideal de ser humano basado en la experiencia masculina de los que se asumieron como líderes de la Revolución», y se convirtió en un instrumento para seleccionar a los «elegidos». Al parecer, las mujeres no entraban en esa categoría.[28]

Aunque algunos programas estaban encaminados a la liberación de las mujeres, estas terminaron por diluirse en el discurso masculinizador y paternalista. Como demuestran Lois M. Smith y Alfred Padula en *Sex and Revolution. Women in Socialist Cuba*, la Revolución usó a las mujeres como una reserva de la fuerza de trabajo, pero exigiéndoles que no alteraran sus papeles como madres y reproductoras del orden patriarcal. La emancipación

---

[27] Ernesto Guevara: Ob. cit., p. 42.

[28] Marisela Fleites-Lear: "¡Mi cielo, alcánzame las botas!": Feminismos, *mujeres* y el "hombre nuevo" dentro de la revolución cubana», *Journal of Iberian and Latin American Research*, Vol. 14, No. 1, July 2008, p. 63.

de la mujer, agregan estos autores, pasaba por el dogma marxista que presuponía que su integración a los sistemas de trabajo remunerado conduciría automáticamente a la equidad de género.[29]

«El socialismo y el hombre en Cuba» es el producto de un reciclaje, un híbrido que mezclaba ideas de Lev Trotski y Mao Tse-Tung. En *Literatura y revolución*, un libro de 1925, ya Trotski había ensayado muchas de las ideas que expuso más tarde Guevara. Trotski fue el ideólogo que desarrolló doctrinas sobre el comunismo de guerra y la revolución permanente. Aún no había sido declarado un enemigo de Stalin ni del Estado soviético. El ruso imaginaba al hombre nuevo como tipo «sociobiológico más elevado», un «superhombre» producido por el desarrollo de la cultura y la autoeducación.[30] Esa noción de *superhombre* también la ensayaron el fascismo y el nazismo. Por su parte, Ernesto Guevara recuperó el concepto de *autoeducación* para imponer su pedagogía y sus programas de rehabilitación durante la década de 1960. En su famoso texto de 1965, exponía cómo se moldeaban los individuos: «El proceso es doble, por un lado actúa la sociedad con su educación directa e indirecta, por otro, el individuo se somete a un proceso consciente de autoeducación».[31]

La cultura en el socialismo tenía una función instrumental. La idea trotskista de crear un régimen de vigilancia revolucionaria sobre el arte para establecer una «política a la que sean completamente extrañas las salpicaduras venenosas de los círculos literarios», fue reproducida por Guevara décadas después para impedir que los escritores «dislocados por sus conflictos» pervirtieran a las nuevas generaciones. Parece un calco, pero no me interesa aquí instaurar una discusión sobre la originalidad o no de las ideas; lo que busco es que el lector pueda acceder a las rutas transhistóricas y transnacionales de un pensamiento sobre el socialismo y su implementación.

[29] Cfr. Lois M. Smith & Alfred Padula: *Sex and Revolution. Women in Socialist Cuba*, Oxford University Press, 1996, p. 139.

[30] Lev Trotski: *Literatura y revolución*, El Yunque Editora, Buenos Aires, 1974, p. 161.

[31] Ernesto Guevara: Ob. cit., p. 37.

En otro pasaje de su libro, Trotski utilizó la imagen o la metáfora de la fragua para regular el régimen de producción del arte: «Los poetas revolucionarios de nuestra época necesitan hallarse bien templados, y aquí más que en ninguna parte el temple moral es inseparable del temple intelectual».[32] A pesar de apropiarse de estos argumentos para su teorización sobre el hombre nuevo en Cuba, el Che no las tenía todas con el pensamiento trotskista. En una ocasión, cuenta el periodista Segundo Cazalis, el argentino le dijo: «No se puede estar siempre haciendo y rehaciendo la revolución. Mire a los trotskistas que en teoría son expertos en revolución permanente, pero en la práctica casi andan en la contrarrevolución permanente. Toda revolución admite un gran individualista y solo uno. Fidel es un individualista». En 1964, explicó Cazalis, los editores de *La Voz Proletaria*, un periódico de filiaciones trotskistas que circulaba en La Habana, fueron condenados a penas de tres, cinco y nueve años «por sacar a la luz algunos errores del "compañero Castro"».[33]

En 1961, la Editorial Nacional de Cuba, un proyecto creado por el gobierno revolucionario para distribuir masivamente materiales políticos y de propaganda, comenzó a difundir libros soviéticos y chinos que influyeron notablemente en el pensamiento de Ernesto Guevara y en el de otros líderes. Uno de ellos fue *Sobre el tratamiento correcto de las contradicciones en el seno del pueblo* de Mao Tse-Tung, que contó con una tirada de cincuenta mil ejemplares. Allí Mao dijo que «a los enemigos se les obliga a trabajar y a transformarse en hombres nuevos por medio del trabajo».[34] Esta concepción del trabajo como un instrumento reeducador y como deber social está en la base del pensamiento guevarista y de la pedagogía revolucionaria. Guevara había visitado China en noviembre de 1960, y es posible que ese viaje haya impactado también sus ideas sobre el hombre nuevo y los programas de reeducación.

[32] Lev Trotski: Ob. cit., pp. 108 y 136.
[33] Segundo Cazalis: *Cuba ahora*, Ediciones Isla Sola, Caracas, 1966, pp. 62 y 40.
[34] Mao Tse-Tung: *Sobre el tratamiento correcto de las contradicciones en el seno del pueblo*, Editorial Nacional de Cuba, La Habana, 1961, p. 15.

Por esos años en la isla tomó mucha fuerza también la noción de *trabajo socialmente útil* y se comenzaron a desarrollar modelos pedagógicos de rehabilitación o de reeducación que en muchos casos implicó el trabajo forzado. Esos programas se articularon en un concepto que se conoció como *lumpen proletario*. Fue utilizado en la Unión Soviética, en el bloque socialista del Este, así como en China, para contraponerlo al ideal del hombre nuevo, representado casi siempre por la figura del obrero y del campesino trabajador. El lumpen proletario funcionó como una metáfora para describir a todos aquellos que el régimen consideraba como indeseables. Así, alcohólicos, drogadictos, prostitutas y proxenetas comenzaron a ser etiquetados como sujetos de la sociedad anterior, como antisociales o enfermos, y se convirtieron en blanco de las instituciones.

Los discursos de Nikita Jruschov también se publicaban con frecuencia en Cuba. «¿A qué tareas nos referimos cuando hablamos de la formación del hombre nuevo?», preguntó a los camaradas en el XXII Congreso del Partido Comunista de la Unión Soviética, en octubre de 1961. Esa ocasión fue idónea para aprobar el Código Moral del Constructor del Comunismo, conformado por un conjunto de reglas que ayudaría a crear el individuo ideal. Entre los mandamientos figuraba uno que se puso muy de moda en Cuba: «el que no trabaja, no come». Jruschov argumentó que, para crear un hombre nuevo y llegar finalmente al comunismo, era necesario la consolidación de la mentalidad con una «profunda fe» en esos ideales y una «actitud consciente hacia el deber social, internacionalismo y patriotismo socialistas, fidelidad a la Patria», al punto de estar dispuesto a morir por ese ideal. Además, destacó la importancia de «la educación laboral», del «desarrollo de la actitud comunista hacia el trabajo» y del «robustecimiento de los principios de la moral comunista». Había que formar la generación del comunismo, agregó, «desde la infancia, cuidarla y templarla en la juventud, velar atentamente para que en nuestro país no haya tarados morales».[35] Estos fundamentos fueron copiados y reprodu-

---

[35] Nikita Jruschov: «La educación comunista y el desarrollo universal del individuo. (Del informe de Nikita Jruschov ante el XXII Congreso del PCUS, 17 de octubre 1961)»,

cidos de modo recurrente por los manuales y los medios oficiales del castrismo.

En abril de ese año, Yuri Gagarin fue el primer humano en viajar al espacio a bordo de la nave *Vostok 1*. Inmediatamente, se convirtió en la cara del hombre nuevo del comunismo soviético y fue enviado en *tours* diplomáticos a varios países. En Cuba estuvo en julio de 1961 en compañía del general Nikolái Petróvich Kamanin. El propio Fidel Castro lo condecoró con la Orden Playa Girón. Algunas fuentes aseguran que Nikita Jruschov quería que Gagarin estuviera presente en la ceremonia de aprobación del Código Moral del Constructor del Comunismo, pero el cosmonauta no pudo asistir. Mientras se encontraba en una dacha de descanso en Foros, Gagarin tuvo un *affaire* con una enfermera. Cuando estaba a punto de ser sorprendido por su esposa Valentina, saltó desde un segundo piso. Al parecer, la caída no fue muy buena, porque la cara del hombre nuevo terminó con huesos rotos y con una cicatriz.[36] Gagarin murió en marzo de 1968 en un accidente aéreo.

Es muy posible que las ideas sobre el hombre nuevo asociadas a la regeneración moral, la higiene mental, la producción de una nueva conciencia colectiva, hayan entrado a Cuba no solo por vía del bloque comunista y China, sino también a través de México. Muchos de los comunistas que se convirtieron en ideólogos o comisarios culturales en la Revolución cubana después de 1959 vivieron en México durante varios años y tenían una relación muy estrecha con la Internacional Comunista que radicaba en ese país. Como ha demostrado Beatriz Urías, entre 1920 y 1950 la imagen del hombre nuevo no fue solo un recurso retórico del nacionalismo, sino que se utilizó para imaginar la sociedad de la posrevolución. En esta figura, explica Urías, se concentraron muchas de las expectativas de renovación social que animó la propia Revolución mexicana y

---

en «Escuela y Revolución en Cuba», *Revista de Educación*, año I, n.º 1, febrero-marzo, 1963, p. 57.

[36] Cfr. Jamie Doran & Piers Bizony: *Starman: The Truth Behind the Legend of Yuri Gagarin*, Bloomsbury, London, 2011, pp. 157-159.

sirvió para recrear los aspectos positivos que debía reunir el ciudadano.[37] En el México de la posrevolución, los discursos del hombre nuevo apuntaban a la regeneración de los indígenas, su integración a la modernidad, y a la creación una comunidad nacional racialmente mestiza, con un perfil social que combinaba rasgos del obrero, del campesino y de la clase media.

La teoría del hombre nuevo se desarrolló como una revolución antropológica de la regeneración social. El proceso de selección de los elegidos para los nazis, por ejemplo, pasaba por la distinción de raza entre los arios y el resto de la población, pero en el comunismo soviético se hacía a partir de la extracción de clase. Ser proletario era un mandato, un imperativo, y la procedencia burguesa se consideraba un «pecado original».

Ernesto Guevara se había expresado en esos mismos términos para referirse a los intelectuales republicanos porque no los consideraba «auténticamente revolucionarios». Aunque en la isla la imaginación del hombre nuevo pasó efectivamente por lo social, la raza tuvo también un papel importante, sobre todo a partir de la crítica a las religiones de origen africano, representadas antes y después de la Revolución como «cosas de negros».[38] Los clubes y asociaciones afrocubanas fueron disueltos y los debates en torno a la raza se silenciaron por decreto. Teóricamente, en Cuba socialista, la discriminación por cuestiones de raza se había eliminado. De este modo, el proyecto de creación del hombre nuevo se convirtió en una empresa acromática, sin color, que terminó por esconder bajo la alfombra grandes y complejas tensiones raciales.

La categoría de raza, asociada sobre todo al color de la piel, constituía, de alguna manera, un ruido para el proyecto de homogenización social y un elemento disruptivo para fundir y templar el hombre nuevo en la gran fragua de la Revolución. La problemática racial terminó por diluirse dentro de una política de integración

---

[37] Cfr. Beatriz Urías Horcasitas: *Historias secretas del racismo en México (1920-1950)*, Tusquets, Barcelona, 2007, p. 60.

[38] Alejandro de la Fuente: *A Nation for All: Race, Inequality, and Politics in Twentieth-Century Cuba*, University of North Carolina Press, 2011, p. 284.

que estuvo orientada, entre otras cosas, a que los negros ocuparan puestos y cargos institucionales. A este tipo de intervenciones se le conoce como «discriminación positiva». Sin embargo, al final los negros quedaron atrapados dentro de una retórica clientelar que los presentaba como deudores vitalicios de un gobierno que, supuestamente, había acabado con la discriminación racial.[39]

«Estudio, trabajo, fusil». La Campaña de Alfabetización, pedagogía e identidad revolucionaria

La Revolución cubana se representó en la retórica política y en los lenguajes públicos como una fragua, pero también como una gran escuela. Para garantizar la hegemonía, el nuevo régimen necesitaba también una nueva pedagogía. Desde 1959 se comenzaron a ensayar varios modelos, hasta que en 1961 se lanzó una campaña de alfabetización masiva. Ya el lenguaje militar se había instalado en la esfera pública y el programa educativo se empaquetó como una guerra para erradicar o liquidar el analfabetismo. A los maestros se los describió como un ejército. Esos discursos se trasladaron a todas las esferas de la vida y cada nueva política del gobierno revolucionario se lanzaba como una batalla o una «operación» militar. Las más conocidas fueron la Operación Verdad, Operación Vivienda, Operación Limpieza y la Operación Familia que consistió en una campaña moral destinada a que miles de personas contrajeran matrimonio. Hasta promovieron una Operación Vaca, que buscaba recaudar fondos para la compra del ganado de las cooperativas estatales. «Una vaca por sindicato» era la consigna.[40]

Los alfabetizadores contaban con un himno que los representaba como la vanguardia de la nación y formulaba los deberes y funciones del sujeto revolucionario: «Estudio, trabajo y fusil». En el manual que servía de guía de enseñanza a los maestros de la

---

[39] Para más información sobre este proceso, cfr. Devyn Spence Benson, *Antiracism in Cuba: The Unfinished Revolution*, University of North Carolina Press, 2016. Recomiendo sobre todo el capítulo titulado «Not Blacks, but Citizens Racial Rhetoric and the 1959 Revolution».

[40] Eduardo Yasells: «La operación vaca», *Verde Olivo*, n.º 29, noviembre, 1960, p. 16.

campaña subyace el tipo de instrucción que se buscaba. La alfabetización tenía que estar orientada a «incorporar a casi la tercera parte de nuestra población a la comprensión del proceso revolucionario y a su rápida evolución, así como [a] incrementar la producción por medio de una mayor capacitación cultural y técnica». La idea era adoctrinar a los campesinos, familiarizarlos con la jerga ideológica, la necesidad de la colectivización y de la integración a las cooperativas, planes y granjas estatales. En el libro hay frases diseñadas para asentar esas ideas: «El campesino compra bueno y barato en la tienda del pueblo», «En la tienda del pueblo hay de todo», «La tienda del pueblo es una cooperativa también». Además, se insertaban mensajes relacionados con la salud, la higiene, el nacionalismo y la defensa: «Un pueblo sano en una Cuba libre», «Muchos médicos van al campo», «Hay muchos hospitales y medicinas», «El médico lucha junto al pueblo», «La milicia es el pueblo. Cada cubano un miliciano. Un miliciano vigilante y disciplinado».

El programa de enseñanza también buscaba crear afectos positivos hacia los líderes de la Revolución. «Fidel Castro reúne las mejores cualidades de su pueblo y tiene una inmensa fe en la sabiduría, la fuerza, y el valor del pueblo [...]. Respetamos y queremos a quien nos guía en la lucha por hacer de Cuba un país libre y próspero, en el que vivamos cultos y felices», se lee en el manual.[41]

La Campaña de Alfabetización fue un experimento sumamente exitoso. Implicó un proceso pedagógico dual que adoctrinaba no solo a los campesinos sino también a los propios alfabetizadores. El gobierno logró que los jóvenes se separaran de sus casas para convertir al Estado en una instancia ideológica que sustituyera a la de los padres. Con esta estrategia se procuraba, además, que los jóvenes se convirtieran en replicadores de las políticas oficiales y que sintieran el rigor de la vida del campo. Los maestros se alojaban en las casas de las familias a las que fueron asignados y debían trabajar en sus siembras y cultivos. La metodología buscaba que los alfabetizadores también fueran alfabetizados.

---

[41] Comisión Nacional de Alfabetización: *Alfabeticemos. Manual del alfabetizador*, Gobierno Revolucionario, Ministerio de Educación, La Habana, 1961, pp. 5, 45, 73 y 24.

En ese contexto, los discursos compulsivos sobre el sacrificio se intensificaron; le daban cuerpo y forma a la identidad revolucionaria. Estos lenguajes, que circularon durante las décadas de 1960 y 1970, se difundieron también a través de la literatura. «Pensaba que no puede ser un buen revolucionario quien no haya sufrido y comprendido a cabalidad las penas y sacrificios de aquellos por quienes se hacen las revoluciones», expresaba Maki, personaje de *Por llanos y montañas* (1975), una novela de Araceli Aguililla sobre su experiencia de la alfabetización.[42] La muchacha había decidido irse «a un lugar difícil para sufrir con los mosquitos, caminar largas distancias a pie, ayudar a las campesinas en su duro trabajo, cargar latas de agua a la cabeza, enseñarles, en fin, a vivir mejor y purificarse ella misma para la Revolución en las llamas del sacrificio».[43] La novela, de carácter autobiográfico, es bastante caótica y tiene un tono de panfleto. Hace un uso irracional de citas de Fidel Castro quien es una especie de voz interior que recorre todo el texto. El narrador omnisciente, por su parte, se hace eco de la retórica oficial y establece los márgenes morales y políticos.[44]

Que la Campaña de Alfabetización se concibiera como un espacio de purificación no es extraño, porque los maestros se convirtieron en una suerte de misioneros. El manual de enseñanza les pedía que aseguraran a los campesinos que el gobierno respetaba la libertad de culto. «Si la religión abriga sentimientos nobles y justos, si la religión sigue las prédicas de Cristo de igualdad, amor y trabajo para todos, la Revolución, que encarna todos esos sentimientos, es por lo tanto, la culminación de esa doctrina»,

---

[42] El libro fue presentado al Premio Casa de las Américas en su edición de 1970 y recomendado para publicación por el jurado, integrado por Ricardo Pozas, Rodolfo Walsh y Raúl Roa. La autora había publicado antes la novela *Primeros recuerdos*, Unión, La Habana, 1963.

[43] Araceli Aguililla: *Por llanos y montañas*, UNEAC, La Habana, 1975, p. 21.

[44] Existen algunos estudios sobre la literatura y su relación con la representación de la identidad revolucionaria y la figura del hombre nuevo durante la primera década de la Revolución. Recomiendo especialmente el texto de Ana Serra: *The «New Man» in Cuba Culture and Identity in the Revolution*, University Press of Florida, 2007.

Imagen 3. Mi madre, Noemí Madero, a la edad de catorce años, a punto de comenzar la Campaña de Alfabetización de 1961. Archivo personal.

predicaba una de las orientaciones.[45] Poco tiempo después, las religiones tradicionales se conceptuaron como un atrasado sistema de creencias –el «opio de los pueblos», decían los folletos del marxismo-leninismo–, y el Partido Comunista se constituyó en la instancia de la nueva religión política.

Para muchos, la Campaña de Alfabetización les brindó, entre otras cosas, la oportunidad de desprenderse del yugo moral familiar. Mi madre Noemí, por ejemplo, era obligada a desempeñarse como chaperona para cuidar la virginidad de su hermana mayor cada vez que salía con el novio a sentarse en un parque o a tomar un helado. De alguna manera, la Revolución se convirtió para mi madre en un espacio de libertad que le permitió romper con el modo de vida que les esperaba a las muchachas de su clase. Así lo recuerda: «la Revolución cambió mi destino, me dio la posibilidad de ser autónoma e independiente, posibilidades que eran impensables para mí y salir del ambiente moralmente opresivo de mi casa. Recuerdo esa experiencia con mucho cariño».[46] Después de la Campaña, muchos jóvenes no regresaron más a sus hogares, porque fueron premiados con becas para estudiar carreras universitarias, de acuerdo con las necesidades del gobierno.

Los alfabetizadores, al igual que los instructores de arte formados bajo otro programa que sirvió a los propósitos de adoctrinamiento, se convirtieron en los modelos de la identidad revolucionaria. El hombre nuevo fue, precisamente, el ideal normativo que le dio cuerpo a esa identidad.

El sujeto imaginado por el nacionalismo revolucionario debía ser leal al proyecto político y renunciar a su individualidad y autonomía. Este tipo de imperativos comenzaba desde la niñez. A los niños se les imponía un discurso disciplinario y una serie de rituales en cuanto ingresaban al Sistema Nacional de Enseñanza, con el propósito de construir una subjetividad domesticada. En las escuelas, cada mañana antes de entrar a clases, los alumnos debían par-

---

[45] Comisión Nacional de Alfabetización: Ob. cit., p. 59.

[46] Abel Sierra Madero: «Entrevista a Noemí Madero», audiograbación inédita, La Habana, 18 de julio de 2012.

ticipar en actos de carácter ideológico. Tenían que cantar el himno nacional, comentar noticias escogidas por los maestros, declamar poemas o cantar canciones alegóricas a la Revolución. Además, eran obligados a repetir consignas y lemas como «Por mi honor de pionero juro: ser fiel a la Revolución, a mis compañeros y a la Patria socialista y poner siempre los intereses del pueblo trabajador por encima de los intereses personales».[47] Estas frases se fueron acomodando con el tiempo. Hasta 1968 los niños gritaban: «Pioneros por el socialismo: siempre listos». Tras la muerte de Ernesto Guevara, la frase se transformó en: «Pioneros por el comunismo, seremos como el Che», que ha sobrevivido hasta hoy. A partir de entonces, Ernesto Guevara se convirtió en el ideal, en la imagen del hombre nuevo.

Durante los primeros años de la Revolución, los programas de maestros estaban situados en Minas del Frío en la Sierra Maestra, la «cuna de la insurrección». Esto cargaba al lugar de sentido, al tiempo que aislaba a los jóvenes y los «forjaba en el espíritu de sacrificio». René Dumont, un especialista francés en planificación económica y agraria que estuvo en varias ocasiones en Cuba invitado por Fidel Castro, se asombró de los rituales militares a los que eran sometidos los niños y los jóvenes. En 1969, la situación le parecía insoportable: «El joven maestro, aislado durante dos años entre las brumas de la Escuela Normal de Minas del Frío, está sometido a un régimen que recuerda al convento o al cuartel». El francés leyó el programa como «otro aislamiento más para someter a disciplina», y añadía: «El trabajo de machete para todos, también es una forma de quebrar las resistencias. Lo mismo el racionamiento, que puede soportar mejor el que acepta entrar en el sistema: "Trabaja y cállate"». De esa manera, concluía, «se impone poco a poco cierto aspecto de ese *hombre nuevo*, que ya nos había aparecido sobre los afiches a la entrada de Isla de Pinos. El *hombre nuevo*, es el *soldado modelo*, siempre en las manos de sus

---

[47] «Pioneros Rebeldes. Juramento ante el presidente Dorticós y el comandante Raúl Castro», en *Obra revolucionaria*, n.º 2, Imprenta Nacional de Cuba, La Habana, 15 de enero de 1962, p. 15.

jefes, decidido a sacrificarse, que acepta con alegría todas las dificultades, todas las misiones».[48]

Laboratorio y Revolución. Lumpen, lacras sociales y discursos de la enfermedad

Durante la década de 1960 el totalitarismo revolucionario se basó en un «voluntarismo experimental» que buscaba, entre otras cosas, modelar individuos para crear una colectividad homogénea. Entonces, Cuba se convirtió en un gran laboratorio. El gobierno desarrolló programas de «ingeniería social» orientados a la construcción de una nueva subjetividad y, al mismo tiempo, creó «planes especiales» para aumentar la producción en varios sectores de la economía. Muchos de ellos fueron conocidos por el nombre de «Fidel». Castro incursionó en los campos de la educación, la arquitectura y la agricultura, también en la genética animal. El dictador quería crear una especie de supervaca que pudiera dar leche y carne en cantidades industriales. Aquellos engendros fueron bautizados con la letra *F*, en honor al máximo líder. La idea era demostrar que el socialismo podía cambiar hasta la naturaleza.

También se hicieron experimentos con hormonas en los cultivos de café. Los ensayos comenzaron en San Andrés de Caiguanabo, un pequeño poblado en las montañas de la provincia de Pinar del Río. En 1967, el comandante escogió ese lugar, junto a Banao y Gran Tierra, como «proyectos piloto» para desarrollar formas de vida «superiores», con una organización social comunista. Se invirtieron grandes recursos y se implementó un régimen que minimizaba la circulación monetaria y establecía un consumo de acuerdo con las necesidades de cada persona. San Andrés era algo así como la tierra prometida para crear de una vez el hombre nuevo que necesitaba el comunismo. El experimento utópico implicaba que el Estado debía proveer de todos los servicios y abastecimientos a los pobladores que trabajarían en los programas estatales, sin tener que cobrar un sueldo. Se pretendía readecuar las conciencias de los

---

[48] René Dumont: *Cuba ¿Es socialista? ¿Se militariza la Revolución? Una crítica constructiva al régimen de Fidel Castro*, Editorial Tiempo Nuevo, Caracas, 1970, p. 195.

habitantes para generar una nueva mentalidad y «necesidades» que no pasaran por las relaciones tradicionales del trabajo asalariado.

En San Andrés, Fidel Castro pensaba implantar una suerte de «ambiente controlado» con una pedagogía muy particular, dirigida directamente a la formación comunista de los niños y los jóvenes. De acuerdo con el caudillo, la intervención del Estado en el tiempo libre de los muchachos era fundamental. Así lo argumentaba: «Y es precisamente en esas horas extraescolares donde se adquieren muchos malos hábitos, donde se adquieren muchos vicios, donde los muchachos se desvían, y donde en realidad no van a desarrollar ni su inteligencia, en definitiva, ni sus facultades mentales, ni sus facultades físicas». Aseguró que esos centros serían «los lugares del mundo donde incluso […] se pondrá a prueba si la pedagogía existe o no existe; se pondrá a prueba si la sociedad es capaz de educar o no a sus miembros, si es capaz de despertar en los hombres una conciencia superior, sentimientos superiores».

El programa establecía una estricta rutina sobre el cuerpo del niño. Se trataba de reducir considerablemente el tiempo familiar y que el peso de la educación quedara, en gran medida, en manos del Estado. Castro lo explicó en un discurso: «Y la vida de todos los niños estará perfectamente organizada, estará perfectamente atendida. Irán a los círculos por la mañana –bien temprano– y regresarán a sus casas al atardecer. Y cuando ya tiene edad para ir al primer grado, entonces su vida entera estará organizada alrededor de la escuela».[49] Esa estrategia buscaba, además, que las mujeres de las comunidades rurales se integraran a la fuerza de trabajo y no se dedicaran exclusivamente al cuidado de los hijos.

En *Informe contra mí mismo* (1996), Eliseo Alberto Diego cuenta que un amigo suyo, Jorge José Candamir Llanes, al que todos conocían con el apodo de Paella, lo visitó para decirle que se iba de Cuba a como diera lugar, no importaba a dónde. Le pidió un mapa del Caribe

---

[49] Fidel Castro Ruz: «Discurso en la inauguración de las obras de San Andrés de Caiguanabo, Pinar del Río, 28 de enero de 1967», Departamento de Versiones Taquigráficas del Gobierno Revolucionario, <http://www.cuba.cu/gobierno/discursos/1967/esp/f280167e.html>, [19/01/2020].

para ver el destino que elegiría. Paella había sido seleccionado para visitar San Andrés junto a otros jóvenes vanguardias. Allí pasó cuatro largos días y regresó a su casa espantado de lo que vio. Cuando llegó la caravana de ómnibus, «se encontraron con un pueblo vigilado por unas veinte garitas de observación y cercado con doce pelos de alambre de púas». La visita era guiada y estuvo diseñada como un *tour* al *Disneyland* socialista. Un funcionario en el sitio explicó que las cercas no encerraban a la comunidad sino «al mundo». De acuerdo con Paella, los pobladores «iban a la carnicería local y pedían las pechugas que estimaran convenientes para cocinar un buen arroz a la jardinera; el empleado de turno no debía cuestionar el pedido, pues los hombres y las mujeres del porvenir eran, por reglamento interno, incapaces de decir una mentira».

Para mudarse de San Andrés, los habitantes «tenían que pedir permiso, ya que los jefes del experimento consideraban una debilidad querer regresar un escaño en la evolución de la sociedad». A Eliseo Alberto, aquel cuento le pareció de ciencia ficción, como salido de una realidad distópica: «—No exageres, le dijo. —Allá tú. Yo estuve un día en el año dos mil, según nos dijo el conferencista, y te digo que a mí no me coge el provenir en ese corral». Al final del *tour*, concluye, los visitantes podían llevarse un *souvenir*. Paella pensó en una muñeca para llevársela a su hermana. Cuando la pidió, el empleado de la juguetería le dijo «que los varones no teníamos derecho a muñecas. Podía elegir entre un guante de pelota, unos carritos de plástico o una ametralladora. Por poco me dicen maricón. ¿Dónde coño queda Cayo Hueso?».[50] Paella construyó una balsa pero fue interceptado por los guardacostas cubanos y estuvo preso por intento de «salida ilegal».

El Plan Especial de San Andrés era insostenible y terminó en un total fracaso, como todos los proyectos que surgieron del voluntarismo caprichoso de los líderes revolucionarios. La autodisciplina de consumo que pretendía imponerse duró hasta que comenzó el desabastecimiento y la gente comenzó a acaparar. Los

---

[50] Eliseo Alberto Diego: *Informe contra mí mismo*, Alfaguara, Madrid, 1996, pp. 54-56.

planes «Fidel» solo tenían éxito cuando se inauguraban y recibían los recursos necesarios para probar el «milagro». Una vez que el máximo líder se involucraba en otro proyecto, los anteriores eran desechados y olvidados inmediatamente.

Los planes de desarrollo agrícola en Isla de Pinos son otro ejemplo de creación de ambientes controlados con el objetivo de fabricar un hombre nuevo. Justo en 1967, año en que se echaba a andar el proyecto de San Andrés, Fidel Castro propuso desmantelar el presidio ubicado en la Isla de Pinos, sitio adonde enviaba a sus enemigos políticos después del triunfo revolucionario. Allí también estuvo recluido él entre 1953 y 1955, después de asaltar junto a otros jóvenes el cuartel Moncada. La idea era reescribir la historia presidiaria del lugar y relocalizar a poblaciones para que trabajaran en las industrias y el campo. En la actualidad se le conoce como Isla de la Juventud, aunque no fue hasta 1978 que adquirió el nombre de manera oficial. A ese territorio fueron a parar miles de estudiantes africanos como parte de un programa de becas que el gobierno desarrolló para crear una juventud comunista global y poner en práctica los *discursos de la solidaridad* y el *internacionalismo proletario*, dos conceptos fundamentales del marxismo-leninismo.

En la década de 1960 a Isla de Pinos también se enviaban a personas acusadas de tener «problemas ideológicos» o «conductas impropias», un eufemismo que utilizaba la retórica oficial para referirse generalmente a los homosexuales. El cineasta Nicolás Guillén Landrián fue uno de los tantos que pasó por esa especie de Ceuta o Cayo Puto revolucionario.[51] En 1962 fue encarcelado por la policía política tras ser acusado de salida ilegal del país. Como castigo fue trasladado dos años a una granja en Isla de Pinos. El lugar estaba dedicado a «rehabilitar» dirigentes y funcionarios. Allí, el cineasta desarrolló un desorden nervioso y se le permitió regresar

---

[51] Cayo Puto era un islote que existía en las afueras de la Bahía de La Habana en el período colonial. Allí eran enviados prostitutas, sodomitas y delincuentes. Cayo puto era la metáfora fundamental del destierro físico y moral al que eran sometidos aquellos que atentaban contra «las buenas costumbres» y la estabilidad de las nociones con las que operaban entonces las instituciones eclesiásticas y patriarcales.

a casa bajo un régimen de arresto domiciliario. En el proceso fue obligado a permanecer por unos días en el hospital psiquiátrico Gali García, en la barriada de Alta Habana, donde fue sometido a doce sesiones de tratamientos psiquiátricos con *electroshocks*.[52]

En una carta enviada al cineasta Manuel Zayas en 2003, pocos meses antes de morir, Guillén Landrián escribió:

> Ahí comenzó la esquizofrenia de nuevo, pero más aguda, que me llevó a ser tratado psiquiátricamente por los médicos que había en la prisión. Ellos aconsejaron que fuese enviado a un centro donde pudiese ser atendido adecuadamente. A continuación, me montaron en un avión, descalzo, con el overol de la granja y por encima de los hombros un saco de listas que yo amaba mucho. Me llevaron de Gerona a La Habana, donde fui internado en el Hospital Psiquiátrico Militar que tenían ahí en Ciudad Libertad. De este lugar, luego de ser atendido por un psiquiatra argentino, fui enviado bajo prisión domiciliaria a casa de mis padres, para que terminara de cumplir el tiempo que me restaba de la sanción, a la que fui sometido sin previo juicio alguno, sino por deliberación de un tribunal militar.[53]

La aplicación de *electroshocks* era muy común en Cuba durante los años sesenta. Se utilizó tanto para tratar la esquizofrenia como para «curar» la homosexualidad. Sobre esa práctica voy a hablar más detenidamente en el siguiente capítulo. En ese tiempo emergieron múltiples tecnologías de clasificación y control de lo que se conoció como «enfermedades sociales», consideradas un obstáculo en la construcción del socialismo y la creación del hombre nuevo. Además, surgió una serie de relatos sobre la transmisión, la cura y el contagio.

El escritor Pedro Marqués de Armas ha advertido algunos de los modos en los que el poder biomédico se conjugó con el poder jurídi-

---

[52] Cfr. Charles J. Brown & Armando M. Lago: *The Politics of Psychiatry in Revolutionary Cuba*, Freedom House, New York, 1991, p. 68.

[53] Manuel Zayas: «Nicolás Guillén Landrián», *Cinémas d'Amérique Latine*, No. 18, 2010, <https://journals.openedition.org/cinelatino/1418#bodyftn3>, [22/12/2019].

co y político para crear metodologías y discursos que respondían directamente a los intereses del Estado. Entonces, afirma Marqués de Armas, empezó a circular el término *salud sociopolítica*, para diferenciar al «pueblo sano y trabajador» de los «gusanos y lacras sociales». De acuerdo con el estudioso, un nuevo modelo de asistencia psiquiátrica fue propuesto al gobierno por José A. Argaín Ros. Se dice que este personaje era un agente del G2 –entiéndase Departamento de la Seguridad del Estado–, que aseguraba que la enfermedad «no estaba en el pueblo, sino agazapada entre el pueblo como enemigo de clase».[54]

Como resultado de esa lógica, las prostitutas, los alcohólicos y los homosexuales pasaron a formar parte de las agendas de las instituciones psiquiátricas y pedagógicas. Eran conceptualizados como enfermos sociales que debían ser rehabilitados o reeducados. Esto permitió legitimar una serie de intervenciones en cuerpos y prácticas no normativas, de modo científico y racional. Con esta concepción de higiene encaminada no solo a la cura sino fundamentalmente a la prevención, se estableció una conjunción entre el discurso ideológico y el discurso médico que sustentaba las políticas orientadas al control moral y social. Aunque muchos de los profesionales con una presencia pública a inicios de la década de 1960 habían sido formados bajo el antiguo régimen, sus lenguajes y metodologías se fueron ajustando poco a poco a las necesidades del gobierno revolucionario.

A fines de mayo de 1963, se celebró en La Habana la Primera Conferencia de Instituciones Psiquiátricas que reunió a maestros, psicólogos, psiquiatras, trabajadores sociales y funcionarios conectados con distintos aspectos de la vida social del país. Las discusiones y debates que se produjeron en este evento resultan sumamente útiles para analizar las negociaciones entre el poder y las disciplinas científicas que estaban tratando de encajar en el nuevo orden.

En una ponencia titulada «Estado actual y perspectivas de la labor de la higiene mental», el doctor Diego González Martín se

---

[54] Pedro Marqués de Armas: *Ciencia y poder en Cuba. Racismo, homofobia y nación (1790-1970)*, Editorial Verbum, Madrid, 2014, pp. 173 y 176.

Imagen 4. Antigua trabajadora sexual convertida en operadora de teléfonos, gracias al programa de reeducación de prostitutas que se implementó en varias regiones del país. La imagen fue tomada en La Habana en 1959 por un fotógrafo que firmaba como «Fuente»; pero lamentablemente no se ha podido encontrar más información sobre su trabajo. De acuerdo con la descripción en el reverso de la imagen, a esta muchacha le asignaron el número 156. Archivo personal.

refirió a la atención que la Revolución le prestaba a la psiquiatría, y aseguró que Cuba poseía en ese momento una cama psiquiátrica por cada mil habitantes, alrededor de 6 157. Estas cifras superaban a las de todos los países del área con excepción de Estados Unidos y Canadá. Además, el doctor elogió al Ministerio del Interior (MININT) por sus labores de «prevención de la delincuencia y predelincuencia, el tratamiento de los elementos antisociales y la reducción de las lacras dejadas por la sociedad capitalista, ejerciendo la reeducación de las prostitutas y proxenetas de los sectores desclasados y del lumpen». Es la sociedad misma, advertía González Martín, «la encargada de corregir las lacras y reminiscencias dejadas por el capitalismo, liquidar a los enemigos de clase y reeducar a los inadaptados».[55]

La disidencia o la simple apatía con respecto a la Revolución comenzarían a ser consideradas patologías y síntomas de desajuste. Para esos «inadaptados» se diseñaron programas de rehabilitación y reeducación. El domingo 20 de agosto de 1961, el diario *El Mundo* publicó una nota sobre un curioso experimento, una «Granja para rehabilitar confundidos» en Santiago de Cuba. El texto destacaba un discurso que el Ministro de las Fuerzas Armadas Revolucionarias, Raúl Castro Ruz, había pronunciado frente a ciento cincuenta campesinos que habían sido capturados por «haberse unido a elementos contrarrevolucionarios que los confundieron abusando de su ignorancia».[56] Los guajiros recibieron clases de instrucción revolucionaria y fueron obligados a trabajar en labores agrícolas.

Dentro de la Conferencia Nacional de Instituciones Psiquiátricas, también merece atención la intervención del doctor García Oliva, otro de los psiquiatras adscritos al Ministerio del Interior. El galeno enfatizó que lo importante era no solo la lucha contra delincuentes comunes, sino también contra «los delincuentes que se organizan contra el Poder Socialista, o sea, los contrarrevolucionarios». Esta exposición fue criticada duramente por Diana Rodríguez Fuentes, quien manifestó cierto rechazo al uso de la categoría *lacra social*, empleada por García Oliva para referirse a determinados ciudadanos. «Hay una palabrita que me molesta extraordinariamente desde que la oí la primera vez», increpó la doctora, y agregó:

> Porque si ahora estamos considerando problemas de dignidad humana, de evitar discriminaciones ¿por qué hablar de rehabilitación de prostitutas y proxenetas y de lumpen y de todas esas cosas? ¿Por qué categorizarlos, si los vamos a rehabilitar? ¿Por qué no llamarles simplemente rehabilitación de menores y rehabilitación de adultos? Se acabó.

---

[55] «Conferencia Nacional de Instituciones Psiquiátricas», *Revista del Hospital Psiquiátrico de La Habana*, vol. IV, n.° 2, abril-junio, 1963, pp. 185, 186, 191 y 192.

[56] Ernesto Hernández Soler: «Granja para rehabilitar confundidos», *El Mundo*, 20 de agosto de 1961, p. 1.

Me parece que el nombrecito debe cambiar y lo propongo aquí como una sugerencia al compañero del Ministerio del Interior.[57]

Que el doctor García Oliva haya usado el término *lacra social* como imagen para representar a la delincuencia común y la disidencia política no fue casual ni gratuito. Ya el 27 de marzo de 1962, el Ministro del Interior, a través de la Resolución 1001, había orientado la creación del Departamento de Prevención y Seguridad Social y, dentro del mismo, la Sección de Erradicación de Lacras Sociales, que aún mantiene sus actividades y funciona de manera encubierta. El concepto de *lacra social* es muy similar al de *lumpen proletario*, que fue el más usado en los regímenes comunistas. En Cuba, ambos términos se fundieron dentro de la concepción más general de *peligrosidad social* o *peligrosidad predelictiva*, en la que se condena al individuo por una supuesta proclividad a cometer delitos. Es decir, se le sanciona por sus «virtualidades» y no por los actos cometidos.[58]

La figura del «estado peligroso» y las políticas de rehabilitación ya existían en la legislación republicana que dedicaba mucha atención a aquellos delitos que atentaran «contra las buenas costumbres y el orden de la familia».[59] El Artículo 48 del Código de Defensa Social de 1936, por ejemplo, contemplaba, además del alcoholismo, «la explotación y ejercicios de vicios moralmente reprobables», que incluía la prostitución, el proxenetismo y la homosexualidad. Tam-

---

[57] «Conferencia Nacional de Instituciones Psiquiátricas», ob. cit., pp. 211 y 235.

[58] Cfr. Michel Foucault: *La verdad y las formas jurídicas*, Gedisa, Barcelona, 1996, p. 97. En Cuba, la figura del «estado peligroso» fue incluida en el Artículo 48 del Código de Defensa Social durante la primera mitad del siglo XX, pero en 1959 el gobierno revolucionario la integró al Código Penal que rige en el país y la mantiene hasta hoy. Por otra parte, la «peligrosidad predelictiva» ha sido utilizada contra prostitutas, proxenetas u otras personas a las que se les asigna un perfil delincuencial. En la actualidad se emplea recurrentemente con criterios políticos contra disidentes y opositores al gobierno. Las personas con un expediente o un perfil de peligrosidad pueden ser detenidas y arrestadas por la policía en cualquier momento y sin previo aviso. Todo, bajo el consentimiento de la Ley N.º 62 de 1987 del Código Penal vigente en Cuba.

[59] Juan E. Casasús: *Código de Defensa Social y Derecho Penal Complementario*, Molina y Compañía, La Habana, 1950.

bién se consideraban como prácticas peligrosas la vagancia, la «narcomanía» y la mendicidad. Los «peligrosos» podían ser enviados a colonias agrícolas, casas de trabajo o talleres, a hospitales, manicomios y reformatorios. En 1942, se le adicionó al Código un Acuerdo-Ley que determinaba la creación de campos de concentración.[60]

En 1959, los líderes de la Revolución consideraron que la corrupción de las instituciones del antiguo régimen había propiciado que la nación se convirtiera en un «garito internacional». En la década de 1950 aseguraban, las políticas de rehabilitación apenas se aplicaron y las leyes eran letra muerta. Lo cierto es que la jefatura revolucionaria recicló los discursos sobre la peligrosidad y los de la higiene social y modificó la legislación anterior para ajustarla a las necesidades del nuevo Estado. Desde el inicio, el gobierno aprovechó la experiencia de sus aliados para reformar el sistema penitenciario y desarrollar sus políticas de rehabilitación. En 1962, el jurista Antonio Cejas Sánchez lo reconoció en la *Revista Cubana de Jurisprudencia*: «Actualmente el proceso de rehabilitación social se encuentra formando sus propias experiencias, aprovechando, desde luego, las acumuladas en la URRS, China y demás países comunistas. Sus enseñanzas en la rehabilitación masiva de prostitutas, vagos y maleantes, son de extraordinario interés».[61]

De la Unión Soviética, precisamente, se importó un modelo pedagógico para la «reeducación» de menores que patentó el ucraniano Antón Semionovich Makárenko. En 1936, el PCUS había declarado el método de Makárenko como el más efectivo para crear al hombre nuevo, por los resultados que había obtenido con sus técnicas de autodisciplina en la formación de una conciencia colectiva y su concepción del trabajo socialmente útil. El pedagogo proponía el uso de uniformes y rituales militares como desfiles y marchas para crear un sentido de uniformidad y colectividad.

Su teoría iba también dirigida a la familia. Para Makárenko, los padres eran como funcionarios que tenían que ejecutar los

---

[60] Cfr. Antonio Cejas Sánchez: «La peligrosidad social predelictiva», *Revista Cubana de Jurisprudencia*, año I, n.º 8, agosto, 1962, p. 18.

[61] Ibídem, p. 22.

Imagen 5. Uniformes que usaban las muchachas en el Instituto Máximo Gorki de La Habana, dedicado a la enseñanza del idioma ruso en 1963. La institución, gestionada por los soviéticos, tenía un estricto código moral: nótese el largo de las faldas y la altura de las medias. Archivo personal.

mandatos del Estado. A partir de 1967, a los que trabajaran en coordinación con las instituciones, se les premiaba con diplomas y reconocía como «padres ejemplares». Esa distinción la otorgaban los Comités de Defensa de la Revolución (CDR), otra de las organizaciones de masas creada por el gobierno para garantizar el control sobre la ciudadanía. Para alcanzar tan alto honor había otros requisitos. Sus hijos, por ejemplo, debían tener un 95 % de asistencia a clases. Los padres, por su parte, tenían que ir a las reuniones de la escuela y hacer visitas periódicas. Además, se les conminaba a participar en labores de mantenimiento de las instalaciones, y debían lograr que los niños se involucraran en las actividades organizadas por la dirección, entre ellas, la incorporación al Programa de la Escuela al Campo, que se inició en 1966.[62]

Con la implementación de esta política, miles de niños y adolescentes fueron enviados a trabajar en la agricultura de modo obligatorio. En un primer momento, los muchachos debían permanecer en los campamentos unos setenta y cinco días, poco después, el tiempo se redujo a cuarenta y cinco. Esto permitió al Estado la intensificación del adoctrinamiento, la explotación de menores y la apropiación de una fuerza de trabajo a la que no compensaba económicamente. El programa se extendió a todo el país por varias décadas, hasta que en el verano de 2009 la prensa oficial anunció su fin.

La pedagogía de Makárenko sedujo de tal modo a los líderes de la Revolución que fundaron escuelas de formación de maestros con su nombre. Una de ellas ocupó las instalaciones de la Universidad de Villanueva, una institución privada y católica que el Gobierno confiscó en 1961. El programa de las muchachas estaba asociado al Plan de Superación de la Mujer, que pretendía acabar con el trabajo doméstico femenino. La escuela, dirigida por Elena Gil, una vieja militante comunista, fue conocida por su régimen y disciplina de corte militar.

Raiza Portal participó de ese experimento en 1963 cuando acababa de cumplir catorce años. En una conversación que sostuvimos

---

[62] Cfr. Juan Hierro: «Padres ejemplares», *Con la Guardia en Alto*, vol. 8, enero, 1969, p. 33. Agradezco a la historiadora Lillian Guerra por esta referencia.

dijo que la disciplina era aún más estricta que en la escuela Máximo Gorki, un instituto dedicado a la enseñanza del idioma ruso, gestionada por profesores soviéticos. Las «makarenko» –como se les conoció a las estudiantes de esos centros pedagógicos– iban vestidas con un uniforme que recreaba a los del ejército y estaban obligadas a desplazarse dentro de la escuela a paso de marcha. Tenían prohibido mezclarse con los varones y recibir visitas. Con una apretada agenda, todos los días debían levantarse a las cinco de la mañana y realizar «trabajo voluntario».

Al tiempo que Portal tomaba sus clases de pedagogía, tenía que alfabetizar a campesinas becadas en La Habana para que además aprendieran varios oficios, entre ellos, el de corte y costura. También fue responsable de uno de los albergues sin ninguna noción de educación sexual. Todavía recuerda el momento en el que una de las muchachas dio a luz en la misma escuela, sin contar con asistencia médica: «Yo tuve una experiencia allí... una muchacha que me parió en el albergue y yo nunca supe que estaba embarazada. [...] Una noche viene una y me llama y me dice: "Seño, Fulanita tiene dolor de estómago". Le digo: "Dale bicarbonato, que ahí hay en el botiquín... Cuando al poco rato viene otra y me dice: "Fulanita parió". Aquello fue tremendo».[63]

En las granjas y en las escuelas de reeducación de menores también se usó el método de Makárenko, sobre todo en lo que respecta a la incorporación del trabajo a la educación. Al parecer, el procedimiento estaba bastante extendido, porque en la Conferencia Nacional de Instituciones Psiquiátricas de 1963, el doctor González Martín, quien, como ya se sabe, trabajaba para el MININT, dijo que la aplicación de esa pedagogía en conjunto con el marxismo-leninismo –esa invención estalinista del marxismo– estaba dando muy buenos resultados en Cuba. La obra de Makárenko, explicaba, «contiene enseñanzas útiles para ser aplicadas en la psicoterapia de grupos».[64]

---

[63] Abel Sierra Madero: «Entrevista a Raiza Portal», audiograbación inédita, La Habana, 8 de enero de 2012.

[64] «Conferencia Nacional de Instituciones Psiquiátricas», ob. cit., pp. 192-193.

Amanerados, maestros y doctores

Pero la noción de *estado peligroso* se utilizó no solo en la producción de conocimiento y el control de la delincuencia juvenil, sino también para la intervención en los cuerpos y la sexualidad de los niños y jóvenes. En ese proceso, los homosexuales fueron representados como sujetos perversos que atentaban contra «el tesoro más preciado de la patria».[65] En la vigilancia policial se involucraron hasta los Comités de Defensa de la Revolución, una de las instancias más efectivas para el control social y político en Cuba. Esa institución contaba con varias publicaciones; el boletín *Guía para la Acción* era una de ellas. Se trataba de un panfleto con materiales destinados a dirigentes y cuadros políticos. En el tercer volumen que imprimieron en 1966, la funcionaria Numancia Fernández la emprendió contra la religión y la homosexualidad, por la influencia que podían tener en los menores. En el texto se lee:

> Primeramente están las sectas religiosas trabajando por ahí, como les da la gana, envenenando la conciencia de los niños, tratando de ganarse adeptos dentro de ellos, para sus maniobras antisociales, antipatrióticas y contrarrevolucionarias, y hay necesidad de ponerle coto a eso. Pero también hay otra cosa: hay desviaciones de varios tipos dentro de la juventud: de tipo sexual, muy conocidas por ustedes.[66]

Fernández pedía una vigilancia extrema con respecto al cuerpo del niño y de sus prácticas de ocio. También reprodujo la teoría de la «arcilla» de Ernesto Guevara, para moldear y fundir al hombre nuevo:

> Compañeros, no podemos permitir que un niño sea, ya no un desviado sexual, sino social; un niño que esté soñando con el *twist*, con esas

---

[65] Fidel Castro Ruz: «Discurso ofrecido en el Centro Vocacional para Maestros Sierra Maestra, Minas del Frío, 17 de junio de 1962», Departamento de Versiones Taquigráficas del Gobierno Revolucionario, <http://www.cuba.cu/gobierno/discursos/1962/esp/f170662e.html>, [24/11/2019].

[66] Numancia Fernández: «Necesidad del trabajo en el frente infantil», *Guía para la Acción*, vol. 3, Ediciones Con la Guardia en Alto, La Habana, 1966, p. 35.

cosas que penetran como cultura para perder a la juventud y alterarla, y llevarla a las excitaciones más terribles. El niño es un pedazo de arcilla, que se va moldeando y formando en la primera edad, desde los 3 ó cuatro años hasta los once. Uno lo moldea y consigue hacer con él lo que queremos, hacia el bien o hacia el mal.[67]

Estas ansiedades ya habían sido expresadas por comisarios como Gaspar García Galló. En sus esbozos del hombre nuevo en 1962 manifestó mucha preocupación por el cuerpo y el decoro moral de ese sujeto ideal: «Mucho cuidado con esto que se llama "manifestación de inestabilidad moral". Mucho cuidado con el problema de la gente "amanerada", porque hay mucha gente que, biológicamente, tienen problemas; pero, bueno, se les cura, se les lleva a las clínicas y demás».[68]

El niño amanerado se convirtió en el centro de atención de las instituciones pedagógicas, de la psicología y la psiquiatría. Durante los años sesenta se recomendaba a los padres que, en caso de que observaran una cierta «anormalidad», debían dirigirse a los médicos, ya fueran especialistas en endocrinología o psiquiatría infantil para que el menor comprendiera «su desviación desde un ángulo científico».[69] El afeminamiento fue percibido como un síntoma de debilidad y falta de carácter, como una proclividad hacia la homosexualidad, y fue interpretado como un problema, un ruido para el proyecto revolucionario. Por eso se estableció todo un campo de estudios y se crearon grupos de trabajo para intervenir en esos cuerpos «extraños» y «sospechosos».

La narrativa sobre el afeminamiento en el niño, generalmente, culpaba a los padres y a la familia. Los psicólogos sugerían que la ausencia del padre era un factor fundamental y que en gran

---

[67] Ibídem, p. 36.

[68] Gaspar Jorge García Galló: *Conferencias sobre educación*, Ministerio de Educación/Sindicato Nacional de los Trabajadores de la Educación, La Habana, 1962, p. 41.

[69] Jesús Dueñas Becerra: «El homosexualismo y sus implicaciones científicas y sociales», *Revista del Hospital Psiquiátrico de La Habana*, vol. XI, n.° 1, enero-abril, 1970, p. 55.

Imagen 6. Una representación del hombre nuevo por Arístides Pumariega (*Arístide*), en *Palante*, año VII, n.º 27, 25 de abril de 1968, p. 2.

medida el fenómeno estaba asociado a la histeria y a la sobreprotección de la madre. Dentro de esta lógica, el niño afeminado era visto como parte de una dinámica familiar educativa fallida. De este modo, se justificaba la intervención del Estado y la necesidad de su estudio, su rehabilitación y la corrección de sus gestos.

De acuerdo con Monika Krause –sexóloga que trabajó junto a Vilma Espín, presidenta de la Federación de Mujeres Cubanas y esposa de Raúl Castro–, las instituciones establecieron un férreo control sobre el cuerpo del niño. A tal punto que el Ministerio de Educación ordenó que aquellos alumnos, desde el nivel preescolar hasta el preuniversitario, que «manifestaran una conducta sospechosa (varones "amanerados", niñas "marimachas") se registraran como sospechosos de ser homosexuales en los expedientes escolares, de forma que el comportamiento, el desarrollo de cada niño cubano, quedara controlado y registrado rigurosamente». Al parecer, esto se manejó en secreto. Krauze dio más detalles: «El expediente no se le enseñaba a los padres, la mayoría no sabía de esta medida, pero lo cierto es que el expediente se "mudaba" de centro escolar a centro escolar [...] sin que el alumno o sus padres lo supieran».[70]

En la década de 1960 se acondicionaron algunas escuelas de conducta o escuelas especiales para enviar a los niños amanerados o afeminados. El investigador estadounidense Marvin Leiner tuvo la oportunidad de entrevistar a Graciela Figueroa, supervisora de uno de esos centros. Allí se encontraban, explicó la funcionaria, niños «con ciertas características femeninas; pero que no habían tenido ninguna experiencia o habían practicado ningún acto homosexual». La educadora describió el perfil de los pequeños: «[Eran] niños criados por madres solteras y que vivían en hogares sin la presencia de una figura masculina. Pero nosotros pensamos que podemos cambiar esto. Cuando un niño tiene una marcada tendencia hacia la homosexualidad, o que quizás se ha involucrado en alguna actividad homosexual, entonces sí, nosotros podemos sacarlo de su escuela normal porque creemos que puede infectar a otros». La homosexualidad, agregó, «es como una enfermedad que nadie sabe cómo curar, ni siquiera qué tratamiento seguir».[71] Sobre la construcción de la homosexualidad como una enfermedad contagiosa e infecciosa volveré más adelante. Por su

---

[70] Ileana Medina y Manuel Zayas: «En el Punto G de la Revolución Cubana [Entrevista a Monika Krause]», *Diario de Cuba*, 24 de febrero de 2012, <https://diariodecuba.com/cuba/1558448675_46474.html>, [04/10/2019].

[71] Marvin Leiner: *Sexual Politics in Cuba. Machismo, Homosexuality, and AIDS*, Westview Press, Colorado, 1994, p. 33.

parte, Marvin Leiner aseguró que en ese tipo de escuelas especiales los niños eran separados en cinco grupos siguiendo criterios psiquiátricos: 1) hiperactivos y agresivos; 2) retraídos y ansiosos; 3) afeminados; 4) los que se orinaban en la cama; 5) niños con problemas de alimentación. Como en los campos nazis, a cada grupo o brigada se le asignaba un color.

A los menores afeminados se les distinguía con el amarillo y se les obligaba a recibir lecciones de defensa personal, a jugar con espadas, bates de béisbol y pistolas.[72] Como se sabe, a los judíos en los campos de concentración alemanes se les marcó con el amarillo, y ese color en Cuba ha sido asociado con la cobardía y la traición. En su libro *La mala memoria* (1989), Heberto Padilla cuenta que, en una reunión con Jean Paul Sartre en París, el intelectual francés le dijo que «una sociedad que no tenga sus judíos acabará por inventárselos. Tal vez los homosexuales sean los judíos de Cuba».[73] En eso Sartre tenía algo de razón.

Esas discusiones sobre la sexualidad contribuyeron también a canalizar otros debates sobre la ideología y la política. La construcción del niño «afeminado» y la niña «marimacha» estaba en la base de los procesos de imaginación nacional y se utilizó para fabricar el ideal normativo del hombre nuevo. Dentro de este sistema de creación de imágenes, ambos representaban una entidad natural defectuosa que la Revolución podía corregir y arreglar, es decir, curar. El cuerpo y la subjetividad del niño se convirtieron en una preocupación del Estado y de sus instituciones como nunca antes. A los psicólogos se les encomendó la tarea de la «cura» de la homosexualidad y se les pidió que diseñaran métodos para prevenirla. Muchos médicos pensaban que el afeminamiento era «potencialmente, el germen de la homosexualidad».[74]

---

[72] Cfr. René Vega Vega: «El Centro infantil de conducta de la JUCEI de la Habana», *Universidad de La Habana*, n.° 186/187/188, julio-diciembre, 1967, pp. 119-124, citado en el libro de Marvin Leiner, Ob. cit., p. 34.

[73] Heberto Padilla: *La mala memoria*, Plaza & Janés, Barcelona, 1989, p. 100.

[74] Jesús Dueñas Becerra: «Consideraciones etiológicas acerca de la homosexualidad», *Revista del Hospital Psiquiátrico de La Habana*, vol. XII, n.° 3, septiembre-diciembre, 1971, p. 388.

En diciembre de 1966, los doctores René Vega, Noemí Pérez Valdés y María Elena Solé firmaron un artículo científico titulado «Conducta afeminada en niños varones», en el que se hacía referencia al fracaso de la hipnosis, los tratamientos opoterápicos y la castración para curar la homosexualidad. De ahí que concentraron en la prevención todos los esfuerzos. Para estos especialistas, el afeminamiento en los niños estaba vinculado a la histeria y a la imitación de figuras femeninas, lo que explicaba su comportamiento, «extremadamente exhibicionista». La noción de *exhibicionismo* se puso muy de moda por esos años y se asoció a procesos de construcción de la homosexualidad como una entidad antisocial y peligrosa.

En el texto, los psicólogos proponían seguir los protocolos establecidos por estudiosos como Samuel Kahn y Albert Moll que prohibían, entre otras cosas, que los niños durmieran con adultos o con otros niños. Moll había diseñado un sistema de asociaciones para homosexuales orientado a «cultivar preocupaciones heterosexuales» para instarlos «a realizar actividades y juegos masculinos». Pero el método no daría ningún resultado, aclaraban los especialistas, si no lograban que el niño consintiera ser intervenido y que declarara un deseo explícito de eliminar el amaneramiento: «Es por esto que necesitamos de un trabajo bilateral con el niño mismo y con sus educadores», advirtieron. En otra parte del artículo, se ofrecen algunos detalles metodológicos: «Nuestra técnica de tratamiento se basa en hacer atractiva y agradable la figura educativa masculina en detrimento de la femenina. El niño deberá "sentir" en su medio ambiente que el comportamiento masculino es más agradable y deberá ir arribando a él, en una forma gradual y progresiva».[75]

Menudo procedimiento que utilizó la degradación y erosión de la imagen de las mujeres para intervenir en cuerpos y subjetividades con el fin de producir «hombres nuevos». Este tipo de

---

[75] René Vega, Noemí Pérez Valdés y María Elena Solé: «Conducta afeminada en niños varones», *Revista del Hospital Psiquiátrico de la Habana*, vol. VII, n.° 4, octubre-diciembre, 1966, pp. 288-289.

métodos violentos y encubiertos dentro de los lenguajes científicos dan cuenta de la función social y política de la homosexualidad, y su importancia en la construcción del Estado cubano y el funcionamiento de las instituciones. Por sus «contribuciones» al tema, a estos tres especialistas se les encomendó una misión secreta: investigar a los homosexuales que fueron enviados a las UMAP. Sobre esta experiencia hablaré en el segundo capítulo.

«Higiene social revolucionaria se llama esto». Homosexuales, lacras y el lumpen proletario

Como bien ha señalado Frances Negrón-Muntaner, durante el período heroico de la Revolución, el cuerpo físico de Fidel Castro, «erecto, impenetrable y vestido de verde olivo, militarizado y listo para la guerra contra el imperialismo yanqui», se sintonizó con el cuerpo político cubano.[76] Así, se estableció una conjunción entre nacionalismo y «heteronormatividad» y se instituyeron nuevas nociones sobre la libertad y la justicia que definieron la ciudadanía, no como un estatus conformado de antemano por un conjunto de derechos, sino como una obligación, una identidad ideal basada en una serie de atributos.

Aquellas personas con configuraciones de género y prácticas sexuales no normativas comenzaron a ser percibidas como enemigos del proyecto revolucionario. «La Revolución necesita al enemigo, el proletario no rehúye al enemigo, necesita al enemigo… El revolucionario para desarrollarse necesita su antítesis que es el contrarrevolucionario», había explicado Fidel Castro en marzo de 1963.[77] La noción de *necesidad* que manejó el comandante sirvió para estructurar una mentalidad de guerra que produjo una serie de ficciones con el objetivo de construir adversarios políticos. Se trataba de crear

---

[76] Frances Negrón-Muntaner: «"Mariconerías" de Estado: Mariela Castro, los homosexuales y la política cubana», *Nueva Sociedad*, n.º 218, noviembre-diciembre, 2008, p. 169.

[77] «Discurso pronunciado ante los miembros del PURS de las provincias de Pinar del Río, La Habana y Matanzas, en el teatro Chaplin, 22 de febrero de 1963», Departamento de Versiones Taquigráficas del Gobierno Revolucionario, <http://www.cuba.cu/gobierno/discursos/1963/esp/f220263e.html>, [19/01/2020].

marcos binarios a partir de una política de afectos que generó empatías y rechazos. A este modo de organización del cuerpo social sin órganos Gilles Deleuze lo llama «ensamblajes de deseo».[78]

En su ensayo «El dieciocho Brumario de Napoleón Bonaparte», Karl Marx señalaba que las revoluciones necesitaban de ciclos de crisis. La cubana de 1959 no fue una excepción. En esa lógica, los enemigos cumplieron una función instrumental en la gestión de las crisis. Los homosexuales, por ejemplo, se convirtieron en uno de los tantos enemigos «necesarios» que se inventó el nacionalismo revolucionario, para poder contrastarlos con la imagen del hombre nuevo encarnado en el militante comunista. En agosto de 1965, en conversación con el periodista estadounidense Lee Lockwood, Castro expresó:

> No podemos llegar a creer que un homosexual pudiera reunir las condiciones y los requisitos de conducta que nos permitirían considerarlo un verdadero revolucionario, un verdadero militante comunista. Una desviación de esta naturaleza está en contradicción con el concepto que tenemos sobre lo que debe ser un militante comunista [...]. Bajo las condiciones en que vivimos, a causa de los problemas con que nuestro país se enfrenta, debemos inculcar a los jóvenes el espíritu de la disciplina, de lucha y trabajo. En mi opinión debe estar promocionando todo lo que tienda a favorecer en nuestra juventud un espíritu fuerte, actividades relacionadas de algún modo, con la defensa del país, tales como los deportes.[79]

Aquí el máximo líder hizo un esbozo del hombre ideal que la Revolución pretendía esculpir. En ese proceso, los deportes se integraron al discurso nacionalista tal y como había sucedido en otros regímenes de naturaleza totalitaria. En Cuba el deporte dejó de ser un

---

[78] Gilles Deleuze: «Desire and Pleasure», *Two Regimes of Madness: Texts and Interviews, 1975-1995*, ed. by David Lapoujade, Semiotext(e), New York, 2006, p. 126.

[79] Lee Lockwood: *Castro's Cuba. Cuba's Fidel*, Westview Press, Colorado, 1990, p. 124. [1.ra ed. Random House, 1969.] Tomo la traducción al español de este fragmento del libro de Allen Young: *Los gays bajo la Revolución cubana*, Playor, Madrid, 1984, p. 20.

espacio de entrenamiento para convertirse en un campo de batalla ideológico. Hasta que enfermó y salió del poder en 2006, Fidel Castro vio en deportes colectivos como el béisbol, un vehículo para colar mensajes políticos y reactualizar sentimientos nacionalistas y antiimperialistas. Los encuentros con equipos estadounidenses eran de vital importancia para estos propósitos.

Discursos semejantes sobre el deporte, el heroísmo y la virilidad ya habían sido ensayados también por los totalitarismos fascistas europeos. Como ha apuntado el historiador Hugh Thomas, el modelo guevariano del hombre nuevo hubiera encantado tanto a los fascistas franceses como Brasillach, Driu y hasta al italiano D'Annunzio. Además, asegura Thomas, el proyecto de regeneración de Fidel Castro y su autorrepresentación como una figura paternal y benevolente, se asemejaban mucho a Mussolini.[80]

En Cuba, como en la Italia de Mussolini, la figura del homosexual cumplió una función política y se le representó como el «enemigo del hombre nuevo».[81] Desde el inicio, la retórica revolucionaria comenzó a construir una identidad homosexual perversa asociada al vicio, al pecado, luego al crimen y al escándalo público. El 15 de abril de 1965, el escritor Samuel Feijóo publicó en el diario *El Mundo* «Revolución y vicios», un texto en el que conjugó el discurso religioso político con la jerga higiénico-regenerativa. Feijóo hizo un inventario de los «vicios heredados del capitalismo» y aseguró que el tráfico de drogas, la prostitución, los juegos de azar, y la holgazanería habían desaparecido casi totalmente. Entre las inmoralidades que quedaban por liquidar, el escritor destacaba el alcoholismo y el «homosexualismo campeante y provocativo». Así lo explica: «No se trata de perseguir a homosexuales, sino de destruir sus posiciones, sus procedimientos, su influencia. Higiene social revolucionaria se llama esto».[82] Este artículo es una suerte de manual muy útil para entender no solo el puritanismo y la

---

[80] Cfr. Hugh Thomas: *Cuba: The Pursuit of Freedom*, Harper & Row, New York, 1971, p. 1490.

[81] Cfr. Lorenzo Benadusi: *The Enemy of the New Man. Homosexuality in Fascist Italy*, University of Wisconsin Press, 2012.

[82] Samuel Feijóo: «Revolución y vicios», *El Mundo*, 15 de abril de 1965, p. 4.

homofobia del régimen cubano, sino también los modos en los que la Revolución se convirtió en una instancia «sagrada» y se articuló en lo que se conoce como religión política.

Emilio Gentile, quien ha estudiado este fenómeno, describe la religión política como un «elaborado sistema de creencias, mitos, valores, mandamientos, rituales y símbolos» que a partir de la fe se convierte en una entidad suprema. Puede ser una persona, la nación o el Estado, la raza o la clase, un partido o un movimiento. Estas entidades, advierte Gentile, se convierten en objetos de reverencia, veneración, lealtad y devoción e impactan afectivamente a las personas de tal modo que están dispuestas, incluso, a sacrificar sus vidas.[83]

Con «Revolución y vicios», Samuel Feijóo se inscribió en la tradición insular de escritura nacionalista que usaba la crítica a la sexualidad no normativa como pretexto para reactivar fronteras simbólicas y cuestiones de inclusión y exclusión social. El texto participa de una lucha por la representación de la nación/Revolución a través del imperativo masculinizador: «Porque ningún homosexual, representa la Revolución que es asunto de varones, de puños y no de plumas, de coraje y no de temblequeras, de entereza y no de intrigas, de valor creador, y no de sorpresas merengosas», subrayó.

En otra parte Feijóo parece sintonizar con los preceptos del líder de la Revolución cubana sobre estas cuestiones: «Fidel [Castro] nos advirtió que en el campo no se producen homosexuales, que allí no crece este vicio abominable. Cierto. Las condiciones de virilidad del campesinado cubano no lo permiten. Pero en algunas ciudades nuestras aún prolifera. Allí se unen, se apiñan, se protegen, se infiltran».[84] El discurso de Castro al que Feijóo alude tuvo lugar en la escalinata de la Universidad de La Habana el 13 de marzo de 1963. En esa ocasión, el comandante advertía en tono intimidatorio:

---

[83] Cfr. Emilio Gentile: *Politics as Religion*, Princeton University Press, 2006, p. XIV.
[84] Samuel Feijóo: Ob. cit., p. 4.

Muchos de esos pepillos vagos, hijos de burgueses, andan por ahí con unos pantaloncitos demasiado estrechos (*Risas.*); algunos de ellos con una guitarrita en actitudes elvispreslianas, y que han llevado su libertinaje a extremos de querer ir a algunos sitios de concurrencia pública a organizar sus *shows* feminoides por la libre. Que no confundan la serenidad de la Revolución y la ecuanimidad de la Revolución con debilidades de la Revolución. Porque nuestra sociedad no puede darles cabida a esas degeneraciones. (*Aplausos.*) La sociedad socialista no puede permitir ese tipo de degeneraciones. ¿Jovencitos aspirantes a eso? ¡No! «Árbol que creció torcido...», ya el remedio no es tan fácil. No voy a decir que vayamos a aplicar medidas drásticas contra esos árboles torcidos, pero jovencitos aspirantes, ¡no! Hay unas cuantas teorías, yo no soy científico, no soy un técnico en esa materia (*Risas.*), pero sí observé siempre una cosa: que el campo no daba ese subproducto. Siempre observé eso, y siempre lo tengo muy presente. Estoy seguro de que independientemente de cualquier teoría y de las investigaciones de la medicina, entiendo que hay mucho de ambiente, mucho de ambiente y de reblandecimiento en ese problema. Pero todos son parientes: el lumpencito, el vago, el elvispresliano, el «pitusa». (*Risas.*)[85]

Con esta arenga Fidel Castro sentaba un precedente que luego se traduciría en políticas concretas. Como se sabe, la estructura y el tono de sus largas alocuciones se asemejaban a los sermones de tipo religioso con altos matices de adoctrinamiento y alfabetización política. El caudillo no pudo ocultar su malestar respecto de ciertos cuerpos, identidades y prácticas urbanas que consideró peligrosas y disruptivas. Aquí subyace, además, una pulsión ingenieril orientada a cambiar la naturaleza con un criterio biopolítico.

Para los líderes de la Revolución, las ciudades eran ambientes de corrupción y libertinaje. El campo, en cambio, se representaba como un espacio saludable y productivo en el que no se generaba la

---

[85] Fidel Castro Ruz: «Discurso en la clausura del cuarto aniversario del Asalto al Palacio Presidencial, en la escalinata de la Universidad de La Habana, 13 de marzo de 1963», Departamento de Versiones Taquigráficas del Gobierno Revolucionario, <http://www.cuba.cu/gobierno/discursos/1963/esp/f130363e.html>, [14/03/2019].

Imagen 7. Este tipo de caricatura se usó con recurrencia durante la década de 1960 en Cuba, y sirvió a la ideología revolucionaria para analogar el pasado con la decadencia y la homosexualidad. Publicada en *Palante*, año I, n.º 34, 4 de junio de 1962, p. 5.

homosexualidad. De acuerdo con Susan Eckstein, durante las primeras décadas de la Revolución se construyeron más pueblos rurales que en ningún lugar de Latinoamérica. Solo entre 1959 y 1962 se levantaron unos ochenta y tres poblados. Esto respondió, explica la estudiosa, a una política orientada a la «ruralización» y (des) aburguesamiento de las poblaciones en las ciudades.[86] Bajo tal concepción –como se verá en el próximo capítulo–, miles de jóvenes fueron desplazados de las ciudades para integrarlos a la producción agrícola. La estrategia tenía un fin correctivo y reeducativo y al mismo tiempo le permitió al Estado apropiarse de gran cantidad de fuerza de trabajo sin ofrecer compensación económica.

La construcción del campesino como un sujeto disciplinado y con cualidades morales normativas se combinó con políticas que garantizaran un clima de trabajo, productividad y salud en el campo. En mayo de 1960, el gobierno revolucionario aprobó la Ley N.º 798 que prohibía la instalación de nuevos bares o establecimientos análogos en zonas rurales. En esas zonas, se argumentó, existía un número elevado de bares que causaban «un perjuicio económico y moral a la clase campesina». En el texto se lee:

> Es preocupación constante del Gobierno Revolucionario el velar por la salud física y moral de la clase campesina, y para ello se hace necesario, regular en forma adecuada la venta de bebidas alcohólicas y las funciones de lidias de gallos, orientándolas hacia la erradicación total del alcoholismo y del juego, al mismo tiempo que se estimulan el desarrollo de las diversiones sanas apropiadas a la población campesina de nuestra Patria.[87]

Para «purificar» la vida del campesino, la ley también prohibía la apertura de vallas de gallos, uno de los entretenimientos más

---

[86] Susan Eckstein: «The Debourgeoisement of Cuban Cities», en Irving Louis Horowitz (ed.), *Cuban Communism*, Transaction Books, New Brunswick, 1984, p. 94.

[87] «Ley N.º 798 del 20 de mayo de 1960. Prohibición de instalar en zonas rurales bares o establecimientos análogos», *Folletos de divulgación legislativa. Leyes del Gobierno Provisional de la Revolución*, n.º XX, 1 a 31 de mayo de 1960, Editorial Lex, La Habana, junio, 1960, p. 25.

extendidos entre la población rural en Cuba. La prensa le dedicó varios artículos al asunto. Se decía que este tipo de tradiciones eran desmoralizadoras porque estaban asociadas al «vicio del juego», propio de la mentalidad colonial y capitalista. Algunos periodistas, siguiendo al máximo líder, proponían a los campesinos la práctica de deportes para emplear de modo más sano el tiempo libre.[88] La política de control sobre las bebidas alcohólicas tuvo su punto más álgido cuando en 1968, en medio de una campaña conocida como Ofensiva Revolucionaria, se intervino un gran número de bares y se promulgó una suerte de ley seca que se extendió a todo el país durante varios meses. Sin embargo, la medida generó una producción casera de alcohol con alambiques y un mercado subterráneo o clandestino.

Los ideólogos de la Revolución pensaron que el alcohol era un elemento disruptivo en la cultura del trabajo y que incidía negativamente en los altos índices de ausentismo.[89] El trabajo había tomado un carácter religioso mientras que el ausentismo y la vagancia comenzaron a ser considerados como «un síntoma de la moral capitalista», una enfermedad social y también un crimen predelictivo. Así lo contempló la Ley N.º 1231 de 1971 del Código Penal que conminaba a los ciudadanos a denunciar a los «vagos» para que fueran enviados a granjas de trabajo para su reeducación. La disposición, firmada por el Primer Ministro Fidel Castro y Osvaldo Dorticós en calidad de Presidente de la República, estuvo diseñada contra aquellos que pretendían «vivir parasitariamente sin trabajar, constituyendo su conducta antisocial un ejemplo malsano para las nuevas generaciones». El Inciso 3 del Artículo 4 de la Ley, ordenaba el «internamiento en un establecimiento de reeducación, por un término no superior a un año» para todos aquellos que estuvieran desvinculados del Sistema Nacional de Enseñanza, o se encontraran sin trabajo sin causas que los justificaran. Se trataba de que los que no estaban integrados a la maquinaria

---

[88] Cfr. Rafael Suárez Solís: «Las peleas de gallos», *El Mundo*, 21 de agosto de 1963, p. 4.

[89] Cfr. Alfredo Núñez Pascual: «Nada más negativo que el ausentismo», *El Mundo*, 14 de septiembre de 1961, p. 4.

laboral estatal se vieran obligados a participar en actividades productivas.[90]

En noviembre de 1968, los ministros del Trabajo y del Interior, Jorge Risquet y Sergio del Valle Jiménez respectivamente, firmaron una «Instrucción Conjunta» para la creación de «contingentes de vagos» para enviarlos a granjas durante seis meses. Luego de este período, los «rehabilitados» pasaban a una fase en la que se evaluaba su comportamiento y actitud ante el trabajo y se les reubicaba en puestos «socialmente útiles». Aquellos que mostraran una «actitud recalcitrante y hostil al tratamiento aplicado» debían permanecer en los campamentos.[91]

Pero este proceso había empezado años antes. El ingeniero francés René Dumont relata en su libro *Cuba: Socialism and Development* que, después del discurso de Fidel Castro en la Universidad de La Habana el 13 de marzo de 1963, la policía comenzó a realizar redadas para atrapar «vagos». De acuerdo con Dumont, la cerveza era uno de los productos que más escaseaba en ese momento en el país. Aprovechando esa coyuntura, las autoridades la utilizaron como cebo o carnada. Una vez que comenzaba la venta de cerveza en algún establecimiento y la voz se corría, todos los que iban en busca del preciado líquido eran seguidos por un «coche de la policía, y los que no podían demostrar un empleo regular, se les enviaba a trabajar a las granjas». Dumont conoció a muchos de estos sujetos en una estancia de Las Villas, adonde fueron a parar alrededor de mil ochocientos «vagos». A los reincidentes, agregó, se les deportaba a cayos cercanos.[92]

Otras fuentes corroboran esa política. En 1963, uno de los testigos citados por la Comisión Interamericana de Derechos

---

[90] «Ley N.º 1231», *Gaceta Oficial de la República de Cuba*, edición ordinaria, n.º 1, Imprenta de la Dirección Política de las FAR, 26 de marzo de 1971, p. 2.

[91] «Instrucción sobre la desmovilización de vagos ya rehabilitados», *Boletín Informativo del Ministerio del Trabajo*, n.º 13, MINTRAB, octubre-noviembre, 1968, pp. 14-15.

[92] René Dumont: *Socialism and development*, Grove Press, New York, 1970, p. 131. Este libro fue publicado por primera vez en francés en 1964. Pocos años después, por su libro *Cuba est-il socialiste?* (Éditions du Seuil, Paris, 1969), Dumont fue acusado de revisionista y agente de la CIA por el gobierno cubano.

Humanos aseguró que, en septiembre de 1961, dos mil hombres fueron enviados a un campo de concentración en Guanahacabibes, provincia de Pinar del Río, por haber sido acusados de antisociales luego de una redada policial. «El simple hecho de estar tomando en un bar, la acusación de un miliciano o un rencor personal era suficiente para que llevaran a un hombre ante el capitán Rodríguez de la policía nacional», comentó el testigo. Este hombre que había sido juez en la isla dijo que las detenciones masivas violaban la Constitución y las redadas se efectuaban sin procedimiento legal y sin dejar huellas escritas. Estimó que en el campo de concentración de Guanahacabibes había alrededor de cuatro mil personas: «El campamento está aislado y en un lugar pantanoso. Los hombres son castigados y amarrados. Un hombre que yo conozco fue amarrado por una pierna de un árbol. Le dieron un vaso de agua y un pedazo de pan y lo dejaron ahí por cinco días».[93]

Desde fines de 1961 y por orden de Fidel Castro, las organizaciones de masas comenzaron a establecer una férrea vigilancia no solo sobre aquellos que en horarios laborales frecuentaran bares, sino también sobre los que tuvieran hábitos de consumo no acordes a la moral socialista. Entonces, el comandante desarrolló la noción de «parasitismo» que encajaba muy bien en su teoría de las enfermedades sociales. En septiembre de ese año dijo que la Revolución no era sino un proyecto vermífugo «contra los parásitos, los explotadores, los manganzones, los holgazanes, los vividores». Un «tratamiento» radical, explicó el caudillo, sería «terrible» porque «pondría en peligro la salud del cuerpo social». Castro conectó el parasitismo con la extracción de clase:

> Hay veces que a un restaurante llega un señor que no tiene la menor facha de haber trabajado nunca en su vida (*Risas.*), impecablemente vestido, con sus acompañantes vestidos también muy

[93] Inter-American Commission on Human Rights: *Report on the Situation of Political Prisoners and their Relatives in Cuba*, Pan American Union, General Secretariat, Organization of American States, Washington D. C., May 1963, p. 24.

elegantemente, se sientan, se comen el mejor filete, se toman el mejor vino, y se marchan en un automóvil, gastando gasolina; y cuando uno pregunta quién es este señor, qué produce, de qué vive, se encuentra que todavía hay mucha gente que no produce nada, no trabaja en nada.[94]

De este modo ponía en la picota pública a los que no participaban del sistema de producción socialista y no dependían económicamente del Estado. Este tipo de discursos generó un gran resentimiento entre la población y muchos fueron denunciados, encarcelados o enviados a granjas de trabajo.

A fines de la década de 1960, el régimen cubano lanzó una ofensiva para tener el control total sobre la sociedad y se aseguró de que el Estado fuera el único empleador en la isla. En 1968 se intervinieron los pequeños negocios y establecimientos que todavía estaban en manos privadas. Para esa fecha quedaban en Cuba alrededor de 955 bares privados y 2 896 negocios particulares. De acuerdo con *Juventud Rebelde*, órgano oficial de la Unión de Jóvenes Comunistas, en marzo de 1968 se intervinieron alrededor de 507 bares, 629 timbiriches, 1 535 cafeterías y fondas, casas de huéspedes y hoteles que pasaron al Instituto Nacional de Turismo (INIT). El resto de las propiedades fueron confiscadas por el Ministerio de Comercio Interior (MINCIN).[95] Los decomisos y embargos ocasionaron un gran malestar. «¿Y ahora? / Ya no hay victrolas, ni canciones, ni discos de Vicentico Valdés, / ni mesas de madera, ni taburetes, ni botellas de ron, ni Coca-Cola», escribió en un poema José Mario Rodríguez para criticar esa política.[96]

---

[94] Fidel Castro Ruz: «Discurso en la primera gran asamblea de los Comités de Defensa de la Revolución en la Plaza de la Revolución José Martí, 28 de septiembre de 1961», Departamento de Versiones Taquigráficas del Gobierno Revolucionario, <http://www.cuba.cu/gobierno/discursos/1961/esp/f280961e.html>, [28/07/2011].

[95] Cfr. «Interviene el INIT 2 898 negocios particulares», *Juventud Rebelde*, 19 de marzo de 1968, p. 1.

[96] José Mario Rodríguez: «Bar», *Exilio*, verano, 1969, p. 49.

«Actitudes elvispreslianas». *Blue jeans, rock and roll* y la construcción ideológica de la enfermedad

Por lo general, los discursos de Fidel Castro provocaban reacciones en cadena. El del 13 de marzo de 1963 no fue una excepción. Al día siguiente se produjeron numerosas redadas policiales y muchos terminaron recluidos en granjas y campamentos agrícolas. Además, el comandante desató una cruzada nacional contra aquellos jóvenes que tuvieran «actitudes elvispreslianas», un término que acuñó en su arenga. Al parecer, la aversión al músico estadounidense Elvis Presley no fue exclusiva del discurso fidelista, sino de la comunidad comunista internacional. El 3 de noviembre de 1959, el periódico *El Mundo* publicó un cable que aseguraba que en la República Democrática Alemana (RDA) habían sido arrestados quince admiradores del cantante y que recibieron condenas que iban desde los seis meses hasta los cuatro años de cárcel.[97]

En Cuba, las revistas *Mella* y *Alma Mater* fueron de las primeras publicaciones que se dedicaron a construir, sistemáticamente, perfiles de jóvenes a partir de las categorías y atributos relacionados con la moda que Fidel Castro había usado en su discurso.[98] El máximo líder había criticado también a los jóvenes que se vestían con pantalones estrechos. Una curiosa prenda salió a relucir: el «pitusa». Con este nombre se conoció en Cuba los *blue jeans* de la marca Pit-USA que circuló mucho por esa época. Usar esta prenda y escuchar la música anglosajona como el *rock and roll* se consideraron tendencias extranjerizantes, una desviación que fue definida primero como «enfermedad» y luego como «diversionismo ideológico».[99]

---

[97] «Condenaron a admiradores de Elvis», *El Mundo*, 3 de noviembre de 1959, p. A-2.

[98] La revista *Mella* fue una publicación manejada y gestionada por varias organizaciones políticas como la Juventud Comunista o la Asociación de Jóvenes Rebeldes. *Alma Mater* era el órgano oficial de la Federación de Estudiantes Universitarios (FEU) y también era supervisada por la Juventud Comunista.

[99] *Diversionismo* es un anglicismo que viene de *diversion*, que significa 'desviación', 'cambio de rumbo'. En un documento conocido como *Tesis y resoluciones. Primer Congreso del Partido Comunista de Cuba* de 1976 se explicaba en qué consistía el concepto:

Entonces, todos los medios estaban en manos del gobierno y las palabras de Fidel Castro tenían un gran peso en la vida del país y en la política editorial, de ahí que no resulta extraño que además de *Mella* y *Alma Mater*, el semanario humorístico *Palante* la emprendiera también contra el pitusa:

¡Señor! ¿De dónde surgió esa palabra «pitusa»?
Creo que de pito y tusa tal palabra se formó.
Por eso pregunto yo, al extraño jovencito
de estrecho pantaloncito
si no eres por tu labor sereno ni agricultor.
¿Por qué tusa y por qué pito?
Sí; no me puedo explicar
¿por qué tales muchachones usan unos pantalones
que se quieren reventar?
Acaso quieren marcar sus líneas, en mala andanza,
con esos pasos de danza
por peligrosos terrenos...
Pueden ser muchachos buenos
pero no inspiran confianza.

¿Por qué el mundo en la copa
las cosas se han invertido?
Mujer con ancho vestido
y hombre con estrecha ropa.
Yo no formo en esa tropa

El diversionismo imperialista se dirige a mirar, desde dentro, las fuerzas del socialismo; relajar sus bases ideológicas, introducir concepciones burguesas; mellar los principios básicos de la teoría científica del socialismo; entorpecer o frustrar los planes de desarrollo, desvirtuar los objetivos principales en la economía y en la formación comunista de las masas; dividir y sembrar la desconfianza en el seno de las fuerzas populares; tratar de desacreditar a los dirigentes; crear, en definitiva, un ambiente de relajamiento de los principios socialistas y de inconformidad en las masas, que sea caldo de cultivo para un retroceso ideológico, político y social que conduzca gradualmente a la derrota del socialismo. (Partido Comunista de Cuba: *Tesis y resoluciones. Primer Congreso del Partido Comunista de Cuba*, Departamento de Orientación Revolucionaria del Comité Central del Partido Comunista de Cuba, La Habana, 1976, p. 224).

y esa moda no me alcanza,
pues quien con tal moda tranza
y usa modo tan ajeno,
puede ser muchacho bueno,
pero no inspira confianza.[100]

El 6 de abril de 1963, *Mella* publicó un reportaje especial sobre las llamadas «pandillitas elvispreslianas», para informar a la población sobre los jóvenes que usaban *jeans* y escuchaban a Elvis Presley. En el texto representaba a los muchachos como unos «piernas flojas» a los que solo les interesaba el *rock* y los consideraba más peligrosos que una bomba. El surgimiento de estas «pandillas», se aseguraba, tenía que ver con la embajada de Alemania Occidental que les facilitaba películas y revistas pornográficas. De acuerdo con el reportaje, los homosexuales formaban parte de una «sociedad» cuyo objetivo era «expandir su radio de acción y captar nuevos prosélitos». Se explicaba que el «pepillismo» era un fenómeno propio de la sociedad anterior, «que solo sirve para desviar a los jóvenes, para apegarlos al modo de vida yanqui, para quitarles el libro y darles a cambio un disco de *rock*». Y concluía: «Nuestros campos necesitan de brazos».[101]

Esta campaña tuvo su punto más álgido a mediados de 1964. En septiembre de este año, *Mella* llamó a los jóvenes que usaban *blue jeans* «excrecencias pituseras». El texto se refería a la «fuerte lucha ideológica» que se estaba librando contra las distintas «manifestaciones desviacionistas que aparecen entre las filas de los jóvenes». La nota reprodujo la carta de un lector que firmó con el pseudónimo de Sócrates, quien mostró preocupación por las políticas relacionadas con las modas de los jóvenes y los discursos que los representaban como «desviados» por la manera de vestir. En el texto se lee: «Según lo que he entendido, por *desviados* se califica a los que gustan de vestir al estilo moderno, y también a mi parecer

---

[100] Miguel Ángel Collazo: «Pantalones pitusa», *Palante*, año IV, n.º 3, 12 de noviembre de 1964, p. 15.

[101] 9 M. M.: «Una pandillita de elvispreslianos», *Mella*, n.º 214, 6 de abril de 1963, pp. 4-5.

injustamente, a los mismos se les juzga como *lumpens, enemigos del socialismo*, etc.».

La respuesta de *Mella* no se hizo esperar. Consideró que el lector no había interpretado bien «el contenido de las orientaciones de los dirigentes revolucionarios» y aseguró que el modo de vestir no constituía el único criterio para definir la «desviación». La publicación insistía en que el «método revolucionario» había producido

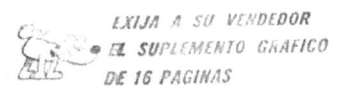

Imagen 8. Portada del número 214 de *Mella* del 6 de abril de 1963 donde se anuncia el reportaje titulado «Una pandillita de "elvispreslianos"». El texto se publicó pocos días después del discurso de Fidel Castro del 13 de marzo de ese año, en el que hablaba de las «actitudes elvispreslianas».

algunos cambios en el campo de la moda, al punto de que el Ministerio de Comercio Interior (MINCIN) había creado un organismo, «atendido por un grupo de técnicos surgidos de las propias masas trabajadoras», dedicado a «organizar los diseños y el estilo de las confecciones».

Se trataba del Buró de Orientación de las Modas, instituido por el Estado para tratar de unificar un criterio con respecto a las maneras aceptables de vestir. En el Consejo de Ayuda Mutua Económica (CAME), la organización financiera del bloque comunista y de la que Cuba formó parte desde 1972, también se decidía de manera centralizada los asuntos de la moda. Desde el CAME, radicado en la URSS, se planificaban e imponían los modelos y colores que iban a usarse durante dos años en los países miembros.

De acuerdo con *Mella*, la falta de un consenso nacional sobre este tema trajo como consecuencia que «un grupo de enemigos del trabajo, ladrones, extahúres, exmilitares afeminados, hijos de burgueses cuyos sueños de vivir bien han sido rotos por la Revolución», se vistieran con estilos europeos. Estos individuos, se afirmaba, eran «lumpens», elementos que servían a «la contrarrevolución y al imperialismo, tratando de influir en nuestra juventud con el fin de corromperla y apartarla de su objetivo fundamental, la construcción del comunismo». El escrito exhortaba a «desenmascararlos, ridiculizarlos ante todo el pueblo» con «toda la fuerza y el poder del estado obrero-campesino».[102]

A los editores de *Mella* no les pareció suficiente, y en el número siguiente publicaron otro editorial titulado «Los vagos se disfrazan de enfermitos». El término *enfermitos* proviene de los chistes cínicos, *sicks comedians* asociados al comediante Mort Sahl y al movimiento Beat en Estados Unidos.[103] Los «enfermitos» fueron una especie de subcultura urbana, los primeros *hipsters* que existieron no solo en Cuba, sino en los países socialistas, atraídos por la cultura occidental. En la Unión Soviética, a mediados

---

[102] «Los desviados se esconden tras la noche», *Mella*, n.º 291, 28 de septiembre de 1964, p. 9.

[103] Cfr. Barry Miles: *Ginsberg: A Biography*, Harper Perennial, New York, 1990, p. 342.

de 1950, se les conoció como *stilyagi*, nombre satírico otorgado por revistas y periódicos soviéticos que hacían énfasis en el *style*. Los *stilyagi* estaban vinculados al mundo del *jazz* y sus ídolos eran Louis Amstrong, Glenn Miller, entre otros. Todos eran considerados «depravados morales y un tumor en el organismo social». De acuerdo con Artemy Troitsky, en ese país se desató también una cruzada en su contra. Los militantes se armaban de tijeras y en las escuelas o en las redadas policiales cortaban los pelos largos y los pantalones estrechos que usaban esos jóvenes. Algo similar pasó en Cuba durante la década de 1960.

Algunos estudiosos conectan la celebración del Séptimo Festival de la Juventud y los Estudiantes de 1957 en Moscú con el surgimiento de este fenómeno. Ese año la ciudad acogió a muchos extranjeros, entre ellos a poetas *beatnik*, jazzistas e intelectuales que se vestían de modo llamativo y escuchaban *rock and roll*.

El evento, agrega Artemy Troitsky, fue fundamental en el surgimiento de otras subculturas en el bloque comunista del este, entre ellos los *beatninicki*, que oían a Elvis Presley y a Bill Haley, hasta que en los sesenta The Beatles se pusieron de moda.[104] En otros países comunistas también se utilizó el término *enfermitos*. En Polonia, por ejemplo, la revista humorística *Szpilki* los bautizó con el nombre *bikiniarze* (*bikini boys*, como se le conoció en el mundo anglo). La Unión de Jóvenes Polacos convocaba a sus miembros a intimidar, golpear y expulsar de las escuelas a estos jóvenes.[105]

Para los comisarios políticos y culturales cubanos, el término *enfermitos* se convirtió en un artefacto, una herramienta para construir una identidad antagónica al hombre nuevo comunista. Esos jóvenes eran portadores de una «enfermedad ideológica», una desviación del rumbo del socialismo que había que

---

[104] Artemy Troitsky: *Back in the USSR: The True Story of Rock in Russia*, Faber and Faber, London, 1987, pp. 13 y 18.

[105] Katherine Lebow: «Kontra Kultura: Leisure and Youthful Rebellion in Stalinist Poland», en David Crowley & Susan E. Reid (eds.), *Pleasures in Socialism: Leisure and Luxury in the Eastern Bloc*, Northwestern University Press, Evanston, 2010, p. 84.

Imagen 9. Caricatura de Francisco Blanco publicada en la portada de *Palante*, año V, s/n, 20 de octubre de 1966.

curar de cualquier modo. Ya en 1963, Gaspar García Galló señalaba en una conferencia que la moral socialista no podía transigir con «todos esos "enfermos", que dentro y fuera de Cuba, dan espectáculos deprimentes que afectan el honor nacional». «No somos transigentes, no somos benévolos con esa llamada enfermedad», subrayaba. Para el viejo comunista, la «enfermedad» no estaba asociada a un «problema biológico», sino a lo social, a la «corrupción». Está probado, argumentaba, que «cualquier indefinición se resuelve a base de curas hormonales». García Galló consideraba al «desviado» no solo un «vago», sino también un pervertido, promiscuo e inestable. Y añadía: «Es posible que, integrando al trabajo productivo a una gran parte de estos "enfermos" logremos reeducarlos».[106]

Para Katalin Medvedev, la moda en los regímenes comunistas se constituyó en un enemigo porque era un espacio de autonomía individual, de ahí que el Estado tratara de controlar los diseños, la producción, los precios, la distribución y el consumo.[107] Un fenómeno tan cambiante y dinámico como la moda, explica Djurdja Bartlett, puso en jaque al sistema socialista y sus valores, organizados en torno a la estabilidad, el miedo al cambio, las predicciones de futuro y la eternidad.[108] Si la ciudadanía en el socialismo pasaba primero por el trabajo y no por el consumo, no era de extrañar que aquellas prácticas e identidades que cultivaban el hedonismo, la experimentación y se resistían a la homogenización fueran consideradas enfermas.

Efectivamente, la moda fue uno de los terrenos en los que el Estado se apropió de la jerga médica para crear una etiología,

---

[106] Gaspar Jorge García Galló: *Nuestra moral socialista*, Consejo Provincial del Sindicato Nacional de los Trabajadores de la Educación y la Ciencia, La Habana, 1963, pp. 70-71.

[107] Cfr. Katalin Medvedev: «Ripping Up the Uniform Approach: Hungarian Women Piece Together a New Communist Fashion», en Regina Lee Blaszczyk (ed.), *Producing Fashion: Commerce, Culture, and Consumers*, University of Pennsylvania Press, 2008, p. 252.

[108] Cfr. Djurdja Bartlett: *FashionEast: The Spectre That Haunted Socialism*, MIT Press, Cambridge, 2010, p. X.

los síntomas y la cura de «enfermedades» ideológicas. Esta construcción pasó también por la sexualidad, de ahí que determinadas prendas fueran representadas como propias de los homosexuales.

En 1966, Carlos Rafael Rodríguez –uno de los ideólogos del socialismo cubano– sostuvo una reunión con algunos estudiantes de arte. En el encuentro, el comisario expuso la conexión entre las sandalias y la homosexualidad. Era el pueblo, según Rodríguez, quien rechazaba este tipo de calzado «porque la mayoría de las sandalias están en los pies de homosexuales que hacen ostentación de su homosexualismo, y es natural que esas cosas provoquen en la población una actitud hostil». Estos temas debían llevarse a debate, agregaba, para «que un día todos vayamos con comodidad con sandalias y ahorremos piel y esos homosexuales exhibicionistas se tengan que poner otras prendas, tal vez se pongan zapatos entonces, ¿comprenden?».[109]

En su libro *In the Fist of the Cuban Revolution*, José Yglesias cuenta que en una ocasión llevaba puestas unas sandalias de correas de cuero, cuando un hombre exclamó: «Dios mío, mira esas sandalias. José tiene la enfermedad». Sorprendido, comenzó a indagar sobre esta noción y su relación con la ropa y la moda. Además de las sandalias, el uso de los espejuelos oscuros, los pulóveres de rayas estilo marinero, entre otros, fueron considerados también indicadores de la enfermedad. El uso de los pantalones estrechos no era el único síntoma, cualquier ropa que los jóvenes presumían en Europa y los Estados Unidos podía ser un indicio de la patología.

En el lenguaje popular se hablaba incluso de varias fases del padecimiento. «Si vistes bien eso es suficiente» para que el Departamento de Orden Público (DOP) sospechara, le comentó a Yglesias un joven de quince años que se encontraba en «la primera fase de la enfermedad». Ese primer momento, explicaba el muchacho, no tenía que ver con la política, sino más bien con el deseo de

---

[109] Carlos Rafael Rodríguez: «Problemas del arte en la Revolución», *Letra con filo*, t. 3, Ediciones Unión, La Habana, 1987, p. 548.

Imágenes 10-11. «Vida y milagros de Florito Volandero», historieta homofóbica publicada en *Mella*, n.º 325, 24 de mayo de 1965, pp. 20-21.

SIN EMBARGO, CADA DÍA QUE PASABA ENCONTRABA MENOS COMPRENSIÓN... Y EL POBRE FLORITO NO PODÍA MENOS QUE COMPARAR:
CUBA:
EL MUNDO LIBRE:
TODOS A LA RECOGID
DE CAFE
SE EDITA EN NEW YORK UNA REVISTA DEDICADA ESPECIALMENTE A LOS HOMOSEXUALES.
...Y HAY QUE SEGUIR DEPURANDO... ¡NO QUEREMOS GUSANOS NI CORROMPIDOS EN LA UNIVERSIDAD!
...Y FLORITO AL FIN COMPRENDIÓ...
¡PROTÉGEME, JOHNNY! ¡SOY UN PERSEGUIDO POR LOS COMUNISTAS!
CAL 45

consumo de cosas diferentes, con «estilo», a las que en Cuba era imposible acceder. Debido a la frustración que esto generaba y al control del Estado –agregaba– los jóvenes entraban en la última fase, que consistía en despreciar todo lo relacionado con la Revolución y solo esperaban «alcanzar la edad mágica de veintisiete años para poder aplicar para salir del país».[110]

Las regulaciones gubernamentales estaban orientadas a la prohibición del más mínimo detalle por pequeño que fuera, hasta los espejuelos de protección solar incluso en un país tropical como Cuba. Otro de los informantes de José Yglesias, identificado por el alias de El Sapito, aseguró que en el país no se podían obtener gafas de sol sin receta médica. Así lo describía:

> Tú no puedes tenerlas así no más. Tienes que tener una prescripción. ¡Unas gafas de sol! Eso es algo con *feeling*, ¡gafas de sol! ¿Esa es una palabra americana, verdad, José? Me gustaría tener uno de esos trajes italianos. Muy ajustado. Eso sí es *feeling*! Pero no podría usarlo, por supuesto. En La Habana quizás. Pero aquí en Mayarí el DOP te recogería inmediatamente.[111]

En este testimonio hay un término que merece atención: *feeling* ('sentimiento'). En la música cubana fue muy utilizado para definir un tipo de canción o interpretación asociada con el bolero que surgió entre la isla y México a mediados de 1940. Entre los compositores cubanos más importantes de este género se encuentran José Antonio Méndez y César Portillo de la Luz, autores de canciones como «Novia mía» y «La gloria eres tú».

El *feeling* estaba vinculado al mundo de los bares, victrolas y cabarets y al triunfo de la Revolución, comenzó a ser criticado, una vez que estos ambientes comenzaron a representarse como espacios de decadencia y relajación moral. Se pensaba, entonces, que el *feeling* estaba condenado por el contexto social del período en que había surgido y

---

[110] José Yglesias: *In the Fist of the Revolution. Life in Castro's Cuba*, Penguin Books, Middlesex, 1970, pp. 203-204.

[111] Ibídem, p. 209.

se le conectó también con la enfermedad. Por el carácter intimista de sus canciones se acusó a los autores de evadir la realidad social y de pesimismo. Los compositores e intérpretes de este género no contaron con la gracia de los comisarios culturales del país, a quienes los ritmos y temas les resultaban «lánguidos, con un contenido tremendamente individualista por lo general, y egoísta siempre».[112]

En 1963, se celebró en la Biblioteca Nacional José Martí un fórum sobre el *feeling*. Allí la cantautora Ela O'Farrill se quejó de un folleto publicado por Gaspar García Galló en el que criticaba dos canciones suyas: «Adiós felicidad» y «Ya no puedo llorar». Según O'Farrill, en la Editora Nacional se le dijo que para grabar el primer tema debía cambiarle el nombre. Al parecer, García Galló consideraba que esas composiciones se prestaban para ser usadas por «la gusanera para hacer campaña contrarrevolucionaria». El funcionario conminaba a los artistas a ser más revolucionarios y a no «dejarse llevar por el afán de cantar sus penas falsas y fingidas».[113] Ela O'Farrill fue la compositora también de la canción «Freddy», dedicada a Fredesvinda García Valdés (*La Freddy*), una de las exponentes más importantes del *feeling* en Cuba y a quien Guillermo Cabrera Infante recreó como Estrella Rodríguez en los pasajes de «Ella cantaba boleros», de su libro *Tres tristes tigres* (1967).

De acuerdo con José Mario Rodríguez, el *feeling* fue un fenómeno que se propagó conjuntamente con la enfermedad y sirvió de «original válvula de escape colectiva en la Cuba revolucionaria». Así lo describe:

> Aquellas mulatas de voz pastosa y caliente que divulgaban por los clubs de los alrededores de La Rampa sus canciones (como si todas fueran una sola) lentas, a la vez que llenas de exabruptos, azucaradas, y, sin embargo, desprovistas de esperanza, estaban muy lejos de imaginarse

---

[112] Antonio Mariño (Ñico): «Los enfermitos», *Palante*, año II, n.º 23, 28 de marzo de 1963, p. 11. Para más información sobre el *feeling* cfr. Robin D. Moore, *Music and Revolution. Cultural Change in Socialist Cuba*, University of California Press, 2006.

[113] V. C.: «Adiós Felicidad. Ela O'Farrill hace aclaraciones», *Revolución*, 8 de abril de 1965, p. 5.

que ellas y sus seguidores eran la manifestación más clara de un incipiente proceso de descomposición a escala nacional. Tras el fracaso del amor (tema de la mayoría de las canciones) quedaban implícitos los gérmenes del agobio represivo. El aparato social nos ejemplificaba en sus «enfermos» que algo no andaba bien en su engranaje.[114]

Pero el género musical que más se criticó y censuró en Cuba durante ese período fue el *rock and roll*. En general, la música en inglés era considerada extranjerizante y una mala influencia para los jóvenes. The Beatles y Elvis Presley fueron los que más ataques públicos recibieron por parte de los comisarios y la prensa. The Beatles eran desacreditados por su apariencia, sus peinados, pero sobre todo por la popularidad de que gozaban a nivel internacional. Aunque su música estaba prohibida en la radio nacional, muchos de los discos circulaban de manera clandestina y se escuchaban a escondidas a través de radios de onda media y corta que también estaban prohibidos.

En una ocasión, el ministro de las FAR, Raúl Castro Ruz, dijo que por esas frecuencias Estados Unidos trataba de «penetrar» a los jóvenes a través de la transmisión de programas que los incitaban a «adquirir hábitos de vida extravagantes y a no participar activamente en el proceso revolucionario».[115] Cualquiera podía ser acusado de «enfermito» o de tener tendencias extranjerizantes y antipatrióticas, si socializaba este tipo de música o si comentaba sobre libros y autores censurados. Para lidiar con la censura y no ser descubiertos, los jóvenes comenzaron a forrar los libros. Los discos de vinilo circulaban en las carátulas de otras bandas para despistar a las autoridades.

La ascendencia de The Beatles se hizo notar hasta en los cortes de pelo de los cubanos. Las melenas a lo Paul McCartney y Ringo Starr recibieron la crítica y el escarnio en la prensa. Se decía que los «enfermitos» andaban en legiones por algunas calles de

---

[114] José Mario Rodríguez: «Hinostroza aconseja a los lobos», *Exilio*, verano, 1972, p. 20.

[115] Raúl Castro Ruz: «El diversionismo ideológico: arma sutil que esgrimen los enemigos contra la Revolución», *Verde Olivo*, año XIV, n.º 30, 6 de junio de 1972, p. 9.

—Oye, Panchito, ¿ese pantalón no te queda ancho?
—Sí, viejo, pero me lo pongo para que no me confundan.

Imagen 12. Caricatura homofóbica de Antonio Mariño (Ñico) publicada en *Palante*, n.º 22, 21 de marzo de 1963, p. 2.

La Habana y se les podía identificar por «el disfraz», por los «pelos bien revueltos y en distintos colores», las «faldas bien cortas con pantorrillas al aire», los «medallones con tiras largas», las «patillas bien finitas», los «libros en el sobaco», «pantaloncitos estrechitos» y por los peinados a lo Accatone y Nerón.[116]

No resulta extraño la referencia a *Accatone*, una película de Pier Paolo Passolini que se estrenó en La Habana en 1963, junto a *La dolce vita* de Federico Fellini, *El ángel exterminador* de Luis Buñuel

---

[116] «Los vagos se disfrazan de enfermitos», *Mella*, n.º 293, 5 de octubre de 1964, p. 9.

y *Alias Gardelito* de Lautaro Murúa. La proyección de estos filmes causó cierto revuelo entre los funcionarios que diseñaban la política cultural en la isla y generó una enconada polémica entre Alfredo Guevara, director del Instituto Cubano de Arte e Industria Cinematográficos (ICAIC) y el Secretario del Partido Comunista, Blas Roca Calderío. En su habitual columna «Aclaraciones», publicada en *Hoy*, órgano oficial del partido en ese momento, el viejo militante reprodujo una carta del actor cubano Severino Puente en la que preguntaba: «¿Es positivo ofrecerle a nuestro pueblo con este tipo de argumentos derrotistas, confusos e inmorales sin que tenga antes, por lo menos, una explicación de lo que va a ver?».

Blas Roca reconoció no haber visto las películas, pero dijo que, por los comentarios de algunos trabajadores que sí lo habían hecho, no eran «recomendables para nuestro pueblo, en general, ni, en particular, para la juventud». En el texto, el comisario disertó acerca de la función social del cine como fenómeno de entretenimiento de masas, y sobre cómo la obra de arte cinematográfica podía contribuir al amor al «trabajo productivo o a despreciarlo, a preferir la ligereza y la banalidad en lugar de la responsabilidad». De acuerdo con Roca, las películas de gánsteres estadounidenses habían inducido a «millares de jóvenes a seguir los caminos de la delincuencia, de la perversidad, del crimen, de la violencia "sin causa"». Por lo tanto, había que evitar la proyección de materiales que les hiciera «propaganda al vago, al proxeneta, al egoísta», y que los presentara como simpáticos y atractivos. «No son los Accatones ni los Gardelitos modelos para nuestra juventud», concluía el autor de *Los fundamentos del socialismo en Cuba*.[117]

La respuesta de Alfredo Guevara, responsable de la proyección de los filmes, no se hizo esperar: «No es la primera vez que escuchamos "cantos de sirenas": el héroe positivo, la necesidad del final feliz, la moraleja constructiva, la elaboración de arquetipos, el llamado realismo socialista». Guevara advertía que si solo se proyectaban obras de agitación y propaganda, «el público quedaría

---

[117] Blas Roca Calderío: «Preguntas sobre películas», *Noticias de Hoy*, 12 de diciembre de 1963, p. 2.

reducido a una masa de "bebés" a los cuales maternales enfermeras administrarían la "papilla-ideológica" perfectamente preparada y esterilizada, garantizando de este modo su mejor y más completa asimilación».[118]

Aunque Guevara se había desempeñado también como censor –el *affaire* con el corto *PM* así lo confirma–, tenía razón cuando advirtió el proceso de infantilización al que estaban sometidos los ciudadanos en Cuba.[119] En ese momento, el campo de la cultura era dirigido por militantes de la ortodoxia comunista, marcada por el estalinismo, que concebían la ciudadanía como una «masa» que debía seguir acríticamente a la «vanguardia» de la Revolución y el Partido. Esa vanguardia estaba «iluminada» –se decía– por el marxismo-leninismo, única visión filosófica autorizada entonces. La cultura para estos funcionarios tenía un carácter instrumental desde el punto de vista ideológico y pedagógico. De ahí la vigilancia, la supervisión y la censura de todos los productos culturales que ofrecieran modelos y visiones que pudieran «contaminar» a los jóvenes.

Por otra parte, esta polémica facilitó la construcción de otras identidades sociales. Por ejemplo, en aquellos años, a los jóvenes burgueses y funcionarios que tenían altos niveles de consumo y confort se les conoció como «muchachos bien» o «de vida dulce», en alusión directa a la película de Fellini. Estos hombres llamaron muy pronto la atención del Estado y fueron enviados a granjas de trabajo o a las Unidades de Ayuda a la Producción como se verá en el próximo capítulo.

De acuerdo con la socióloga María Antonia Cabrera Arús, durante los años sesenta y setenta, el Estado trató de promover

---

[118] Alfredo Guevara: «Alfredo Guevara responde a las "Aclaraciones"», en Graziella Pogolotti, *Polémicas culturales de los 60*, Editorial Letras Cubanas, La Habana, 2006, pp. 171 y 173.

[119] *PM* fue un corto sobre la noche habanera producido en marzo de 1961 por Sabá Cabrera Infante y Orlando Jiménez Leal. La censura del filme desató una polémica que culminó en junio de 1961, con tres reuniones de Fidel Castro con artistas e intelectuales. En el último encuentro Castro, con su revólver sobre la mesa, pronunció la frase que sirvió de máxima para la política cultural del país: «Dentro de la Revolución todo, contra la Revolución nada». (Cfr. Orlando Jiménez Leal y Manuel Zayas [coord.]: *El caso PM. Cine, poder y censura*, Editorial Colibrí, Madrid, 2012).

una «moda revolucionaria» basada en el uso de ropa de trabajo, uniformes militares y escolares, y también de la guayabera. Estas prendas, señala, fueron utilizadas para la divulgación de «discursos populares, igualitarios, nacionalistas y productivistas con los que se legitimó el nuevo régimen». Entonces se pensaba que la moda era un campo fundamental para fundar una nueva moral y nuevas subjetividades, eso explica por qué determinadas prendas se asociaron con los valores y el universo material de la burguesía.[120]

En julio de 1967, *Alma Mater*, la revista de la Federación Estudiantil Universitaria (FEU), publicó un debate sobre la moda que recuperó estas cuestiones. Uno de los participantes representó a los «enfermitos» como un «grupo enajenado, a mil millas de distancia de la construcción del socialismo». Otro de los que contribuyó a la discusión dijo que el interés por la moda estaba asociado a «sectores de la juventud caracterizada por una posición blandengue ante la vida, por una posición no militante ante la vida». Mientras había algunos jóvenes, agregaba, «que de lo único que se preocupan es de que si la moda, que si la minifalda, que el peinadito», había otros, en cambio, que se estaban «sacrificando mucho en este país, cortando caña en nuestros campos». Uno de los participantes replicó. Le indicó que era un error juzgar a la gente a través de la apariencia y que no debía tomarse en cuenta el país de procedencia de las modas y las ropas. Lo más importante, puntualizaba, era «si el individuo es o no es revolucionario».[121]

En la conversación salió a relucir otra prenda de vestir que se convirtió en centro de atención de la dirigencia política a inicios de la década de 1960. Se trata de la minifalda, una saya bien corta que se puso muy de moda y fue todo un reto al puritanismo revolucionario. El uso de la minifalda causó tanta ira como los *jeans* o los pitusas. En los medios se producían caricaturas y artículos que

---

[120] María Antonia Cabrera Arús: «Pañoletas y polainas. Dinámicas de la moda en la Cuba soviética», *Kamchatka*, n.° 5, julio, 2015, pp. 253 y 247.

[121] «La moda», *Alma Mater*, n.° 8, 20 de julio de 1967, pp. 4-5.

buscaban, con el escarnio y la ridiculización, el rechazo social. La cruzada llegó hasta las escuelas. Maestras armadas con tijeras cortaban a diestra y siniestra cerquillos y descosían los dobladillos de las faldas que no reunían el largo estipulado.

La minifalda sirvió para establecer no solo el control sobre el cuerpo femenino, sino también para delinear la política con respecto al consumo. Su uso fue percibido como un síntoma de banalidad y consumismo. El 30 de noviembre de 1971 el mismísimo Fidel Castro se refirió en un discurso a este fenómeno. El comandante veía en las revistas de modas occidentales un peligro para la estabilidad de los valores y hábitos que se estaban imponiendo en la sociedad cubana: «Y saca una revista y ve una maravilla: la última moda de Nueva York, de Europa, de Hollywood, de California, de Washington. El último abrigo, el último vestido. Que si minifalda, que si maxifalda. (*Risas.*) Que si un año el vestido por el tobillo, que otro a mitad del muslo, discretamente (*Risas.*)».

Lo curioso es que, para la fecha de esa arenga, en Cuba ya no circulaba ninguna de las publicaciones a las que alude. La revista *Mujeres*, órgano oficial de la Federación de Mujeres Cubanas, era la que intentaba suplir esa demanda. En la alocución, el máximo líder hizo referencia al pie de foto de un artículo que lo mencionaba. Contó que el texto reportó un acto en el que dos muchachas se le acercaron: «vinieron con una de esas modas, uno de esos... ¿Cómo se llama? ¿Hot qué?... *Hot pants*, ¿no? (*Risas.*) Como ustedes ven, la cosa no es ni española. Hay que pronunciarlo en inglés». El dictador trató de reproducir la leyenda de la imagen: «"Castro con las dos jóvenes que llegaron allí con sus *hot pants* y sus medias de malla", y no sé cuántas cosas».

Fidel consideró que el artículo era tendencioso y sugería que en Cuba los revolucionarios se oponían al influjo de la moda. «No. Nadie nunca se ha opuesto en Cuba a las modas. A lo que nos oponemos es al mercantilismo de las modas», aseguró. Pero fue más allá y dijo que los dirigentes preferían el uso de las faldas cortas, alegando que «nuestro país es un país tropical y se ahorra tela. (*Risas y aplausos.*)». Concluyó con su particular arrogancia: «Así

Imagen 13. Caricatura de Francisco Blanco publicada en *Palante*, n.º 23, 28 de marzo de 1963, p. 19.

que los que creyeron que estaban presentándonos a nosotros en una actitud sacrílega, se equivocaron de medio a medio».[122] A pesar de su desprecio público por el consumo y por la moda, Fidel Castro siempre usó lujosos trajes de verde olivo y relojes suizos, generalmente Rolex, que contrastaban con el espíritu de austeridad que trató de imponer en Cuba.

Una mirada transnacional sobre este tema apunta a cierto desfase de los comisarios culturales y políticos cubanos respecto de sus homólogos de los países socialistas. En los sesenta, por ejemplo, mientras en Cuba se perseguía a los que se vistieran de modo diferente, en la Unión Soviética se trató de competir con los estándares de vida y de la moda en Occidente, sin descuidar el proyecto del hombre nuevo. De acuerdo con Susan E. Reid, durante la era de Jruschov, los soviéticos se trataron de crear una nueva cultura de consumo basada en la producción de otras necesidades y de nuevos tipos de bienes, que ofrecieran una imagen de modernización del Estado y del estilo de vida de los ciudadanos soviéticos.[123] Este proceso comenzó a fines de 1950, cuando los países socialistas, motivados por la Unión Soviética, se abrieron cautelosamente a las tendencias de la moda de Occidente.[124] Sin embargo, los soviéticos seguían controlando la moda a través de un sistema de producción y distribución centralizado, que no podía competir con la producción en masa ni con la variedad de los diseños europeos.

Lo mismo sucedió en Cuba. Aunque el gobierno trató de normalizar e imponer el gusto y un tipo de consumo, encontró la resistencia de la gente. Muchos preferían comprar telas para confeccionar sus propias ropas o mandarlas a hacer con sastres y costureras, que consumir las que se vendían en las tiendas estatales. Esto se

---

[122] Fidel Castro Ruz: «Discurso en la Plaza Mayor de la ciudad de Valparaíso, Chile, 30 de noviembre de 1971», Departamento de Versiones Taquigráficas del Gobierno Revolucionario, <http://www.cuba.cu/gobierno/discursos/1971/esp/f301171e.html>, [20/04/2018].

[123] Cfr. Susan E. Reid: «This is Tomorrow! Becoming a Consumer in the Soviet Sixties», en Anne E. Gorsuch & Diane P. Koenker (eds.), *The Socialist Sixties. Crossing Borders in the Second World*, Indiana University Press, 2003, p. 31.

[124] Djurdja Bartlett: *FashionEast: The Spectre That Haunted Socialism*, MIT Press, Cambridge, 2010, p. 144.

convirtió en un problema, porque ni las confecciones nacionales ni las importadas del campo socialista tenían salida. A inicios de 1981, la revista *Bohemia* realizó una encuesta sobre la ropa producida en el país. La pesquisa se hizo en las provincias de Matanzas y La Habana. De las ciento treinta y cinco personas entrevistadas, ciento cinco dijeron que la ropa que vendía el Estado no respondía a las tendencias de la moda, cincuenta y ocho consideraron que los diseños eran malos, mientras que sesenta y ocho encuestados los evaluaron de regulares. Ciento quince personas se quejaron de la estandarización y de la política del «todos tenemos», una frase muy común en la isla para criticar la uniformidad y la homogenización. La mayoría de los encuestados dijo que los precios eran altos, que las telas no se adecuaban al clima tropical y que había problemas con las tallas.

En el informe de investigación, las autoras reprodujeron preguntas y comentarios de los que participaron en la encuesta. Comparto algunos de ellos: «¿Por qué no se hacen pitusas de mezclilla buena para los jóvenes?; ¿por qué no se hacen más encuestas a la población?; ¿por qué llega tan tarde a las tiendas la ropa de moda?; ¿por qué no se hace más ropa que nos ayude a soportar el calor?». Y siguen: «¿Estudian las costureras de los talleres industriales cursos básicos de apreciación de diseño?; ¿se analizan los criterios que se manejan en la moda internacional a la hora de confeccionar nuestra ropa?; ¿por qué en verano se vende ropa de invierno y viceversa?». También criticaron los nombres de las marcas revolucionarias: «Los letreros "Jiquí" y "Cañero" son de muy mal gusto»; «nuestro clima no resiste el látex y el poliéster»; «La ropa de la mujer trabajadora es horrible. La hacen como si todas trabajáramos en la agricultura».[125] Este tipo de contenido, que criticaba directamente la gestión del Estado, no era usual que se publicara en los medios. La encuesta no debe haberles hecho mucha gracia a los funcionarios ni a los líderes de la Revolución.

---

[125] Tania Quintero y Magda Martínez: «Desde el diseño hasta la talla. Encuesta de *Bohemia* sobre las confecciones textiles», *Bohemia*, 16 de enero de 1981, pp. 32-34.

Esta política de control sobre el cuerpo y la moda no fue exclusiva de los regímenes comunistas durante la Guerra Fría. En abril de 2016, algunos medios informaron que en Corea del Norte se recrudeció la represión contra aquellas personas que usaban ropa o peinados occidentales. Entre los elementos prohibidos estaban los *jeans* y los *piercings*. Los controles se intensificaron justo antes de que se celebrara el Séptimo Congreso del Partido de los Trabajadores, sobre todo en las provincias de Hamgyong del Norte y Yanggang, regiones que están muy cerca de China. De acuerdo con Associated Press, los norcoreanos ya estaban obligados a usar peinados aprobados por el régimen. Al parecer, el Estado creó una lista de cortes de pelo que las personas pueden elegir. Varias regulaciones anteriores obligaban a que los hombres usaran peinados socialistas espartanos que no tuvieran más de tres o cuatro pulgadas. La campaña se difundió con el lema «Vamos a cortarnos el cabello de acuerdo con el estilo de vida socialista», y estaba dirigida a controlar los estándares de aseo y vestimenta.

Los que violen estas disposiciones pueden ser enviados a campos de trabajo forzado por atentar contra la moral pública. La supervisión se establece a través de «unidades de inspección» conformadas por simpatizantes del régimen de Kim Jong Un. Estos inspectores salen a patrullar las calles para detectar a quienes se atreven a romper el código de vestimenta. «Se enfocan en supuestas tendencias capitalistas como la longitud de las faldas, la forma de los zapatos, las camisetas, los peinados y la ropa», informó *Rimjin-Gang*, un sitio norcoreano de noticias.[126]

La campaña contra los «enfermitos» en Cuba también sirvió para criticar las estéticas y prácticas contraculturales globales, sobre todo aquellas relacionadas con el movimiento *hippie* estadounidense. Esos jóvenes que protestaban contra la guerra en Vietnam y se enfrentaban a la cultura *mainstream* de Estados

---

[126] Cfr. Rachel Middleton: «North Korea Bans Jeans and Piercings in Crackdown Against Western Culture», *International Business Times*, April 17, 2016, <https://www.ibtimes.co.uk/north-korea-bans-jeans-piercings-crackdown-against-western-culture-1555313>, [05/08/2019].

Imagen 14. Caricatura de Luis Wilson de la serie *Moda y modo*, publicada en *Palante*, n.º 29, 6 de mayo de 1971, p. 3.

Unidos recibieron ataques en la prensa cubana por sus prácticas radicales como el uso de drogas y la experimentación sexual. Los guiños de los cubanos a este movimiento fueron leídos por los comisarios políticos y culturales como síntomas de descontento y rebeldía, que podían llegar a traducirse en protestas contra el régimen revolucionario. En 1966, Carlos Rafael Rodríguez explicaba que la estética de los *hippies* era una respuesta crítica a la sociedad estadounidense, pero que en Cuba no era conveniente: «Hoy por hoy a nosotros aquí en nuestro país no nos gusta, por lo menos, no gusta a la generalidad, los muchachos con el pelo largo, la guitarrita y los pantalones apretados». Rodríguez reconocía que en Estados Unidos esos muchachos eran la expresión de un espíritu contestatario que se manifestaba en Peter Seeger y otros cantores populares. Aunque dijo que sería erróneo que se conectara a esos «"peludos" con el homosexualismo, con la decadencia, con todo tipo de manifestaciones detestables», dejó claro que esos modos de protesta no se adecuaban al contexto cubano. En otro momento preguntó: «¿Debe tener la misma manifestación y la misma connotación? ¿Es que nuestros jóvenes están obligados a protestar en esa forma en nuestro país de las muchas cosas que hay que protestar?». Inmediatamente el funcionario se contestó a sí mismo: «Creo que no es necesario, creo que no es conveniente», porque, explicó, «muchas manifestaciones que serían lícitas, han sido acaparadas por gente ilícita».[127]

La moda se continuó politizando y los ataques de la prensa a los *hippies* se recrudecieron. En septiembre de 1967, el diario *Juventud Rebelde* publicó un artículo titulado «Europa está enferma. ¿Qué pasa con los hippies?», firmado por Félix Pita Astudillo, corresponsal de la Agencia Prensa Latina.[128] El texto reseñaba una convención de *hippies* que se celebró en el teatro Round House de Londres.

---

[127] Carlos Rafael Rodríguez: «Problemas del arte en la Revolución», *Letra con filo*, t. 3, Ediciones Unión, 1987, pp. 547-548.

[128] Félix Pita Astudillo: «Europa está enferma. ¿Qué pasa con los *hippies*?», *Juventud Rebelde*, 5 de septiembre de 1967, p. 5.

El evento, organizado por el psicólogo Joe Berke, contó también con la participación del poeta norteamericano Allen Ginsberg y el líder del movimiento Black Power, Stokely Carmichael. Allen Ginsberg había estado en Cuba en 1965, fue invitado para formar parte del jurado del Premio Casa de las Américas de poesía y estaba al tanto de la campaña contra los «enfermitos» y las depuraciones contra los homosexuales en la Universidad de La Habana.

En su visita a la isla, el poeta beatnik se había relacionado con José Mario Rodríguez, director de Ediciones El Puente. José Mario contó que una noche se encontraba en la habitación del hotel Riviera junto a Ginsberg, cuando llegó Manuel Díaz Martínez del periódico *Hoy*, órgano oficial del Partido Comunista. El periodista le preguntó al estadounidense qué le diría a Fidel Castro si se lo encontrara en la ciudad. De acuerdo con José Mario, Ginsberg se comportó de modo displicente y le sugirió que en La Habana había otras cosas más interesantes que el caudillo, pero que de encontrarlo le pediría que no siguiera fusilando, «que no persiguiese más a los enfermitos, pues estos representaban el caudal de sensibilidad del pueblo cubano». Con la conversación, la lista de peticiones fue creciendo: el poeta dijo que Castro debía permitir «la venta libre de mariguana, porque los médicos habían probado que era menos dañina que el alcohol», y poner fin a la persecución de homosexuales, que ellos no eran incompatibles con el comunismo.[129]

Días después de este *affaire*, Allen Ginsberg fue expulsado de Cuba. Agentes de la Seguridad del Estado lo sacaron de su hotel y lo enviaron en un avión hacia Praga.

Aunque el gobierno cubano trató de silenciar este incidente, no pudo impedir que se regara como la pólvora entre los círculos intelectuales. No es de extrañar entonces que el reportaje de *Juventud Rebelde* sobre los *hippies*, firmado por Félix Pita Astudillo, destacara la presencia de Ginsberg para desprestigiar el evento que utilizaba consignas y eslóganes como «Make love, no war» y «Flower power». El periodista definió a los *hippies* como

---

[129] José Mario Rodríguez: «Allen Ginsberg en La Habana», *Mundo Nuevo*, n.° 34, 1969, p. 49.

Imagen 15. Caricatura de Luis Wilson de la serie *Moda y modo*, publicada en *Palante*, n.º 29, 6 de mayo de 1971, p. 3.

«extraños melenudos, escépticos, gregarios, irreverentes, frustrados hasta la médula, sucios, descalzos y desaliñados». Reconocía que el «*hippie* promedio» se oponía a la guerra de Vietnam, pero criticaba que «el melenudo» fuera «reticente ante la perspectiva de encuadrarse dentro de una organización política de la izquierda tradicional», y que rechazara «el llamado humanismo marxista en los países socialistas». Por otra parte, el articulista se lamentaba de que un *hippie* podía simpatizar con Cuba, «pero intelectualmente no admite la posibilidad de nuestra independencia ideológica». El texto criticaba también el uso de la marihuana en la cultura *hippie* y la libertad sexual «en todas sus variantes».[130] De este modo, la campaña contra los «enfermitos» trataba de conectar la moda con la superficialidad, la ostentación, la homosexualidad y con «necesidades» que no se ajustaban a la racionalidad socialista.

«El mundo de los diferentes». Humor político y diagnósticos ideológicos

La campaña nacional que el Estado desató contra los «enfermitos» trascendió más allá de los discursos o dispositivos tradicionales de producción de saber y poder. La concepción biopolítica, asentada en la ideología comunista y los discursos homofóbicos relacionados con la producción de la «enfermedad», se codificó y se tradujo también a un lenguaje humorístico. La cruzada se emprendió contra las barbas a lo *hipster* que usaban muchos jóvenes. En una entrevista que se publicó de manera póstuma en la revista *Letras Libres* en abril de 2015, Carlos Franqui –quien participó en la lucha contra la dictadura de Fulgencio Batista junto a Fidel Castro y fue el director del periódico *Revolución*– le comentó a la historiadora Lillian Guerra que en 1959 las barbas estaban cargadas de sentido para la mayoría de los cubanos. Relata Franqui que, cuando él decidió cortarse la suya, Fidel Castro lo reprendió porque consideraba que era un atributo de los

---

[130] Félix Pita Astudillo: Ob. cit., p. 5.

rebeldes: «Le repliqué que él vería que eso iba a terminar, y que la única barba que quedaría sería la suya».[131]

Tenía razón Carlos Franqui, porque desde 1959 la barba se convirtió en un código fálico exclusivo del comandante, cuya función era recrear no solo su masculinidad sino también su mesianismo. Con el fin de preservarle ese símbolo al máximo líder, la prensa de la época conminaba a la ciudadanía a no usar ni las barbas ni los uniformes de verde olivo para no crear confusiones. En un texto publicado en *Palante* y titulado «Barbas a destiempo» se lee:

Yo admiro, respeto, quiero,
Las barbas que con hazañas
crecieron en las montañas
Entre candela y acero.
Sin embargo, no tolero,
ciertas barbitas de ahora,
que son, llegando a deshora,
el desprestigio de aquellas
que alumbraron como estrellas
La manigua redentora.

Hay quien se deja un vellito y no sabe el come-cuerda,
que la barba no concuerda con cierto caminaíto.
Es ofensa un enfermito
con la carita barbuda, además despierta duda
y siempre inspira sorpresa, que de barba tan espesa
nazca una voz tan menuda.
Barba es fuerza, no es encaje
del cobarde que no advierte
que cuando el tronco no es fuerte
no se explica el gran ramaje.
Sigan con el artistaje
y el «me rompo si me escarbas»

---

[131] Lillian Guerra: «Fidel, ¿por qué no desapareces? Entrevista inédita con Carlos Franqui», *Letras Libres*, año 17, n.º 196, 2015, p. 30.

sigan cultivando larvas y dándose piedra pómez.
¡Dejen a Máximo Gómez y a Fidel las grandes barbas![132]

Estos chistes habían sustituido a aquellos que criticaban el uso de la barba como un símbolo exclusivo de los guerrilleros en el poder. El caricaturista cubano Antonio Prohías, por ejemplo, criticaba constantemente la figura de Fidel Castro antes de que *El Mundo* fuera intervenido y confiscado. El 14 de febrero de 1959, Prohías publicó en ese rotativo una caricatura, «Cartel constructivo», en la que aparecía una cuchilla de afeitar junto una tijera. Al pie de la imagen se leía: «Acuérdense que los barberos también tienen hijos».[133]

Dentro de las dictaduras o los gobiernos totalitarios el humor político es un artefacto de resistencia *underground* que la gente utiliza para ridiculizar el poder y sus figuras más visibles. En el caso cubano, ese tipo de humor fue inmediatamente silenciado y coartado por el Estado. A Fidel Castro las bromas en la prensa no le hacían ninguna gracia. En un discurso pronunciado el 6 de febrero del mismo año 1959, el caudillo descargaba su ira contra algunos caricaturistas:

> Hay caricaturas casi continuas que están también llenas de mala intención y de mala fe. Dirán que si pretendemos coartar el humorismo. ¡Dios nos libre de querer coartar el humorismo!, al contrario, creo que hay que reírse un poco de esas cosas; pero yo no creo que nuestros artistas sean tan poco originales, yo no creo que nuestros artistas sean tan poco revolucionarios, que la única manera que tengan de divertir al pueblo sea haciéndole daño al pueblo, que la única manera que tengan de divertir al pueblo sea haciéndole daño a la Revolución, sembrando la intriga y sembrando la insidia contra la Revolución.[134]

---

[132] Chucho Rajatablas: «Barbas a destiempo. Especial para los enfermitos», *Palante*, año IV, n.º 4, 19 de noviembre de 1964, p. 15.

[133] Antonio Prohías: «Cartel constructivo», *El Mundo*, 4 de febrero de 1959, A-4.

[134] Fidel Castro Ruz: «Discurso pronunciado en la empresa petrolera Shell, 6 de febrero de 1959», Departamento de Versiones Taquigráficas del Gobierno Revolucionario, <http://www.cuba.cu/gobierno/discursos/1959/esp/f060259e.html>, [08/04/2019].

A finales de ese año, Castro mandó a cerrar el semanario *Zig-Zag*, una publicación con una larga historia de crítica desde 1938. Según Ramón Fernández Larrea, lo que incomodó al comandante de *Zig-Zag* fue un chiste que criticaba el modo en que él secuestraba el discurso público: «Hace 15 minutos que Fidel no habla», decía. Poco después, Castro «prohibía al actor cómico más popular de Cuba, Leopoldo Fernández (Tres Patines), porque en una actuación teatral, mientras señalaba hacia un gran retrato del "jefe", dijo: "A este tenemos que colgarlo bien alto"».[135]

De acuerdo con Elliot Oring, el humor responde a un proceso de «estetización de ideas» y de experiencias. Es una manipulación artística del contenido de la vida cotidiana, explica, y suele ser muy peligroso en contextos totalitarios, de censura de prensa, de delaciones, ya fuera en la Alemania nazi, la Unión Soviética, las repúblicas socialistas del Este, la España franquista, o Cuba.[136]

Apenas los rebeldes tomaron el poder sobre los medios, se estableció un férreo control sobre la risa y comenzaron a prohibir las caricaturas sobre los líderes de la Revolución, en especial las que aludían a Fidel Castro. El humor producido bajo el amparo estatal tenía la función de reforzar la ideología oficial y, al mismo tiempo, la corrección de las transgresiones. Con este propósito se desplegó una serie de códigos que utilizaban la ridiculización y el escarnio como un arma contra los enemigos políticos del nuevo régimen.

El semanario *Palante* desempeñó un papel importante en ese sentido. Esta publicación estaba orientada al entretenimiento masivo y buscaba llenar con contenido político hasta los momentos de ocio de la población. Mediante la simplificación de los mensajes y la creación de una voz ideológica que se complementara con la retórica oficial, *Palante* se convirtió no solo en un instrumento para entretener y hacer crítica social controlado por el

---

[135] Ramón Fernández Larrea: «La risa en la sombra: muerte del humor político cubano», *El Nuevo Herald*, 17 de mayo de 2009, <https://www.elnuevoherald.com/article1995487.html>, [09/10/2019].

[136] Elliott Oring: «Risky Business: Political Jokes under Repressive Regimes», *Western Folklore*, Vol. 63, No. 3, Summer, 2004, p. 215.

Imagen 16. «Los enfermitos», caricatura de Antonio Mariño (*Ñico*) donde se ridiculiza a los homosexuales y se los asocia con la enfermedad. Publicada en *Palante*, año II, n.º 23, 28 de marzo de 1963, p. 11.

Estado, sino también en un arma política. La publicación utilizó la jerga médica e higienista desde su primer editorial el 16 de octubre de 1961: «Somos vermífugos, porque luchamos revolucionariamente contra el parasitismo social que padecen algunos pueblos del mundo y porque también luchamos por los residuos del parasitismo que aún pretenden vegetar en Cuba. Vermífugos para erradicar desde la tenia hasta los tricocéfalos, como dijo en su discurso el líder máximo del pueblo».[137]

---
[137] «Editorial», *Palante*, año I, n.º 1, 16 de octubre de 1961, p. 2. Muchos caricaturistas y humoristas contribuyeron con esta publicación a lo largo de los años. Entre las figuras más importantes se encontraban Gabriel Bracho Montiel, Luis Wilson (*Wilson*),

Imagen 17. Caricatura de Luis Wilson de la serie *Moda y modo*, publicada en *Palante*, n.º 29, 6 de mayo de 1971, p. 3.

El semanario se representaba a sí mismo como una suerte de «anticuerpo» político socialista basado en la risa «sana y constructiva». En ese sentido, señalaba: «Somos antibióticos porque combatimos toda manifestación infecciosa en el mundo y en este territorio nacional. Esto es, somos antiimperialistas».[138]

Para el consejo de redacción de *Palante* el humor tenía una función instrumental, porque podía servir para «adoctrinar, para

---

Arístides Pumariega (*Arístide*), Antonio Mariño (*Ñico*), Gustavo Prado (*Pitín*), Francisco Blanco (*Blanco*), Juan Manuel Betancourt (*Betán*), Alberto Enrique Rodríguez Espinosa (*Alben*), Juan Angel Cardi (*Cardi*), Francisco Pascasio Blanco Ávila (*Blanco*), Luis Mitjans (*Mitjans*), René de la Nuez (*Nuez*).

[138] Ídem.

enseñar, para iniciar y para construir», y prometió estar «al lado de Fidel y junto al pueblo que lo secunda».[139] El humor que promovió la publicación era bastante conservador. De acuerdo con Ronald G. Webb, este tipo de humor opera al mismo tiempo como un artefacto pedagógico y como un mecanismo de reforzamiento de las normas que le enseña a la gente a marcar la desviación.[140] *Palante* se representó, además, como una «trinchera» para «desenmascarar a los imperialistas agresores y a los traidores de la Patria».[141]

De ahí en adelante, el semanario siguió al pie de la letra los discursos de Fidel Castro; las caricaturas y chistes respondieron directamente a la visión oficial. Entre 1963 y 1964, *Palante* se involucró también en la campaña contra los «enfermitos». Como en su primer editorial, la revista utilizó el lenguaje médico y una narrativa del contagio para criticar a aquellos jóvenes con prácticas de sociabilidad, consumo cultural, empleo del tiempo libre y gustos alejados de los ideales del Partido Comunista y los líderes de la Revolución.

Susan Sontag ha descrito los modos en que el contagio se ha asociado al lenguaje militar a partir del uso de ciertas imágenes. La metáfora de la invasión, explica, ha sido utilizada para describir cómo el cuerpo político responde o reacciona a enfermedades, activando mecanismos de defensa y de inmunización. Este tipo de ejercicios, agregaba Sontag, provoca la estigmatización de ciertas enfermedades y, por extensión, de los enfermos.[142] Su argumento resulta útil para analizar los modos en los que el discurso ideológico se medicalizó en función del control y se tradujo en lenguaje humorístico en las páginas de *Palante*. La publicación recicló la jerga médica para reproducir los ideologemas oficiales basados en metáforas de guerra y también de tipo sexual. Durante mucho tiempo, la retórica política trató de explicar la disidencia o las

---

[139] Ídem.

[140] Ronald G. Webb: «Political Uses of Humor», *ETC: A Review of General Semantics*, Vol. 38, No. 1, Spring, 1981, p. 38.

[141] «Editorial», *Palante*, ob. cit., p. 2.

[142] Cfr. Susan Sontag: *Illness as Metaphor and AIDS and Its Metaphors*, Picador, New York, 1978, p. 97.

prácticas no normativas, como productos de la penetración cultural e ideológica. La penetración es una imagen sexual que sirvió para representar como «pasivos» a todos aquellos que no se ajustaran al régimen revolucionario.

En septiembre de 1964, *Palante* publicó «Diagnóstico del enfermito», un texto de Juan Ángel Cardi que merece atención. El caricaturista definía al «enfermo» como una especie rara, «un ente que forma parte de una minoría exigua, pero que hace sobresalir el vacío de su impersonalidad por el ancho escote de su pull-over negro y por los estrechos tubos de sus pantalones oscuros». El dictamen continúa: «El enfermito tiene el cerebro ubicado en el sobaco [...]. Este ejemplar que se exhibe y cabe en las vidrieras de "La Rampa" no se baña». Y agregaba: «La dieta de estos seudociudadanos está balanceada a base de pizzas de cebolla, *blue plates* sin aguacate y *high-balls* dilatados hasta el aburrimiento. Y chocolate».[143]

El diagnóstico, como advertía Foucault, tiene la función de organizar el saber represivo del Estado.[144] Es una herramienta para clasificar, juzgar y distribuir individuos para utilizarlos óptimamente. Con este ejercicio se trataba de sacar la enfermedad del hospital y del sanatorio, entidades tradicionales del poder médico, para hacerla circular en todos los ámbitos sociales con un fin correctivo de tipo político. «La prescripción socialista en el diagnóstico del enfermito es la del aislamiento», proponía Juan Ángel Cardi. «Lo que hay que impedir que esa visión de escaparate surrealista devenga tradicional, lo que no puede permitirse que esa moda –¿o ese modo?–, haya llegado para permanecer mucho tiempo en medio de un pueblo que trabaja y construye el socialismo», concluyó.[145]

Si la medicina, como apunta Wolfgang Bongers, se basa en la etiología, en el diagnóstico, y está orientada a la cura de enfermedades, la literatura, el arte y otros tipos de discursos realizan «diagnósticos

---

[143] Juan Ángel Cardi: «Diagnóstico del enfermito», *Palante*, año IV, n.° 46, 10 de septiembre de 1964, p. 7.

[144] Cfr. Michel Foucault: *La vida de los hombres infames: ensayos sobre desviación y dominación*, Altamira, La Plata, 1996, p. 113.

[145] Juan Ángel Cardi: Ob. cit., p. 7.

estéticos» que recogen la pulsión de una sociedad específica. Bongers explica que las enfermedades se presentan como sanciones a los que no respetan las normas imperantes. El diagnóstico, por lo tanto, participa de un proceso de «medicalización» que produce juicios políticos dentro de un lenguaje biomédico.[146]

En Cuba las «enfermedades» sociales y las «desviaciones ideológicas» pasaron al lenguaje pedagógico y médico como «trastornos de conducta» y «trastornos de la personalidad». Edmundo Gutiérrez Agramonte, uno de los psiquiatras más reconocidos de los sesenta, pensaba que la noción de *normalidad* en el campo de la psiquiatría, y de lo social en general, no podía separarse de lo que se consideraba «normal» en biología. Siguiendo esta lógica, explicaba Gutiérrez Agramonte, la psiquiatría calificaba de «personalidades anormales, tanto el santo como el poeta, el músico genial como el criminal». La anormalidad se asociaba con «aquellos individuos que por presentar con carácter permanente, un desequilibrio o desarmonía interna de los factores que integran la personalidad, tienen un tipo de comportamiento o conducta fuera de las normas vigentes establecidas en su grupo social». En resumen, Gutiérrez Agramonte consideraba que la «personalidad psicopática» era una enfermedad que ocasionaba más daño a la sociedad que a los propios sujetos que la padecen.[147]

Los editores y caricaturistas del semanario humorístico *Palante* también consideraron la «enfermedad» como un peligro para la nación. Los «enfermitos» fueron representados, además, como portadores del virus de la burguesía sobre el que había que desplegar todas las defensas y anticuerpos. En septiembre de 1964, *Palante* publicó un editorial titulado «¡En cuarentena!»:

Estas páginas no tienen el ánimo de mortificar a nadie. Simplemente, nos estamos haciendo eco de un clamor que nos llega de la calle animado

---

[146] Wolfgang Bongers: «Literatura, cultura, enfermedad. Una introducción», en Wolfgang Bongers y Tanja Olbrich (comps.), *Literatura, cultura, enfermedad*, Paidós, Buenos Aires, 2006, p. 15.

[147] Edmundo Gutiérrez Agramonte: *Las personalidades psicopáticas*, Editorial Neptuno, La Habana, 1962, pp. 12-13, 18 y 21.

por quienes ven con cierta repelencia intuitiva esa ola de pull-overs y pantalones estrechísimos que avanzan en sandalias por nuestras calles silbando el bossa nova y mostrando la insolencia de un cerquillo que está más cerca de Eva que de Adán. Si a alguien le viene bien el sayo, no es culpa nuestra que sienta deseos de ponérselo. Nuestra misión de recoger el palpitar de la calle está cumplida con esta información humorística y, si se quiere, irónica. En última instancia, lo que interesa a *Palante y Palante* como órgano revolucionario, es que cada quien asuma ante la vida la actitud honesta y sin disfraces físicos o mentales.[148]

Unos meses antes de este editorial, Antonio Mariño (Ñico) definió a los «enfermitos» como «una subclase que nos dejó como mala herencia la vieja sociedad capitalista». De acuerdo con Mariño, la «enfermedad» era como un «germen» que no podía observarse a plena luz del día. Su aparición, aseguraba, se producía en horas determinadas: «Siempre por la noche. Puede estar lo mismo en la pista de un cabaret, que en la pantalla de un televisor, o en el escenario de un teatro». Lo peor de esos sujetos, concluyó, «es que anuncian su dolencia, que ellos mismos se hacen la propaganda y que exhiben "el producto"».[149]

El humorista también criticó el uso del color negro de los «enfermitos». A inicios de la década de 1960, determinados colores como el negro se asociaron a la depresión, a la evasión y estados de ánimo contrarios a la alegría, el entusiasmo y colorido que los líderes de la Revolución querían exportar como indicadores de felicidad y bienestar. En 1963, el periódico *Revolución* publicaba un cable de Prensa Latina en el que Nikita Jruschov hablaba de los colores, afectos y estados de ánimo que tenía que generar el socialismo. A partir de la crítica al arte abstracto y la exaltación del realismo socialista, Jruschov dijo en tono amenazante: «Ocurre que algunos representantes del arte se apartan de la realidad, presentan a la gente

---

[148] «¡En cuarentena!», *Palante*, año III, n.º 46, 10 de septiembre de 1964, p. 8.

[149] Antonio Mariño (Ñico): «Los enfermitos», *Palante*, año II, n.º 23, 28 de marzo de 1963, p. 11.

—Chico, tu "caso" es de ingreso: en una escuela, o en una fábrica...

Imagen 18. Caricatura de Luis Wilson de la serie *Criollitas*, publicada en la contraportada de *Palante*, año VI, n.º 25, 13 de abril de 1967.

intencionadamente deformada, embadurnan sus cuadros con colores tenebrosos capaces de suscitar estados de melancolía, abatimiento y desesperación, dibujan la realidad conforme a sus deformaciones preconcebidas, a sus concepciones subjetivas y sus escuálidos esquemas inventivos».[150]

Como en la medicina, estos diagnósticos ideológicos atacaban directamente los «síntomas». Se trataba, a fin de cuentas, de producir identidades públicas homogéneas y de que ciertas prácticas consideradas patológicas no se ostentaran o divulgaran por el temor al contagio.

La implementación de los discursos médicos en la esfera pública fue tan efectiva en el control de los «peligrosos», que lenguajes aparentemente incompatibles comenzaron a complementarse. El humorismo gráfico, por ejemplo, utilizó la jerga de la psiquiatría y la epidemiología para criticar la homosexualidad durante la campaña contra los «enfermitos». *Palante* reprodujo la idea, divulgada por algunos psicólogos, de que esos jóvenes no eran más que «aspirantes a homosexuales». Un vistazo a varios artículos científicos de la época puede generar cierta confusión, porque en ocasiones los médicos parecen usar los mismos códigos de los humoristas para tratar el asunto. Un texto del psicólogo Luis Muñiz Angulo, publicado en la *Revista del Hospital Psiquiátrico de La Habana*, me causó esa sensación. La teoría del doctor conectaba ciertos atuendos y prácticas con la «desviación sexual»:

> Vemos así muchos jóvenes con el pantaloncito apretado, marcándoseles excesivamente las partes posteriores del cuerpo, el pelo excesivamente largo formando crespo sobre la nuca, y cayendo sobre un ojo y casi tapándolo por delante, etc. Su conducta también es característica: se pasan largo tiempo delante del espejo, van por la calle peinándose constantemente, pasean en «bandadas» de seis o siete, en los bailes no le hacen caso a las muchachitas sino que se agrupan entre sí alrededor

---

[150] Prensa Latina: [«En discurso pronunciado por Nikita Jruschov...»], *Revolución*, 11 de marzo de 1963, p. 4.

del tocadiscos lanzando exclamaciones histéricas cada vez que ponen un disco de los Beatles, etc.[151]

Durante los años sesenta, la retórica estatal asoció la homosexualidad a la ostentación, al escándalo público y al exhibicionismo. Estos elementos se convirtieron, incluso, en figuras delictivas contempladas por el Código Penal cubano. El exhibicionismo, además, era considerado una desviación sexual, junto a la homosexualidad y el travestismo, en la clasificación internacional de enfermedades psiquiátricas.[152] Dentro de este enfoque, la homosexualidad era calificada como «un trastorno de la necesidad de reproducción», mientras que el homosexualismo, ligado a una noción pública de la identidad homoerótica, era representado como «una alteración de la personalidad», por lo que debía ser tratado como una psicopatía.[153]

Esta aproximación quedó recogida en la Ley N.º 1249 del Código Penal de 1973, que contemplaba la homosexualidad como un delito «contra el normal desarrollo de las relaciones sexuales y contra la familia, la infancia y la juventud». Algunos aseguran que el proyecto de la ley se sometió a una consulta popular en la que participaron alrededor de dos millones de personas, y que «fue aprobado por abrumadora mayoría».[154] El Artículo 488 del Título XI del documento establecía una sanción de «privación de libertad de tres meses a un año, o multa de cien a trescientas cuotas, o ambas, al que, con grave escándalo, se dedique a la práctica de actos homosexuales, o haga pública ostentación de esa conducta, o importune o solicite con sus requerimientos a otro».

---

[151] Luis Muñiz Angulo: «Los caminos del homosexualismo», *Revista del Hospital Psiquiátrico de La Habana*, vol. X, n.º 3, septiembre-diciembre, 1969, p. 364.

[152] Cfr. Monika Krause Peter: «Desviaciones sexuales», en VV. AA., *Material de consulta para desarrollar el Curso Facultativo de Educación Sexual*, Editorial Pueblo y Educación, La Habana, 1985, p. 56.

[153] Francisco Villa Landa: «Psicopatología clínica. Introducción semiológica a la Psiquiatría», *Revista del Hospital Psiquiátrico de La Habana*, vol. VIII, número extraordinario, La Habana, 1968, p. 117.

[154] José A. Grillo Longoria: *Los delitos en especie*, t. 2, Editorial de Ciencias Sociales, La Habana, 1982, p. 185.

Imagen 19. Ilustración de Dina Numa que acompañó el texto de Enrique A. Jane «El mundo de los diferentes». Publicada en *Mella*, n.º 340, 6 de septiembre de 1965, p. 6.

El mismo castigo estaba previsto para aquel que «con exhibiciones impúdicas o cualquier otro acto de escándalo público, ofenda el pudor o las buenas costumbres».[155] De este modo, se pretendía construir una identidad homoerótica circunscrita al espacio privado. Al considerarse delito la «ostentación» de homosexualidad, los «indiscretos» fueron víctimas de redadas policiales y luego castigados con multas o cárcel.

En 1977, Raúl Ferrera Balanquet tenía diecisiete años cuando fue acusado de «ostentación pública». Por ese delito, me comentó, fue condenado a pasar noventa días en la prisión de El Morro. Así relata el arresto:

> Esa noche salí a la calle, caminaba por el recién construido Boulevard de San Rafael con una camisa de flores apretada, un pantalón campana que mi amigo Juan Carlos Bilbatúa me había prestado y mis plataformas

---

[155] «Ley N.º 1249. Título XI. Delitos contra el normal desarrollo de las relaciones sexuales y contra la familia, la infancia y la juventud», *Gaceta Oficial de la República de Cuba*, año LXXI, n.º 13, La Habana, 23 de junio de 1973, p. 49.

(la hechura de los zapatos plataforma tiene su propia historia). Dos tipos vestidos de guayabera blanca (así trabaja la Seguridad del Estado), se acercaron, pidieron que los acompañara y me llevaron detenido a una oficina que se llamaba «sector», localizada en Prado y Virtudes. Me obligaron a firmar una multa. Me negué, no estaba haciendo nada. Los policías me llevaron a la estación de Dragones donde pasé la noche. Por la mañana me llevaron al tribunal como parte de un grupo que al parecer eran los detenidos de la noche anterior. Y allí, en aquel tribunal cuyas ventanas daban al gran Capitolio habanero, sin defensa y en un juicio arbitrario, fui condenado a noventa días de cárcel en El Morro, una prisión de alta peligrosidad. Delito: ostentación pública. Si no fuera por los bandidos con los cuales crecí en Palatino, mi barrio, quienes al verme llegar al Morro me cobijaron, no sé qué hubiera sido de mí durante los días que pasé adentro esperando que mi familia pagara la fianza.[156]

A finales de la década de 1950, el padre de Ferrera Balanquet había luchado en la clandestinidad contra la dictadura de Fulgencio Batista y, después del triunfo de la Revolución, trabajó con Ernesto Guevara en el Ministerio de Industrias. Una vez cumplida la sanción, Raúl matriculó en el Instituto de Estudios de la Construcción: pero en 1980 fue obligado a salir del país durante el éxodo del Mariel.

Las redadas policiales, la represión y la discriminación contra los homosexuales comenzaron desde el mismo año 1959. Una de esas batidas tuvo lugar en la cafetería América. El periódico *Combate*, órgano oficial del Directorio Revolucionario, una de las organizaciones que se enfrentaron con las armas a la dictadura de Fulgencio Batista, la describió así:

Barrieron con los chicos de modales «exquisitos» en la cafetería América. La policía revolucionaria, sabiendo que en ese lugar se reunían,

---

[156] Abel Sierra Madero: «Entrevista a Raúl Ferrera Balanquet», audiograbación inédita, 16 de febrero de 2016. Las *plataformas* eran unos zapatos que tenían alterados los tacones. Se hacían con corcho y se modificaban en las Empresas Consolidadas de Zapatos. La camisa de flores que refiere Raúl fue confeccionada por un diseñador y costurero de la barriada de Santos Suárez en La Habana, Miguelito, alias La Caimana.

llegaron por sorpresa y cargaron con ellos para la Tercera Estación donde los estaba esperando un barbero que dio cuenta de sus envaselinadas melenas. Esa operación moralizadora tendrá que continuar con la misma tenacidad con la que ellos se agrupan y escandalizan para de ese modo hacer popular su causa [...] Este elemento constituye lo que pudiera llamarse una «Internacional», y que el hecho de congregarse y hacer ostentación de sus «virtudes», así como de alardear de que en su grupo tienen a personajes influyentes y famosos, es parte de una estrategia con el fin de conquistar una situación «legal» en el conglomerado social [...] Tal es así que una «loquita» que se escapó de la redada, llegó toda histérica al Aire Libre y gritó: ¡A mí, si me detienen, diré todas las amigas que tengo en el gobierno![157]

Pero la redada más connotada se produjo en 1961, en lo que se conoció como «la noche de las tres P». De acuerdo con el escritor Guillermo Cabrera Infante, aquello fue «una operación moral-marxista, dirigida contra prostitutas, proxenetas y pederastas habaneros» que se produjo en el barrio de Colón, la zona roja de La Habana.[158] Al día siguiente, agrega Cabrera Infante, el dramaturgo Virgilio Piñera fue arrestado y acusado de «atentar contra la moral», porque estaba fichado por la policía como un connotado homosexual.

En su novela *La travesía secreta* (1994), Carlos Victoria narró ese ambiente opresivo. Desde una azotea en la ciudad de Camagüey, el protagonista Marcos Manuel Velazco observó cómo eran juzgados sus amigos después de haber sido acusados de participar en bacanales sexuales y vivir al estilo del *american way of life*. El pasaje transcurre en 1965 y Elías, uno de los implicados, fue a parar a las UMAP. Años después, Marcos fue expulsado de la universidad por diversionismo ideológico e interrogado por la policía política que lo conminó a que se convirtiera en informante.

En la trama también se describen los constantes arrestos policiales a homosexuales y melenudos en los parques y demás sitios

---

[157] Jol: «Yo no lo digo... me lo dijeron», *Combate*, 25 de agosto de 1959, p. 4.
[158] Guillermo Cabrera Infante: *Vidas para leerlas*, Alfaguara, Madrid, 1992, p. 37.

de encuentro en La Habana. «—¡Muchachitas, la policía! ¡A correr, que ahí viene la policía!», alertó uno. «En efecto, hombres uniformados aparecían en cada rincón, y en el revuelo Marcos sintió que unos brazos lo empujaban hacia la calle, hacia el carro-jaula, donde los detenidos subían entre golpes y empellones. De pronto se vio en el fondo del calabozo rodante, entre una masa de cuerpos sudorosos». Una vez en la estación, cuenta Marcos, un teniente se le acercó: «—¿Que tú hacías en ese parque a las nueve de la noche? Allí nada más que van maricones».

El narrador se refiere también a los ataques violentos orquestados por las organizaciones de masas en lugares donde socializaban muchachos que no armonizaban con la imagen oficial del militante comunista: «Marcos alcanzó a ver una turba de hombres y mujeres armados con palos y piedras, que rodeaban la escalera y las áreas de despacho, como un ejército que se despliega, y que intercambiaban insultos con los grupos de jóvenes en los que rebotaban los gritos de "¡Peluses!" "¡Maricones!" "¡Putas!" y "¡Singaos!"».[159]

Al tiempo que el Estado y sus aparatos represivos establecían su control sobre el cuerpo y las prácticas homosexuales, se crearon equipos de investigación en varios hospitales del país, como el Hospital Docente Calixto García y el Hospital Pediátrico William Soler. El objetivo era indagar sobre la etiología de la «enfermedad». Una de las investigaciones buscaba, por ejemplo, medir la propensión de los homosexuales a la ostentación y el exhibicionismo. Se trata de una pesquisa realizada por la doctora Noemí Pérez Valdés en 1970. De acuerdo con el reporte, se trabajó con una muestra de «cien sujetos de *conducta homosexual manifiesta y confesa*» a los que se agrupó bajo la categoría de «grupo experimental». Estos individuos fueron seleccionados al azar entre trescientos setenta y cinco homosexuales que oscilaban entre los dieciocho y los treinta años de edad. El equipo de investigación también creó un «grupo de control» conformado por otros cien sujetos sin indicadores de conducta homosexual.

---

[159] Carlos Victoria: *La travesía secreta*, Ediciones Universal, Miami, 1994, pp. 122-123 y 296.

El estudio consistía en la aplicación de una técnica de dibujo patentada por Karen Machover en 1957. A los investigadores les resultó significativo que los sujetos del «grupo experimental», es decir, los marcados como homosexuales, dibujaran figuras de frente con mayor frecuencia de lo que lo hacían los del «grupo de control». Al parecer, los dibujos con esa disposición eran considerados como señales de «exhibicionismo, narcisismo y ostentación». Noemí Pérez Valdés concluyó que los primeros no se identificaban con los estereotipos oficiales como los milicianos, obreros y campesinos. De este modo, las investigaciones científicas se politizaban y contribuían a legitimar la narrativa homofóbica estatal.[160]

La construcción de identidades y prácticas que no armonizaban con los modelos y valores normativos se relacionó también con la histeria. El doctor Hiram Castro López, por ejemplo, pensaba que el primer rasgo que se debía buscar para establecer un diagnóstico de la histeria era «la teatralidad». De acuerdo con el psiquiatra, la teatralidad era la forma de estar en el mundo de estos pacientes e influía en sus gestos, las palabras y la vestimenta que usaban. Y agregaba: «La vida es para ellos una comedia, en la que deben desempeñar el papel principal, lo cual logran con un acabado dominio de la comunicación extraverbal, todos sus movimientos y gestos tienen un significado que hacen llegar a los demás, constituyendo el cuerpo su principal sistema de señales».

Según el doctor, la Revolución había impactado no solo todas las instituciones sino también «la estructura de la personalidad» de los ciudadanos, debido a la «intensa politización» de la vida. La histeria, aseguró, podía leerse como una respuesta de algunas personas a esos cambios. Para la cura proponía la «psicoterapia profunda», aunque también un tratamiento farmacológico que combinaba benzodiacepinas con dosis bajas de inhibidores de la monoamino oxidasa. Lo más frecuente, explicaba el especialista, era «combinar

---

[160] Noemí Pérez Valdés: «Dibujo de la figura humana en sujetos de conducta homosexual, siguiendo la técnica de Karen Machover», *Revista del Hospital Psiquiátrico de La Habana*, vol. XI, n.º 2, mayo-agosto, 1970, La Habana, pp. 231 y 238.

POR PRADO Y NEPTUNO

"LA ENGAÑADORA"

Imagen 20. «La engañadora», caricatura homofóbica de Arístides Pumariega (*Arístide*) que toma el título de una canción de Enrique Jorrín. Publicada en *Palante*, n.º 22, 21 de marzo de 1963, p. 5.

el Diazepán (10 a 20 mg) o el Librium (15 a 30 mg) con Nuredal (50 a 100 mg) o con Marplán (20 a 40 mg)».

Luego de caracterizar a los histéricos con criterios basados en su forma de comunicación, Castro López también prestó atención a la moda: «La ropa que llevan está cuidadosamente escogida para dar realce a sus movimientos. Es llamativa y generalmente de brillantes colores, a la última moda, la cual gustan de exagerar y a la que deben dar un toque "diferente" que los destaque de los demás».[161] El doctor utilizó, además, discursos de animalidad con una función deshumanizante e infantilizadora:

El lenguaje suave y aniñado, recuerda a un niño pequeño o el ronroneo de un gato, sus expresiones son exageradas, la película que acaban de

[161] Hiram Castro López: *La histeria*, Academia de Ciencias de Cuba, Instituto de Investigaciones Fundamentales del Cerebro, La Habana, 1975, pp. 53 y 74.

ver no puede ser sencillamente buena o mala, será «sublime», «maravillosa» o «detestable» y «espantosa»; sus amistades son «adorables» y muchos de sus conocidos son «odiosos». Tienen en su vocabulario las expresiones de moda de los grupos que ellos admiran, les gusta intercalar vocablos extranjeros.[162]

Otro de los expertos que tuvo gran responsabilidad en la construcción de la homosexualidad como una plaga en la Cuba de los sesenta fue Abel Prieto Morales. El psiquiatra consideraba que la familia era el «laboratorio creador» de la homosexualidad y que el «contagio» provenía fundamentalmente de las grandes ciudades y de ambientes nocturnos como bares y cabarets. «Es muy raro el homosexualismo en el campo», aseguraba.[163] Siguiendo esta lógica, el gobierno confiscó y clausuró en 1968 la mayoría de esos establecimientos.

Varias publicaciones, entre ellas *Alma Mater*, respaldaron esa campaña que se conoció como Ofensiva Revolucionaria. En marzo de ese año, la revista difundió un artículo que explicaba las razones del cierre de los «antros» y les daba la extremaunción: «En paz descansen cabarets, cabaretuchos y similares». De acuerdo con el texto, esos sitios atentaban contra el proyecto de creación del hombre nuevo. Tal empresa, se aseguraba, era imposible «sin vaciar de sus neuronas el germen negativo, fruto de una penetración orientada...».[164] Una vez más, las narrativas del contagio, de la contaminación y de la penetración intervinieron en los ejercicios de imaginación nacional. Esta retórica representaba a los ciudadanos como recipientes que hay que llenar o vaciar de contenido de acuerdo con las necesidades de la vanguardia «iluminada». El cierre de los cabarets y bares también respondió a una necesidad eco-

---

[162] Ibídem, p. 74.

[163] Abel Prieto Morales: «Homosexualismo», *Bohemia*, año LXI, n.º 8, 21 de febrero de 1969, p. 109.

[164] «En paz descansen cabarets, cabaretuchos y similares», *Alma Mater*, Suplemento especial «Ofensiva», Unión de Jóvenes Comunistas/ Federación Estudiantil Universitaria, marzo, 1968, p. 4.

nómica. Había que restringir y controlar los espacios de entretenimiento que atentaran contra la política compulsiva hacia el trabajo en el campo.

Luego de esta breve digresión quiero regresar a las ideas que proponía Abel Prieto Morales. Para evitar el «contagio» y la diseminación homosexual, el doctor llamaba a denunciar «toda una literatura que tiende a erigir la homosexualidad en un cierto patrimonio estético», también a los medios artísticos, literarios, teatrales y de la moda que promovieran el «refinamiento». De acuerdo con el especialista, la conducta homosexual era muy similar a la de los adictos a las drogas y podía definirse como una «actividad compulsiva que incluye la tendencia a formar grupos de seguidores y propagadores con seducción de nuevos practicantes».

Aquí los homosexuales son descritos como una suerte de secta religiosa, como proselitistas y predicadores. Para evitar que fueran «factores de contagio», Prieto Morales recomendaba su aislamiento y una estrategia conjunta para impedir que se convirtieran en «conductores de juventudes» y que tuvieran contacto con los niños. El modo profiláctico más eficiente para evitar la propagación de la homosexualidad, concluía, pasaba por una pedagogía que combinara una «recreación sana» con actividades productivas, artísticas y deportivas.[165]

Para Edmundo Gutiérrez Agramonte, otro de los psiquiatras de más autoridad en esa época, la homosexualidad era «una respuesta desadaptativa» que debía ser tratada como neurosis.[166] Sus ideas otorgaron un *telos* científico a la homofobia estatal y contribuyeron a legitimar el desplazamiento de homosexuales hacia campos de trabajo forzado y planes agrícolas con fines preventivos o reeducativos. En 1971, Gutiérrez Agramonte y Abel Prieto Morales participaron activamente en la redacción y aprobación de una de las resoluciones más conservadoras y homofóbicas del gobierno revolucionario.

---

[165] Abel Prieto Morales: Ob. cit., p. 109.

[166] Edmundo Gutiérrez Agramonte: «La homosexualidad. Contribución al estudio de su etiología», *Revista del Hospital Psiquiátrico de La Habana*, vol. IX, n.º 1, enero-marzo, 1968, p. 73.

Se trata de la «Declaración del Primer Congreso Nacional de Educación y Cultura» que definió la política cultural que el país seguiría por largos veinte años. Comenzaba así uno de los períodos más grises de la historia de la Revolución cubana. En el texto se lee: «En cuanto a las desviaciones homosexuales se definió su carácter de patología social. Quedó claro el principio militante de rechazar y no admitir en forma alguna estas manifestaciones ni su propagación». El sello de los psiquiatras quedó plasmado en esa retórica que conjugaba discursos higienistas y criminológicos para darle un carácter antisocial a la homosexualidad.

Se hablaba también de la implementación de algunas medidas para el «saneamiento de focos e incluso el control y reubicación de casos aislados, siempre con un fin educativo y preventivo». Se debía impedir, además, que «reconocidos homosexuales ganen influencia que incida en la formación de nuestra juventud» y que «ostenten una representación artística de nuestro país en el extranjero personas cuya moral no responda al prestigio de nuestra Revolución».[167]

«¡Destruido un sueño yanqui!». Trabajo, extravagancia y enfermedad

Las campañas contra los «enfermitos» y los homosexuales no solo tenían un fin moralizador. Con esta cruzada se buscaba, además, reorientar esos cuerpos dentro de un aparato productivo y que los jóvenes se integraran a labores «socialmente útiles». En esos años se aprecia lo que Herbert Marcuse vio como un proceso de «desexualización». De acuerdo con Marcuse, esto se logra en regímenes de tipo totalitario, a través de la instalación de un orden represivo que establece una ecuación entre «normal, socialmente útil y bueno». En ese esquema, agregó Marcuse, el hedonismo y el placer deben representarse como nocivos para el cuerpo social.[168]

---

[167] «Declaración del Primer Congreso Nacional de Educación y Cultura», en Ministerio de Educación, *Memorias. Congreso Nacional de Educación y Cultura*, Ministerio de Educación, La Habana, 1971, p. 203.

[168] Cfr. Herbert Marcuse: *Eros y civilización*, Sarpe, Madrid, 1983, p. 59.

Sin embargo, en el campo socialista hubo sus excepciones. En Alemania oriental, por ejemplo, como ha observado Josie McLellan, el Estado creó en 1954 *Das Magazin*, una revista para aliviar un poco el descontento de los trabajadores. La publicación, aunque tenía artículos sobre la construcción del socialismo, no era tan opresiva ideológicamente. Tenía una sección mensual de desnudo que sugería que los cuerpos socialistas podían ser utilizados tanto para el placer como para el trabajo.

Con los desnudos, explica McLellan, se trataba de difundir las ideas y valores oficiales sobre lo «limpio», lo reproductivo y la heterosexualidad. Además, no buscaban el estímulo sexual, sino resaltar la belleza y la salud en el socialismo. Las modelos, por lo general, eran jóvenes, delgadas, de un físico perfecto, con poco maquillaje y joyas. Las fotos eran tomadas en exteriores, lo que marcaba una diferencia con las *pin-ups* occidentales. El vello púbico no era un problema y las muchachas lo mostraban sin ningún pudor mientras practicaban deportes.[169]

En Cuba, en cambio, el gobierno prohibió desde muy temprano la circulación de revistas con desnudos explícitos. La posesión de materiales o filmes calificados como pornográficos podía conducir a la cárcel a cualquier ciudadano. Sin embargo, como he demostrado en *Fidel Castro. El comandante Playboy. Sexo, Revolución y Guerra Fría* (2019), el dictador mantuvo en secreto una relación de varias décadas con *Playboy*, la revista para adultos más conocida en el mundo.[170]

Aunque años más tarde el cine terminó por imponer el desnudo en la esfera pública, en las primeras décadas de la Revolución el Estado invirtió, aunque de modo infructuoso, muchos recursos simbólicos en la *desexualización* de los cubanos. El puritanismo oficial trató de domesticar los cuerpos y el deseo a través de la sublimación del amor heterosexual, el matrimonio y la producción. Este

---

[169] Josie McLellan: «"Even under Socialism, We Don't Want to Do Without Love": East German Erotica», in David Crowley & Susan E. Reid (eds.), *Pleasures in Socialism: Leisure and Luxury in the Eastern Bloc*, Northwestern University Press, Evanston, 2010, p. 223.

[170] Cfr. Abel Sierra Madero: *Fidel Castro. El comandante Playboy. Sexo, Revolución y Guerra Fría*, Editorial Hypermedia, Miami, 2019.

Imagen 21. Portada de *La Política Ilustrada*, revista serbia de la antigua república comunista de Yugoslavia. En la imagen se promociona a la Miss Nudismo de 1986.

proceso terminó por crear una relación entre prácticas no productivas y «enfermedades sociales» como la vagancia. A los ciudadanos no involucrados en actividades socialmente útiles planificadas por el Estado, se les marcó como vagos.

El proyecto de masculinización nacional que he venido describiendo también buscaba la proletarización de la sociedad. En ese contexto, el trabajo no conectado a la producción de bienes materiales comenzó a depreciarse simbólicamente y los intelectuales comenzaron a estar bajo sospecha ideológica y sexual. El mismo término *intelectual* fue sustituido por el de *trabajador de la cultura*, y los artistas y escritores tuvieron que participar del trabajo físico para poder ser reconocidos por las instituciones. Se llegó a afirmar, incluso, que el trabajo intelectual no era sino una estrategia de muchos «enfermitos» «para cubrir sus vicios e ideas antisociales», para huir del rigor en las fábricas, en las granjas y que su «único contacto con lo que hacen los trabajadores es en la mesa cuando comen lo que estos producen».[171]

La noción de *trabajadores intelectuales* tampoco llenaba las expectativas. De acuerdo con Félix Sautié, el término «reduce y enmarca el campo de la actividad cultural a un estrecho compartimento, lo separa del trabajo manual, lo desvincula de la práctica, lo aleja de la Revolución». El comisario proponía eliminar esas etiquetas para que todos los ciudadanos fueran considerados simplemente trabajadores. «La consigna de nuestra juventud "todos estudiantes, todos trabajadores y todos soldados" expresa cómo debe ser el hombre revolucionario», concluyó.[172]

Algunos funcionarios advirtieron que, aun cuando el trabajo productivo de los jóvenes no resultase imprescindible, se continuaría empleando como un elemento del proceso formativo y de «responsabilidad social», y para «impedir que caigan en el intelectualismo deformador que ha sido uno de los saldos negativos de la sociedad occidental».[173]

---

[171] «Los vagos se disfrazan de enfermitos», *Mella*, n.º 293, 5 de octubre de 1964, p. 9.

[172] Félix Sautié: «Editorial», *El Caimán Barbudo*, segunda época, n.º 18, 1968, pp. 2-3.

[173] Carlos Rafael Rodríguez: «Problemas del arte en la Revolución», *Letra con filo*, t. 3, Ediciones Unión, La Habana, 1987, p. 523.

La noción de *trabajo socialmente útil* fue determinante para el control y la reproducción del sistema, también para crear subjetividades obedientes e identidades peligrosas. En ese proceso, la vagancia se asoció con actitudes antipatrióticas y pronorteamericanas. «El que no trabaja no come», fue una consigna que circuló en varios formatos durante los años sesenta. Sin embargo, el Estado tuvo que lidiar con resistencias ciudadanas bastante extendidas como el ausentismo y la baja productividad en numerosos sectores de la economía. El ausentismo se consideró como un gesto anárquico y antipatriótico que atentaba contra el desarrollo de la conciencia y la moral que se necesitaba para fundir el hombre nuevo. «Eliminando el ausentismo, estamos construyendo el socialismo», fue uno de los tantos eslóganes que se utilizaron en una campaña nacional a fines de 1961, para acabar con «ese contrarrevolucionario, enemigo tenebroso y sutil».[174]

Para tratar de contrarrestar ese fenómeno, se importó un modelo de competición que fue muy usado en los países comunistas para fomentar la producción. Se trata de la emulación socialista, que terminó siendo un método compulsivo y coercitivo, aunque en el discurso público y sindical se presentaba como voluntario. Dentro de este sistema existían varias categorías como «trabajadores de choque», «trabajadores vanguardias» o «héroes del trabajo», inspiradas por el movimiento estajanovista ruso.[175] El título de «trabajador de choque» está relacionado con el percutor de las armas de fuego (*udárnik*), para demostrar que en el socialismo el trabajo era un combate. A estos se les compensaba con diplomas, medallas o artículos electrodomésticos, dependiendo de la política de estímulos del momento.[176]

---

[174] Alfredo Núñez Pascual: «Jornada contra el ausentismo», *El Mundo*, 14 de octubre de 1961, p. 4.

[175] El movimiento estajanovista debe su nombre a Alekséi Grigórievich Stajánov, un minero ruso que impuso récords de productividad a mediados de la década de 1930. En Cuba, la figura de Stajánov comenzó a socializarse a fines de 1961 en la revista *Verde Olivo*, órgano oficial de las Fuerzas Armadas Revolucionarias.

[176] Sobre la estimulación moral o material hubo muchas discusiones durante los años sesenta. Ernesto Guevara, por ejemplo, consideraba que una política basada en los

"Y todos saben que los obreros tienen la mano dura"...

Imagen 22. Caricatura antiintelectual y homofóbica de O. Tejedor publicada en *Palante*, n.º 22, 21 de marzo de 1963, p. 3.

Con la retórica compulsoria hacia la producción, se usó también la noción de *extravagancia*. Como la enfermedad, la extravagancia estuvo asociada al control del deseo de productos que se consideraran fuera de los hábitos de consumo socialista, caracterizados por el racionamiento, la uniformidad y la mala calidad. Así, el Estado trataba de ocultar los graves problemas de su industria ligera, al tiempo que proponía una ciudadanía basada en el trabajo y no en el consumo.

El término *extravagancia* tenía una doble función. Sirvió para describir a aquellos sujetos que tenían hábitos de consumo «impropios» y se distinguían del resto de la población, también para asociarlos con prácticas sexuales no normativas, con la peligrosidad

---

estímulos materiales distorsionaba el carácter del trabajo en la construcción del socialismo. Para un estudio más detallado sobre estas cuestiones cfr. Carmelo Mesa Lago, «Los incentivos morales y el hombre nuevo en Cuba», *Exilio*, vol. 6, n.º 3, 1972, pp. 131-142.

social y la haraganería. En agosto de 1968, Fidel Castro apoyó la invasión soviética a Checoslovaquia y ordenó la intervención de los pocos establecimientos y negocios que todavía estaban en manos privadas. Una vez controlados los últimos resquicios del capitalismo en la isla, la prensa oficial empezó a publicar una serie de artículos que explicaban la necesidad de las confiscaciones y las redadas policiales contra los extravagantes y los vagos.

El periódico *Juventud Rebelde* difundió algunos comentarios que apoyaban los arrestos y la política de rehabilitación del gobierno. «Yo opino que a los vagos no se les puede dar ni un minuto de respiro», señaló Bismarck Fuentes, un montador de zapatos. De acuerdo con el obrero, a esos jóvenes había «que forjarles la mentalidad de que no se puede vivir de parásito y enseñarlos a trabajar».[177] En sintonía con el discurso oficial sobre el trabajo forzado, Fuentes recomendaba: «La mejor escuela para esta gente es el campo, el *verde* los va a poner en contacto con las realidades de la Revolución y de seguro comprenderán que no se puede vivir en nuestra sociedad a expensas de los demás». Dijo, además, que se molestaba «cuando miraba a los pepillos, vagos ramperos, luciendo los mismos zapatos» que él hacía en su fábrica. Rodolfo Díaz –otros de los consultados por el periódico y trabajador de la industria textil– pensaba que la campaña contra los vagos debía ser a muerte. Mientras que Adelina García proponía la delación como método: «Al que yo me encuentre por la calle, lo echo pa'lante. Que trabajen y no vivan como las sanguijuelas. En el *verde* van a saber lo que es trabajar y crear bienes para la colectividad».[178]

En esa época, términos como *gusanos*, *parásitos* o *sanguijuelas* formaban parte del discurso oficial. Se trata de una jerga biopolítica que se usaba para describir a las personas que disentían del proyecto revolucionario. Todavía, en la actualidad, algunos funcio-

---

[177] Francisco Granda: «Desata UJC Ofensiva Revolucionaria entre los estudiantes», *Juventud Rebelde*, 26 de marzo de 1968, p. 1.

[178] *El verde* fue una metáfora popular empleada para referirse al trabajo en la agricultura y al Servicio Militar Obligatorio (SMO).

Imagen 23. Caricatura de Luis Wilson de la serie *Moda y modo*, publicada en *Palante*, n.º 29, 6 de mayo de 1971, p. 3.

narios los emplean sin ningún recato. La biopolítica del gobierno sirvió para construir una narrativa de control social y, al mismo tiempo, para contrarrestar el peligro y la amenaza que representaban determinadas prácticas e identidades para el proyecto totalitario socialista. En circunstancias de crisis o de amenaza, explica el estudioso Roberto Esposito, el Estado tiende a convertirse en una instancia médica en sí misma: identifica los riesgos y activa mecanismos inmunitarios para recuperar la salud del cuerpo político.[179] Esta lectura es fundamental para analizar, precisamente, las res-

---

[179] Cfr. Roberto Esposito: *Bíos. Biopolitics and Philosophy*, University of Minnesota Press, 2008, p. 18.

puestas inmunitarias que el gobierno cubano ensayó contra sus enemigos y cómo los lenguajes de la medicina y la epidemiología se integraron a ese proceso.

Las redadas policiales y la creación de centros de reeducación y rehabilitación fueron algunas de esas respuestas. El 12 de octubre de 1968, el diario *Juventud Rebelde* publicó «¡Destruido un sueño yanqui! Los chicos del "cuarto mundo"», un reportaje firmado por Alfredo Echarri. El material respaldó los arrestos que se produjeron en La Habana y representó a los jóvenes como elementos antisociales y «vehículos de la propaganda yanqui». Seducidos y «alentados por los héroes de papel del imperialismo», explicaba el periodista, los muchachos se habían organizado en pandillas con nombres raros. Las más conocidas, certificó, eran The Zids, Los Chicos Now, Los Chicos Melenudos, Los Betts, Los Chicos de la Flor, Los Chicos del Crucifijo, Los del Palo, Los sicodélicos, Los del Banano, Los del Tercer Mundo, entre otras. De acuerdo con Alfredo Echarri, estos jóvenes no se bañaban, no simpatizaban con la Revolución y no tenían el más mínimo pudor, porque mantenían relaciones promiscuas y bisexuales, matizadas por «cuadros» y «fiestas de perchero».[180] Uno de los muchachos entrevistados describió esos ambientes:

> Llegué con mi novia a la fiesta. Unos las llaman «fiesta de percheros», otros «fiestas de las papas». Era en una casa de la calle Bernaza en La Habana. Cuando llegamos pudimos ver que había allí como treinta y dos parejas, completamente desnudas, muchas haciendo el acto sexual; otros bailaban «go-gó»; la luz estaba a medio tono y los bombillos pintados de rojo, Jack me dio un cigarro de mariguana. Él fumaba también. Me dijo que me quedara, que luego se iba a hacer una reunión para planear los sabotajes; en las reuniones me decían

---

[180] Alfredo Echarri: «¡Destruido un sueño yanqui! Los chicos del "cuarto mundo"», *Juventud Rebelde*, 12 de octubre de 1968, p. 8. El término *cuadros* se utiliza en Cuba para describir relaciones sexuales lésbicas y orgiásticas. Las *fiestas de perchero* consistían en reuniones en las que los asistentes debían desnudarse y colgar sus ropas antes de entrar.

comemierda porque yo inflaba muchos globos. De verdad que lo era: yo no tengo por qué ser contrarrevolucionario.[181]

Las narrativas autoinculpatorias eran bastante frecuentes; la policía fabricaba confesiones de personas con fines propagandísticos y como parte de los protocolos de gestión de crisis. En la actualidad también sucede. Alfredo Echarri incluyó algunas declaraciones de padres cuyos hijos habían sido capturados y enviados a instituciones reeducativas. Uno de ellos aseguró que a través de la moda «el enemigo se coló para enfermar a la juventud, ¡y eso había que cortarlo de cuajo!». Una señora, por su parte, contó que en una ocasión fue a buscar a su hijo a las inmediaciones del hotel Capri y se asustó mucho: «Parecían locos. Todos peludos. De un lado para otro; muchos afeminados, bueno, ¡horrible todo!».[182] Al parecer, en las inmediaciones de ese hotel solían reunirse grupos de jóvenes habaneros en las noches. Provocaron tal escándalo, que hasta llamaron la atención de Fidel Castro. En un discurso pronunciado el 28 de septiembre de 1968, el comandante habló de este «fenomenito extraño».

Esos jóvenes, explicaba el máximo líder, hacían «pública ostentación de sus desvergüenzas» y vivían de una «manera extravagante». Además, criticó sus contactos con extranjeros, en especial con marineros a los que les ofrecían servicios sexuales y traficaban con «cigarritos americanos». Castro también advirtió que los muchachos tenían «radiecitos de pila para mantener ostentosamente su condición de aficionados a la propaganda imperialista».[183] Entonces, los equipos que se vendían en las tiendas no tenían alcance de onda corta, para evitar que los cubanos pudieran sintonizar emisoras no controladas por el régimen. De ahí que los radios portátiles que llegaban al país por otras

---

[181] Ídem.

[182] Ídem.

[183] Fidel Castro Ruz: «Discurso en el acto conmemorativo del octavo aniversario de los Comités de Defensa de la Revolución, en la Plaza de la Revolución, 28 de septiembre de 1968», Departamento de Versiones Taquigráficas del Gobierno Revolucionario, <http://www.cuba.cu/gobierno/discursos/1968/esp/f280968e.html>, [31/07/2018].

Imagen 24. «La metamorfosis de Hermenegildo Sorullo», *Mella*, n.º 314, 8 de marzo de 1965, p. 21.

Imagen 25. Caricatura de Arístides Pumariega publicada en la portada de *Palante*, año III, n.º 46, 10 de septiembre de 1964.

vías se consideraban muy peligrosos. El caudillo no dejaba de repetir que esas prácticas estaban en contra del proyecto revolucionario:

> ¿Y qué querían? ¿Introducir aquí una versión revivida de Praga? ¿Prostitución ambulante? ¿«Tuzex» y todo? ¿Venta de mujeres? ¿Parasitismo? ¿Reblandecimiento ideológico de este pueblo cuya juventud se bate en el estudio, se bate preparándose para la lucha; cuya juventud siempre, en todo instante de sacrificio, ha estado presente derramando su sangre y dándolo todo? ¿En un pueblo que se forja un espíritu de hierro, una voluntad de hierro? ¿En un pueblo que tiene que estar preparado para la lucha siempre y durante muchos años? ¿Qué creían? ¿Que nos iban a introducir estas porquerías en el país y lo íbamos a permitir?[184]

[184] Ídem.

Este discurso contiene algunos elementos que merecen atención. En agosto el gobierno había respaldado la intervención soviética en Checoslovaquia, porque consideró que ese país había distorsionado el rumbo del socialismo y se adentraba en la sociedad de consumo y el capitalismo. En su crítica, el dictador hizo referencia a Tuzex, una red checa de tiendas, diseñada para que turistas y diplomáticos pudieran comprar con moneda dura productos occidentales que no se encontraban en moneda nacional. Con el nombre de Tuzex se conocieron también los cupones para comprar en esas tiendas.

Establecimientos de este tipo se instalaron en otros países comunistas. En Polonia, por ejemplo, se les conoció como Pewex y en la RDA como Intershops. En Cuba se abrieron a principios de los años setenta y se les conoció como Diplotiendas, porque solo podían comprar en ellas diplomáticos, técnicos extranjeros y los cubanos con residencia permanente en otros sitios. Como en la Unión Soviética y el bloque del este, en la isla la tenencia de divisas fue considerada un delito hasta que se despenalizó en la década de los noventa, luego del colapso del bloque socialista.

Para Fidel Castro el consumo de productos occidentales era un síntoma de penetración imperialista y de contaminación ideológica. Siguiendo esta lógica, explicó, se «les echó el guante» a los jóvenes que socializaban alrededor de hoteles como El Capri, y prometió que se les reeducaría, «sobre todo con el trabajo, que es la forma magistral de educación».[185] Para prevenir este tipo de incidentes, el comandante propuso una ley de enseñanza obligatoria para todos los niveles hasta el preuniversitario, y la introducción de la asignatura de Preparación Militar. Los jóvenes que no estudiaran, advirtió, serían reclutados por las Fuerzas Armadas Revolucionarias por la Ley del Servicio Militar Obligatorio (SMO), «para hacerlos ciudadanos útiles, para hacerlos estudiar y hacerlos marchar a tono con la colectividad».[186] En otro discurso

---

[185] Ídem.

[186] Ídem.

pronunciado en diciembre de 1966, Fidel Castro presumía de los resultados de esa política:

> Una juventud que no ha tenido vacaciones, que ha tenido meses de trabajos físicos duros, que ha recibido instrucción militar, que constituye unidades de combate para la defensa de nuestra Revolución, que ha conocido la disciplina del trabajo, la disciplina del entrenamiento militar, la disciplina del estudio. ¿Qué de extraño tiene que aquí no aparezca un solo pepillito? ¿Qué de extraño tiene el carácter de estos técnicos? ¿Qué de extraño tiene que no resulten influidos por muchas de estas tonterías que despistan, desorientan y confunden a los que no conocen ni la disciplina del estudio, ni la disciplina del trabajo, ni la disciplina de las armas? ¿Qué de extraño tiene? En nuestras instituciones tecnológicas de este tipo, la pepillería no florece ni puede florecer.[187]

Con la integración de los jóvenes a diversos aparatos productivos, los ideólogos de la Revolución empezaron a manejar la noción de *recreación sana*. Así lo explicó el Primer Secretario de la Unión de Jóvenes Comunistas Jaime Crombet: «Si nosotros no somos capaces de orientar a los jóvenes en cómo recrearse, canalizar recreaciones sanas, formativas, bailes, excursiones en bicicleta a la playa, etc., simplemente el joven busca otro tipo de recreación, y ahí es donde vienen las desviaciones, ahí es donde vienen los pepillotes, ahí es donde penetran los homosexuales».[188] Con esta estrategia, se buscaba llenar con contenido político el tiempo libre de los jóvenes. Los espacios de ocio y esparcimiento se convirtieron también en una de las grandes preocupaciones estatales, por eso trataron de controlar, incluso, hasta el tiempo de las vacaciones.

---

[187] Fidel Castro Ruz: «Discurso pronunciado en el acto de graduación de los primeros 425 técnicos del Consejo del Plan de Enseñanza Tecnológica de Suelos, Fertilizantes y Ganadería, en la escalinata de la Universidad de La Habana, 18 de diciembre de 1966», Departamento de Versiones Taquigráficas del Gobierno Revolucionario, <http://www.cuba.cu/gobierno/discursos/1966/esp/f181266e.html>, [08/09/2019].

[188] Jaime Crombet: «Tenemos que incorporarnos al trabajo de la molienda», *Juventud Rebelde*, 4 de marzo de 1966, p. 4.

«¡Hay que hervirlos!». Purgas y depuraciones

A mediados de la década de 1960, la cruzada contra los «enfermitos» pasó a otra fase. La Unión de Jóvenes Comunistas desató un proceso de depuraciones en las universidades y centros de la Enseñanza Media Superior contra todos los que no eran considerados «revolucionarios», entre ellos los homosexuales. La retórica oficial, al igual que el discurso médico, veía a los homosexuales como una suerte de secta que utilizaba prácticas de iniciación y de proselitismo muy similares a las empleadas por los religiosos. Esta noción se incorporó a la narrativa del contagio y la política de aislamiento para proteger a los niños y jóvenes. Además, sirvió para justificar las depuraciones que se intensificaron a mediados de 1965.

En un comunicado publicado en la revista *Mella* el 31 de mayo de ese año, la Unión de Jóvenes Comunistas conminaba a los militantes de la enseñanza media a expulsar de las escuelas a sus compañeros con presuntos indicios de homosexualismo, para impedir su ingreso a las universidades. Las depuraciones iban contra aquellos que mostraran síntomas de «desviaciones», de apatía por «las actividades revolucionarias» o «algún tipo de blandenguería pequeñoburguesa». Los jóvenes purgados debían integrarse al SMO para poder aspirar a estudios superiores.

El documento distribuyó cuotas de complicidad y responsabilidad para garantizar la hegemonía revolucionaria de modo más eficiente y, al mismo tiempo, crear cierta opacidad sobre la naturaleza del poder, sobre cómo operaba y circulaba: «Ustedes tienen la palabra, a ustedes corresponde aplicar estas medidas, en su aplicación nuestra función ha de ser de orientación, de organización de la actividad, pero deben ser los estudiantes, los que la apliquen». Y se agregaba: «Ustedes saben quiénes son, los han tenido que combatir muchas veces… apliquen la fuerza del poder obrero y campesino, la fuerza de las masas, el derecho de las masas contra sus enemigos… ¡Fuera lo homosexuales y los contrarrevolucionarios de nuestros planteles!».[189] Muy pocos días después, la revista *Alma Mater* se sumaba a esta

---

[189] Unión de Jóvenes Comunistas y Unión de Estudiantes Secundarios: «La gran batalla del estudiantado», *Mella*, n.º 326, 31 de mayo de 1965, pp. 2-3.

campaña y aseguraba que la depuración era una «necesidad» para el futuro de la Revolución. En una parte del texto se lee:

> Los futuros técnicos, científicos e intelectuales –explicaba el documento–, deben ser necesariamente revolucionarios, firmes ante el enemigo imperialista, sus variadas formas de penetración y agresión […]. No son ni los elementos desafectos a la Revolución ni los homosexuales capaces de cumplir esa tarea y por tanto no debe invertirse en ellos el producto del sudor y la sangre de nuestro pueblo para darles armas y herramientas para que puedan volver contra la sociedad.[190]

Se insistía en que las depuraciones de los contrarrevolucionarios y los homosexuales no debían entenderse como dos procesos aislados sino como uno solo: «Tan nociva es la influencia y la actividad de unos como de otros en la formación del profesional revolucionario del futuro».[191]

Ileana Valmaña, representante de la Unión de Jóvenes Comunistas, avaló las purgas y las consideró «un perfecto derecho revolucionario» contra «esa escoria pública que son los homosexuales de escándalo, ya sean nacidos hombres o mujeres».[192] También comentó los protocolos utilizados:

> Las asociaciones de estudiantes valoran aula por aula dentro de las respectivas escuelas. El análisis que se hace resulta sumamente objetivo, sereno y profundo para evitar errores extremistas; discutiéndose hasta que el resultado sea unánime […]. Si no hay unanimidad no se toma la decisión al respecto. Por nuestra parte aplaudimos la iniciativa, el método y sus resultados; él nos llevará a lograr buenos técnicos y científicos con una actitud revolucionaria ante la vida y a forjar y pertrechar ideológicamente nuestro estudiantado frente

---

[190] «Nuestra opinión», *Alma Mater*, n.º 49, 5 de junio de 1965, p. 2.

[191] Ídem.

[192] Félix Sautié y Ramón E. Perdomo: «La depuración en la Universidad de La Habana», *Mella*, n.º 318, 5 de abril de 1965, p. 2.

a la blandenguería burguesa, las ideas extrañas y el oportunismo, el homosexualismo y los enemigos del pueblo.[193]

Las depuraciones fueron condonadas por varios burócratas conectados con las altas esferas del poder, entre ellos el comandante Faure Chomón. El funcionario había sido miembro del Directorio Revolucionario, una de las organizaciones que contribuyó a la caída de la dictadura de Fulgencio Batista, y en ese momento se encontraba a cargo del Ministerio de Transporte. Chomón veía las purgas como una oportunidad para «conmover, agitar, estremecer a los equivocados o a los veleidosos». Además, aconsejó a los jóvenes depurados en tono amenazante: «¡Cambien!, podemos decirles, o el pueblo no puede sudar, para que ustedes "manganzones" lo traicionen [...], cómo vamos a tolerar nosotros a gente extraña, a tipos de actitud rara [...]. O cambian y actúan como hombres y como mujeres, o no pueden ser nuestros compañeros ni tampoco tienen el derecho a estudiar con el sudor de los trabajadores».[194]

Algunas fuentes aseguran, incluso, que empleados del gobierno fueron también purgados después de ser acusados de homosexuales.[195] En el Ministerio de Relaciones Exteriores, por ejemplo, a varias personas les exigieron que, discretamente y sin hacer mucho ruido, renunciaran a sus puestos de trabajo. A algunos militantes dentro de las instituciones les pidieron que sedujeran a los sospechosos de ser homosexuales para sorprenderlos de modo infraganti, exponerlos públicamente y poder expulsarlos.[196]

[193] Ídem.

[194] Faure Chomón: «Discurso pronunciado por el Comandante Faure Chomón, Ministro de Transportes y miembro de la Dirección Nacional del Partido Unido de la Revolución Socialista de Cuba, en la Universidad de La Habana, el día 6 de junio de 1965», *Alma Mater*, 13 de junio de 1965, pp. 3, 6 y 7.

[195] Cfr. Irving Louis Horowitz: «The Political Sociology of Cuban Communism», en Carmelo Mesa-Lago (ed.), *Revolutionary Change in Cuba*, University of Pittsburgh Press, 1971, p. 138.

[196] Cfr. Allen Young: «The Cuban Revolution and Gay Liberation», en Allen Young & Karla Jay (eds.), *Out of the Closets: Voices of Gay Liberation*, New York University Press, 1992, p. 211.

El humor gráfico también acompañó las purgas con discursos asociados a la higiene y la sanidad social. En una de sus viñetas *Mella* enviaba un imperativo mensaje: «¡Hay que hervirlos!». En franca asociación con el vocabulario relativo a los gérmenes y la transmisión de enfermedades, la revista alertaba sobre la existencia de «microbios mucho más peligrosos que las amebas» que invadían el cuerpo social, y aseguró que la gente estaba «plenamente de acuerdo con esta medida de profilaxis».[197]

En enero de 1966 Miguel Martín, miembro del Comité Central del Partido Comunista y Secretario General de la Unión de Jóvenes Comunistas, organizó una asamblea en la Facultad de Humanidades de la Universidad de La Habana. El funcionario se refirió a las purgas de esta manera:

> Es opinión nuestra que una universidad no debe graduar gentes que sean homosexuales; es opinión nuestra que la actitud de la Juventud Comunista debe ser de crear el repudio, de convertir a estos elementos en gente antisocial, de que nuestras masas los vean como una lacra de la sociedad. Hay que luchar contra la actitud de promover una cierta tolerancia filosófica, que se le da en determinados círculos al problema del homosexualismo. Es cierto que esto requiere un tratamiento serio; es cierto que esto es un problema que hay que estudiarlo bien y estudiarlo desde el punto de vista científico, que requiere análisis de causa; pero es cierto también que debe ser parte de ese tratamiento crear el repudio de la masa.[198]

Una vez que finalizaron las depuraciones, esos muchachos quedaron expuestos y susceptibles para ser intervenidos por el Estado. Muchos fueron enviados a las UMAP o a otros centros reeducativos. A través de los Comités de Defensa de la Revolución (CDR) se hicieron censos para identificar a los jóvenes que no trabajaban ni estudiaban. Esa información se le suministraba al Ministerio de Interior y al ejército.

---

[197] «¡Hay que hervirlos!», *Mella*, 7 de mayo de 1965, p. 20.
[198] Miguel Martín: «Tenemos que desarraigar los rezagos de la ideología pequeño-burguesa en el movimiento estudiantil», *Juventud Rebelde*, 24 de enero de 1966, p. 4.

Imagen 26. «¡Hay que hervirlos!», viñeta publicada en la revista *Mella*, 7 de junio de 1965, p. 20.

A mediados de los años sesenta, los CDR intervenían de manera activa en la vida privada de los ciudadanos, hasta en el detalle más mínimo. Cada movimiento era chequeado. Sus informantes trabajaban conjuntamente con el Departamento de Seguridad del Estado y con las Fuerzas Armadas Revolucionaria en cuestiones de «prevención social» y reclutamiento para el SMO.[199]

Para aspirar a una beca o puesto de trabajo, por ejemplo, era obligatorio presentar, junto a otra papelería y documentación, un aval de los CDR. Además, las instituciones hacían investigaciones independientes, secretas y se cruzaban los resultados con varias fuentes. Se buscaba información sobre la participación de esas personas en las «tareas» de vigilancia, trabajo voluntario y asistencia a las asambleas. Asimismo, se indagaba sobre la «conducta social», la moralidad, y si sostenían relaciones con «personas desafectas a la Revolución», «anti-

---

[199] Cfr. Comités de Defensa de la Revolución: *CDR: 10 años de trabajo*, Instituto Cubano del Libro, La Habana, 1971, p. 14.

sociales o si tenían creencias religiosas».[200] Las pesquisas también sondeaban a los informantes para saber si los investigados tenían familiares en el extranjero y el país de residencia, y si tenían parentesco con presos o sancionados por la justicia revolucionaria.

Las purgas contra los homosexuales se mantuvieron durante los años sesenta, pero la década de 1970 estaba aún por venir. La homofobia se oficializó como una política de Estado, sobre todo después de la Declaración del Congreso Nacional de Educación y Cultura en 1971. A partir de ese momento, el gobierno intensificó las depuraciones de aquellos que no eran considerados «confiables», entre ellos los homosexuales. En esa nueva ola represiva se instauró una política de «parametración». Se le conoció con ese nombre debido a la Resolución N.º 3 emitida el 10 de julio de 1972 por el Consejo Nacional de Cultura, dirigido entonces por Luis Pavón Tamayo. La regulación establecía una serie de «parámetros ideológicos» que los artistas y escritores debían reunir; de lo contrario, podían ser expulsados inmediatamente. Pavón estuvo al frente de la institución durante cinco años. A ese período oscuro se le conoció como Pavonato o Quinquenio Gris.

La Resolución contó con la aprobación de Antonio Pérez Herrero, Director del Departamento Ideológico del Comité Central del Partido. Al parecer, en el gremio de las tablas esa política se aplicó con más rigor. Armando Quesada dirigía el mundo del teatro dentro del Consejo Nacional de Cultura. Por su desempeño como inquisidor le endilgaron el apodo de Torquesada, en una clara alusión al español Tomás de Torquemada. Varios miembros del grupo de Teatro Estudio, del Teatro Nacional de Guiñol y del Teatro Musical fueron despedidos de sus trabajos.

Gloria Andreu y Denis Leonardo Ferrera estuvieron en la lista de los expulsados. Poco después, impugnaron la Resolución N.º 3 ante los tribunales y la presentaron como una violación de la justicia laboral y a la Constitución de la República. La expulsión generó un gran descontento y debates entre los círculos intelectuales.

---

[200] Carlos Alberto Montaner: *Fidel Castro y la revolución cubana*, Plaza & Janes Editores, Barcelona, 1985, p. 261.

Instituto de la Pesca "Andrés Glez Lines" Escuela
Calificación Técnica "Alecrín"

PLANILLA DE COMPROBACION C.D.R.

| Primer Apellido | Segundo Apellido | Nombre (s) |

Dirección

| Barrio | Municipio | Ciudad |

E.S.B. _____ Municipio _____

(1) Participación en las tareas (vigilancia, trabajo voluntario, agrícola y en la cuadra, participación en las reuniones, etc.)

(2) Conducta social y moralidad:

(3) Mantiene relaciones con personas desafectas a la revolución? Explique:

(4) ¿Sabe usted si el compañero tiene creencias religiosas? Explique:

(5) Mantiene relaciones con personas en el extranjero, ¿De qué país?

(6) Tiene familiares presos o sancionados. Tipo de delito, parentesco.

(7) ¿Cómo son sus relaciones con los vecinos de la cuadra? Explique.

(8) ¿El compañero mantiene relaciones con elementos antisociales? Explique:

Nombre del C.D.R. _____ Teléf. _____

Nombre del informante _____ Cargo _____

Firma _____ Militante UJC _____ PCC _____

Nombre del verificador _____ Firma _____

NOTA PARA EL VERIFICADOR

Debe ser verificado el pre-captado por más de un miembro del C.D.R.

Imagen 27. Planilla de comprobación de los Comités de Defensa de la Revolución en la década de 1970. Tomada de Carlos Alberto Montaner, *Fidel Castro y la revolución cubana*, Plaza & Janés Editores, Barcelona, 1985, p. 261. Se reproduce con el consentimiento de su autor.

El gobierno cubano trató de evitar que el incidente se convirtiera en un problema de gran magnitud. Las políticas culturales habían provocado, entre otras cosas, el distanciamiento de buena parte de los intelectuales occidentales que habían apoyado la Revolución. El detonante fue la encarcelación y la «autocrítica» a la que fue sometido el escritor Heberto Padilla en 1971.[201] Para aplacar los ánimos y dar fin al asunto, el Tribunal Supremo de Justicia tomó cartas en el asunto. El 24 de septiembre de 1973 la *Gaceta Oficial* publicó la Sentencia N.º 48 emitida por esa instancia que invalidaba la Resolución N.º 3 del Consejo Nacional de Cultura.[202] La justicia revolucionaria consideró, de modo excepcional, que la disposición era anticonstitucional. No conozco un caso similar. La decisión dejaba muy mal parado a Pavón.

Olga Andreu murió en mayo de 1988 cuando saltó al vacío desde su apartamento en La Habana. Algunos le adjudican a la amistad que sostuvo con Haydée Santamaría, directora entonces de la Casa de las Américas y vieja combatiente revolucionaria, la entrada a Teatro Estudio y el dictamen favorable del Tribunal Supremo. Es posible que en el conflicto hayan intervenido funcionarios que tenían contradicciones y viejas rencillas con el presidente del Consejo Nacional de Cultura. Félix Sautié Mederos asegura que, gracias a los manejos de Lázaro Peña, Secretario de la Central de Trabajadores de Cuba, la parametración llegó a su fin, al menos de manera oficial.

En 1972 Sautié era uno de los vicepresidentes del Consejo Nacional de Cultura y estuvo en el epicentro de aquellos acontecimientos. Un día, me contó en una entrevista, pasó por su oficina el teatrista Adolfo de Luis con el que tenía vínculos familiares. La visita estaba relacionada con el modo en que se implementaba la parametración. En un tono airado lo increpó: «Muchachito, ustedes están sacando de Cultura a los maricones de culo,

---

[201] Cfr. Lourdes Casal: *El caso Padilla. Literatura y revolución. Documentos*, Ediciones Nueva Atlántida, New York, 1971.

[202] Cfr. «Sentencia N.º 48», *Gaceta Oficial de la República de Cuba*, edición ordinaria, año LXXI, n.º 22, Imprenta de la Dirección Política de las FAR, La Habana, 24 de septiembre de 1973, pp. 166-169.

pero no están sacando a los maricones de mente». «Pero siéntate, vamos a conversar», respondió Sautié. «No, no, no, yo nada más que vine a decirte este mensaje; lo último que quiero decirte: investiguen a Armando Quesada». De inmediato, Félix Sautié solicitó una investigación. «Cuando yo vi aquel expediente, no sabía qué iba a hacer» –tras una breve pausa, retomó la retórica homofóbica y despectiva–: «resulta que Armando Quesada era maricón de culo y estaba parametrando homosexuales. Había sido pareja de Héctor Quintero. Después de que se fajaron se metió en el ejército y allí se hizo instructor de arte y se construyó una historia de duro. Con esa historia de duro llegó al Consejo Nacional de Cultura».[203]

Cuando recibió el informe, Sautié acudió a un viejo amigo de la familia que estaba muy bien conectado con el poder, Lázaro Peña: «¡Bingo! Pavoncito y su equipo han estado parametrando a quienes no son, parametraron a Meme Solís, que canta las canciones de Tania [Castellanos] y algunas mías. Flavio Bravo está muy disgustado con Pavoncito porque le liquidó a Tomás Morales y Tropicana. Despreocúpate, eso es un problema mío, tú no tienes posibilidad de meterte en esta guerra».[204]

Otro de los que sufrió el rigor de la parametración por homosexual fue el investigador y bibliógrafo Tomás Fernández Robaina. Un compañero de la escuela de contadores en la provincia de Holguín donde estudiaba había hurgado entre sus papeles y encontró un diario con anotaciones que le parecieron sospechosas y lo denunció. Tomás fue expulsado de inmediato y el incidente lo persiguió durante varios años.

---

[203] Héctor Quintero (1942-2011) fue un teatrista cubano. Entre sus obras destacadas se encuentran *Contigo pan y cebolla* (1964) y *El premio flaco* (1966).

[204] Abel Sierra Madero: «Félix Sautié: "Mi teléfono te lo dio la Seguridad del Estado"», *Hypermedia Magazine*, 26 de junio de 2020, <https://www.hypermediamagazine.com/columnistas/fiebre-de-archivo/felix-sautie-mi-telefono-te-lo-dio-la-seguridad-del-estado/>, [29/07/2020]. Tania Castellanos (1920-1988), compositora cubana asociada al género del *feeling*. Fue la esposa del líder sindical Lázaro Peña. Meme Solís es un cantante y compositor cubano. En 1960 fundó el cuarteto Los Meme que gozaba de gran popularidad, pero en poco tiempo fue censurado. No logró salir de Cuba hasta la década de 1980. En la actualidad vive en Estados Unidos.

CNI

Secreto

INSTRUCCIONES

Al conocer todo hecho o indicio de actividad enemiga o antisocial debe llamar al **Centro Nacional de Información**.

La información debe ser objetiva, oportuna y completa.

Debe siempre utilizar la clave .... para garantizar su clandestinidad.

Teléfonos: 22 6061, 22 3091, 22 3427.

Imagen 28. Carnet expedido por el Centro Nacional de Información vinculado a los Comités de Defensa de la Revolución en los años sesenta. En la esquina superior derecha se puede leer la palabra secreto y también las instrucciones a los informantes. Estos debían comunicarse con el Centro «al conocer todo hecho o indicio de actividad enemiga» y usar una clave para mantener «la clandestinidad». Foto cortesía de María Antonia Cabrera Arús.

En 1965, cuando se instalaban en Cuba las Unidades Militares de Ayuda a la Producción, quiso estudiar Filología en la Escuela de Letras de la Universidad de La Habana. En los exámenes de ingreso y en la «entrevista política» que le hicieron, asegura, obtuvo las calificaciones necesarias, pero no fue aceptado.

Entonces decidió irse a trabajar a la Biblioteca Nacional de Cuba José Martí. A pesar de haber estado registrado como homosexual, Fernández Robaina no pasó por las UMAP. Así lo explica: «Yo no estuve en las UMAP por dos razones importantes. Fue la etapa más romántica mía de más entrega a la Revolución. Cuando fueron a consultar a la administración de la Biblioteca Nacional sobre mi caso para ser enviado a la UMAP, la doctora Maruja Iglesias dijo que yo era un magnífico trabajador y una persona muy integrada y entregada por completo a la Revolución».

En 1970 participó en la gran Zafra de los Diez Millones, diseñada por el máximo líder. Tomás pensó que había reunido los «méritos» suficientes para ir a la universidad. Cumplió su objetivo, pero se involucró con un grupo de jóvenes a los que llamaban Las Leandras, igual que la famosa revista musical española, escrita en 1931 por Emilio González del Castillo y José Muñoz Román. En 1971, Las Leandras hicieron una *performance* durante una jornada de «trabajo voluntario» que provocó un gran escándalo. Días después, cuenta Fernández Robaina, recibió una carta firmada por Vicentina Antuña, Decana de la Facultad de Artes y Letras, donde le explicaba que quedaba «separado» de la universidad, acusado nuevamente de «conducta impropia». En el documento, agrega, «decían que yo era un famoso y connotado homosexual de la Biblioteca Nacional. La acusación decía que yo le había chiflado a un muchacho que me había denunciado y que era también homosexual». Aunque apeló, el dictamen se mantuvo.

Mientras la nueva ola represiva pasaba, Tomás conservó su trabajo en la Biblioteca Nacional y no fue hasta el año 1975 que pudo regresar a la universidad, con la advertencia de que no podía llamar la atención. En 1980, cuando solo le faltaba tomar un examen para graduarse, recibió nuevas presiones. Esta vez, de parte del núcleo del Partido Comunista de la Biblioteca y de la propia administración: «Me citaron a un reunión para decirme que no fuera a hacer el examen porque no me iban a entregar la carta que yo debía presentar en la universidad como que mi centro me avalaba para que yo fuera un profesional, un graduado universitario, porque yo supuestamente no reunía las condiciones, el director era Julio Le Riverend».[205] Como Tomás estudiaba y trabajaba al mismo tiempo, necesitaba un aval de su centro laboral para poder graduarse: cosas de la burocracia socialista. Trató de revertir la decisión y envió cartas a diferentes instancias y funcionarios que, poco después, intentaron reparar el daño y se disculparon por el «error». Tomás Fernández Robaina quedó

---

[205] Julio Le Riverend (1912-1998) fue un historiador cubano que dirigió la Biblioteca Nacional José Martí entre 1977 y 1988.

marcado por el proceso. «Yo eso no lo puedo olvidar», así concluyó la conversación.[206]

Otros homosexuales corrieron mejor suerte y no fueron sometidos a las purgas en las universidades, gracias a las conexiones de sus padres con el poder. El ensayista y crítico literario uruguayo Ángel Rama contó que el escritor Pablo Armando Fernández había logrado que su hija –«confesadamente lesbiana»– no fuera expulsada, sino «trasladada» de institución. La fuente de esa información era Heberto Padilla. De acuerdo con Rama, el autor de *Fuera del juego* le dijo, en una conversación que sostuvieron en mayo de 1980, que Pablo Armando Fernández como otros escritores eran confidentes de la Seguridad del Estado, que los obligaba a confeccionar informes sobre sus colegas, amigos, o «de lo que llega a su conocimiento». Pablo Armando, certificó además Padilla, «nunca ha querido firmar sus informes y ellos tampoco se lo exigen. Lo hace por la familia, para tener una seguridad y porque ya no tiene fuerzas para encarar la salida con su mujer y sus hijos».[207]

Después que pasó la euforia de los primeros momentos, muchos intelectuales trataron de abandonar el país, pero ya era demasiado tarde. El miedo a represalias y la imposibilidad de volver a reunirse con sus familias los paralizó. Cintio Vitier fue uno de ellos. En el verano de 1961 había gestionado con su amigo Eugenio Florit una estancia como profesor invitado en Columbia University. Pero el 16 de agosto Vitier escribió una carta al amigo desde México en la que explica su decisión de cancelar todo. En algún punto también le pide que destruya el mensaje. Florit no cumplió la encomienda. En la misiva se lee:

> Estando ya en México y después de escribirle al Sr. Tudisco y a usted, he sabido por varios conductos y he llegado al absoluto convencimiento de que, si hago efectiva mi aceptación, el retorno a Cuba es imposible

---

[206] Abel Sierra Madero: «Entrevista a Tomás Fernández Robaina», audiograbación inédita, La Habana, 3 de julio de 2003.

[207] Ángel Rama: *Diario. 1974-1983*, Ediciones Trilce, Caracas, 2001, pp. 156-157.

mientras dure el régimen actual –y no hay elementos de juicio para suponer un rápido y decoroso fin de la tragedia cubana. Esto significaría desgarrar a parte de mi familia de su país por un tiempo indefinido, que bien podría ser toda la vida, a más de arriesgar a mi madre a perder lo poco que le queda, incluyendo la biblioteca de mi padre. Sé que miles de cubanos han aceptado este destino; yo no puedo resignarme a él, aunque la otra alternativa, se lo aseguro, no es menos terrible.[208]

Algunos escritores pactaron con el poder y se acomodaron, resignados al destino que les impuso la Revolución. Al parecer, la escritura de informes para la policía política fue un ejercicio sistemático de los intelectuales cubanos, un trabajo que llevaban de modo paralelo a sus obras literarias. Eliseo Alberto Diego lo explica en sus memorias. Cuando se resistió a convertirse en informante, el oficial a cargo lo dejó en una oficina «ante dos pulgadas de papeles con media docena de expedientes». Casi todos, recordó, estaban escritos en su contra y «firmados de puño y letra por antiguos compañeros de escuela, vecinos del barrio y algún que otro poeta o trovador». En ese momento, explica, se dio cuenta de que se trataba de una maquinaria que lo sobrepasaba, y decidió, por miedo, colaborar con la policía. «Firmé aquellos informes contra o sobre los míos con un seudónimo, como era costumbre en estos casos. Me hice llamar Pablo (el nombre que hubiera querido para mi hijo) y conté la historia a mi manera, sin lastimar, creo yo. Espero yo. Dios lo quiera», se excusó.[209] Algún día, cuando tengamos acceso a esos archivos, si es que no los han quemado o desaparecido, habrá que estudiar el género del informe en la literatura cubana.

---

[208] «[Carta de Cintio Vitier a Eugenio Florit del 16 de agosto de 1961]», papelería de Eugenio Florit, Cuban Heritage Collection, University of Miami; tomado de Ernesto Hernández Busto, *Inventario de saldos. Ensayos cubanos*, Bokeh, Leiden, 2017, p. 251.

[209] Eliseo Alberto Diego: *Informe contra mí mismo*, Alfaguara, Madrid, 1996, pp. 17 y 23.

Capítulo 2
Médicos, afocantes y locas. Producción de saber, archivo y teatro de resistencia en las UMAP

De acuerdo con cifras oficiales, a las UMAP se enviaron más de ochocientos homosexuales para ser rehabilitados.[1] Al igual que los políticos, los psicólogos y psiquiatras cubanos recomendaban que los homosexuales se involucraran en actividades productivas para modificar sus deseos, configuraciones y prácticas. Entre los tratamientos que recomendaron los especialistas estaban la ergoterapia, la reflexoterapia, la conductoterapia, hasta el uso de *electroshock* y la inducción de comas con insulina. La práctica sistemática de deportes, el trabajo rudo y la sociabilidad en ambientes masculinos se emplearon también con la idea de torcer los destinos de niños y jóvenes afeminados u homosexuales.

Muchos médicos pensaban entonces que el trabajo podía ser un método efectivo para el «tratamiento» de la homosexualidad. En un artículo publicado en 1969, Luis Muñiz Angulo citaba un experimento que consistió en «reunir en una finca un grupo de homosexuales y obligarlos a hacer trabajos rudos como sembrar, etc., con plena exposición al sol, al aire, etc., con la idea de que al desarrollar en ellos la fortaleza física, el esfuerzo para el trabajo, etc., sus cualidades masculinas se desarrollarían y las

---

[1] Abel Sierra Madero: «Entrevista a Felipe Guerra Matos», audiograbación inédita, La Habana, 5 de junio de 2014. Este oficial fue el encargado de desmantelar las UMAP.

femeninas se atrofiarían».[2] Al parecer, los resultados no fueron muy alentadores para el proyecto masculinizador. De este modo se lamentaba el doctor:

> Los homosexuales, en *shorts*, moviendo provocativamente las caderas al caminar, llamándose unos a otros con románticos nombres femeninos como «Violeta», etc., y con guirnaldas de florecitas silvestres en forma de coronas en las cabezas, se paseaban por la finca, como grotescas caricaturas de las ninfas de la antigua Grecia paseándose por los encantados bosques de la Arcadia. El resultado lo resumió uno de estos individuos, que me dijo «me hicieron de todo, pero no me pudieron arrebatar mi femineidad».[3]

La entrada al ejército también se pensó como un modo efectivo de curar la homosexualidad. Jesús Dueñas Becerra fue otro de los especialistas que consideraba que los homosexuales eran «lacras» que «solo tratan de llegar a los adolescentes por el interés mezquino de satisfacer su aberración sexual». A su entender, el Servicio Militar Obligatorio (SMO) era «un magnífico canal» para encauzar a la juventud. Incluso llegó a decir que algunos jóvenes «se han salvado de caer en la más completa degeneración social por un oportuno reclutamiento militar».[4]

Por criterios de este tipo, miles de homosexuales fueron reclutados bajo la Ley del SMO a partir de 1965, pero no para integrar unidades regulares del ejército, sino las Unidades Militares de Ayuda a la Producción hasta finales de 1968. Las UMAP se convirtieron, además, en un espacio de cuarentena que permitía no solo mantenerlos aislados, sino también estudiarlos.

---

[2] Luis Muñiz Angulo: «Los caminos del homosexualismo», *Revista del Hospital Psiquiátrico de La Habana*, vol. X, n.º 3, septiembre-diciembre, 1969, p. 365.

[3] Ibídem, pp. 365-366.

[4] Jesús Dueñas Becerra: «El homosexualismo y sus implicaciones científicas y sociales», *Revista del Hospital Psiquiátrico de La Habana*, vol. XI, n.º 1, enero-abril, 1970, p. 61.

Imagen 1. Caricatura de Antonio Mariño (*Ñico*) sobre el Servicio Militar Obligatorio, publicada en la portada de *Palante*, n.º 24, 9 de abril de 1964.

Una operación *top secret*. La psiquiatría y la psicología contra el enemigo

En mayo de 1966, María Elene Solé estaba a punto de terminar la carrera de psicología de la Universidad de La Habana. En ese momento, se integró a un equipo de psicólogos y médicos que formó parte de una operación secreta, organizada por la dirección política del Ministerio de las Fuerzas Armadas Revolucionarias (MINFAR), para diseñar y trabajar en programas de rehabilitación y reeducación de homosexuales en las UMAP. El equipo era dirigido por Jossete Sarcá, una francesa de la que se conoce poco y a la que se le atribuye la confección de la metodología y el procesamiento de la información. Todo parece indicar que, además de Sarcá, el grupo era manejado y supervisado por un oficial de alto rango. Se trata de Luis Alberto Lavandeira, un psiquiatra que había estado junto a Ernesto Guevara en la Sierra Maestra en 1958 y que, al inicio de la Revolución, trabajó con el argentino en la fortaleza de La Cabaña. Además de María Elena Solé, también participaron Noemí Pérez Valdés, Liliana Morenza, Antonio Díaz y Juan Guevara.

Tuve la oportunidad de entrevistar a María Elena Solé. De acuerdo con la especialista, el trabajo del equipo fue una operación *top secret* que consistió en «evaluar desde el punto de vista psicológico» a los homosexuales. Había otros expertos encargados de la parte pedagógica. «Esa fue la primera vez que yo tuve que ver con homosexuales», aclaró. El proyecto comprendió dos ciclos; uno de investigación y otro de tipo asistencial. Durante la primera fase, el equipo entrevistó un centenar de homosexuales, y después pasó a una etapa de clasificación. En 1967, ya habían sido investigados alrededor de ochocientos homosexuales.

Con el paso de los años, la psicóloga le adjudicó a la investigación en las UMAP una cierta ingenuidad. La idea, explicó, «era reincorporarlos a la vida social [y] que no mostraran lo que entonces nosotros llamábamos "su defecto"», es decir, que se «comportaran normalmente». Y continuó: «Nosotros lo que queríamos era que ellos siguieran siendo homosexuales, porque yo al menos ya estaba graduada hacía muy poco y había leído mucha literatura, estaba convencida de que eso no se cura. [...] Ninguno de los intentos que aquí en Cuba se hicieron, inclusive con el conductismo [pudieron] transformar eso».[5]

Un vistazo a sus intervenciones en eventos científicos y publicaciones especializadas sobre el tema, contradicen un tanto la ingenuidad con la que intentó posicionarse. María Elena Solé patentó algunas de las metodologías que se implementaron en Cuba para curar y rehabilitar homosexuales. Es lógico que, desde el presente, el testigo o testimoniante trate de acomodar su participación y responsabilidad en los acontecimientos. Luego de varias décadas, resulta obvio que se avergüenza de sus propias ideas y que trate de distanciarse de aquellos disparates y malentendidos. En la bibliografía al final de este libro, comparto las referencias de algunos de los textos divulgados en revistas científicas, en caso de que el lector quiera indagar en ellos.

La clasificación que hicieron los psicólogos en las UMAP no se basó exclusivamente en aspectos relacionados con la configuración genérico-sexual de los individuos, sino que intervino también un criterio ideológico. La noción de *afocancia* fue la usada para clasificar a los homosexuales en los campos de trabajo forzado. Esta palabra es un cubanismo que, aunque no está recogido por la Real Academia de la Lengua, viene del término *foco* y se ha utilizado para describir de modo negativo a personas que se distinguen públicamente por determinadas características físicas o morales. En ese sentido se utilizó para referirse a los homosexuales que exteriorizaban su identidad sexual en los años sesenta.

Los psicólogos diseñaron un patrón A, es decir, «afocante», para distribuir a los homosexuales en un esquema de clasificación comprendido en un rango de cuatro escalas: A1, A2, A3 y A4. Como «afocantes tipo 1» se consideraba a aquellos «que no hacían ostentación de su problema y eran revolucionarios, revolucionarios en

---

[5] Abel Sierra Madero: «"Lo de las UMAP fue un trabajo *top secret*". Entrevista a la Dra. María Elena Solé Arrondo», *Cuban Studies*, n.° 44, 2016, p. 358.

el sentido de que no se quisieran ir del país [...], que se comportaran normalmente y estuvieran más o menos integrados a la sociedad». En cambio «el que soltaba las plumas y que además no tenía ninguna integración revolucionaria ni le interesaba», y hubiera manifestado un interés por salir del país, era considerado como «afocante tipo 4». En las UMAP, explicó María Elena Solé, «había muchos revolucionarios, inclusive los A4», pero si «hacían mucha ostentación de su problema [...] nosotros no lo poníamos en A1 sino en A3». La psicóloga advirtió que el proceso de clasificación fue difícil y todo estaba condicionado por «cómo manejaban su problema» y «cuál era su participación social». Por ejemplo, «si ni estudiaba ni trabajaba, se iba acercando a la A4; si estudiaba o trabajaba y tenía una valoración más o menos positiva de la Revolución y era una persona tranquila, pasaba a la A1». Más adelante añadió: «El A2 es un A1, pero que le faltaba algo, un poco». Por su parte, «el A3 era más A4, pero tenía algo bueno que se acercaba a la A1. Eso era un poco subjetivo, ¿no?».[6]

Al principio, los homosexuales estaban distribuidos en todas las unidades, pero cuando el equipo de psicólogos decidió separarlos sobre la base de las categorías que se han descrito más arriba, crearon un grave problema: «Nosotros los pusimos en compañías bastante distantes una de la otra, pero no nos dimos cuenta [de] que lo que hicimos fue separar las parejas; entonces se robaban los caballos, eso fue la debacle».[7] La doctora aseguró que la metodología de clasificación empleada en las UMAP fue una invención cubana y que no estaba relacionada en modo alguno con la literatura científica soviética. Sus lecturas, me comentó, abarcaban un amplio espectro teórico en el que el psicoanálisis tenía un peso importante, pero su especialidad era la psicopatología, lo que vendría a explicar su concepción sobre la *afocancia*. Sin embargo, Sigmund Freud, por ejemplo, solo aparece citado en un texto suyo que se publicó en 1987. Durante la década de 1960, Freud pasó a ser un

---

[6] Ibídem, p. 359.
[7] Ibídem, p. 364.

autor proscrito en el gremio de los psicólogos y psiquiatras cubanos, y al psicoanálisis se le definió como un «método no científico», o como una fantasía.[8]

Aunque María Elena Solé se refirió a los cancerberos como «salvajes», llegó a decir que no todos los confinados «estaban tan mal».[9] Todo dependía, explicó, del jefe de la unidad y de los guardias, que a veces se sentían «más castigados que los propios reclutas» por estar allí obligados.[10] Además, trató de restarle importancia al rigor del trabajo y de minimizar el trauma de aquella experiencia para los reclusos: «¿Tú sabes la cuota que ellos tenían de caña? [...] Eran treinta arrobas. [...] Treinta arrobas las corta cualquiera; en las unidades normales treinta arrobas no es nada».[11] Las normas en las UMAP eran muy superiores a las que menciona y los militares no distinguían entre homosexuales y heterosexuales. La cantidad de caña a cortar dependía en gran medida de la voluntad del oficial a cargo.

María Elena Solé aseguró que las pruebas que hacía el equipo de psicólogos en los campos de las UMAP estaban solamente encaminadas a «medir la inteligencia». Algunos *tests*, explicó, buscaban que los confinados completaran algunas frases.[12] Esta versión concuerda en parte con la del pintor Jaime Bellechasse. En 1968, estuvo recluido en una granja de reeducación después de haber sido arrestado por «conducta impropia» en una redada policial en los alrededores del hotel Capri. De acuerdo con Bellechasse, en la granja recibieron la visita de varios estudiantes de Psicología de la Universidad de La Habana: «Entonces nos hicieron unos tests en que nos daban unos dibujos, y había que decir la

---

[8] Para un análisis más detallado sobre las discusiones y debates en torno al psicoanálisis en Cuba durante las primeras décadas de la Revolución, cfr. Pedro Marqués de Armas, *Ciencia y poder en Cuba. Racismo, homofobia y nación (1790-1970)*, Editorial Verbum, Madrid, 2014.

[9] Abel Sierra Madero: Ob. cit., p. 362.

[10] Ídem.

[11] Ídem.

[12] Ibídem, p. 363.

sensación o la imagen que uno veía en ellos». Y agregó: «Además teníamos que dibujar una mujer en un papel y dibujar un hombre en otro papel». Después lo sometieron a una prueba de asociación. Así lo describió: «Había algunas frases... Por ejemplo, recuerdo que una frase decía: "yo secretamente...", entonces uno tenía que terminarla y cosas así. O "los hombres" puntos suspensivos, y uno tenía que inventar una oración». Los *tests* psicológicos, aclaró Jaime Bellechasse, eran una herramienta de clasificación, orientada a crear expediente y los resultados se adjuntaban a los informes de la Seguridad del Estado. «Así fue como hicieron ellos esta clasificación de que unos eran homosexuales, otros eran "hippies"

Imagen 2. Foto tomada por el equipo de psicólogos durante una sesión terapéutica con jóvenes homosexuales, en uno de los campamentos de las UMAP en 1966. Cortesía de María Elena Solé.

y otros pertenecían a esa cosa difusa llamada "conducta impropia"», concluyó.[13]

Sin embargo, algunos testimonios y textos de memoria aseguran que los estudios del equipo de psicólogos en las UMAP tuvieron otro carácter, y que emplearon técnicas mucho más agresivas. En su libro autobiográfico *La mueca de la paloma negra*, Jorge Ronet cuenta la visita de psiquiatras extranjeros al campamento donde se encontraba recluido. Los especialistas, añadió, habían participado en un congreso en La Habana, «con el objetivo de analizar la forma en que la homosexualidad podía ser combatida o eliminada en el ser humano». Al evento, aseguró Ronet, asistió una psiquiatra francesa que recomendaba para el tratamiento de la homosexualidad «operaciones en los nervios de la médula espinal y en el área anal, una especie de mutilación neuronal para evitar el placer sexual». Esa teoría, agregó, fue publicada con «bombo y platillo» en el periódico *Granma*, órgano oficial del Partido Comunista de Cuba.

De acuerdo con Ronet, en Laguna Grande, una unidad destinada solamente a homosexuales, los psiquiatras hicieron algunos experimentos. Así lo narra: «Nos obligaron a inyectarnos una sustancia desconocida en las venas, y pasaban unos papeles en los que se nos decía que, si los firmábamos para los experimentos, luego nos daban la libertad. Nadie los firmó, por supuesto». Relata, además, que se las agenció para quedarse con algunos documentos y enviarlos a Chile a través de un amigo, y que el periódico *El Mercurio* los publicó.[14]

Esta información, sin embargo, no ha podido ser verificada, tampoco las referencias al congreso de Psiquiatría en La Habana, ni al artículo sobre reconversión homosexual que, según Ronet, se publicó en *Granma* con «bombo y platillo». Por esa fecha lo que reportó la prensa fue un Congreso de Medicina y Estomatología. El simposio sesionó entre el 22 y el 27 de febrero de 1966 con la

---

[13] «Jaime Bellechasse», en Néstor Almendros y Orlando Jiménez Leal, *Conducta impropia*, Editorial Playor, Madrid, 1984, p. 147.

[14] Jorge Ronet: *La mueca de la paloma negra*, Editorial Playor, Madrid, 1987, p. 53.

Imagen 3. Joven fotografiado por el equipo de psicólogos en uno de los campamentos de las UMAP en 1966. Foto cortesía de María Elena Solé.

acreditación de varios delegados extranjeros. Los diarios solo reseñaron un panel sobre tema homosexual que se enfocó en el afeminamiento en el niño. Los doctores cubanos José Pérez Villar, Ernestina P. Ruiz, Claribel Fleites, Berta Arias, César Pérez e Isidoro Sánchez, fueron los ponentes.[15]

Ahora bien, la lectura que propongo del texto de Jorge Ronet va más allá de un ejercicio de verificación que estaría más apegado a nociones tradicionales del saber historiográfico y de la reconstrucción del pasado. Lo que me interesa destacar aquí son los modos en que los acontecimientos, especialmente los traumáticos, fueron vividos y recordados. Las contribuciones del historiador Alessandro Portelli a los estudios de memoria, pueden dar algunas luces para interpretar las «incongruencias» históricas que he señalado en el texto de Ronet. De acuerdo con Portelli, la memoria «manipula»

---

[15] «Sobre desviaciones sexuales», *Granma*, 27 de febrero de 1966, p. 6.

detalles factuales y secuencias cronológicas. A tales gestos, el historiador les llama «errores creativos». Esta noción serviría para explicar tanto el procesamiento de la experiencia traumática como la articulación de subjetividades que no están apegadas al «hecho histórico».[16] ¿De qué modo formas de memoria como el dolor o el trauma escapan a un sistema de representación canonizado, a los sistemas de formalización de la memoria y a los regímenes de producción de la verdad?

Si como destaca el historiador, la memoria es un «acto», una *performance* producto de una agencia colectiva, entonces los «errores creativos» de Jorge Ronet constituyen también un tipo de «acto» que está relacionado con «decisiones» que se toman en una escritura que fue concebida para ser publicada.[17] Además de ser performativa, la memoria tiene un carácter funcional, utilitario, en cuanto a la política o al plano de lo simbólico se refiere. Esto hace que no siempre la memoria represente o sea un «reflejo» de la propia experiencia.

Lo que puede atribuirse a «decisiones» tiene especial importancia, si definimos la memoria como un proceso creativo de traducción de la experiencia, consciente y no reproductivo. Las «decisiones» habría que pensarlas entonces a través de lo que Mary Louise Pratt llamó como «contrato testimonial». Se trata de un pacto tácito que existe entre el testimoniante y una comunidad de lectores o editores, que guía de varias formas las decisiones que se toman sobre lo que se cuenta y cómo se cuenta.

En ese sentido, señala Pratt, los que escriben textos autobiográficos, o aquellos que cuentan su historia a un tercero, pudieran llegar a narrar episodios ajenos y procesos colectivos como si fueran experiencias personales para ampliar el espectro referencial, aumentar la fuerza del relato y garantizar la veracidad de sus narrativas.

---

[16] Alessandro Portelli: *The Death of Luigi Trastulli and Other Stories: Form and Meaning in Oral History*, SUNY Press, New York, 1991, p. 6.

[17] Para un análisis más exhaustivo de la memoria como *performance* cfr. Mieke Bal, Jonathan Crewe & Leo Spitzer (eds.), *Acts of Memory: Cultural Recall in the Present*, University Press of New England, Hanover, 1998.

Imagen 4. Un joven posa ante la cámara del equipo de psicólogos en uno de los campamentos de las UMAP en 1966. Foto cortesía de María Elena Solé.

Estas decisiones, agrega, no atentan contra la legitimidad ni la credibilidad del testimonio, sino que sirven para entender las negociaciones en las que se involucra el hablante para que su discurso sea «representativo» de una comunidad determinada. De ahí que la memoria no siempre sea una expresión de las narrativas de un yo individual, sino también de un yo colectivo.[18] Estos criterios teóricos han sido utilizados de modo discrecional, y muchas veces han servido para justificar y legitimar voces latinoamericanas como las de Rigoberta Menchú, por ejemplo. Pero en el caso de los exiliados cubanos se utilizan para descalificarlos y desecharlos, como si hubieran perdido el *brand*, la marca de la cubanía, una vez que viven y escriben fuera de la isla.

[18] Cfr. Mary-Louise Pratt: «Lucha-libros. Me llamo Rigoberta Menchú y sus críticos en el contexto norteamericano», *Nueva Sociedad*, n.º 162, julio-agosto, 1999, pp. 35-36.

Otros exconfinados de las UMAP, por su parte, aseguran que el equipo de psicólogos hizo varios experimentos y pruebas de tipo conductista y reflexológico, en los que se llegó a emplear el *electroshock*. Héctor Santiago, por ejemplo, certifica que los doctores utilizaron *shocks* con electrodos y comas inducidos con insulina. Muchos homosexuales en las UMAP, asegura, fueron sometidos a experimentos pavlovianos que consistían en la aplicación de corriente alterna «mientras nos mostraban fotos de hombres desnudos para que en el subconsciente los rechazáramos, volviéndonos a la fuerza heterosexuales».[19] Esta descripción concuerda con varios artículos que describían este procedimiento y que circularon en revistas especializadas cubanas de psicología y psiquiatría durante los años sesenta.

Edmundo Gutiérrez Agramonte fue uno de los médicos que importó a Cuba el modelo reflexológico. Esta terapia, desarrollada en Praga por Kurt Freund, consistía en crear reflejos condicionados. Al sujeto se le ponía una inyección emética por vía subcutánea. Tan pronto empezaba a experimentar náuseas, se le mostraban diapositivas de hombres vestidos y desvestidos con el objetivo de eliminar su deseo y provocar la aversión. La segunda fase comenzaba siete horas después de haberle sido administrada una inyección de 10 mg de propionato de testosterona. En ese momento, se le mostraban diapositivas de mujeres desnudas y semidesnudas. En Cuba, el tratamiento empleado por el doctor Edmundo Gutiérrez Agramonte utilizaba estímulos eléctricos dolorosos, en lugar de la mezcla emetizante, y sin la inyección de propionato de testosterona.[20]

Otros, como el doctor Luis Muñiz Angulo, creían que la homosexualidad era producida por desórdenes endocrinos. Su tratamiento –explicaba en un artículo científico publicado en 1969– consistía

---

[19] Héctor Santiago: «José Mario, "El Puente" de una generación perdida», New York, 27 de octubre de 2002 p. 22, en Héctor Santiago Papers, Cuban Heritage Collection, University of Miami, CHC5176, Caja 3, Folder 14.

[20] Edmundo Gutiérrez Agramonte: *Las personalidades psicopáticas*, Editorial Neptuno, La Habana, 1962, pp. 71 y 72.

en «corregir y prevenir el trastorno glandular: inyectar extracto u hormonas testicular, suprarrenal o hipofisaria según sea el caso en los varones o progesterona, estradiol, tiroides o hipófisis según sea el caso en las hembras». Muñiz Angulo dijo que había que «vigilar atentamente el desarrollo de los niños y niñas: a la más mínima señal de insuficiencia o trastorno glandular, instituir inmediatamente el tratamiento adecuado, que siempre debe ser dirigido por un médico especializado».[21]

El *electroshock* fue otro de los métodos que emplearon los psiquiatras cubanos para reconvertir homosexuales en «hombres nuevos». También se utilizó contra disidentes y presos políticos. José Ángel Bustamante fue uno de los que manejó esa herramienta. Algunas fuentes indican que trabajó directamente con el Departamento de Seguridad de Estado para diseñar técnicas que permitieran extraer confesiones y declaraciones. De acuerdo con María Josefa Riera, conocida como Pepita, los métodos de Bustamante recurrían a la tortura física y psicológica con un criterio científico. Durante años, Pepita Riera investigó los aparatos represivos del régimen cubano. Antes de exilarse en Estados Unidos en 1960, había sido parte del movimiento revolucionario que derrocó a la dictadura de Batista. Murió en Miami en 1998.

Riera aseguró que las técnicas suministradas por José Ángel Bustamante a la policía política eran diversas. Una de ellas, conocida como la «tortura del frío», consistía en encerrar al preso en un calabozo refrigerado a muy bajas temperaturas. En ocasiones, refiere, a los reclusos se les ponía desnudos en un cuarto para «azuzarle dos perros pastores alemanes, fieros y especialmente adiestrados». Otro de los métodos recibió el nombre de «tortura de la campana». Se trataba de «amarrar fuertemente al preso, sentado en una silla, cubriéndolo con una gran campana que a intervalos de pocos minutos, durante varios días, es intensamente percutida mediante un mecanismo eléctrico». El repertorio es amplio: otras veces se empleaba la «tortura del magnavoz» que buscaba

---

[21] Luis Muñiz Angulo: «Los caminos del homosexualismo», *Revista del Hospital Psiquiátrico de La Habana*, vol. X, n.º 3, septiembre-diciembre, 1969, p. 359.

«difundir por alto-parlante, a gran volumen, los discursos de Fidel Castro, lo que quiebra los nervios de los presos».[22]

En su libro *Psiquiatría*, José Ángel Bustamente explicó que el *electroshock* es un método convulsivo creado por Cerletti y Bini. El artefacto que se utilizaba, disertó el doctor, «está provisto de un reloj automático (*timer*) que permite pasar la corriente eléctrica [...]. Un voltímetro señala el voltaje que se aplica: de 70 a 130 v. Dos electrodos metálicos y una banda elástica para fijarlos, completan el equipo». Para poner en práctica el tratamiento, «se aplican los electrodos metálicos en las regiones temporales y se aprietan con la banda elástica. La convulsión que tiene lugar es similar a la que se manifiesta en la epilepsia en la que, a una fase tónica de unos 10s de duración sigue otra clónica que se extiende durante 30 a 40s».[23]

Al *electroshock* clásico el cubano le incorporó relajantes y anestésicos. Primero se empleó el *curare*, reveló Bustamante, un analgésico compuesto por el alcaloide tubocurarina que bloquea el impulso nervioso y produce parálisis muscular. También se usó la succinilcolina que es un bloqueador neuromuscular: «Estos relajantes se emplean para prevenir las fracturas que se ocasionaban en el método clásico, al ocurrir la concentración muscular en la convulsión, lo cual provocaba en el paciente movimientos musculares de gran fuerza que pueden dar lugar a fracturas». El paciente a quien se va a aplicar el método, advertía, «no debe haber ingerido alimentos desde 4 horas antes, y la vejiga debe estar desocupada. Debe también revisarse su dentadura para evitar la posible ruptura de puentes o piezas de prótesis dental».

El psiquiatra ofreció aún más detalles: «Una vez colocado el enfermo en forma tal que su cintura quede elevada poner una almohada por debajo de ella, se procede a inyectarle tiopental sódico en

---

[22] Pepita Riera: *Servicio de inteligencia de Cuba comunista*, Editorial AIP, Miami, 1966, pp. 77-78.

[23] José A. Bustamante: *Psiquiatría*, Editorial Científico-Técnica, La Habana, 1972, pp. 359.

dosis de 0,15 a 0,120 mg manteniendo la aguja en la vena para, de ese modo, aplicar en otra jeringuilla succinilcolina en dosis de 0,1 a 0,3 mg/kg de peso corporal; después se le administra oxígeno». Al producirse la convulsión se le sujetaban los hombros y las piernas a la persona. Más adelante habla sobre la frecuencia y los efectos secundarios colaterales del método: «El tratamiento debe ser utilizado tres veces por semana hasta alcanzar un número de diez tratamientos como promedio. La aplicación del *electroshock* determina una serie de cambios, tales como modificaciones menstruales, capaces de llegar hasta la amenorrea, y que pueden extenderse durante dos o tres meses». El *electroshock* produce alteraciones de la memoria, advirtió el especialista: «Éstas varían según los casos, y en algunos establecen un cuadro confusional que ha sido denominado orgánico, que desaparece entre 2s y 2min». Además del *electroshock*, José Ángel Bustamente utilizó los comas insulínicos y electronarcosis, un método que había sido empleado en la Unión Soviética, orientado a provocar «un sueño eléctrico por el paso de una corriente unidireccional de alta frecuencia».[24]

Cuando los homosexuales recluidos en las UMAP empezaron a recibir tratamientos hormonales y «corrientazos», como parte de los experimentos de «reconversión sexual», muchos fingían para que los psicólogos y psiquiatras vieran un progreso, con tal de que les acortaran las sesiones o las suspendieran. Una de las estrategias consistía en cambiar las maneras y la gestualidad a través de la «corrección» de la voz, el andar y los movimientos. De este modo simulaban o parodiaban el modelo de masculinidad oficial.

En su autobiografía *Insider: My Hidden Life as a Revolutionary in Cuba*, José Luis Llovio-Menéndez contó que trabajó junto a Luis Alberto Lavandeira en las UMAP. De acuerdo con este testigo, el psiquiatra le dijo que la «cura» de la homosexualidad sería simple y que solo había «una medicina», que además ellos tenían: «Es la filosofía marxista, combinada con trabajo duro que los forzará a adquirir una conciencia y gestos masculinos».

[24] Ibídem, pp. 359-361.

Imagen 5. La psicóloga Liliana Morenza, una de las especialistas que integró el equipo de investigación de las UMAP, junto a dos homosexuales de la Compañía 4, Batallón 7, Unidad de Ayuda a la Producción La Violeta, Camagüey, 1967. Foto cortesía de la doctora María Elena Solé.

Durante los interrogatorios, relató Llovio-Menéndez, los homosexuales trataron de cooperar con el teniente Lavandeira, pero cuando comenzó a hacerles ciertas preguntas le perdieron el respeto y las entrevistas se convirtieron en espectáculo. La pesquisa incluía este tipo de interrogantes: «¿cómo te sientes cuando estás con un hombre?», «¿te duele?», «¿tienes erección cuando estás con una mujer bonita?».

El asunto se le complicó a Lavandeira cuando el equipo de psicólogos reunió cerca de ciento veinte confinados, y algunos, los más audaces, se les rieron en la cara. Sin herramientas para contrarrestar esa actitud, el psiquiatra gritaba enardecido: «¡Sé un hombre!», «¡compórtate virilmente!», y cosas por el estilo.[25] Tras el incidente, la jefa de los expertos dio por terminada la reunión. Después, Luis

---

[25] José Luis Llovio-Menéndez: *Insider: My Hidden Life as a Revolutionary in Cuba*, Bantam, New York, 1988, p. 172.

Alberto Lavandeira no permaneció mucho más tiempo en Camagüey; fue enviado de vuelta a La Habana.

Felipe Guerra Matos, el oficial que estuvo a cargo del desmantelamiento de las UMAP, me comentó en una entrevista que la idea de enviar el equipo de psicólogos a las unidades había sido suya. Aseguró, además, que en esos campamentos llegaron a estar recluidos unos treinta mil hombres, entre ellos alrededor de ochocientos cincuenta homosexuales. En 1957, Guerra Matos fue el encargado de llevar hasta el campamento del Ejército Rebelde en la Sierra Maestra a Herbert Matthews, periodista de *The New York Times* y responsable de los reportajes que llevaron a Fidel Castro al estrellato mediático en Estados Unidos. Al triunfo de la Revolución, Guerra Matos fue director de Deportes y se le encomendó la tarea de acabar con la liga profesional de béisbol cubano y fundar el «deporte revolucionario».

El oficial gozaba de la confianza de Castro, de ahí que no resulta extraño que el máximo líder lo enviara a desmantelar las UMAP. Cuando lo interpelé acerca de los castigos y los abusos de los guardias a los reclusos, respondió evasivo: «Cometimos errores graves, castigos con los mariconcitos y se hicieron veinte cosas ahí. Los ponían a mirar el sol, a contar hormigas. Ponte a mirar el sol fijo pa' que tú veas. Cualquier barbaridad que se le pudiera ocurrir a un oficial de poco cerebro. Yo tengo culpa también porque yo firmé reclutamientos».[26] Aunque trató de restar peso a la violencia, no pudo dejar de reconocer lo trágico de esa política de la que él también fue parte.

Los castigos en las UMAP podían ir desde los insultos verbales hasta el maltrato físico y la tortura. Varios de mis entrevistados aseguran que una de las modalidades empleadas con regularidad por los guardias consistía en enterrar al confinado en un hueco y dejarlo con la cabeza fuera durante varias horas. A algunos los introducían en un tanque de agua hasta que perdieran la conciencia, a otros los ataban a un palo o a una cerca y los dejaban durante

---

[26] Abel Sierra Madero: «Entrevista a Felipe Guerra Matos», audiograbación inédita, La Habana, 5 de junio de 2014.

Imagen 6. Capitán Felipe Santiago Guerra Matos, oficial que estuvo a cargo de la dirección de las UMAP desde 1966 hasta octubre de 1968. Foto cortesía de Felipe Guerra Matos.

la noche a la intemperie para que fueran presa de los mosquitos. De acuerdo con Héctor Santiago, a esta forma de castigo se le llamó «El palo». El tormento y la mortificación del cuerpo tenía la función de amedrentar y formaba parte de una narrativa en la que las sanciones recibían nombres como «El trapecio», «El ladrillo», «La soga» o «El hoyo», entre otros.[27]

Los experimentos e investigaciones psicológicas y psiquiátricas no fueron exclusivos del caso cubano. Fue una práctica común en otros modelos de campos de concentración. Los nazis, por ejemplo, también aplicaron técnicas de reconversión sexual y emplearon hasta prostitutas con ese fin. Joseph Kohout, un austriaco que fue enviado al campo de concentración de Flossenbürg después de haber sido acusado de homosexualidad, le contó al escritor vienés Hans Neumann –quien firmaba con el pseudónimo de Heinz

---

[27] Abel Sierra Madero: «Entrevista a Héctor Santiago», conversación telefónica, audiograbación inédita, 22 de enero de 2014.

Heger– que, en el verano de 1943, los nazis instalaron allí un burdel al que llamaron «bloque especial».

Joseph Kohout llevaba un triángulo de tela rosa en su uniforme que lo identificaba como homosexual. El triángulo era una forma de clasificación de los nazis. A los judíos se les reconocía por el triángulo amarillo, el rojo estaba reservado a los presos políticos, el verde a los criminales, el negro a los antisociales y el morado se usaba para identificar a los testigos de Jehová.

Con los testimonios de Kohout se escribió *Los hombres del triángulo rosa*, uno de los pocos textos que recoge las experiencias de los homosexuales en los campos de concentración. En uno de los pasajes, Kohout relata: «Himmler pensaba que los hombres de triángulo rosa nos curaríamos de nuestra tendencia homosexual mediante visitas regulares y obligatorias al burdel. Debíamos presentarnos en el nuevo bloque una vez por semana para aprender a disfrutar de las delicias del sexo opuesto».[28] La orden misma, agregó, mostraba lo poco que sabían los líderes de las SS y sus asesores científicos acerca de la homosexualidad. Al ver que el experimento no dio resultado, Himmler dictó una orden que indicaba que todo homosexual «que aceptara ser castrado y que hubiera tenido una buena conducta sería liberado en poco tiempo».[29] Algunos, dice Joseph Kohout, consintieron la castración con tal de escapar del infierno, pero en lugar de liberarlos los enviaron al frente ruso.[30]

Los nazis contemplaban la homosexualidad como una degeneración de la raza aria que erosionaba la vida pública. Según Günter Grau, entre 1933 y 1945 bajo el régimen nazi, cerca de cincuenta mil homosexuales fueron juzgados y cerca de cinco mil, enviados a campos de concentración.[31]

---

[28] Heinz Heger: *Los hombres del triángulo rosa. Memorias de un homosexual en los campos de concentración nazis*, Amaranto, Madrid, 2002, pp. 39 y 129.

[29] Dan Healey: *Homosexual desire in revolutionary Russia. The regulation of sexual and gender dissent*, University of Chicago Press, 2001, p. 232.

[30] Heinz Heger: Ob. cit., p. 129.

[31] Günter Grau, Claudia Schoppmann & Patrick Camiller: *Hidden holocaust? Gay and lesbian persecution in Germany, 1933-45*, Fitzroy Dearborn, Chicago, 1995, p. 6.

Imagen 7. Capitán Felipe Guerra Matos y Fidel Castro en 1959. Foto cortesía de Felipe Guerra Matos.

Carl-Heinz Rodenberg, director científico de la Reichszentrale zur Bekämpfung der Homosexualität und der Abtreibung (Central del Reich para la lucha contra la homosexualidad y el aborto), promovió varias técnicas para erradicar la homosexualidad. Erwin Ding-Schuler fue responsable de castrarlos e inocularles tifus en Buchenwald. En este campo se encontraba además Carl Peter Jensen, un médico que hizo varios ensayos con hormonas.

En el gulag soviético también se recluyó a miles de homosexuales que habían sido detenidos bajo la ley antisodomita de 1933-1934. De acuerdo con Dan Healey, en la Unión Soviética se hicieron varias encuestas y *tests* para estudiar las dinámicas homoeróticas en los campos y en las prisiones. En 1927, el higienista social David Lass realizó un estudio con una muestra de seiscientos noventa y dos prisioneros hombres, entre ellos un número considerable de condenados por pederastia. El estudio concluía que los jóvenes eran más propensos a comportarse como homosexuales «pasivos», mientras que los más viejos asumían roles más «activos».[32]

---

[32] Dan Healey: Ob. cit., p. 232.

Estas investigaciones dentro del gulag o la prisión, señala Healey, fueron fundamentales para producir un tipo de conocimiento sobre la homosexualidad y construirla como una categoría disciplinaria dentro de una subcultura pederasta. Aunque ya se venían realizando redadas policiales de modo discrecional, al escritor Alexéi Maxímovich Peshkov, más conocido como Máximo Gorki, se le adjudica la implementación de la política antisodomita que tomó mucha fuerza a partir de 1934. En «El humanismo proletario», un texto publicado ese mismo año, Gorki celebraba que en Rusia «el homosexualismo que deprava a la juventud» ya era considerado un «crimen social» que se castigaba, mientras que en Alemania «es libre y goza de toda impunidad». El escritor reprodujo y amplificó un proverbio popular: «Acabad con el homosexualismo y desaparecerá el fascismo».[33] No se sabe bien si la frase es apócrifa o Gorki se la inventó. Al conectar la homosexualidad con el fascismo, los homosexuales se convirtieron en blanco de las instituciones; fueron arrestados y enviados a campos de trabajo forzado.

Después de la muerte de Iósif Stalin en 1953, Nikita Jruschov comenzó un proceso de desmantelamiento de algunos campos. Aunque se liberaron más de cuatro millones de prisioneros del gulag, para los homosexuales se incrementó la represión, la vigilancia y el encarcelamiento. Al parecer, las regulaciones estalinistas se mantuvieron por el temor a que, una vez liberados, los homosexuales pudieran «contaminar» nuevamente a la sociedad.

Entre 1960 y 1970 se dispararon las detenciones y encarcelamientos dentro de una campaña de «legalidad socialista». En ese período se aumentó también el número de exámenes forenses con «homosexuales pasivos» y se desarrollaron nuevas técnicas de identificación. Según Dan Healey, un laboratorio de proctología administrado por el Ministerio de Salud medía los músculos de los esfínteres anales para ver cuán dilatados estaban. Otro procedimiento consistía en hacer análisis químicos en penes mediante exudados. En 1969, I. G. Bliumin, un experto médico forense

---

[33] Máximo Gorki: *Artículos y panfletos*, Ediciones en Lenguas Extranjeras, Moscú, 1950, p. 338.

soviético, estuvo al frente de un proyecto de investigación que consistía en medir grados de excitación entre una muestra de doscientos homosexuales a partir de masajes en la próstata.[34]

En los campos de concentración franquistas también se hicieron experimentos psicológicos con los confinados. De acuerdo con Lucas Jurado Marín, en 1968 la cárcel de Huelva se convirtió en un «Centro Especializado» por el que pasaron más de un millar de homosexuales, víctimas de macabros procedimientos como la lobotomía, las descargas eléctricas y vómitos inducidos.[35] Pero los experimentos más conocidos en España se le atribuyen a Antonio Vallejo Nájera, jefe de los Servicios Psiquiátricos del Ejército. Fue el encargado de dirigir un programa orientado a estudiar la personalidad de los prisioneros durante la década de 1940. Estos exámenes se produjeron fundamentalmente en San Pedro de Cardeña, un monasterio medieval muy cerca de Burgos. Vallejo aplicó *tests* biopsicológicos que respondían a una política de clasificación. Esta idea se introdujo en los campos de concentración contra enemigos políticos del franquismo y se incluyó también a las mujeres.

Algunos investigadores aseguran que las metodologías de Vallejo buscaban analizar la figura corporal, la extroversión o introversión del individuo, su temperamento y su personalidad, su nivel de inteligencia y su actitud política. En las tablas con los resultados del diagnóstico se incluían, además, elementos de tipo sociocultural y biográfico como el nivel de educación, la situación económica, las creencias religiosas, la actitud ante el ejército y la patria, la profesión, el consumo de alcohol y la moral sexual.[36] Había una diferencia singular en el caso español: los conejillos de indias no eran homosexuales, sino marxistas. Para Vallejo el

---

[34] Dan Healey: Ob. cit., p. 259.

[35] Cfr. Lucas Jurado Marín: *Identidad. Represión hacia los homosexuales en el franquismo*, Editorial La Calle, Antequera, Málaga, 2014, pp. 76-77.

[36] Javier Bandrés y Rafael Llavona: «La psicología en los campos de concentración de Franco», *Psicothema*, vol. VIII, n.º 1, 1996, pp. 1, 3 y 6. Este artículo incluye en la bibliografía todos los trabajos que Antonio Vallejo Nájera publicó sobre sus investigaciones.

pensamiento de izquierda era una suerte de tara y los marxistas, unos débiles y retrasados mentales.

En Cuba, la psicología y la psiquiatría también se usaron para estudiar y atormentar a disidentes y presos políticos. Jorge Luis García Vázquez ha aportado algunos detalles sobre ese asunto. En la década de 1980, fue enviado como traductor a la República Democrática Alemana y trabajó al servicio de la policía política (Stasi) en Berlín. En 1987, antes de ser deportado a Cuba, estuvo preso durante ocho días en Hohenschönhausen, una de las cárceles más tenebrosas de la época. En 1992 logró escapar y regresó a una Alemania ya unificada.

Durante años, se ha dedicado a investigar las conexiones entre la Stasi y el Departamento de Seguridad del Estado cubano. En su blog *Conexión La Habana-Berlín* ha publicado varios documentos desclasificados. Uno de ellos llama la atención. Se trata de una carta del 17 de septiembre de 1981 en la que el coronel Lorenzo Hernando Caldeiro manifiesta a la Stasi cierto «interés de intercambiar criterios y experiencias sobre la sicología». El objetivo, agrega, «estaría dirigido a la preparación para utilizar estas ramas de la ciencia en la lucha contra el enemigo».[37] En la misiva, el oficial solicita algunas drogas y psicofármacos. La lista es larga e incluye la cantidad. La copio tal cual aparece en el documento:

LSD	50 (caja 10 c/u)
Alkaloid del opio	100 (caja 10 c/u)
Cocaína y metadona	100 (caja 10 c/u)
Barbitúricos	30 (caja 10 c/u)
P-nitrophenol phosphato	2 frascos de 5 g
Glucosa 1-Phosphato	1 frasco de 5 g
Nicotin adenin difosfato (NADP) (AWD-RDA) sest. n.° 32	8 frascos de 100 mg

---

[37] «Documento del Archivo Federal. Solicitud del Ministerio del Interior de Cuba el 17 de septiembre de 1981», tomado de Jorge Luis García Vázquez, «Psiquiatría y psicotrópicos. Notas y Solicitudes de la Conexión La Habana-Berlín», *STASI-MININT Connection Blog*, 23 de julio de 2011, <https://stasi-minint.blogspot.com/2011/07/psiquiatria-y-psicotropicos-notas-y.html>, [13/12/2020].

3 (4-5 Dimethlthiazonil-2) 2.5 diphenyl tetrazolium-bromid (MTT)	1 frasco de 5 g
Adenin diphosphato (ADP) Reanal Na. 3 (no K)	1 frasco de 1 g
Glutanato piruvato transaminasa UV Test, (GTP-UV-Test) Bastell n.° 511 (Fermosnost)	1 frasco de 5 g
Ácido adenin nicotin sódico Madh NA 2 (AWD-RDA Sest n.° 8)	1 frasco de 100 mg
Cloruro de magnesio hidratado HgCl2 6H2O	1 frasco de 100 mg
EDTA	1 frasco de 100 mg
Ácido Maleico puro	1 frasco de 100 mg
Mercaptoaethanol	1 frasco de 500 mg1

Al parecer, las colaboraciones entre la Stasi y el MININT se intensificaron en materia de políticas de reeducación, a mediados de la década de 1980. Varios médicos cubanos colaboraron con la Seguridad del Estado en ese campo. Uno de ellos fue el doctor Juan Guevara, que también participó en las investigaciones con homosexuales en las UMAP. En una carta del 14 de abril de 1986, un oficial del MININT en Berlín que firmó bajo el nombre de Roque le compartió al coronel Rainer Gollnik un cable que el Ministro del Interior de Cuba, General de División José Abrantes, le había enviado. En el documento se lee:

> Próximamente llegará a la R.D.A el compañero Dr. Juan Guevara, quien realizará trabajos en la Universidad de Humbolt durante un mes. El Dr. Guevara es colaborador científico del MININT y se encuentra participando en estudios sobre el tratamiento a fenómenos de conductas, reeducación y otros temas de gran importancia para nuestro organismo. Es de nuestro interés que pueda conocer algún centro de atención a problemas de conductas, centros de reeducación y alguna información de trabajos de prevención con menores y jóvenes. Coordinen con el MININT R.D.A para el logro de este objetivo e informenme el resultado. Firmado Abrantes!! [sic][38]

[38] Ministerium des Innern Büro des Ministers: «Cable de José Abrantes a la Stasi», Der Bundesbeauftragte für die Stasi-Unterlagen (BStU), Tgb-Nr 506. Agradezco a Jorge Luis García Vázquez, autor del blog *Conexión La Habana-Berlín*, por este documento.

Charles J. Brown y Armando M. Lago han demostrado cómo el gobierno revolucionario empleó *electroshocks* y psicotrópicos de modo sistemático contra presos políticos. Los investigadores entrevistaron a muchos de los que sufrieron el rigor de esa política; entre ellos, a José Luis Alvarado Delgado, al historiador Ariel Hidalgo, al cineasta Nicolás Guillén Landrián, a Juan Manuel Cao, Rafael Saumell, Jesús Leyva Guerra. De acuerdo con los testimonios, la sala Juan Pedro Carbó Serviá del Hospital Psiquiátrico de La Habana, más conocido como Mazorra, fue uno de los lugares tremebundos que la policía política preparó para esos menesteres. Allí los presos fueron sometidos a constantes sesiones de *electroshocks*.

Los testigos identificaron a Heriberto Mederos, «el enfermero», como el oficial de la Seguridad del Estado que supervisaba los corrientazos en las sienes y los testículos de los reclusos. También era el responsable de la administración de drogas psicotrópicas. Otro de los torturadores, que respondía al alias de «el Capitán», se encargaba de «sodomizar a los prisioneros más jóvenes y los amenazaba con entregárselos a sus guardaespaldas o al mismo Mederos si no cooperaban».[39]

Nicolás Guillén Landrián señaló a Mederos como el administrador de las ocho sesiones de *electroshocks* sin anestesia que recibió en la sala Carvó Serviá de Mazorra. En 1976, Guillén Landrián fue detenido y llevado a Villa Marista, la sede de la policía política o Departamento de Seguridad del Estado. Allí pasó seis meses sin que le celebraran juicio y fue sometido a tortuosos interrogatorios. En 1977, lo condenaron a dos años de prisión y fue enviado a la sala de psiquiatría de la prisión del Combinado del Este, donde le suministraron altas dosis de drogas y psicotrópicos, clorpromazina, trifluoperazina y trihexyphenidyl hydroclorídico.

Durante un registro en su casa, a inicios de los ochenta, al historiador marxista Ariel Hidalgo le ocuparon un manuscrito «revisionista» que dejaba muy mal parado a Fidel Castro. De inmediato, lo acusaron de «propaganda enemiga». Hidalgo fue sentenciado a

---

[39] Charles J. Brown & Armando M. Lago: *The Politics of Psychiatry in Revolutionary Cuba*, Freedom House, New York, 1991, pp. 66-67.

ocho años de prisión y la corte que lo condenó pidió incluso que sus libros fueran quemados. Como otros disidentes, tuvo que pasar varios días a la sala Carbó Serviá de Mazorra, y lo mezclaron con enfermos mentales severos para quebrarlo. En un ambiente dantesco, contó, «algunos pacientes se masturbaban y orinaban encima de aquellos que dormían».[40]

En 1982 Juan Manuel Cao fue detenido y acusado también de «propaganda enemiga». Después de interminables interrogatorios, fue enviado a la misma sala. Así describió su experiencia:

> También fui testigo de una sesión de *electroshoks* que le propinaron a media decena de pacientes. Fue espantoso. Uno podría imaginar que eso era algo que realizaban en una habitación acomodada para semejante trance, pero no. Aplicaban las descargas delante de los demás. Algunos corrían y los enfermeros los perseguían por la sala, los maniataban a como diera lugar, y les colocaban un objeto en la boca: una boquilla de plástico o algo por el estilo. Así, delante de todos, sin el menor escrúpulo, los arrastraban, luego conectaban el aparato a la pared y los hacían retorcerse como muñecones inanimados. Luego, los dejaban tirados en el suelo, sangrando por la comisura de los labios, echando espuma o babeando. Los otros locos se acercaban con morbo, curiosidad o miedo. Hubo dos a los que costó trabajo atraparles, algunos pacientes participaron de la cacería, los acorralaron en el baño, y allí, sobre el piso mojado, les dieron los corrientazos. Juro que vi chispas saltar en el agua. No exagero ni el más mínimo detalle.[41]

A los que se fugaban de las UMAP y desafiaban la autoridad del ejército también los mandaban a hospitales psiquiátricos. Eduardo Yanes Santana fue uno de ellos. Después de ser sorprendido en un acto de fuga, fue internado en Mazorra y presenció

---

[40] Ibídem, pp. 69, 72 y 73.

[41] Abel Sierra Madero: «Hasta hoy, no sé quién me delató: Juan Manuel Cao», *Hypermedia Magazine*, 21 de agosto de 2020, <https://www.hypermediamagazine.com/columnistas/fiebre-de-archivo/hasta-hoy-no-se-quien-me-delato-juan-manuel-cao/>, [12/11/2020].

también las torturas con *electroshocks* y le suministraron drogas y sedantes, que le ocasionaban confusión mental, desorientación, mareos y diarreas.[42]

Al margen de la imagen. Las fotos de las UMAP
Se cree que una imagen dice más que mil palabras. Esa visión romántica tiene que ver con las altas expectativas que se han depositado en las imágenes desde que surgió el fotorreportaje periodístico a inicios del siglo XX. Las fotos generan fascinación porque están conectadas a campos afectivos y al recuerdo. No es casual que el portal de Getty Images y la red social Instagram sean plataformas tan populares.

La doctora María Elena Solé mantuvo guardadas en una caja por varias décadas algunas instantáneas tomadas por el equipo de psicólogos que trabajó en los campos de las UMAP. No guardó copia del informe comisionado por las FAR; era una operación secreta que no debía dejar rastros. Sin embargo, una fiebre de archivo la llevó a conservar las imágenes impresas en 4 x 6, el formato más popular de los turistas, de los *souvenirs*. Hasta que las compartí por primera vez en un artículo que escribí para *Letras Libres* en 2016, no se sabía de su existencia, muy pocos las habían visto.[43]

María Elena Solé me las mostró con un halo de misterio, de precaución, rendida al curso y peso de la Historia. Las manoseaba con cariño, con nostalgia. Esas fotos son cabos sueltos de la maquinaria reeducadora, una «prueba» documental de la existencia de las UMAP y de la presencia de los psicólogos en las unidades. Constituyen uno de los pocos testimonios gráficos sobre los campos de concentración revolucionarios y ponen rostro a personas que fueron sometidas al encierro, los experimentos y el rigor del trabajo forzado. Ahora bien, ¿qué tipo de testimonio ofrecen? ¿Qué dicen, pero sobre todo qué callan, qué esconden? En los silencios, la composición y los encua-

---

[42] Charles J. Brown & Armando M. Lago: *The Politics of Psychiatry in Revolutionary Cuba*, Freedom House, New York, 1991, p. 102.
[43] Cfr. Abel Sierra Madero: «Academias para producir machos en Cuba», *Letras Libres*, año 18, n.º 205, 2016, pp. 34-38.

dres parecen estar las claves para su desciframiento e interpretación. Se trata de un ejercicio de arqueología, de deconstrucción.

Una imagen es como una cebolla, tiene varias capas (*layers*), hay mucha información encriptada y codificada. En las fotos que tomaron los psicólogos en las UMAP no aparecen los guardias, no hay bayonetas o armas largas. A simple vista, vemos a muchachos que posan como maniquíes alegres ante la cámara. Nada sugiere, al menos en una primera lectura y sin más aclaración, que fueron tomadas en un campo de concentración. Por sí solas las imágenes no se explican, no hablan. Si nos apegamos a la representación de los campos que se ha asentado en nuestra cultura visual, algo aquí no encaja.

Hay que volver a mirar, una y otra vez, de lo contrario, estas fotos nos pueden devolver una imagen idílica, distorsionada, *fake*. Pueden, incluso, apaciguar y pacificar la memoria. Para interpretarlas es preciso abandonar la lógica extractiva; las fotos no son un «reflejo» de la realidad, sino instantes de «verdad», como bien apuntó Hannah Arendt.[44] ¿Pero de qué verdad estamos hablando? Cuando las observé con más detenimiento me parecieron terribles y sobrecogedoras. Después de escanearlas en alta resolución (400 dpi), las puse en el programa Preview, y repetí la secuencia varias veces. El trasfondo ético de las fotos, diría Susan Sontag, es fundamental aquí. El acto de fotografiar, advertía Sontag, está implicado en una relación de poder con el objeto. Es decir, no podemos aceptar el mundo tal como lo graba o lo revela la cámara. El lente, agregó, «hace que la realidad sea atómica, manejable y opaca», en la medida que propone una visión del mundo que niega la interconexión.[45]

Desglosemos la parte ética. Las fotos fueron tomadas por alguien del equipo de psicólogos. La secuencia forma parte de una práctica científica orientada al estudio y la producción de conocimiento, la clasificación, la conformación de perfiles, como si se tratara de

---

[44] Cfr. Hannah Arendt: «Le procès d'Auschwitz», *Auschwitz et Jérusalem*, Deuxtempes, Paris, 1993, p. 257.

[45] Susan Sontag: *On Photography*, Anchor Books Doubleday, New York, 1977, p. 23. La traducción es mía.

una ficha policial, de un *freak show*, un inventario de monstruos y bichos raros cuyas experiencias hay que supervisar, documentar y archivar. Los sujetos fotografiados son confinados de un campo de concentración que no ríen complacientes a la cámara. Se trata de una mueca, de una política de la pose que desenmascara al lente y al poder disciplinar en el que está inscrito. En varias fotos aparece retratada una de las psicólogas en traje de campaña que ríe de modo condescendiente a la cámara (imágenes 5 y 8). El gesto de entrar en el marco es significativo y problemático; tiene que ver con una ética de testigo orientada al borrado y a la construcción de una realidad paralela. Es la actitud del turista que exotiza la

Imagen 8. La psicóloga Liliana Morenza (mujer al centro) junto a varios homosexuales y cabos de la Compañía 4, Batallón 7, Unidad La Violeta, Camagüey, 1967. Foto cortesía de la doctora María Elena Solé.

realidad y no siente ni la más mínima empatía por el dolor de los demás, diría Sontag, una vez más.[46]

En las UMAP estaba prohibido tomar fotografías. La documentación de ese experimento estaba restringido al poder y a sus instituciones. Las imágenes que se publicaron entonces a través de la prensa oficial buscaban construir una visión positiva del horror y representar los campos como escuelitas. Sin embargo, a partir de 1966, las normas se relajaron y algunos familiares de los confinados lograron tomar fotos durante las visitas. Algunos de los que escribieron sobre esa experiencia las reprodujeron en sus memorias, pero son imágenes que no enfocan las instalaciones, las cercas de alambres de púas o los guardias armados. De haberlo hecho, los hubieran castigado severamente. Pedirles a los testigos otros encuadres sería un absurdo, un sin sentido.

George Didi-Huberman ha ensayado algunas ideas para analizar las fotos de campos de concentración y de exterminio nazis que me parecen productivas para pensar las imágenes tomadas por el equipo de psicólogos en las UMAP. En su exégesis, Didi-Huberman establece varias dimensiones o rutas de lectura: la «imagen hecho», la «imagen archivo» que adquiere el estatuto de certificado, la «imagen fetiche», la «imagen apariencia», la «imagen montaje» y el «margen de la imagen».[47]

De las fotos de las UMAP me interesan los ejercicios de montaje producidos por los encuadres, pero sobre todo los márgenes, lo que queda fuera del marco. Si se mira con atención la imagen 9, se verá que fue tomada a contraluz, está quemada, borrosa. Un muchacho –rodeado de otros que eluden la cámara– posa con vergüenza, se contonea con marcados manierismos ante la persona que aprieta el obturador. Abajo, a la izquierda, se lee como si fuera una nota al pie: «En Hormonoterapia».

Este término tiene una gran significación en la construcción histórica de la homosexualidad. Fue una técnica de reconversión

---

[46] Cfr. Susan Sontag: *Ante el dolor de los demás*, Alfaguara, México, 2003.

[47] George Didi-Huberman: *Imágenes pese a todo. Memoria visual del Holocausto*, Paidós, Barcelona, 2003, p. 69.

Imagen 9. La foto, tomada por el equipo de psicólogos, muestra un grupo de jóvenes homosexuales durante una sesión de hormonoterapia en una UMAP en 1967. Cortesía de la doctora María Elena Solé.

sexual empleada por médicos en muchos lugares. La inscripción al margen es fundamental, porque le proporciona un poco más de contexto a la imagen y la pone en diálogo con otros discursos. Además, la foto está pegada a una página marcada con el número 14. Para mi sorpresa, otras imágenes de este archivo también tienen esta inscripción; el número 14 se repite en varias ocasiones. Esto apunta, al menos como hipótesis, a que esas fotos formaban parte del informe que los psicólogos entregaron a las FAR y que fueron extraídas del cuerpo del texto.

Vuelvo a la lógica planteada por Didi-Huberman. En la lectura e interpretación de estas fotografías hay que ampliar el punto de vista, «hasta que restituyamos a las imágenes el elemento antropológico que las pone en juego».[48] La legibilidad, la comprensión, exige de un ejercicio crítico para que una imagen no se asiente como la verdad absoluta o total, sino que siempre esté sujeta a escrutinio, a preguntas, a su diálogo con otros documentos y testimonios.

Cartas a Héctor. Archivo, restos y memoria

«¡Y mi cuerpo! Mi mano derecha le lleva bastante diferencia a la otra, y me duelen los cáyos [sic] de las manos, y el asma continua [sic], y la eyaculación al defecar, contribuyendo a mi malestar enorme. ¡Qué nadie comprende! Mi visita al psiquiatra un fracaso». Así le escribía Justo Pérez a su amigo Héctor Santiago desde uno de los campamentos de las UMAP. Esta carta, fechada el 29 de marzo de 1967, forma parte de una correspondencia mucho más amplia que se encuentra junto a otros documentos en la Cuban Heritage Collection de la Universidad de Miami.[49] Conforma también este archivo una obra de teatro escrita por Héctor Santiago en el exilio. Se trata de *El loco juego de las locas*, una pieza que merece la pena para pensar las formas de memoria que produce la experiencia del trabajo forzado, el trauma y la justicia. Además de memorabilia como fotos, recortes de periódicos, programas de obras de teatro, he revisado varios ensayos inéditos y de tipo autobiográfico escritos por Santiago que ofrecen valiosas reflexiones sobre el contexto de la Revolución.

En varias ocasiones, Justo Pérez le advirtió a Héctor desde el campamento donde se encontraba recluido: «aquí leen las cartas antes de salir». Por eso, para burlar la censura y el control de la correspondencia, utilizó recurrentemente un lenguaje encriptado

---

[48] Ídem.

[49] Justo Pérez: [«Carta de Justo Pérez a Héctor Santiago, 29 de marzo de 1967»], en Héctor Santiago Papers, Cuban Heritage Collection, University of Miami, CHC5176, Caja 3, Folder 15, p. 3.

dentro de códigos homoeróticos. El 13 de abril de 1966, Pérez le envió otra carta al amigo:

> Porqué dictarnos el futuro, ¿Es el futuro tan terrible? dimelo para entonces suicidarme y ya, Claro, sé que se piensan muchas cosas, sé que primero hay que ser revolucionario, pero olvidas que puede uno ser un Revolucionario Artista, no creo en ese falso paraban de que hay [que] ser lo que te señalen. Sí acepto, ser señalado, y dar, como ahora pero aparte del boniato que siembro, de la caña que corte, voy a seguir pintando y si tengo que seguir sembrando lo haré, pero nunca voy a dejar de coger un pincel voy a mantener una fé. [sic][50]

En este texto hay algunos elementos sobre la identidad, la futuridad y la temporalidad del sujeto *queer*, interpelado por la estructura totalitaria del campo de concentración y la ideología homofóbica de la Revolución. Mientras leía la carta recordaba una de las consignas más utilizadas por el gobierno cubano durante esa época: «Primero dejar de ser, que dejar de ser revolucionario». Inmortalizada por el artista gráfico René Mederos en un póster de propaganda en blanco y negro, la frase representaba precisamente el marco binario que imponía la Revolución, ese dentro/contra que Fidel Castro había esbozado como un imperativo en su discurso de 1961, conocido como «Palabras a los intelectuales».

En Justo Pérez hay una ansiedad por el tiempo disciplinario que impone la Revolución. «¿Es el futuro tan terrible?», se cuestionaba. En la carta, la Revolución se representa como un espacio «crononormativo» (*chrononormativity*), para utilizar el término de Elizabeth Freeman. Lo crononormativo, explica Freeman, tiene que ver con los modos en los que el tiempo se utiliza como técnica para organizar cuerpos humanos, con el fin de obtener de ellos la

---

[50] Justo Pérez: [«Carta de Justo Pérez a Héctor Santiago, 13 de abril de 1966»], en Héctor Santiago Papers, Cuban Heritage Collection, University of Miami, CHC5176, Caja 3, Folder 15, pp. 3-4.

mayor productividad posible.[51] Dentro de esta lógica, pienso también la Revolución; es decir, como un proyecto para intervenir en el tiempo, un artefacto simbólico que temporaliza cuerpos, deseos y los traduce en una narrativa. El futuro, esa temporalidad lineal en la que se proyectan todas las Revoluciones, significaba para Justo Pérez un espacio de clausura, de sutura de la identidad, al punto que piensa en el suicidio, en el fin.

Esta papelería es mucho más que una prueba documental o una fuente para estudiar los excesos represivos de la Revolución. Detrás de la pulsión totalizadora de todo poder se genera un residuo, un vacío que el poder no puede llenar. Creo que aquí radica precisamente el valor de este archivo, que no fue curado por las instituciones médicas, espacios tradicionales de la producción de saber sobre el sujeto homoerótico. Pienso este archivo no desde una lógica extractiva, sino como un espacio de remembranza y de imaginación, como una herramienta para el estudio de la experiencia y la subjetividad del sujeto *queer* en el campo de trabajo forzado y el contexto más general de la Revolución.

Por otra parte, concibo esta colección dentro de una política de los restos y de un marco más general de un proyecto de memoria. Cuando hablo de *restos*, me refiero a una arqueología de otras formas de evidencia que descansan más en lo personal, en lo afectivo, y que, por lo tanto, no maneja el hecho y la verdad cómo únicas nociones del saber histórico. El resto, en un sentido derrideano, sería aquello que está adentro y afuera al mismo tiempo, que escapa a lo narrable y a lo que no ha sido asimilable, digerible, en la narrativa que las grandes editoriales, las instituciones culturales y la academia promueven sobre Cuba.[52] Además, el resto tiene que ver con resistencias y dinámicas de producción y consumo del archivo; remite a lo desechable, a lo excretado por los procesos de

---

[51] Elizabeth Freeman: *Time Binds: Queer Temporalities, Queer Histories*, Duke University Press, Durham, 2010, p. 3.

[52] Mi idea del *resto* tiene que ver con *Glas*, un libro de Jacques Derrida que en sí mismo constituye un resto de su obra. Cfr. Jacques Derrida: *Glas*, University of Nebraska Press, Lincoln/ London, 1986.

escritura y de canonización del pasado. El resto incluye lo textual y lo corporal, opera con los vacíos, con los momentos perdidos de la Historia oficial, como una suerte de residuo incómodo, particular, que reta a lo universal, a lo total.[53]

Cuando analizo esta papelería y el posicionamiento de Héctor Santiago como testigo, no puedo pensar sino en Primo Levi y en el libro de Giorgio Agamben *Lo que queda de Auschwitz: el archivo y el testigo*. El filósofo entiende al testigo precisamente como un *resto* marcado por diferentes *posiciones*: el que no habla, el que asume el testimonio como venganza y el que busca que el testigo no muera.[54] En esta posición entraría Héctor Santiago, pero también Primo Levi que, aunque publicó novelas y relatos, nunca se sintió un escritor de oficio, sino que escribió con el único fin de testimoniar, de que su papel como testigo no se perdiera, no se diluyera.

Héctor Santiago vive en Nueva York y en 2014 tuve la oportunidad de entrevistarlo. Antes de salir de Cuba, asegura, esos papeles estuvieron enterrados al pie de un árbol en el patio de su casa por temor a que la policía política cubana pudiera incautarlos y destruirlos. Las trayectorias y las rutas emprendidas por esta colección tienen que ver mucho con la emigración cubana después de 1959. De La Habana, los documentos viajaron a España, después a Nueva York, hasta que finalmente fueron adquiridos por la Cuban Heritage Collection de la Universidad de Miami.

A través de estas cartas he podido acceder a múltiples detalles sobre la intimidad, la sexualidad y la vida dentro y fuera de los campamentos de trabajo forzado. Además, contienen información relacionada con el régimen de trabajo y los afectos. La noción de *archivo de sentimientos* (*archive of feelings*), que propone la teórica cultural Ann Cvetkovich, también puede ayudar a la lectura de esta

---

[53] Sobre la política de lo digerible cfr. Sara Ahmed: *The Cultural Politics of Emotion*, Routledge, New York, 2004. Zeb Tortorici también propone una lectura del archivo como un modo de digestión, cfr. «Visceral Archives of the Body. Consuming the Dead, Digesting the Divine», *GLQ: A Journal of Lesbian and Gay Studies*, Vol. 20, No. 4, Duke University Press, 2014, pp. 407-437.

[54] Cfr. Giorgio Agamben: *Remnants of Auschwitz: The Witness and the Archive*, Zone Books, New York, 1999.

papelería. Cvetkovich dice que las memorias basadas en el amor, la culpa, la vergüenza o el trauma son como monumentos de un pasado no registrado sobre los sujetos subalternos y la formación de las culturas públicas. Se trata, agrega, de indagar sobre los modos en que estos sentimientos, en ocasiones irrepresentables o inenarrables, desafían lo que se piensa tradicionalmente como archivo y cómo se constituyen en nuevas formas de memoria histórica.[55]

Para Santiago, «preservar la memoria de lo que pasó en las UMAP» ha sido su obsesión y se siente con la responsabilidad de «ser la voz» de los que nunca quisieron o no pudieron hablar de su experiencia. «Que mis papeles estén en el archivo de una universidad, preservará para las nuevas generaciones esa historia que tanto el régimen cubano, como la izquierda internacional han querido borrar», comentó.[56] Estas preocupaciones podrían atribuírsele a un archivista de oficio. Aquí la noción de *preservación* resulta clave para entender la entrada de esta colección en el archivo y su papel de mediación; ya no para pensar el pasado sino para participar del presente.

En carta fechada el 30 de marzo de 1966, Justo Pérez vuelve a escribir a su amigo Héctor Santiago:

> De Benjamín, después de una consulta con el psiquiatra no regreso y pude enterarme que lo trasladaron a una granja de enfermos mentales, ojalá la situación le mejore, aunque la creo terrible. No le digas nada a la mamá llámala y pegúntale si ya le escribió, averigua si ya ella lo sabe, sino no le digas nada. Espera que él le avise primero, espera unos días más, en caso que no reciba noticias que venga al Estado Mayor del umap en Camagüey urgentemente. [sic][57]

---

[55] Ann Cvetkovich: *An Archive of Feelings: Trauma, Sexuality, and Lesbian Public Cultures*, Duke University Press, Durham, 2003, p. 7.

[56] Abel Sierra Madero: «Entrevista a Héctor Santiago», audiograbación inédita, New York, 3 de octubre de 2014.

[57] Justo Pérez: [«Carta de Justo Pérez a Héctor Santiago, 3 de marzo de 1966»], Héctor Santiago Papers, Cuban Heritage Collection, Miami University, CHC5176, Caja 3, Folder 49, pp. 2-3.

Benjamín de la Torre fue uno de los tantos jóvenes enviados a las UMAP después de haber sido depurado de su centro de estudios. Su reclutamiento se debe a una delación de la presidenta del Comité de Defensa de la Revolución (CDR), según cuenta su hermana Carolina de la Torre, psicóloga y exprofesora de la Universidad de La Habana. El muchacho también fue estudiado por el equipo de psicólogos que trabajó con homosexuales en las UMAP. En 1966, perdió su nombre para convertirse en el recluta n.º 50 de la Compañía 4, Batallón 7, en la unidad La Ofelia de Camagüey. Héctor Santiago conocía también a Benjamín de la Torre: «Era un chico adolescente muy gracioso, muy sensible, él quería ser pintor, escritor, actor, no estaba muy seguro de lo que quería, estaba en la etapa de la adolescencia, era lo que ellos [los revolucionarios] llamaban los chicos bitongos».[58] Santiago asegura que Benjamín fue atormentado sexualmente por los guardias y los abusos terminaron por quebrarlo. Su versión concuerda con la de Reynaldo García Reina, otro de los que estuvo también en La Ofelia.[59]

Benjamín de la Torre –al igual que sus hermanos Carolina, Salvador y Liz– era descendiente del famoso científico cubano Carlos de la Torre y Huerta. Pero las UMAP se integraron a esa familia de una manera terrible. Poco después del desmantelamiento de aquellos campos de trabajo forzado, Benjamín de la Torre se suicidó el 11 de octubre de 1968 con decenas de pastillas de fenobarbital. Mónica Sorín, una psicóloga argentina que vivió en Cuba por décadas hasta que se exilió en los años noventa, fue profesora de Carolina de la Torre y asistió al velorio. Así lo describe:

> Yo no pude ni quise entrar al cuarto donde estaba, tendido, aquel cuerpo joven, frágil, suave. Su hermana, trastornada, repetía una y otra vez, en una especie de desdichada y fatídica letanía: «él era un poeta... era muy sensible... no pudo resistirlo». Esa especie de invocación se repetía, una,

---

[58] Abel Sierra Madero: «Entrevista a Héctor Santiago», conversación telefónica, audiograbación inédita, 22 de enero de 2014.

[59] Abel Sierra Madero: «Entrevista a Reynaldo García Reina», audiograbación inédita, La Habana, 22 de febrero de 2012.

otra vez, y resultaba insoportable escucharla. La madre parecía una trágica figura griega, con sus pelirrojos cabellos erizados. Me recuerdo a mí misma magnetizada por la situación, en estado casi hipnótico. Atrapada en lo siniestro e innombrable de aquel desolador paisaje.[60]

Benjamín de la Torre había sido maestro en las intrincadas zonas del oriente del país durante la Campaña de Alfabetización de 1961. Estudió pintura en la escuela de San Alejandro y música. En cambio, su hermano Salvador con trece años se involucró con el Directorio Revolucionario, una de las organizaciones que lucharon contra la dictadura de Fulgencio Batista antes del triunfo revolucionario en 1959. También se desempeñó como artillero durante la invasión militar de Bahía de Cochinos en 1961. Ambos hermanos tenían biografías distintas: Salvador encajaba en el modelo del hombre nuevo y Benjamín «era exactamente lo opuesto a eso», reflexionó Carolina. Y continuó: «Él era débil y de contra asmático, vivía muerto de asma. Era débil en el sentido de que era sensible, yo lo recuerdo así. Era un artista, no tenía nada que ver con el modelo de joven revolucionario. No era ni siquiera "elvispresliano", él era nietzscheano en todo caso».

El muchacho vestía de negro, siempre andaba con un libro debajo del brazo y sus amigos eran artistas e intelectuales que después tuvieron gran impacto en la cultura cubana, entre ellos el pintor Manuel Mendive y el teatrista Huberto Llamas, aunque ninguno de ellos sufrió el rigor de las UMAP. Carolina de la Torre no puede recordar el día en que su hermano fue reclutado, pero sí el viaje y el encuentro cuando fue a visitarlo con su madre al campamento donde se encontraba en la provincia de Camagüey. Lo cuenta de este modo: «Después de un viaje infernal en tren, como todavía son los viajes en tren en Cuba, y de otro viaje infernal para llegar a esos campos retiradísimos de caña, llegamos a un lugar desolado, soleado, malo y encontramos a mi hermano esquelético, te lo puedo decir sinceramente, deprimido».

---

[60] Mónica Sorín Zocolsky: *Cuba, tres exilios. Memorias indóciles*, Editorial Verbum, Madrid, 2015, pp. 167-168.

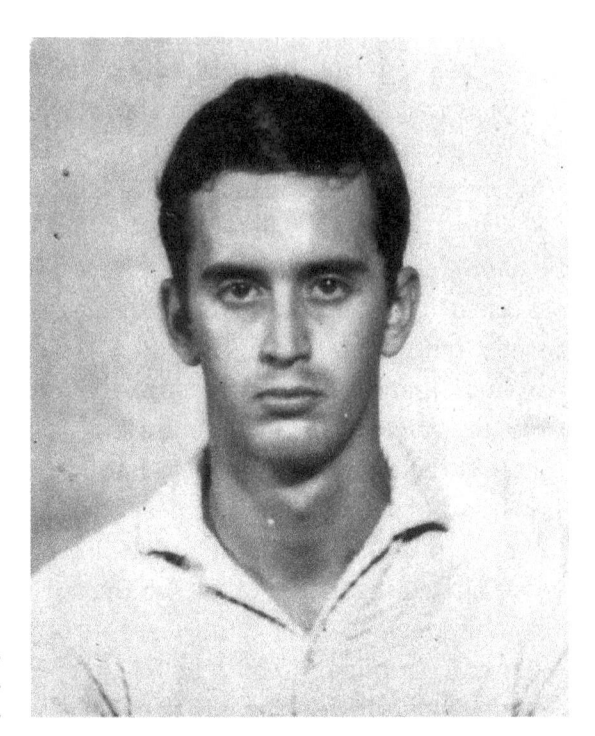

Imagen 10. Benjamín de la Torre, uno de los confinados de las UMAP. Foto cortesía de Carolina de la Torre.

De acuerdo con Carolina, su hermano no contaba muchas de las cosas que pasaban en el campamento para no preocupar a su madre, pero sí insistía en el trato degradante que recibía por parte de los guardias y los oficiales. Benjamín salió de las UMAP con altos niveles de depresión y de estrés que se acrecentaron por las continuas detenciones policiales a que era sometido. Para tratar de ayudarlo, la hermana lo llevó a consultas especializadas. «Pero todo eso es muy paradójico, porque algunos de esos psiquiatras fueron de los que también pensaron que a los homosexuales había que rehabilitarlos o reeducarlos de alguna forma muy especial», concluyó.[61]

En 2018, la Editorial Verbum publicó *Benjamín. Cuando morir es más sensato que esperar*, un libro donde Carolina de la Torre reconstruye la historia familiar a partir del trauma provocado por el suicidio de su hermano. El texto es problemático por los ejercicios constantes de acomodación de la memoria que se realizan. Es

---

[61] Abel Sierra Madero: «Entrevista a Carolina de la Torre», audiograbación inédita, La Habana, 3 de marzo de 2012.

imposible obviarlos. Carolina siente una deuda con el hermano y necesita contar su historia, pero sin tomar muchos riegos políticos. Algunos dirán que se trata de una narrativa más mesurada y objetiva, ¿quién sabe? Lo cierto es que estos gestos afectan definitivamente su proyecto testimonial y reconstructivo. Sin embargo, los documentos íntimos que comparte con el lector bien merecen la pena. Los poemas y las cartas escritas por Benjamín son conmovedores. En un poema escrito en 1966 desde las UMAP, el joven escribía:

> *Wagner, como tú, apetezco la muerte liberadora,*
> *deseo rugir de dolor y de placer.*
> *Hoy, como nunca, mi sexo es partícipe de la conmoción de mi espíritu*
> *y proclamo el terrible y sublime derecho a la fuga.*
> *...*
> *Yo denuncio a los criminales verdugos*
> *que dicen salvar a la sociedad*
> *estrangulando la naturaleza.*
> *Yo denuncio a quienes sistematizan y destruyen el amor,*
> *yo denuncio a aquellos que ignoran*
> *la naturaleza trágica del sexo,*
> *yo denuncio a los estúpidos*
> *que para purificar castran.*[62]

Para el poeta, la Revolución era un proyecto religioso de castración, de «purificación» que lo desecha. El sexo, el epicentro de su conflicto con una sociedad que lo absorbe y lo anula. La muerte, el único camino a la libertad. Esta idea del suicidio como *coming out* liberador se fue asentando poco a poco. Vivía su sexualidad como tragedia, se sabía y reconocía como alguien del futuro. Aquella fatídica mañana de octubre, al lado del cuerpo inerte de Benjamín, se encontraron un par de notas de despedida que había dejado para su madre, también una dedicada a su amiga Alma. Después de esas

---

[62] Carolina de la Torre: *Benjamín. Cuando morir es más sensato que esperar*, Editorial Verbum, Madrid, 2018, p. 446.

líneas, el silencio, la eternidad: «No ha llegado nuestro tiempo y más sensato que esperar es morir».[63]

El loco juego de las locas

La muerte de Benjamín impactó a los que lo conocieron. Una vez en el exilio, Héctor Santiago escribió *El loco juego de las locas*, una pieza de teatro dedicada a su amigo y que, hasta donde sé, nunca se ha puesto en escena. «A todos los que murieron, fueron torturados, enloquecieron, se suicidaron, perdieron su juventud, su inocencia, su vida. Pero en especial a Benjamín», se lee al inicio del texto. La trama transcurre en un apartamento de Manhattan en Nueva York, a mediados de la década de 1980, y cuenta con cuatro personajes: Cuco, Cocó, Lulú y Bibí. El uso de este último nombre parece ser un guiño a Bibi Ándersen, una famosa transexual que se convirtió en una las chicas de Pedro Almodóvar, como bautizó Joaquín Sabina a las mujeres que actuaban en las películas del cineasta español. Sabina incluyó en la lista a Miguel Bosé, por la encarnación de un travesti en la película *Tacones lejanos* (1991). En *El loco juego de las locas*, el personaje de Cuco es un cincuentón y homofóbico. ¿La escenografía?: una habitación con decorado *kitsch*, flores plásticas, un espejo barroco, *posters* de estrellas de Hollywood, del cine mexicano y argentino de los años cuarenta.

El primer acto de la obra comienza con una velada en el apartamento de Cocó. Ella y sus dos amigas se hacen pasar por mujeres sudamericanas y arreglan una cita con el macho Cuco, al que emborrachan y atan a una silla. Cuando despierta, lo interpelan sobre los campos de trabajo forzado en Cuba: «Ay, Cuco, querido, cómo se llamaban los campos para... las locas». Y este responde: «UMAP».[64] Inmediatamente, Bibí lo increpa:

Bibí: «¿Te recuerdas de nuestras amigas cubanas Regla y Cachita? Te dijimos que tenían un hermano que se ahorcó en una de esas

---

[63] Ibídem, p. 273.

[64] Héctor Santiago: *El loco juego de las locas*, Libretis, The Prebyster's Peartree, Princeton, 1995, pp. 3 y 18.

Unidades de Ayuda a la Producción. ¿Te acuerdas? ¿El nombre de Benjamín Prado el 50 no te trae nada a la memoria?».

LULÚ: ¿Un jovencito que estudiaba en la universidad y lo mandaron por maricón?

BIBÍ: Por pájaro.

COCÓ: Por loca. Lo mandaron para la provincia de Camagüey, Compañía 4, Batallón 7, Sola...

CUCO: No sé de qué hablan.

BIBÍ: Se ahorcó el 7 de diciembre de 1966. ¿Lo recuerdas?

CUCO: No tengo nada que ver con eso.

LULÚ: ¿Estás seguro? Mira que el director del campamento era un tal sargento Cuco Díaz llamado Gavilán.[65]

En este primer acto los personajes ridiculizan la estructura heteronormativa y sus instituciones como el matrimonio y la pareja. En un pasaje Bibí intenta cortar la soga que mantenía atado a Cuco a la silla. En ese momento, Lulú forcejea con la amiga y simula apuñalar a Bibí que cae al piso.

CUCO: No entiendo. ¿Hasta cuándo van a seguir con esas risitas de locas? Ya hay un muerto. Me van a volver loco.

COCÓ: Eso sí que no. Aquí la locura nos pertenece a nosotras. Simplemente queremos hacerte un juicio.

CUCO: Yo no he cometido ningún delito.

COCÓ: (*Quitándose la peluca.*) ¿No me reconoces? Héctor Santiago, el 62.

LULÚ: (*Quitándose la peluca.*) René Ariza, el 45.

CUCO: ¿Ustedes?

COCÓ: Sí: tus locas de la Compañía 4, Batallón 7, en el pueblo de Sola, provincia de Camagüey en Cuba.

CUCO: El 62... el 45.

BIBÍ: (*Levantándose imprevista deja caer la falda, no tiene ropa interior.*) Reinaldo Arenas, el 84.

---

[65] Ibídem, p. 19.

> (*Los tres se echan a reír. Héctor y Reinaldo se deshacen de algunas prendas y maquillajes. En medio de las carcajadas, se produce el apagón.*) [66]

Ya sin maquillaje, Héctor va a una gaveta, saca unos papeles y lee en voz alta:

«11 de diciembre de 1965. República de Cuba. Ministerio de las Fuerzas Armadas Revolucionarias. Unidades Militares de Ayuda a la Producción. Compañía 4, Batallón 7, campamento "Las Carolinas", Sola, Camagüey. Al Estado Mayor del Ejército del Centro. Del Sargento Primero Ricardo "Cuco" Díaz. Asunto: Instruir de cargos por el delito de huelga y sedición al recluta Benjamín Prado, número 50. Y sus cómplices: Virgilio Piñera...»

«— Ésa sí era una loca», interrumpió Cuco. Héctor continúa la lectura: «— Virgilio Piñera, recluta número 92, alias "Tata"; Reinaldo Arenas, recluta número 84, alias "La Oriental"; Héctor Santiago, recluta número 62, alias "La Niña"; y René Ariza, recluta número 45, alias "La Tostá". Esperamos que todo el peso de la justicia revolucionaria caiga sobre estos delincuentes antisociales y contrarrevolucionarios. Patria o muerte. Venceremos. Firmado: Sargento Primero Ricardo "Cuco" Díaz».[67]

Con este gesto profundamente autorreferencial, Héctor Santiago había logrado situarse en un mismo plano, en una misma escena, con tres de los creadores más importantes del período revolucionario: Virgilio Piñera, Reinaldo Arenas y René Ariza. Arenas había muerto en 1990 y para la fecha en que se publicó *El loco juego de las locas* era posiblemente el escritor homosexual cubano más popular fuera de la isla. Ariza, por su parte, fue un teatrista reconocido que, como Arenas, había sufrido el rigor de la censura, el silencio y el peso de la homofobia revolucionaria. Su obra más conocida es *La vuelta a la manzana*, que le sirvió para ganar el premio de

---

[66] Ibídem, pp. 25-26.
[67] Ibídem, p. 27.

la Unión de Escritores de Cuba (UNEAC) en 1967. Fue acusado de diversionismo ideológico y de propaganda contrarrevolucionaria. En 1974, lo condenaron a ochos años de cárcel. Gracias a la intervención de Amnistía Internacional fue liberado en 1979. Un año después, en 1980, abandonó Cuba por el puerto del Mariel, tal y como lo hizo Reinaldo Arenas. René Ariza murió en 1994. Virgilio Piñera era una institución del teatro en Cuba. *Electra Garrigó* (1948), *Aire frío* (1959) y *Dos viejos pánicos* (1968) fueron sus obras de teatro más importantes. Como se sabe, ni Piñera ni Arenas estuvieron en las UMAP.

Me interesa resaltar, además, la cuestión de la justicia, del juicio como *performance*, como cuestión de futuridad y memorialización en que la obra se inscribe. «Por eso todos los años, como los judíos, nos reunimos aquí en el aniversario del ahorcamiento de Benjamín. Manteniendo vivo el horror para que todos sepan de dónde vino esa libertad de ahora», se lee en otro de los pasajes de la pieza teatral. Benjamín de la Torre no murió en las circunstancias que se describen, pero eso no es importante si tomamos al personaje como una síntesis de muchas biografías que confluyen en el diseño de Santiago.

Por otra parte, cuando en la obra se habla de «esa libertad de ahora», se refiere a la nueva aproximación del Estado cubano con respecto a la homosexualidad a inicios de los años de 1990. En 1993 se había estrenado *Fresa y chocolate*, una película que descongeló el tema y generó debates sobre el pasado homofóbico de la Revolución. Podría decirse que Santiago interviene de modo quirúrgico, desde la diáspora, desde el exilio, en ese pasado que el gobierno cubano quiere reacomodar en el presente.

El loco juego de las locas es una suerte de ejercicio arqueológico que se posiciona en los excesos producidos por la Revolución. Héctor Santiago colecciona restos arcaicos, también futuristas, y los convierte en recursos movilizadores para pensar, desde la utopía, la reconstrucción del pasado, la imaginación del futuro, el trauma y la administración de la justicia.

Cuba y el exilio estaban llenos de Cucos, le dicen al antiguo oficial: «Por eso le permitiremos que se defienda. Como ve, no vamos a usar la justicia revolucionaria que usó con nosotros: Podrá hablar, tendrá un defensor y será inocente hasta que se demuestre lo contrario. Será el acusado, no el culpable». Más adelante sobresale otra reflexión: «Los verdugos siempre tienen muy mala memoria. Es que tienen tanto que recordar». Aquí la obra funciona también como un proyecto de memoria y de reescritura: «Que no se diga: Ustedes son dueños de la prensa, la radio, la televisión. Son los que ocultan y escriben la Historia Oficial, los que censuran y prohíben».[68] Pero la memoria en la obra de Héctor Santiago se concibe en una dimensión utópica, de lo posible: en eso consiste el juego.

Las ideas que José Esteban Muñoz ensayó en su libro *Cruising Utopia. The Then and There of Queer Futurity* (2009) pueden ayudar a pensar esta pieza desde ese territorio. Muñoz extrajo la noción de *utopía* de la dimensión de lo irrealizable, y propone una lectura de lo *queer* como un espacio de anticipación potencial que transcurre casi siempre en una temporalidad fuera de la Historia. La pieza de Héctor Santiago se inscribe en esa lógica.

El final de *El loco juego de las locas* es aterrador. Cuco no es sino un esqueleto que Bibí, Cocó y Lulú conservan con mucho empeño. Cada año, religiosamente, a Cuco le celebran un juicio simbólico para recordar a Benjamín de la Torre y a todos aquellos que sufrieron las atrocidades de aquellos campos de trabajo forzado. El ritual comenzó poco después de que las amigas capturaran al cancerbero de las UMAP, que había emigrado a los Estados Unidos. Durante un tiempo, lo tuvieron recluido en un apartamento de Nueva York, hasta que sufrió un infarto. Luego de su muerte, lo colocaban en una silla de ruedas y lo sacaban cada vez que comenzaba el juicio.

Esta trama me hizo recordar la película *El secreto de sus ojos* (2009) del director argentino Juan José Campanella. En el filme, el personaje de Benjamín Espósito, interpretado por el actor Ricardo Darín, es un investigador criminal retirado que escribe una novela

---

[68] Ibídem, pp. 31, 32 y 40.

a partir de un caso en el que participó como investigador. Se trataba de un sicario de la dictadura que violó a una mujer, la asesinó y luego fue puesto en libertad. Conforme avanza la película, Espósito descubre que el marido de la víctima, ante la imposibilidad de encontrar respaldo en las instituciones, decidió tomar la justicia por sus manos. Secuestró al criminal y lo mantuvo encerrado en una cárcel que construyó para él, en su propia casa. Ambos envejecen juntos. En *El loco juego de las locas* el juicio trasciende la muerte del represor, el ritual es repetido cada año. Es un ejercicio de memorialización continuo que pasa también por lo festivo, por la celebración y la reafirmación de la identidad subalterna.

La obra de teatro provoca también una discusión sobre la identidad en el campo de trabajo forzado. Los personajes en la trama recuerdan los números que llevaban en las UMAP constantemente. Como se sabe, en este tipo de instituciones era muy común que los confinados perdieran sus nombres para convertirse en números. La numerología no solo estaba orientada a borrar una identidad previa, sino que respondía a cuestiones de clasificación, del saber y del archivo.

Unos meses antes del emplazamiento de los campos de trabajo forzado, el joven Lázaro Brito se encontraba pasando su tiempo de SMO en una granja agrícola cerca de la provincia de Matanzas, cuando fue enviado a una de las dependencias del Estado Mayor de las UMAP en la ciudad de Camagüey. El edificio era una mansión de varios pisos confiscada a la burguesía prerrevolucionaria por el gobierno en las afueras de la ciudad. En la primera planta, recuerda Brito, se ubicaban el Departamento de Recursos Humanos y en la segunda, «las oficinas secretas que era como le llamaban ellos y los despachos de los jefes».[69] Allí trabajó con los expedientes que el Estado Mayor de estos campos de concentración conformó con cada sujeto reclutado. Su función era procesar y clasificar la documentación relacionada con los confinados. Así describe el proceso:

[69] Abel Sierra Madero: «Entrevista a Lázaro Brito», audiograbación inédita, New York, 9 de marzo de 2016.

> Yo trabajaba con tarjeteros, en aquella época no existían computadora ni nada de eso. Esos tarjeteros estaban ordenados alfabéticamente y tenían una breve reseña de cada quien y que explicaba por qué estaba en las UMAP. Pero había otros archivos a los que solo los jefes tenían acceso, porque ahí había información no solo de los reclutas, sino de militares que estaban castigados. Lo que yo manejaba de papeles era algo impresionante.[70]

Cada expediente tenía un número, agrega Brito, «y por ese número ellos sabían en qué unidad estaba cada cual. Por el número se sabía si alguien era homosexual y si estaba en una unidad de activos o de pasivos, si era religioso, en fin; todos los que ellos consideraban que eran desafectos de la Revolución tenían una clasificación». Una vez que se recibió la orden de desmantelar los campamentos, Lázaro Brito supone que el ejército destruyó toda la documentación, porque «los archivos se trasladaron a la azotea e inmediatamente a nosotros nos sacaron de ahí».[71]

La práctica de otorgar números se siguió aplicando aún después de disueltas las UMAP, para controlar a los homosexuales e impedir su entrada a determinadas instituciones. Así lo explica la sexóloga Monika Krause, una de las especialistas al frente de la política sexual de la Revolución:

> A cada recluta se le practicó no solo un examen médico sino también se le entregó un cuestionario, con el objetivo de asegurar el mantenimiento de la limpieza del ejército de homosexuales. Una vez encontrada la condición homosexual de un recluta, se le archivó para siempre, se le excluyó del servicio y se le dio un documento que tenía que enseñar obligatoriamente cada vez que solicitara un trabajo. Este papel constituía la barrera más infranqueable en cualquier centro de trabajo. Al mismo tiempo estaba vigente la ley contra la vagancia. Al «vago» que no trabajaba, se le castigaba; al homosexual

---

[70] Ídem.

[71] Ídem.

se le castigaba doblemente, pues por ley no tenía acceso al trabajo y por ley tenía que trabajar. ¡El surrealismo cubano![72]

Como resultado, en la década de 1970, muchos homosexuales que no encontraron empleo fueron nuevamente aprehendidos y enviados a granjas de rehabilitación para vagos y maleantes. Ante ese ejercicio nominativo disciplinario de disolución de la identidad, impuesto por el poder militar a través de la adjudicación de números, algunos homosexuales en las UMAP, tal y como lo hacían en la cultura urbana previa al campo de trabajo, comenzaron a utilizar recursos como el mote o *nombrete* como un acto de resistencia, de reafirmación, de preservación de su propia cultura. El mote históricamente ha servido a las instituciones médicas y criminales para crear etiquetas y acentuar los estigmas, también como dispositivo de clasificación. Pero en la cultura homoerótica el mote tiene que ver más con la parodia, con el *camp*, con la representación de una identidad desmarcada de un sistema nominativo proveniente de los aparatos administrativos o jurídicos. Para Susan Sontag, por ejemplo, el *camp* es una especie de código estético privado en el que prima la forma sobre el contenido, una técnica de resignificación donde convergen la ironía, lo burlesco y la parodia.

En el caso de las UMAP, el mote sirvió, además, para adjudicarles características a los guardias y al mismísimo Comandante en Jefe. En su libro *La mueca de la paloma negra*, Jorge Ronet hizo un ejercicio de *queering* de Fidel Castro que vale la pena recuperar. Ronet cuenta una visita que el dictador hizo a las UMAP y lo representó como «la marquesa». De este modo, Castro, muy dado a crear etiquetas, terminó siendo marcado por el lenguaje homoerótico. Así lo cuenta: «Él consideraba que nosotros éramos la escoria del mundo, porque a él le gusta ponerle carteles a la gente... y, como tiene el espíritu de una gran marquesa, así

---

[72] Ileana Medina y Manuel Zayas: «En el Punto G de la Revolución Cubana [Entrevista a Monika Krause]», *Diario de Cuba*, Madrid, 24 de febrero de 2012, <https://diariodecuba.com/cuba/1558448675_46474.html>, [04/10/2019].

pasó, como la gran marquesa que se cree que es».[73] Fidel no fue el único que estuvo sometido a esta intervención de *queering*. A su hermano Raúl se le conoce en la cultura popular cubana como «La China». Este apodo se basa en rumores y leyendas que aseguran que el general es gay.

En *El loco juego de las locas*, Héctor Santiago pone en boca del personaje de Reinaldo Arenas un parlamento que se relaciona directamente con el asunto de los apodos y la identidad homoerótica en el campo de trabajo forzado. En uno de los pasajes se lee: «Y por no permitirle a mi sargento que nos dejara sin identidad, con un simple nombre, fue que nacieron "Tota", "La Oriental", "La Niña", "La Tostá", "Tongolele". De alguna manera había que luchar para no sentirnos simplemente unas cosas».[74] Esta adjudicación tiene sentido, si tomamos en cuenta que nadie como Reinaldo Arenas utilizó el apodo como un recurso retórico, como una daga para renombrar o ridiculizar. *Fifo* (Fidel Castro), *Miguel Barniz* (Miguel Barnet), *Tomasito La Goyesca* (Tomás Fernández Robaina) o la *Tétrica Mofeta* –nombre con el que Arenas se definió a sí mismo en su novela póstuma *El color del verano* (1991), y con el que se le conocía en el submundo homosexual habanero– son apenas algunos de ellos. A esta lista se suman *Zebro Sardoya* (Severo Sarduy), *Alicia Jalonzo* (Alicia Alonso), *H. Puntilla* (Heberto Padilla), *Alejo Sholejov* (Alejo Carpentier), *Octavio Plá* (Octavio Paz), *Manuel Gracia Markoff*, alias *Cara de Fó* y *Marquesa de Macondo* (Gabriel García Márquez), *Gúnter Grasoso* (Günter Grass), entre otros.[75]

Sin embargo, el posicionamiento que Reinaldo Arenas tenía con respecto a la figura de «la loca» era problemático. En *Antes que anochezca* (1992) había identificado cuatro categorías de esta formación identitaria dentro de la cultura homoerótica que reproducen, en no poca medida, los parámetros de la sexualidad que impuso

---

[73] Jorge Ronet: *La mueca de la paloma negra*, Editorial Playor, Madrid, 1987, p. 51.

[74] Héctor Santiago: Ob. cit., p. 28.

[75] Cfr. Reinaldo Arenas: *El color del verano o nuevo jardín de las delicias*, Ediciones Universal, Miami, 1991; *Antes que anochezca*, Tusquets, Barcelona, 1992.

la cultura oficial machista a la que él mismo enfrentó. El escritor consideró la «loca de argolla», la «loca común», la «loca tapada» y la «loca regia» como entidades pasivas que no tienen agencia ni potencialidades para subvertir el poder.

Teatro, cabaret y resistencia en las UMAP

Para contrarrestar el proceso de masculinización a que estaban sometidos los homosexuales en las UMAP, la comunidad homoerótica desarrolló varias estrategias. Las locas, dice Héctor Santiago, hacían *shows* de travestis en los que se representaban películas mexicanas y algunos imitaban a vedetes como Rosa Fornés, Tongolele, Ninón Sevilla y Carmen Miranda. De este modo, surgió teatro *underground* de resistencia en los campos de trabajo forzado. La creatividad era tal, que teñían mosquiteros con sustancias médicas, como el mercurocromo, violeta genciana y azul de metileno. Decoraban el rústico escenario y se auxiliaban de otros materiales como sacos de yute y sogas para hacer pelucas; con semillas confeccionaban manillas. Utilizaban latas de aceite como tambores y se maquillaban las pestañas con betún negro para limpiar zapatos. La sombra la hacían con hollín de las cazuelas y polvo de ladrillo.

Además, los homosexuales celebraban bodas simbólicas en los campamentos, donde se parodiaban las ceremonias más tradicionales con cura y marcha nupcial incluida. De acuerdo con Héctor Santiago, preparaban «buffet con la comida enlatada que se daba en el campamento, alcohol de la enfermería con melado o azúcar, licores de frutas fermentadas o el aguardiente de caña de los alambiques clandestinos, culminando con el "viaje de luna de miel" a un supuesto país con el que se bautizaba la "torre" o cama».[76] Una de estas bodas se efectuó en la unidad Malesar, destinada solo para homosexuales. Los oficiales a cargo de este campamento se quejaban de las fiestas y bodas. Por otra parte,

---

[76] Héctor Santiago: «Teatro de resistencia en los campos de concentración de la UMAP en Cuba», en Héctor Santiago Papers, Cuban Heritage Collection, University of Miami, CHC5176, Caja 3, Folder 15, pp. 7-9.

no les producía ninguna gracias que decoraran las barracas como una iglesia.[77]

Aunque desacralizaban la estructura del encierro, la marcialidad y el adoctrinamiento en las UMAP, estos espectáculos generaron también lecturas críticas. Reinaldo Arenas, por ejemplo, veía estas actuaciones como «estúpidos ademanes exhibicionistas» que diluían «la dimensión de la tragedia». En uno de los pasajes de su novela *Arturo, la estrella más brillante* (1984), se ve un Arenas contrariado por el choteo y la falta de solemnidad con respecto al campo de concentración: «Con sus gestos excesivamente afeminados, artificiales, grotescos, ellos rebajándolo todo, corrompiéndolo todo, hasta la auténtica furia del que padece el terror».[78]

El cabaret y el teatro, que habían sido de los espacios más incómodos para el gobierno revolucionario, y que se instalaran en los campos a través del humor y el *drag*, causaban problemas a los militares que custodiaban porque, de alguna manera, erosionaban la disciplina y el sentido mismo de una institución diseñada para el encierro, el tormento, pero no para la creación artística o para el divertimento. Se trata de formas poco tradicionales o convencionales de resistencia y enfrentamiento a la autoridad en contextos opresivos.[79] Algunos estudiosos han visto en la *performance* una expresión artística fundamental para entender manifestaciones políticas de resistencia en la isla. La curadora Coco Fusco, por ejemplo, asegura que la *performance* y las intervenciones públicas han constituido las for-

---

[77] José Luis Llovio-Menéndez: *Insider: My Hidden Life as a Revolutionary in Cuba*, Bantam, New York, 1988, p. 157.

[78] Reinaldo Arenas: *Arturo, la estrella más brillante*, Ediciones Universal, Miami, 2002, p. 10.

[79] Los confinados, tanto en el gulag soviético como en los campos de concentración nazis, crearon grupos teatrales *amateur* como un modo de entretenimiento y de resistencia. Al principio, estas actuaciones eran severamente castigadas y se empezaron a hacer clandestinamente. Sin embargo, con el tiempo, las autoridades comenzaron a intervenir estos espacios y los convirtieron en escenarios de propaganda con actores profesionales. En el caso del gulag soviético hasta los oficiales actuaban. Para más información cfr. Thomas Sgovio, *Dear America! Why I Turned against Communism*, Partners' Press, New York, 1979, p. 233. En relación con los campos nazis cfr. Alvin Goldfarb, «Theatrical Activities in Nazi Concentration Camps», *Performing Arts Journal*, Vol. 1, No. 2, Autumn 1976, pp. 3-11.

mas más comunes para desafiar el poder del Estado en una sociedad autoritaria como la cubana.[80]

Es muy probable que Reinaldo Arenas haya pensado que los *shows* podían contribuir a la distorsión, a que en el futuro las UMAP pudieran ser representadas como simples campamentos de verano, no solo por los historiadores oficiales sino también por algunos de los confinados. En parte, el escritor tenía razón. «Aunque fue terrible, en las UMAP se gozó también», me dijo en una entrevista Justo Pérez. Y agregó: «Allí no quedó una yegua ni un caballo con rabo en toda esa zona donde estábamos nosotros, les cortábamos el rabo a machete limpio y para allá iban Marcelo e Isidro, los peluqueros, a hacer las pelucas. Aquello era un circo, lo más grande de la vida, era muy cómico».[81]

El choteo, refieren algunos testimoniantes, también sirvió para burlarse de las charlas de instrucción revolucionaria a que eran sometidos los confinados. Los homosexuales declamaban de modo grandilocuente y ridiculizaban los discursos de Fidel Castro y las noticias de la prensa que les hacían leer en voz alta. Además, algunos compusieron o parodiaron canciones que hicieron la estancia menos tortuosa y crearon un sentido de comunidad. Armando López, quien estuvo en La Ofelia, en la localidad de Sola, dijo haber compuesto varias canciones y poemas «porno pop» para «divertirse» durante su confinamiento. Una de esas canciones está dedicada precisamente al pueblito donde se ubicaba el campamento. Con una voz entrecortada, trató de reproducirla en la memoria:

No recibe un solo ojo,
un caballo viejo sin antojos.
Y allí donde la terminal hay un parque...
Sola con tu nombre tan triste
y tus calles tan solas,
Sola que nos ves pasar,

---

[80] Coco Fusco: *Dangerous Moves: Performance and Politics in Cuba*, Tate Publishing, London, 2015.

[81] Abel Sierra Madero: «Entrevista a Justo Pérez», audiograbación inédita, La Habana, 17 de enero de 2016.

Sola que nos ves cruzar en carretas
hacia el naranjal.[82]

Durante la conversación, López recordó otra canción, un rock tragicómico que parodiaba la etiqueta de «lacras sociales» con la que el poder representaba a los confinados: «Decía algo así como "UMAP, UMAP, desajustado social"»; pero no puede recordar el resto. Este tipo de acciones, señala, fueron mecanismos de defensa para resistir al horror y para explicar de qué se trataba. Pone de ejemplo la película *Papillon* (1973), basada en la novela homónima de Henri Charrière, dirigida por Franklin J. Schaffner y protagonizada por Steve McQueen y Dustin Hoffman. «Nunca pudieron quitarme la sonrisa, nunca», concluyó.

De acuerdo con Armando López «las locas formaban tremendo lío en La Ofelia con las canciones y las parodias, bailaban y cantaban así enloquecidas». Por eso, asegura, «se las llevaron a todas de allí. Un día llegó un camión, nos formaron y se llevaron a todas las locas para crear una unidad de maricones que se llamaba Laguna Grande. Aquello era tremendo, porque todos los hombres templaban con las locas, las locas tenían novias y todo».[83]

El Estado Mayor de las UMAP creó unidades especiales destinadas solo para los homosexuales, entre ellas Laguna Grande, Malesar, Guanos, Las Carolinas. Pero la más conocida fue La Atómica. En una carta fechada el 18 de noviembre de 1966, Justo Pérez le explica a Héctor Santiago que había sido trasladado en varias ocasiones y que estuvo en La Atómica por un tiempo. El lugar y la situación, contaba, «es como su nombre, había gente increíble pero los tres meses allí fueron terribles».[84] En la misiva, Justo Pérez cuenta su relación con uno de los guardias:

---

[82] Abel Sierra Madero: «Entrevista a Armando López», audiograbación inédita, Miami, 17 de mayo de 2016.

[83] Ídem.

[84] Justo Pérez: [«Carta de Justo Pérez a Héctor Santiago, 18 de noviembre de 1966»], Héctor Santiago Papers, Cuban Heritage Collection, University of Miami, CHC5176, Caja 3, Folder 15, p. 3.

¿Cómo tengo que contarte? Imagínate que aquí está Miguel de cabo, mi primer amor desde La Ofelia, estuvimos separados tres meses y pensamos que ya jamás nos veríamos, cuando llegué aquí y lo veo, no te imaginas que feliz fui, pero ahora imagínate cuál es mi situación frente a estas locas, él que es tan fuerte, tengo que estar aguantandolo todo el día, pués si se lo llevan que vivimos, figurate, por otra parte, la guarnición es un gran grupo de bugarrones. [*sic*][85]

En *Arturo, la estrella más brillante*, Reinaldo Arenas describe este tipo de relaciones, pero la función de «la loca» está circunscrita única y exclusivamente al placer de los guardias. De hecho, en la crítica de Arenas a los espectáculos y *performances* teatrales, hay un profundo desprecio a «la loca», pero en ese rechazo subyace una insondable contradicción. En la novela, el protagonista recurre a la escritura para sobrevivir: «Arturo decidió que para salvarse tenía que comenzar a escribir inmediatamente, e inmediatamente comenzó».[86]

Si la escritura, entendida como un proceso creativo, es una estrategia vital de sobrevivencia, de salvación del personaje, ¿por qué no leer el teatro y el cabaret en las UMAP del mismo modo? Quizás porque para Arenas la escritura es el espacio de la trascendencia, de lo perdurable, lo archivable, mientras que la *performance* representaba lo efímero, lo desechable. Sin embargo, al gran Arenas se le escapaba que el cabaret y el *drag* están inscritos en una política de la pose, del gesto, que emborrona el test psicológico y que desmiente las etiquetas y las categorías de clasificación.

Para el escritor, es la literatura lo que constituye un arma, un acto de resistencia y, en última instancia, lo que da cuerpo a su propia identidad política: Arturo «se iba a rebelar, dando testimonios de todo el horror, comunicándole a alguien, a muchos, al mundo».

---

[85] Ídem.
[86] Reinaldo Arenas: *Arturo, la estrella más brillante*, ob. cit., p. 36.

Para el personaje, como para el propio Arenas, la novela se convierte en un documento, en un espacio testimonial con un fin utilitario: la denuncia. De ahí que la escritura sea una obsesión, una necesidad.

> Había que darse prisa, había que seguir, rápido, y, tomando precauciones –se hacían registros, se prohibía llevar diarios, cosas de maricones, decían los tenientes como justificación oficial, irrebatible y reglamentariamente se violaba toda la correspondencia–, las libretas, las contratapas, los respaldos, los márgenes y forros de los manuales de marxismo leninismo y de economía robados de la Sección Política fueron garrapateados furtivamente, rápidamente, cuando nadie vigilaba, bajo la sábana, de pie en el excusado, en la misma cola para el desayuno, hasta los márgenes de los grotescos carteles políticos instalados en las paredes y murales para el uso interno del campamento sufrieron la invasión de aquella letra microscópica y casi indescifrable en tarea interrumpida incesantemente a la vez que constante, ahora, ahora, no ahora, ahora.[87]

Ante la urgencia del testimonio, Arturo se transforma en un grafómano que hace que hasta los dispositivos de propaganda de la ideología estatal se conviertan en los soportes de su escritura, es decir, de *la* reescritura. Ante la imposibilidad de llevar un diario, descrito por los guardias como «cosas de maricones», tiene que apelar a los forros de los libros, a los márgenes de los manuales de marxismo y a «los grotescos carteles políticos». De este modo, se reescribe, o sobreescribe la Historia oficial. El margen se vuelve centro, desafiando constantemente la autoridad del Estado: «Arturo continuó garabateando las cartas de sus compañeros a medianoche, las consignas ofensivas y airadas del momento: ¡NI UN PASO ATRÁS! ¡DONDE SEA Y COMO SEA! ¡DURO CON LOS BLANDENGUES Y LOS MARIQUITAS!... una noche descubrió en el Departamento de Fiscalía un baúl repleto de actas sobre consejos de guerra, sin

---

[87] Ibídem, p. 38.

titubear se apoderó de ellas y tuvo material para trabajar por varias semanas».

Sin embargo, más adelante, el personaje percibe que la escritura es un acto fútil en aquel contexto. En definitiva, piensa, «qué podían las palabras contra ese terror, el más intolerable... qué podían hacer ellas allí». Arturo llegó a la conclusión de que «solo con la creación de un nuevo presente, se puede eliminar el presente presente, no con relatos, no con recuentos, no con análisis minuciosos o brillantes de lo que ha sucedido y sucede». De este modo, Arenas introduce a través de Arturo unas reflexiones sobre la Historia que merecen atención. De acuerdo con el personaje, la reconstrucción y deconstrucción del horror, del acontecimiento, no hace «más que afianzar, situar, justificar, evidenciar, darle más realidad a la realidad padecida, no son más que variaciones del mismo terror y toda variación engrandece el objeto que la origina».

La Historia, agrega, «no se ocupa de gemidos, sino de números, de cifras, de cosas palpables, de hechos, de alardes monumentales, y no suele interesarse por los que redactan sino por los que transforman, borran o destruyen, la primera plana no es para el esclavo ni el vencido». Podría pensarse que esta visión desencantada de la Historia reproduce el mito de que el gran relato lo escriben los vencedores. Sin embargo, Arenas inmediatamente lo resuelve inscribiendo la Historia en otro registro, cuando Arturo dice que «a la imagen que se padece hay que anteponerle, real, la imagen que se desea, no como imagen, sino como algo verdadero que se pueda disfrutar».[88] Aquí lo que se expresa es la configuración de una nueva estética de lo político y, al mismo tiempo, una nueva subjetividad, basada en la creación de otras imágenes, de otros modos de interpretación. Arturo propone una lectura diferente de lo real para que el deseo se constituya como un campo subversivo de imaginación. Se trata de fundar otras instancias, otras posibilidades discursivas, una nueva futuridad desde el presente.

[88] Ibídem, pp. 40-41 y 51.

Estos procesos de sobreescritura y reescritura de Arturo tienen que ver con la historia misma de Reinaldo Arenas. Como se sabe, su obra fue confiscada y destruida en varias ocasiones por los agentes del MININT. Esto lo llevó a reescribir de memoria varios de sus textos. En «La vanguardia como reescritura de la libertad» explicaba el motivo de la reescritura, curiosamente, desde un sentido paródico. La veía como una representación que «no se limita a desfigurar el argumento y la escritura» de un texto anterior, sino que está encaminada a producir «otra visión o interpretación de la realidad».[89] Esta es básicamente la misma lógica del *drag* que Arenas rechazaba de las locas cabareteras de las UMAP. El *drag* no es sino un proceso de parodia y de reescritura, ahí radican sus elementos constitutivos.

Reinaldo Arenas dedicó la novela a su amigo Nelson Rodríguez Leyva, autor de *El regalo*, un libro de cuentos publicado por Ediciones R en 1964. Rodríguez Leyva estuvo recluido en las UMAP y en 1971 fue fusilado junto al poeta Ángel López Rabí con tan solo quince años, por intento de secuestro, granada en mano, de un avión de Cubana de Aviación.[90] «A Nelson, en el aire», escribió Arenas. Además de *El regalo*, Rodríguez Leyva dejó un libro inédito de relatos sobre su experiencia en las UMAP, que mereció, incluso, el «elogio privado» del escritor chileno Jorge Edwards.[91] Efectivamente, en 1968 Edwards fue uno de los miembros del jurado del Premio Casa de las Américas junto al argentino Rodolfo Walsh. Ese año el premio le fue otorgado al libro *Condenados de condado* de Norberto Fuentes. Así describió el chileno el manuscrito de Nelson Rodríguez Leyva:

---

[89] Reinaldo Arenas: «La vanguardia como reescritura de la realidad», en Reinaldo Arenas Papers, Firestone Library, Princeton University, Caja 18, Folder 24, 1985; tomado de Maureen Spillane Murov, «An Aesthetics of Dissidence: Reinaldo Arenas and the Politics of Rewriting», *Journal of Caribbean Literatures*, Vol. 4, No. 1, Fall, 2005, pp. 133-148.

[90] El libro de Nelson Rodríguez Leyva, *El regalo*, fue editado nuevamente en el 2015 gracias a la Editorial Betania. Se puede consultar de manera gratuita en línea.

[91] Reinaldo Arenas: *Necesidad de libertad. Mariel: testimonios de un intelectual disidente*, Kosmos, México, 1986, p. 224.

Y me había encontrado con un manuscrito revelador e inconveniente: un conjunto de relatos sobre las UMAP. La sigla correspondía a Unidades Militares de Ayuda a la Producción, eufemismo para designar campos de concentración destinados a homosexuales, drogadictos y otras «lacras sociales». Mis compañeros del jurado preferían no referirse al manuscrito, pero había una sensación flotante de incomodidad. Los textos no estaban demasiado bien escritos y eso impidió que fueran considerados en forma seria para el premio, cosa que habría constituido un escándalo político mayor.[92]

El texto desapareció y seguramente fue a parar a los archivos del Departamento de la Seguridad del Estado, quizás fue destruido. A mediados de 1980, Reinaldo Arenas abandonó Cuba por el puerto del Mariel. El 30 de agosto de ese año fue invitado a dar una conferencia en Columbia University durante un congreso de intelectuales disidentes. La tituló «La represión intelectual en Cuba», y aprovechó la ocasión para hablar nuevamente del amigo: «Nelson Rodríguez, ¿alguien recuerda ese nombre? ¿Recoge la Historia ese nombre? [...] Averigüen, indaguen».[93] Increpaba de este modo a la audiencia.

A pesar de no haber estado en las UMAP, esa institución se convirtió en una obsesión para el escritor. Podría decirse que, de cierto modo, Arenas usurpó o asumió el papel del testigo. El ejercicio constante de recuperación y reciclaje del nombre de Nelson Rodríguez en espacios públicos y en sus textos así lo sugieren. En el exilio, su proyecto literario e intelectual pasó también por esa pulsión memorialística, por ese desdoblamiento que lo llevó a encarnar la experiencia del otro reconocido como víctima de la sociedad totalitaria, y a superponerla a la suya propia.

Sin embargo, tal impostura tendría sentido si integramos al análisis otros modos de remembranza y de transferencia de la experiencia. En el caso de Reinaldo Arenas se produce lo que Marianne Hirsch ha llamado *posmemoria*. Esta noción es muy útil

---

[92] Jorge Edwards: «Antes que anochezca», *Letras Libres*, México D. F., mayo, 2001, p. 42.
[93] Reinaldo Arenas: *Necesidad de libertad. Mariel: testimonios de un intelectual disidente*, ob. cit., p. 43.

para entender los modos en que la experiencia es transferida de forma intergeneracional a personas que no vivieron los acontecimientos directamente, pero cuya vida queda marcada por la narrativa del familiar o del amigo que se la trasmite. Hirsch lo explica mejor: la *posmemoria* sería una forma de memoria que no se basa en una conexión con el objeto, no está mediada por la recolección, sino a través de la proyección, la inversión y la creación.

A diferencia de las narrativas del «yo», ancladas a una posición identitaria, la posmemoria funciona como un espacio de remembranza, de recordación, que produce a su vez otra forma de memoria: la «heteropática». Es decir, una zona en que el sujeto proyecta sentimientos hacia la experiencia y el sufrimiento de los demás a partir de esa transferencia: «pudo haberme pasado a mí, pude haber sido yo».[94] En ese sentido entiendo también la novela *Arturo, la estrella más brillante*. Además, forma parte de un proyecto de memoria conformado también por otros textos, como explicaré en el cuarto capítulo.

En algún momento, Richard Terdiman dijo que la memoria es algo así como «el pasado hecho presente».[95] Esa definición bien podría haberla escrito Reinaldo Arenas, para quien el pasado pasaba precisamente por la politización de su presente, el exilio y la historia de la Revolución que quería reescribir.

---

[94] Marianne Hirsh: «Projected Memory: Holocaust Photographs in Personal and Public Fantasy», en Mieke Bal, Jonathan Crewe & Leo Spitzer (eds.), *Acts of Memory: Cultural Recall in the Present*, University Press of New England, Hanover, 1998, pp. 8 y 9.

[95] Richard Terdiman: *Present Past: Modernity and the Memory Crisis*, Cornell University Press, Ithaca, 1993, p. 8.

Capítulo 3
Nadie escuchaba. Guerra Fría, trabajo forzado y reescritura de la Historia

«La gente tiende a rechazar los cuentos horribles, estos cuentos que a veces salen, o parecen salir de mentes enfermas, o parecen salir de un mundo kafkiano, irreal». De este modo reflexionaba Alcides Martínez, un preso político cubano que fue entrevistado por Néstor Almendros y Jorge Ulla para el documental *Nadie escuchaba/ Nobody Listened* (1987). El testigo relató su terrible experiencia en una cárcel castrista a fines de los años sesenta, mientras alertaba sobre la falta de solidaridad internacional con respecto a los derechos humanos en Cuba. «El mundo exterior no tenía sensibilidad para eso, para lo que pasaba en la isla», concluyó. En el documental también fue entrevistado Guillermo Estévez, funcionario del International Rescue Committee, una institución dedicada a la protección de refugiados políticos. «Todavía hay muchos liberales honestos, muchos intelectuales en el mundo que no reconocen en realidad la tragedia del preso cubano», se le oye decir.[1]

El metarrelato oficial de la Revolución que se consumía en el exterior durante la Guerra Fría no dejaba mucho espacio a este tipo de narrativas. Lo mismo había sucedido con las historias que se filtraban de la Unión Soviética sobre los gulags. Cuando el periodista y escritor polaco Gustaw Herling-Grudziński publicó *Un mundo aparte*, sobre su experiencia en un campo de concentración soviético,

---
[1] Néstor Almendros y Jorge Ulla (dirs.): *Nobody listened/ Nadie escuchaba*, The Cuban Human Rights Film Project, United States of America, 1987.

tampoco fue escuchado. El libro se difundió mucho antes que *Archipiélago gulag* de Alexander Solzhenitsyn. La primera edición es de 1951 y estuvo a cargo de la editorial londinense Heinemann. En Francia no se publicó hasta 1985, casi treinta años después. En el prólogo a la edición francesa, Jorge Semprún describió los problemas de recepción que tuvo el texto entre la izquierda y citó una carta que Albert Camus le escribió a Herling-Grudziński en 1966, ante la imposibilidad de la publicación. En la misiva se lee: «Su libro me ha gustado mucho y he hablado de él con entusiasmo. Sin embargo, la decisión ha sido, al final, negativa; sobre todo, creo, por razones comerciales. Este hecho me ha desilusionado mucho y por lo menos quiero decirle que, a mi juicio, su libro tendría que ser publicado y leído en todos los países, tanto por lo que es como por lo que dice».[2] Camus, relacionado entonces con la editorial Gallimard, no pudo encontrar un editor que estuviera dispuesto a publicar el texto.

Cuando *Archipiélago gulag* de Alexander Solzhenitsyn salió en Francia en 1974 recibió una crítica inflamada del Partido Comunista Francés que alegó que el libro formaba parte de una campaña antisoviética de descrédito, que buscaba dividir a la izquierda y al mismo tiempo desviar la atención sobre la crisis capitalista.[3] Anne Applebaum ha advertido que el Holocausto y los campos de concentración nazis conmueven profundamente, sin embargo, el gulag soviético no ha generado el mismo interés en el mundo occidental. Hollywood, explicaba, ha producido varias películas como *La lista de Schindler* o *La decisión de Sofía*, pero no parece interesarse por la experiencia estalinista.

Es contradictorio, reflexionó la estudiosa, que la reputación del filósofo Martin Heidegger se haya visto seriamente afectada

---

[2] Gustaw Herling-Grudziński: *Un mundo aparte*, pról. de Jorge Semprún, Libros del Asteroide, Barcelona, 2012, p. 6.

[3] Michael Scott Christofferson: *French Intellectuals Against the Left: The Antitotalitarian Moment of the 1970s*, Bergham Books, New York, 2004, p. 92. El libro de Christofferson expone con detalles los debates que se generaron en torno a *Archipiélago gulag* de Solzhenitsyn y sobre el surgimiento del movimiento intelectual contra la izquierda tradicional que había respaldado tácitamente a los regímenes comunistas.

por su breve pero abierto apoyo al nazismo antes de que Hitler hubiera cometido sus principales fechorías, mientras que la imagen del intelectual francés Jean-Paul Sartre no ha sufrido en lo más mínimo. Se sabe que Sartre sostuvo un prolongado apoyo al estalinismo en tiempos en que sí había suficientes pruebas de las atrocidades cometidas por ese régimen soviético.[4] «Como no éramos miembros del partido ni simpatizantes declarados –escribió alguna vez el filósofo– no teníamos el deber de escribir sobre los campos de trabajo soviéticos; teníamos derecho a mantenernos distantes de las discusiones sobre la naturaleza de este sistema, siempre que no ocurrieran hechos de importancia sociológica».[5] Estas declaraciones del pensador francés fueron muy problemáticas y al mismo tiempo reveladoras. Dan cuenta de una ética particular, militante, que cuestiona el papel del intelectual público durante la Guerra Fría. Su silencio sugiere que los millones de personas que fueron atormentadas y absorbidas por el sistema del gulag, no tenían la suficiente «importancia sociológica».

En julio de 1954, después de una visita a la Unión Soviética, Sartre concedió una entrevista llena de distorsiones. Se permitió el lujo de decir que los soviéticos no viajaban «porque no sentían deseos de salir de su maravilloso país», y no a causa de prohibiciones gubernamentales.[6] Aseguró, además, que los ciudadanos criticaban ese gobierno con total libertad. Años después admitió que había falseado la realidad: «Después de mi primera visita a la URSS en 1954, mentí. En realidad, quizá mentir sea una palabra demasiado fuerte: escribí un artículo... en el que dije una cantidad de cosas amistosas sobre la URSS en las que no creía».[7] Sartre se justificó diciendo que no le pareció cortés molestar a sus anfitriones.

---

[4] Cfr. Anne Applebaum: *Gulag: A History*, Doubleday, New York, 2003, pp. XVIII & XIX.

[5] Walter Laqueur & George L. Mosse: *Literature and Politics in the Tweintieth Century*, New York, 1967, p. 25; tomado de Paul Johnson, *Intelectuales*, Javier Vergara Editor, Buenos Aires, 2000, p. 206.

[6] Ídem.

[7] Jean Paul Sartre: *Situations, X. Politique et autobiographie*, Gallimard, Paris, 1976, p. 220.

Albert Camus vs. Jean-Paul Sartre

Los afectos de Jean-Paul Sartre por el régimen estalinista lo llevaron en enero de 1950 a escribir, junto a Maurice Merleau-Ponty, un artículo en la revista *Les Temps Modernes* titulado «Les jours de notre vie». Allí atacó a su antiguo compañero David Rousset por haber denunciado la instalación de los gulags en la Unión Soviética. Rousset pasó dos años en el campo nazi de Buchenwald y a su regreso a Francia publicó *L'Univers concentrationnaire* (1946). En noviembre de 1949, hizo un llamado a los exdeportados de los campos alemanes para desarrollar una investigación sobre los gulags soviéticos, lo que provocó la reacción de la izquierda. «La verdad es que ni siquiera la experiencia de un absoluto como el horror de los campos de concentración determina una política», escribieron Sartre y Merleau-Ponty. Así, explicó Tzvetan Todorov, justificaban de manera irresponsable su negativa a condenar a la Unión Soviética.[8]

En el verano de 1952 el tema de los campos de concentración salió a relucir nuevamente en una enconada polémica que Jean-Paul Sartre entabló con Albert Camus en las páginas de *Les Temps Modernes* y que terminó por enemistarlos para siempre. Las fricciones comenzaron por una reseña en la que Francis Jeanson lanzó duras críticas al libro de Camus *El hombre rebelde* (1951). Camus consideró que su mención a los campos de concentración en la Unión Soviética hizo que Jeanson atacara el libro con tanta virulencia.

El texto de Jeanson obviaba por completo el tema de los campos de trabajo forzado. «Silencia, en efecto, todo cuanto en mi libro se refiere a las desgracias y a las implicaciones propiamente políticas del socialismo autoritario», escribió Camus en una carta a Sartre. Como director de *Les Temps Modernes*, Sartre pensó que Albert Camus lo estaba acusando de censurar el tema del gulag y lo desmintió diciendo que, en los días de la polémica con Rousset, la publicación había encarado ese tema. «La existencia de estos campos puede indignarnos, causarnos horror; pueden ellos obsesionarnos; pero ¿por qué habrían de embarazarnos? [...] Y si soy un

---

[8] Tzvetan Todorov: *Memoria del mal, tentación del bien. Indagación sobre el siglo XX*, Ediciones Península, Barcelona, 2002, p. 180.

avestruz, un encubierto, un simpatizante vergonzoso, ¿cómo se explica que sea a mí a quien odien y no a usted?», contestó Sartre. Después agregó: «Sí, Camus, yo, como usted, creo inadmisible esos campos; pero tan inadmisibles como el uso que, día tras día, hace de ellos la "prensa llamada burguesa"».[9] Una vez más, Jean-Paul Sartre hizo gala de sus dobles estándares. Era más importante, entonces, preservar la imagen de la Unión Soviética que criticar el modelo autoritario que se había instaurado en ese país.

En 1960, varios años después de esta polémica, Sartre estuvo treinta días en Cuba junto a su esposa Simone de Beauvoir y quedó fascinado con los barbudos. La Revolución cubana le pareció «la más original del mundo». Cuando, a mediados de los sesenta en Europa, se denunciaba el emplazamiento de campos de trabajo forzado en la isla, Sartre no hizo pronunciamiento alguno. Sus discrepancias con el régimen cubano solo se manifestaron en 1971 cuando firmó, junto a otros intelectuales, una carta dirigida a Fidel Castro por la encarcelación y la autocrítica de corte estalinista a la que fue obligado el poeta Heberto Padilla.

Estos acontecimientos sirven para pensar la relación de la izquierda global con el ejercicio de la censura revolucionaria y también su relación histórica con las libertades sexuales. Muchos intelectuales solo se movilizaron y ejercieron la crítica contra el régimen cubano cuando un colega del gremio cayó en desgracia. Sin embargo, lo sucedido con Heberto Padilla se presentó y se empaquetó, hasta hoy, como un «caso», un error aislado que nada tenía que ver con el ejercicio sistemático de censura de la Revolución. Después surgieron otros términos como *quinquenio gris*, por ejemplo, que sirvieron para seguir enmascarando y acomodando la política de censura en Cuba.

La instalación de campos de trabajo forzado, a los que fueron enviados cientos de homosexuales, no causó ninguna conmoción. Durante varias décadas, las agendas de la izquierda se concentraron en la lucha de clases y la crítica al capitalismo, al tiempo que

---

[9] VV. AA.: *Polémica Sartre-Camus. Textos de Francis Jeanson, Albert Camus y Jean-Paul Sartre*, Ediciones El Escarabajo de Oro, Buenos Aires, 1964, pp. 24 y 33.

rechazaban cualquier vínculo con los movimientos basados en la identidad sexual. Representaban la homosexualidad como una desviación y una enfermedad burguesa, lo que provocó que muchos militantes de la disidencia sexual rompieran con la izquierda tradicional y empezaran a crear otras rutas para pensar la desigualdad y la Revolución. Néstor Perlongher fue uno de ellos. En varias ocasiones reconoció que la naturaleza opresiva y falocéntrica de la Revolución cubana generaba otros tipos de desigualdades.[10]

Conducta impropia. Testimonio, izquierda y militancia

Al igual que sucedió en Europa con la difusión y circulación de las narrativas sobre el gulag soviético, muchos en el mundo no dieron crédito a las historias que se comenzaron a filtrar y a difundir sobre los campos de trabajo forzado en Cuba. Las primeras fotos de las UMAP las tomó Paul Kidd, un reportero canadiense que trabajaba para el Southern News Service y había estado varias veces en Cuba. En su último viaje logró burlar la supervisión gubernamental y se trasladó al interior del país. En esa ocasión, entró a un campamento de las UMAP y pudo tomar fotos. Poco después fue acusado de espionaje y expulsado por el régimen revolucionario. En noviembre de 1966 se publicó su primer reportaje.

El material causó un gran revuelo y fue reproducido por algunos medios. Ya era imposible ocultar lo que estaba sucediendo. Las imágenes que logró sacar constituyen una forma de evidencia que desmonta la versión oficial sobre la naturaleza y las condiciones de las UMAP. Más tarde, en 1969, Kidd dio más detalles de los campos de trabajo forzado en una crítica a *Fidel Castro* (1969), un libro en el que Herbert Matthews prodigaba sus afectos al dictador cubano. El texto del periodista se publicó en *The Saturday Review* en mayo de ese año y acusaba a Matthews de ser cómplice del autoritarismo castrista y de hacer escandaloso silencio sobre la situación del país.

---

[10] Para un análisis más detallado de los debates sobre la disidencia sexual y la militancia de izquierda en América Latina cfr. Cecilia Palmeiro, *Desbunde y felicidad. De la Cartonera a Perlongher*, Título, Buenos Aires, 2011.

Paul Kidd dijo que la represión policial en ese momento se había intensificado y describió la vida en El Dos, un campamento de las UMAP que visitó en el municipio Céspedes, en la provincia de Camagüey. Los confinados, agregó, dormían en unas barracas que eran lo más parecido a establos de vacas. Tiras de saco raídas y colgadas entre los postes de madera servían como camas. El reportero ofreció más detalles: «En la pared exterior justo a la entrada del campamento, una foto de Lenin con el ceño fruncido. Debajo de las palabras "¡Proletarios del mundo uníos!"».[11] En el lugar estaban concentrados alrededor de ciento veinte hombres, custodiados por diez guardias armados.[12] El oficial al mando se sorprendió de su presencia y se mostró muy preocupado de que no hubiera estado acompañado por algún funcionario.

Uno de los pocos intelectuales europeos que mostró alguna preocupación por la instalación de esos campos fue Graham Greene. El autor de *Our Man in Havana* (1958), visitó la isla en 1966 y dijo que las UMAP eran una «sombra oscura» sobre Cuba, «peor que el bloqueo norteamericano y la cartilla de racionamiento» que se había implantado debido a la crisis en los abastecimientos. En el texto se lee: «UMAP, una palabra que suena como algo de ciencia ficción, como si la humanidad fuera enterrada en ella».[13] Más tarde, Graham Greene iniciaría una campaña internacional junto a otros escritores para que el régimen cubano cerrara los campos de trabajo forzado.

De acuerdo con el escritor cubano Norberto Fuentes, cuando Graham Greene comenzó sus averiguaciones sobre las UMAP, Fidel Castro mandó a quemar los archivos del experimento y lo convidó a recorrer juntos la isla para que el novelista constatara que en Cuba no había tales instalaciones. Así lo describe Fuentes:

---

[11] Paul Kidd: «The Price of Achievement Under Castro», *The Saturday Review*, May 3, 1969, p. 24.

[12] Paul Kidd: «Castro's Cuba: Police Repression is Mounting», *Desert News*, November 9, 1966, p. A-17.

[13] Graham Greene: «Shadow and Sunlight in Cuba», *Weekend Telegraph*, December 9, 1966, p. 10. La traducción es mía.

Imagen 1. Foto tomada por el fotorreportero canadiense Paul Kidd en uno de los campos de trabajo forzado de las UMAP de la provincia de Camagüey en octubre de 1966. Se observa un militar armado, apostado al lado de una cerca de 21 pelos de alambres de púas, a la entrada de uno de los campamentos. Adquirí la foto original y certificada gracias a coleccionistas privados. Paul Kidd la distribuyó inicialmente a través de la United Press International (UPI).

«¿Campos de trabajo forzado?», preguntó asombrado Fidel Castro para continuar: «¿Aquí en nuestro país? ¿Dónde dicen que están? ¿En Camagüey? Pues mañana vamos a Camagüey. Tú vienes conmigo Graham». En los dos o tres campos por los que pasearon al ilustre visitante, explicó Fuentes, predominaba el olor a pintura fresca y las alambradas y torres de vigilancia habían sido desmontadas.[14]

Quizás, la quema del archivo de las UMAP de la que habla Fuentes sea solo una conjetura. Sin embargo, puede ser útil para pensar el papel del archivo en la producción de olvido y de borrado de memoria en los regímenes autoritarios. Me explico: por lo general, estos Estados no pueden sustraerse de la creación de archivos; en ese ejercicio reside, precisamente, uno de sus poderes. Sin embargo, en ocasiones, necesitan de la destrucción de un archivo para poder controlar el tipo de memoria que se produce sobre determinados acontecimientos. Aquí recupero la noción de *pulsión de destrucción* o *pulsión de muerte del archivo*, que Derrida toma de Freud. El proceso de archivar, reflexionaba Derrida, produce el acontecimiento al mismo tiempo que lo registra. Sin embargo, explicaba el francés, el archivo siempre atenta contra sí mismo porque está involucrado en un proceso dual, constitutivo y silente, de archivar y destruir.[15]

Por su parte, Achille Mbembe advierte que la destrucción del archivo está conectada casi siempre a la negación (*denial*) de eventos que ponen en peligro la estabilidad de algunos Estados. De ahí que necesiten consumir el tiempo, quemarlo y anestesiarlo, a través de una política de *cronofagia*. Se trata de apagar el tiempo histórico, acabando con la materialidad del archivo. De acuerdo con Mbembe, los que piensan que quemando o destruyendo el archivo eliminan su poder se equivocan, porque «ese poder no ha sido anulado, sino desplazado». La destrucción material del archivo, agrega, potencia su alcance, lo convierte en una fantasía que le

---

[14] Norberto Fuentes: *Dulces guerreros cubanos*, Seix Barral, Barcelona, 1999, p. 302.

[15] Jacques Derrida: «Archive Fever: A Freudian Impression», *Diacritics*, Vol. 25, No. 2, Summer, 1995, pp. 17 & 14.

proporciona un contenido adicional. El archivo destruido, concluye el estudioso, va a perseguir y atormentar al Estado en forma de espectro con autoridad para juzgarlo en el futuro.[16]

Estas ideas ensayadas por Mbembe me parecen fundamentales para entender la política de borrado de memoria del régimen cubano con respecto a las UMAP. Es probable que los líderes de la revolución hayan pensado ingenuamente que, destruyendo ese archivo, iban a silenciar y a sepultar esa historia; ocurrió todo lo contrario. El proceso de borrado generó misterio, una serie de ansiedades y morbos historiográficos que terminaron por crear un archivo paralelo, mucho más poderoso que el estatal. Las narrativas de memoria terminaron por convertirse en uno de esos fantasmas o espectros de los que hablaba Mbembe.

A diferencia de Graham Greene, otros intelectuales pasaron por alto el pasaje de las UMAP a la hora de valorar la Revolución cubana. En 1969, un año después del cierre oficial de las unidades, Susan Sontag escribió para la revista *Ramparts*, «Some Thoughts on the Right Way (for us) to Love the Cuban Revolution», un texto en el que animaba a la izquierda estadounidense a pensar la isla a partir de los conceptos y categorías generados por la propia sociedad cubana y no por la de Estados Unidos. Aunque Sontag admitió que sentía desconfianza por el «puritanismo radical de las revoluciones de izquierda», consideraba que los estadounidenses debían «ser capaces de entender que un país conocido fundamentalmente por la música, el baile, los tabacos, las prostitutas, los abortos, el turismo y los filmes pornográficos, se muestre un poco preocupado por la moralidad sexual». En otro momento, Sontag hizo una pequeña referencia a los cientos de homosexuales que fueron enviados a las UMAP, pero rápidamente aclaró que eso había sido superado porque «desde hace mucho tiempo han sido devueltos a casa».[17]

---

[16] Achille Mbembe: «The Archives and the Political Imaginary», en Carolyn Hamilton *et al.*, *Refiguring the Archive*, Kluwer Academic Publishers, Norwell, Massachusetts, 2002, pp. 23 y 24.

[17] Susan Sontag: «Some Thoughts on the Right Way (for us) to Love the Cuban Revolution», *Ramparts*, Vol. 7, No. 11, April 1969, p. 14. Dos años más tarde, en 1971, Sontag firmó una declaración de protesta junto a otros escritores ante la

Cuando los exiliados cubanos en Estados Unidos comenzaron a difundir relatos sobre las UMAP, la opinión internacional no mostró simpatía alguna. Así sucedió con los textos que José Mario Rodríguez publicó en las revistas *Mundo Nuevo* y *Exilio*. Antes de exiliarse, José Mario había pasado nueve meses en esos campos de concentración. Sus primeros relatos sobre este asunto fueron leídos «con un poco de escepticismo, con un poco de incredulidad».[18] El desecho de esas narrativas no pasó inadvertido. Carman Cumming, periodista de la Agencia Canadiense de Prensa, dijo en 1967 que las «historias horrendas de tortura» sobre las UMAP y, en general, sobre las prisiones en Cuba, que ofrecían los exiliados eran «usualmente descartadas y ridiculizadas». La mayoría de los «observadores neutrales», agregó, creían que «probablemente la situación de las cárceles cubanas no era peor que la de muchos países de América Latina».[19]

A las historias sobre las UMAP se les tildó de tendenciosas, y las unidades pasaron a formar parte de una narrativa anticomunista a la que los exiliados, supuestamente, tenían que acudir para poder sobrevivir fuera de la isla. Al menos eso pensaba Ambrosio Fornet, uno de los intelectuales más reconocidos en el campo cultural cubano, cuando en 1984 fue entrevistado para el *Gay Community News*. Aunque Fornet reconoció que las UMAP fueron una suerte de academias «para producir machos», criticó las narrativas sobre la represión y las experiencias en los campos de trabajo forzado que contaron algunos escritores y artistas exiliados en el documental *Conducta impropia*. De acuerdo con Fornet, la mayoría de los testigos que aparecen en el filme mintieron sobre las UMAP porque estaban «viviendo» del anticomunismo.

---

actitud asumida por el gobierno revolucionario contra el escritor Heberto Padilla. A partir de ese momento, la autora sería acusada de ser agente de la CIA y demonizada como una intelectual «anticomunista».

[18] «José Mario Rodríguez», en Néstor Almendros y Orlando Jiménez Leal, *Conducta impropia*, Editorial Playor, Madrid, 1984, p. 142.

[19] Carman Cumming: «Uniform Change in Cuban Jails. Victory for Castro», *The Medicine Hat News*, November 14, 1967, p. 8.

«La idea de un estado policial represivo que persigue personas, es totalmente absurda y estúpida», agregó.[20]

Algo similar pensaba el cineasta Tomás Gutiérrez Alea (*Titón*). En momentos en que *Conducta impropia* estaba generando grandes debates en Estados Unidos, el director de *Memorias del subdesarrollo* (1968) pasaba por Nueva York y fue entrevistado para la revista *The Village Voice*. En esa ocasión, Gutiérrez Alea dijo que el filme le pareció «muy superficial», que respondía a un «tipo de propaganda basada en testimonios» y que fue realizada para probar una idea. «Yo puedo hacer 10 o 20 películas así; pero si no se ponen en contexto, se está distorsionando la realidad, porque la realidad es mucho más compleja», aseguró.[21]

Las críticas a *Conducta impropia* resultan útiles para pensar el testimonio como una narrativa instrumental e ideologizada, también las apropiaciones y sentidos que distintos lectores les confieren al género en dependencia del lugar de enunciación. No me interesa tanto la discusión sobre la credibilidad de los exiliados, sino el proceso de producción de narrativas y contranarrativas en el que se involucraron Ambrosio Fornet y Tomás Gutiérrez Alea. Ninguno de los dos mostró empatía por los que sufrieron el rigor del campo de trabajo forzado. Por el contrario, se dedicaron a criticar el uso de testimonios en primera persona en *Conducta impropia*, cuando este tipo de relato se había convertido, de alguna manera, en el género oficial de la Revolución.

Como se sabe, a partir de 1970 la escritura testimonial fue incorporada al premio literario Casa de las Américas para difundir las historias de guerrilleros y revolucionarios latinoamericanos en un formato más íntimo y personal. De este modo, el gobierno intentaba socavar, dicen algunos críticos, la literatura del Boom «con su culto de autorreferencialidad, simulacro y escritura

---

[20] Laura Gotkowitz & Richard Turits: «Fiction or Documentary? Screenwriter Ambrosio Fornet on UMAP and *Improper Conduct*», *Gay Community News*, Vol. 12, No. 11, September 29, 1984, p. 9.

[21] Richard Goldstein: «¡Cuba Sí, Macho No! Persecution of Gays in a Leftist Land», *The Village Voice*, July 24, 1984, p. 43. La traducción es mía.

posestructuralista».[22] El primer texto premiado fue *La guerrilla tupamara* de María Esther Gilio. El testimonio fue fundamental en la producción de un régimen de verdad sobre la Revolución y se convirtió en un cuerpo de teorizaciones y manipulaciones, destinado a fundar un campo de creencias y de dogmas.

Los argumentos de Fornet y de Gutiérrez Alea parten de un modelo aurático del testimonio más apegado al marxismo de manual que a las teorías literarias y los estudios culturales. Este ejercicio les permitió cuestionar de antemano la ética y subalternidad de los exiliados cubanos, el valor estético y la legitimidad política de sus relatos. Esta lógica fue aplicada por muchos intelectuales, John Beverly entre ellos. El académico estadounidense concibió el testimonio dentro de un campo de «solidaridad ideológica», encaminado a canonizar ciertas narrativas y a desechar otras. Así, el testimonio se convirtió esencialmente en un proyecto intelectual y cultural de una izquierda que dejaba fuera a determinados sujetos. Sin embargo, el propio Beverly se contradijo cuando afirmó que «cada testimonio individual evoca una polifonía de voces, vidas y experiencias posibles», de ahí que «cualquier vida narrada de esta manera pueda tener valor representativo».[23]

Los testimonios sobre las UMAP parecen constituir un corpus marginal, minoritario y poco representativo de Cuba, casi siempre identificada, sobre todo en los círculos liberales, con la Revolución y no con una formación más abarcadora. En 1992, Elzbieta Sklodowska cuestionaba los modos en que los estudios sobre el testimonio (*Testimonial Studies*) acomodan las narrativas del «otro subalterno» con fines políticos. La estudiosa aseguraba que el momento del testimonio había acabado, precisamente, porque había dejado de ser un ejercicio de autoría genuino, para

---

[22] George Yudice: «Testimonio and Postmodernism», in Georg Gugelberger & Michael Kearney (eds.), «Voices of the Voiceless in Testimonial Literature. Part I», *Latin American Perspectives*, Issue 70, Vol. 18, No. 3, Summer, 1991, p. 26.

[23] John Beverley: *Testimonio. Sobre la política de la verdad*, Bonilla Artigas Editores, México, 2010, p. 26.

convertirse en parte de un sistema letrado e institucional, condicionado ideológicamente.[24]

Conducta impropia significó la salida del closet, el *coming out*, de un yo autobiográfico encarnado por una generación de exiliados cubanos que contrastaba enormemente con el metarrelato de la Revolución que se consumía fuera de la isla. El filme fue un reto a la identidad revolucionaria y progresista mundial que sostenía una actitud militante respecto a Cuba. Eso explica las enconadas críticas de Ambrosio Fornet y Tomás Gutiérrez Alea, entre otros, como se verá más adelante.

En *The Village Voice*, Titón aseguró que él mismo había luchado contra las UMAP, las purgas de homosexuales de los sesenta, y que le parecía ridículo que Néstor Almendros y Orlando Jiménez Leal realizaran un filme sobre cosas que habían ocurrido hace quince años. El cineasta advirtió que para entender la homofobia había que tener en cuenta que Cuba era un país militarizado debido a su batalla contra Estados Unidos, y que en el medio de esa lucha no eran importantes ni «los homosexuales ni las discusiones estéticas». En esas circunstancias, sentenció, «hay que tomar las armas y recibir órdenes».[25] Richard Goldstein, el periodista que lo entrevistó, llamó a Titón «macho defensivo» y replicó que esa lógica podía ser usada por cualquier país para justificar las peores barbaridades, y que el tema de la homofobia era un indicador de lo que podía sucederle a cualquier grupo alienado en sociedades como la cubana.

A los pocos días apareció en la misma revista un texto en el que Néstor Almendros respondió a las declaraciones de Tomás Gutiérrez Alea. Sugirió que Titón fue «obligado» a criticar el documental *Conducta impropia* por la oficialidad cubana, y cuestionó que se hubiera pronunciado contra las UMAP y la represión de los homosexuales. «¿Puede Alea probar eso? ¿Fueron publicadas esas críticas?», preguntó Almendros.[26] Así se inició una pequeña polé-

---

[24] Elzbieta Sklodowska: *Testimonio hispanoamericano. Historia, teoría, poética*, Peter Lang, New York, 1992, p. 86.

[25] Richard Goldstein: Ob. cit., p. 43.

[26] Néstor Almendros: «"An Illusion of Fairness". Almendros replies to Alea», *The Village Voice*, August 14, 1984, p. 40.

mica entre ambos directores que recuerda aquella que sostuvieron alguna vez Jean-Paul Sartre y Albert Camus.

El 2 de octubre de 1984 Gutiérrez Alea dijo que con *Conducta impropia* Néstor Almendros había manipulado la realidad de Cuba. Lo describió como una suerte de Goebbels que buscaba que «enormes mentiras» se convirtieran en verdades. Tildó el documental de «deshonesto» y «golpe bajo». Aseguró, además, que los testimonios recogidos solo generaban un gran impacto emocional fuera de Cuba, que únicamente resultaban creíbles para aquellos que no tenían «la información suficiente sobre el contexto histórico y el proceso revolucionario».[27]

En una carta del 1 de enero de 1987, dirigida a Edmundo Desnoes, autor de la noveleta *Memorias del subdesarrollo* (1965) en la que basó su película homónima, Titón volvió a hablar en esos términos de *Conducta impropia*. Al parecer, Desnoes le había enviado un borrador de un texto que estaba escribiendo, en el que hacía mención del documental de Almendros y Jiménez Leal. En la carta, Gutiérrez Alea le reprocha a Desnoes esa mención. Creía que le estaba dando «demasiada importancia a ese filme deshonesto y mediocre», y que debía reconsiderar sus juicios al respecto, porque la denuncia de las injusticias contra los homosexuales era «apenas un pretexto para llevar a cabo una manipulación, para darle un golpe bajo a la Revolución».[28]

Néstor Almendros y Tomás Gutiérrez Alea habían sido amigos y trabajaron juntos en el corto humorístico *Una confusión cotidiana* (1950). Cuando Almendros se fue al exilio en 1961 perdieron el contacto. A mediados de 1966, sin embargo, le escribió a Titón para que intercediera por el cineasta Alberto Roldán que se encontraba en las UMAP. En una carta fechada el 27 de septiembre de ese año, Gutiérrez Alea le respondió a Néstor Almendros: «no se puede hacer absolutamente nada», y agregó: «Para

---

[27] Tomás Gutiérrez Alea: «¡Cuba Sí, Almendros No!», *The Village Voice*, October 2, 1984, p. 46.

[28] Mirtha Ibarra (ed.): *Tomás Gutiérrez Alea. Volver sobre mis pasos*, Ediciones Unión, La Habana, 2008, pp. 224-225.

nosotros todo eso del SMO y de las Unidades Militares de Ayuda a la Producción es un terreno en el cual nada podemos hacer». Le comentó además que había estado en París en una fecha cercana a la carta: «Sentí deseos de verte, pero te confieso que no hice nada por lograrlo porque temía que una discusión política fuera a dejar maltrecho el afecto que, a pesar de todo, sigo teniendo por ti».[29]

Años después, en una entrevista que concedió a Michael Chanan, un profesor británico que llegó a decir que *Conducta impropia* había sido financiada por la CIA, Tomás Gutiérrez Alea sugirió que su película *Fresa y chocolate* (1993) era de alguna manera una respuesta a *Conducta impropia*, y volvió a referirse al documental en los mismos términos que en el pasado.[30] En esa ocasión, reconoció la veracidad de algunos de los testimonios que aparecen en el filme, aunque llegó a decir que Almendros «no tenía derecho a hacer algo así», y que el material se realizó bajo los códigos del «realismo socialista pero al revés».[31] También hizo referencia a la polémica que sostuvo con Néstor Almendros en *The Village Voice*, que terminó por separarlos para siempre.

Ruby Rich fue una de las intelectuales estadounidenses que criticó *Conducta impropia* con más fuerza. En el verano de 1984, la revista *American Film* publicó «Bay of pix», un texto en el que Rich comparaba el documental con la invasión a Cuba por Bahía de Cochinos en 1961. Lo caracterizó de mediocre propaganda anticastrista, aderezada con seductoras imágenes y política gay. Aunque reconoció que las UMAP fueron «un capítulo equivocado, brutal y deplorable de la historia de Cuba», trató de

---

[29] Ibídem, pp. 129 y 130.

[30] De acuerdo con Orlando Jiménez Leal, *Conducta impropia* fue financiada en parte por la televisión pública francesa durante el gobierno de François Mitterrand. Para más información cfr. María Encarnación López, «Treinta años de *Conducta impropia* [entrevista a Orlando Jiménez Leal]», *Diario de Cuba*, Madrid, 26 de julio de 2014, <https://diariodecuba.com/cultura/1406363179_9658.html>, [24/09/2020].

[31] Michael Chanan: «Estamos perdiendo todos los valores [entrevista a Tomás Gutiérrez Alea]», *Encuentro de la Cultura Cubana*, n.º 1, verano, 1996, p. 71.

Imagen 2. Foto tomada por el fotorreportero canadiense Paul Kidd en uno de los campos de trabajo forzado de las UMAP en la provincia de Camagüey en octubre de 1966. En la imagen se observa una de las barracas donde habitaban los confinados. El lugar, antes de ser ocupado por el ejército, era usado para la cría de vacas. Paul Kidd distribuyó la foto inicialmente a través de la United Press International (UPI). El autor adquirió la original certificada gracias a coleccionistas privados.

restarles importancia cuando dijo que ese experimento duró tan solo dos años.[32]

De acuerdo con Rich, *Conducta impropia* usó «cínicamente la homosexualidad para abrir una brecha y hacer pedazos lo que queda de la simpatía de los liberales hacia Cuba», con la única

[32] Ruby Rich: «Bay of Pix», *American Film*, No. 9, July-August 1984, p. 57.

intención de atacar personalmente a Fidel Castro. Insinuó, además, que el material era una «revancha» contra el máximo líder, una «letanía de la maldad» motivada por intereses personales, el espíritu de autoderrota que buscaba una comparación sin fin y sin sentido entre Cuba y la Alemania nazi.

Como muchos estudiosos, Ruby Rich identificaba Cuba únicamente con el gobierno. Si bien advertía que la isla, igual que cualquier país de América Latina, no era un paraíso para los homosexuales, aseguró que la realidad construida por los emigrados cubanos en *Conducta impropia* difería de su experiencia personal. Haciendo alarde de repetidos viajes a Cuba, dijo haber conocido a gays y lesbianas «felices». Para la intelectual, el filme debía ser leído como ficción y no como documental, porque estaba lleno de fantasías, medias verdades, distorsiones, y pasaba por alto los avances en salud, educación y el acceso a la cultura de que gozaban los cubanos. «En lugar de información y fuentes documentadas, solo hay testimonios en primera persona. En lugar de entendimiento, solo choque», concluyó.[33] Algo similar pensaba Michael Chanan. El crítico dijo que el material no era más que una táctica de propaganda para analogar al gobierno cubano con los nazis. «Uno tiene que dudar si todas esas historias pueden ser ciertas», dijo.[34]

Más allá de los afectos y solidaridades que provocó la Revolución cubana, lo que quiero destacar aquí es la relación conflictiva que la izquierda estableció con otras formas de evidencia que representaban un reto a sus propias herramientas analíticas y a sus dogmas ideológicos. A partir de nociones preestablecidas, es decir, de ficciones, un sector de la izquierda occidental asumió una posición colonialista sobre Cuba durante la Guerra Fría. El repertorio de esas ficciones es amplio. Se dice, por ejemplo, que la salud y la educación son gratuitas y de calidad, cuando se sabe que, para mantener esos servicios, el gobierno cubano se apropia de la fuerza

---

[33] Ibídem, pp. 57 y 59.

[34] Michael Chanan: *The Cuban Image: Cinema and Cultural Politics in Cuba*, BFI Publishing, London, 1985, p. 5.

de trabajo a unos niveles que terminaron por generar altos índices de empobrecimiento. Pero esa era otra discusión.

El ejercicio de convertir la ficción en verdad irrefutable con un sentido ideológico fue una práctica bastante extendida. Para Ruby Rich, por ejemplo, conocer a gays y lesbianas «felices» en Cuba significaba una forma de evidencia que «probaba» que la política del autoritarismo revolucionario cubano con respecto a la sexualidad era muy diferente a la de las dictaduras latinoamericanas de derecha, mientras desechaba de antemano todo un cuerpo creciente de testimonios y argumentos que contradecían su propia visión.

En el número de noviembre de 1984, *American Film* publicó el comentario de Geoff Puterbaugh, un lector que dijo estar consternado por el tendencioso y desinformado *review* que Ruby Rich hizo de *Conducta impropia*. De acuerdo con Puterbaugh, la académica estaba tan parcializada que solo veía en «la divulgación de la sistemática y brutal represión contra los homosexuales en Cuba», una gran conspiración para manchar a su «héroe» Fidel Castro.[35]

La revista reprodujo, además, una carta de la poeta exiliada Ana María Simo. La escritora dijo que personas como Ruby Rich, «estalinistas hasta la médula» que apoyaban al «sacrosanto régimen de Fidel Castro», eran precisamente las responsables de que los intelectuales exiliados cubanos no fueran escuchados. Simo logró salir de Cuba en 1967 y se instaló en París. Allí vivió el Mayo Francés, asistió a los seminarios de Roland Barthes y se asoció a movimientos de lesbianas. En los setenta se mudó a Nueva York. En su texto acusó a Rich de ser parte de la «maquinaria de propaganda y relaciones públicas» del castrismo y de encabezar una cruzada en los medios a favor del dictador y contra *Conducta impropia*. La poeta aclaró que el filme tuvo que ser financiado por la televisión francesa, subsidiada por el gobierno socialista de François Mitterrand, porque Néstor Almendros y Orlando Jiménez Leal no pudieron encontrar ningún productor en Estados

---

[35] Geoff Puterbaugh: «[I was dismayed...]», «*Improper Conduct*: Pro and Con», *American Film*, No. 10, 2, November 1, 1984, p. 6.

Unidos que quisiera asumir el proyecto. «No hay una agenda oculta aquí ni tampoco una conspiración», concluía.[36]

Almendros y Jiménez Leal estaban preparados de antemano para una campaña contra el documental. En un texto de respuesta a Ruby Rich, que se publicó también en *American Film*, los cineastas recordaron unas palabras que Jorge Semprún les había dicho en París, cuando se estrenó la película: «Esto es un hueso duro de roer. Apuesto a que ellos [los comunistas] harán un silencio total [...]. A menos que el filme de ustedes haga mucho ruido; en ese caso lanzarán una campaña de desinformación a través de los miembros del Partido y de sus simpatizantes».[37]

A pesar de la gran divulgación y los premios que recibió el documental en varios festivales, la izquierda mostró cierta indiferencia. El *review* de Ruby Rich en *American Film* fue una de las excepciones. Almendros y Jiménez Leal consideraron ese texto como «ofensivo» y «difamatorio», escrito con una «redundante retórica política» que solo contenía unos pocos puntos de crítica de cine. Los realizadores advirtieron que, aunque Rich reconoció que las UMAP fueron «un capítulo equivocado, brutal y deplorable de la historia de Cuba», trató de presentarlas como un «error del pasado» y no como una política sistemática. Una conocida «técnica manida» para ofrecer una ilusión de que las cosas habían cambiado, concluyeron.[38]

El catedrático Héctor Amaya ha explicado que los *reviews* tuvieron cierto peso en Estados Unidos con respecto a Cuba en esa época. De acuerdo con el académico, textos de este tipo circularon en distintas instituciones y revistas culturales; se convirtieron en espacios importantes para articular identidades específicas. Sus autores los asumieron como tareas ideológicas, aseguró Amaya. Al escribirlos sentían que eran ciudadanos de bien y políticamente

---

[36] Ana María Simo: «[As one of the people...]», «*Improper Conduct*: Pro and Con», *American Film*, Vol. 10, No. 2, November 1, 1984, pp. 6-7.

[37] Néstor Almendros & Orlando Jiménez Leal: «*Improper Conduct*», *American Film*, Vol. 10, No. 9, September 1, 1984, p. 18. La traducción es mía.

[38] Ídem.

correctos.[39] Lo cierto es que las críticas a *Conducta impropia* terminaron por convertirse en una apología al régimen cubano. Todos estos intelectuales, como ha advertido Paul Julian Smith, «estigmatizan a los testigos de la represión como ingenuos que no saben lo que están diciendo y los tratan como criminales que atentan contra una siempre vulnerable y revolucionaria *citadel*».[40]

Por su parte, la antropóloga Julie Skurski me comentó en un intercambio que sostuvimos en 2016, que en Estados Unidos «no se denunció a las UMAP en su época, ni mucho después; porque comparado con lo que hizo la URSS con los que clasificaron como burgueses y contrarrevolucionarios, las UMAP parecían algo suave». No llevó a la desaparición masiva de la gente, por ejemplo. Hay otros factores, agrega, como «la solidaridad latinoamericana y norteamericana con el proyecto antiimperial cubano, la cual ha costado mucho, demasiado, en cuanto a la falta de discusión sobre la represión interna».[41] A este argumento de la solidaridad ideológica, habría que añadir que la homofobia estaba tan naturalizada y conectada a la filosofía y a la ética de la Revolución, que gran parte de la izquierda global pasó por alto la represión a los homosexuales en Cuba y condonó la instalación de los campos de trabajo forzado.[42]

Algunos intelectuales que mantuvieron durante décadas un espíritu servil con respecto a Fidel Castro han comenzado a reflexionar sobre su militancia y la política de silencio que sostuvieron durante mucho tiempo. Tal es el caso de Margaret Randall, quien vivió en la isla desde 1969 hasta 1980. En su libro *To Change*

---

[39] Hector Amaya: *Screening Cuba: Film Criticism as Political Performance during the Cold War*, University of Illinois Press, 2010, p. 179.

[40] Paul Julian Smith: *Vision Machines: Cinema, Literature and Sexuality in Spain and Cuba, 1983-1993*, Verso, London/ New York, 1996, p. 65.

[41] Julie Skurski: «[Mensaje para Abel Sierra Madero]», correo electrónico, 25 de enero de 2016.

[42] Uno de los pocos activistas que simpatizó con la Revolución cubana y que reconoció la existencia de las UMAP como parte de la tradición del trabajo forzado y el campo de concentración fue Allen Young, autor de *Gays Under the Cuban Revolution*, Grey Fox Press, San Francisco, 1981.

the World: My Years in Cuba, una suerte de *memoires* sobre aquellos años, Randall declaró: «Algunas veces, para mi vergüenza, fui un testigo silencioso de esos desastres, otras en cambio, apoyé con mucha facilidad la posición oficial [del gobierno cubano] cuando una posición más crítica hubiera estado más acorde con mi sentido de las cosas».[43] Para justificar su postura, dijo que había que tomar en cuenta que entonces se sentía parte de algo colectivo, de algo grande:

> Vivíamos motivados por la idea de que estábamos haciendo una revolución, cambiando el mundo para construir un mundo mejor [...]. Fuimos muy cautelosos de hacerle el juego al enemigo o proveerle información que pudiera ser usada contra la Revolución. Muchas veces me sentí caminando en una línea muy estrecha entre el apoyo incondicional y una lectura más compleja de los hechos. Generalmente me puse del lado de los líderes de la Revolución, aunque eso no me previno, muchos años después, de convertirme en sospechosa ante los ojos de algunos de ellos.[44]

Hasta que fue «invitada» a abandonar el país en 1980, Margaret Randall hizo de esa postura una «identidad» de militante leal, como ella misma reconoce en el texto. En la actualidad, es muy fácil identificar esta tendencia entre muchos intelectuales que son –siguiendo a Doris Sommer– «lectores incompetentes». Esa «incompetencia», explica Sommer, tiene que ver con una relación sobredeterminada ideológicamente, que algunos lectores establecen con ciertos textos y discursos, y que se expresa a través de la sordera, la distancia y la negación.[45]

Juan Goytisolo fue uno de los pocos que rompió con esa tradición de intelectuales de izquierda, que se abstuvieron de criticar la

---

[43] Margaret Randall: *To Change the World: My Years in Cuba*, Rutgers University Press, New Brunswick, New Jersey/ London, 2009, p. 49.

[44] Ídem.

[45] Doris Sommer: «Resistant Texts and Incompetent Readers», *Latin American Literary Review*, Vol. 20, No. 40, July-December 1992, p. 105.

Revolución por cuestiones de militancia ideológica. Aunque en 1971 había roto con el régimen por el proceso al que fue sometido Heberto Padilla, no fue hasta 1985 que hizo públicas algunas de sus experiencias relacionadas con la homofobia estatal y la represión de las libertades sexuales en Cuba. En la primera parte de sus memorias, *Coto vedado*, el escritor cuenta que, en 1963, durante su segunda visita a la isla, fue convidado por el poeta Manuel Navarro Luna para asistir a un mitin en un centro de instrucción de milicianas. Cuando llegaron al lugar supo que «dos muchachas lesbianas sorprendidas in fraganti en alguno de los dormitorios o duchas de la escuela, habían sido sometidas a una asamblea pública de censura y expulsadas finalmente de aquélla por decisión unánime». Navarro Luna dio un discursito sin inmutarse. Goytisolo, que aún no había salido del closet, vivía su homosexualidad en silencio y se comportó como un simulador. Aplaudió al compás de la colectividad enardecida. Quien estaba allí, reflexiona, era un «impostor que había usurpado su nombre», un «fantasma superpuesto a su yo real como un doble».[46]

En 1986, un año después de publicar la primera parte de sus memorias, salió la segunda bajo el título *En los reinos de Taifa*.[47] Aquí Goytisolo habla del «lastimoso ejercicio de mudez y sordera» de los intelectuales que, con el pretexto de «no darle armas al enemigo», habían guardado silencio durante sus viajes de «turismo revolucionario». Sus colegas, agrega, disfrutaban de unos privilegios a los que el pueblo no tenía acceso, y habían «llevado a la perfección ese "hábito de mentir sabiendo que se miente" denunciado por Enzensberger en uno de sus ensayos».

Su último viaje a Cuba se produjo en junio de 1967. Durante su estancia en el Hotel Nacional en La Habana recibió al teatrista y escritor Virgilio Piñera. De acuerdo con Goytisolo, «el deterioro físico, el estado de angustia y pánico en el que vivía» Virgilio eran

---

[46] Juan Goytisolo: *Coto vedado*, Alianza Editorial, Madrid, 2005, pp. 138 y 176.

[47] Aunque trabajé con la primera edición de Seix Barral de 1986, cito los fragmentos de la edición de 2015 realizada por Alianza Editorial. En esta última, Goytisolo realiza unos retoques y agrega algunos detalles que me parecen importantes.

más que evidentes. Allí el autor de *La isla en peso* le contó aterrado de «la persecución que sufrían los homosexuales, las denuncias y redadas de que eran objeto, la existencia de los campos de la UMAP». Y agregó: «la impresión de soledad y miseria moral que emanaba de su persona me resultó insoportable». Sus sentimientos hacia la Revolución cubana cambiaron durante aquel viaje. El sueño de una sociedad más justa, concluyó Goytisolo, «había sido reemplazado con un esquema que conocía muy bien desde mis viajes a los países del bloque soviético: ese "socialismo real" en el que, como dijo en una ocasión el líder estudiantil berlinés Rudi Dutschke, "todo es real excepto el socialismo"».[48]

A pesar de la escisión y la ruptura de muchos intelectuales de izquierda con el régimen cubano, ese modelo de intelectualidad clientelar se mantuvo en el tiempo. Si alguien ha trabajado estos procesos de afonía de la izquierda latinoamericana es Claudia Hilb. En su libro *Silencio, Cuba. La izquierda democrática frente al régimen de la Revolución cubana*, Hilb pone frente al espejo su «entusiasmo revolucionario» para analizar la tensión que ha representado fijar una posición pública sobre Cuba desde la izquierda. «La condena del carácter autocrático, antilibertario, antidemocrático y represivo de dicho régimen debería haberse hecho oír de manera estentórea desde hace largo rato», enfatizó.[49] Sin embargo, Hilb reconoce que ella misma se ha sorprendido editándose y tratando de suavizar su pensamiento.

«Fidel ni Raúl saben nada de esto». De Guanahacabibes a las UMAP

Lo cierto es que la izquierda internacional ha preferido ver las UMAP como un error propio de los movimientos revolucionarios. En este ejercicio ideológico ha influido el modo en que la figura de Fidel Castro se convirtió en una de las representaciones más poderosas de la Revolución. Por lo tanto, una vez que las

---

[48] Juan Goytisolo: *En los reinos de Taifa*, Alianza Editorial, Madrid, 2015, p. 168.

[49] Claudia Hilb: *Silencio, Cuba. La izquierda democrática frente al régimen de la Revolución cubana*, Edhasa, Buenos Aires, 2013, edición Kindle.

críticas y las campañas internacionales comenzaron a pedir el desmantelamiento de las unidades, se hizo indispensable una narrativa que deslindara al máximo líder de estos procesos y justificara las UMAP como una excepción que no debía identificarse con la Revolución.

Ernesto Cardenal contribuyó a este relato. En su libro *En Cuba*, publicado por primera vez en 1972, el poeta y teólogo nicaragüense dijo haber sido visitado por dos jóvenes interesados en complementar su visión oficial de la isla. Uno de ellos se había desempeñado como «carcelero» en las UMAP, y le aseguró que fue Fidel Castro quien suprimió esos «campos de concentración», aplicando a veces la ley del talión. De este modo lo describe el muchacho:

> Yo vi los malos tratos pero nosotros solo hacíamos guardia. A Fidel le contaron lo que allí había. Una noche asaltó una posta de guardia y la capturó y se metió dentro, como que fuera preso, para ver qué trato les daban. Se acostó en una hamaca. Los presos dormían en hamacas. Los despertaban golpeándolos con sables; o si no, les cortaban las sogas de las hamacas. Cuando el que los despertaba levantó el sable, se encontró con la cara de Fidel; casi se muere. Después en otro lugar vio a uno que hacía caminar descalzo a un preso sobre pedazos de vidrio. Ordenó que al hombre le hicieran el mismo castigo que le estaba haciendo al otro. En otro lugar se presentó cuando desayunaban. Y así fue viendo cosas. Después hizo castigos. Se dice que hasta hubo un fusilado. Esa es otra de las hazañas de Fidel. Fidel es el hombre de los asaltos. Es una figura de leyenda que ha cautivado la imaginación de la gente.[50]

En otra parte del texto, Ernesto Cardenal reprodujo el testimonio de un «joven revolucionario marxista». En ese pasaje, extraído de una de sus libretas de apuntes, se habla de una investigación secreta en las UMAP desarrollada por el gobierno. Así se describe: «A cien muchachos de la Juventud Comunista se les quitó el carnet y toda otra identificación y fueron entregados como presos al

---

[50] Ernesto Cardenal: *En Cuba*, Editorial Pomaire, Buenos Aires, 1973, p. 30.

UMAP. A ver cómo los trataban. Fue una operación secretísima. Ni sus familiares supieron de ese plan de la UJC. Ellos después contaron lo que les hicieron. Eso hizo que el [sic] UMAP acabara».[51]

Es muy probable que el informante citado por Ernesto Cardenal no haya sido otro que Félix Sautié Mederos, uno de los cuadros de la Juventud Comunista más cercanos al poder durante los sesenta. En diferentes ocasiones, Sautié integró delegaciones diplomáticas cubanas para estudiar los programas de rehabilitación desarrollados por la Unión Soviética. Visitó varios campos de trabajo forzado como el de Novosibirsk en Siberia. Además, había estado a cargo de *magazines* como *Mella*, *El Caimán Barbudo* y del periódico *Juventud Rebelde*. Su labor dentro de este rotativo no fue mirada con buenos ojos porque, a mediados de 1968, fue enviado a la granja de rehabilitación Juventud Heroica en Ciego de Ávila. Durante un año supo de los rigores del trabajo agrícola. Los programas que había ayudado a diseñar y a desarrollar se volvieron también en su contra.

En una conversación que sostuvimos en su casa en 2012, Félix Sautié reveló algunos detalles sobre la operación secreta de que hablaba Ernesto Cardenal. De acuerdo con Sautié, en 1967 el Estado Mayor de las Fuerzas Armadas Revolucionarias (FAR), comandado por Raúl Castro, le ordenó al Buró de la Juventud Comunista que preparara unos hombres para infiltrarlos en las UMAP. La operación consistía en recoger información dentro de las unidades para elaborar un informe que sería evaluado por la dirección del país. De esta manera lo describe:

> A nosotros nos dieron la tarea especial y escogimos un grupo de jóvenes con características especiales y los preparamos en una de las casas que está en El Laguito, que cuando aquello era de la Marina de Guerra. Le hicimos una preparación y una caracterización, y esos cincuenta tipos se buscaron líos y cayeron presos en distintos campamentos de la UMAP. Esa gente en un momento determinado se mandó a sacar, nos reunimos en esa misma casa y corroboramos la mayor parte de las

---

[51] Ibídem, p. 278.

cosas que se saben. La tarea de nosotros fue prepararlos y recoger el impacto. A los tipos los seleccionaron los aparatos, los seleccionaron, los pusieron allí y después los aparatos se encargaron de darles palos, complicarlos, castigarlos, sancionarlos y meterlos. Esa parte sí yo no sé cómo se hizo, el que sí sabía eso era [Carlos] Aldana, porque el responsable militar de la UJC en aquella época era el secretario de la UJC, que eso era el vínculo directo con el Estado Mayor General.[52]

Una vez que Raúl Castro recibió el informe, aseguró Sautié, Quintín Pino Machado, el oficial al frente de las UMAP, fue sustituido por el capitán Felipe Guerra Matos, a quien se le dio la orden de acabar con ese programa.

Durante décadas, los intelectuales extranjeros fueron bastante cuidadosos con respecto a los campos de trabajo forzado en Cuba. Mario Vargas Llosa fue uno de ellos y durante algún tiempo apoyó con entusiasmo el proyecto revolucionario. En una crónica publicada en 1967 contó que, durante una de sus visitas a la isla un año antes, se reunió con Fidel Castro y otros intelectuales latinoamericanos en una mansión de la barriada de El Vedado. El autor de *La ciudad y los perros* aseguró que en el encuentro salió a relucir el tema de la política del gobierno contra los homosexuales y que uno de los escritores –no dijo quién– interpeló al máximo líder «en términos inequívocamente críticos» sobre el tema.

En el texto Vargas Llosa no escatimó elogios al dictador cubano. Dijo que el comandante reconoció que se había seguido una política equivocada en ese asunto. «Se cometieron errores y estamos rectificándolos», expresó Castro en tono autocrítico. En una versión parecida a la de Ernesto Cardenal, el peruano dijo que algunos escritores habían recibido testimonios de otras fuentes que indicaban que «el propio jefe de la Revolución en persona, al ser alertado sobre aquellos excesos había impartido órdenes estrictas

---

[52] Abel Sierra Madero: «Félix Sautié: "Mi teléfono te lo dio la Seguridad del Estado"», *Hypermedia Magazine*, 26 de junio de 2020, <https://www.hypermediamagazine.com/columnistas/fiebre-de-archivo/felix-sautie-mi-telefono-te-lo-dio-la-seguridad-del-estado/>, [09/12/2020].

a fin de que cesaran». Cuántos dirigentes, agregaba Vargas Llosa, «¿son suficientemente tan permeables a la crítica como para admitir y rectificar públicamente el error, tal cual lo ha hecho Fidel en varias ocasiones?».[53] De este modo, Fidel Castro quedaba eximido de total responsabilidad sobre la instalación de las UMAP. La tesis de que el líder de la Revolución no sabía nada del asunto tomaba fuerza.

En 1987, el nobel de literatura volvió a escribir sobre aquel encuentro. Explicó cómo Fidel Castro hablaba «mientras chupaba enormes puros, sin dar la menor señal de fatiga. Nos explicó la mejor manera de preparar emboscadas y por qué enviaba a los homosexuales a trabajar en el campo, en batallones de castigo».[54] Para entonces, Vargas Llosa ya había superado su etapa de *infatuation* con el régimen cubano, sin embargo, como en su texto de 1967, guardó silencio sobre las UMAP. No fue hasta julio de 2014, en una entrevista que le concedió a la bloguera cubana Yoani Sánchez, que habló sobre el tema con más desenfado:

> De las cinco veces que fui a Cuba en los años sesenta, la cuarta vez coincidí con las Unidades Militares de Ayuda a la Producción (UMAP) y fue un choque saber que se habían abierto prácticamente campos de concentración donde llevaban a los disidentes, los ladrones, los homosexuales, los religiosos. Me impresionó mucho especialmente por el caso de un grupo que supongo conozcan, El Puente. Muchas de las chicas y de los chicos que integraban aquel grupo yo los conocí, había entre ellos lesbianas y gays, pero todos eran revolucionarios, absolutamente identificados con la Revolución. Buen número de ellos fue a esos campos de concentración, donde hubo hasta suicidios.[55]

---

[53] Mario Vargas Llosa: «Crónica de Cuba», *Obras completas*, t. IX, Galaxia Gutenberg, Barcelona, 2012, p. 352.

[54] Mario Vargas Llosa: «Crónica de Cuba», *Obras Completas*, t. X, Galaxia Gutenberg, Barcelona, 2012, p. 231.

[55] Yoani Sánchez: "El mito de Cuba ya se ha despedazado en gran parte", *14yMedio*, La Habana, 14 de julio de 2014, <https://www.14ymedio.com/entrevista/Mario_Vargas_Llosa_0_1596440346.html>, [15/10/2019].

Aunque no hay cifras oficiales a mano, se sabe que la experiencia de las UMAP provocó algunos suicidios. Para muchos el cuerpo del suicida representa una clausura, también la muerte del testigo. Para otros, en cambio, una declaración testimonial silente que supera cualquier narrativa. El número de suicidios dentro los campos de trabajo forzado, y de los que se produjeron después de cerradas las UMAP, relacionados con el estrés postraumático es difícil de determinar sin un archivo material. Supongamos que el archivo de las UMAP existe, que está clasificado como secreto de Estado y que no fue destruido como aseguran algunas fuentes. Nada nos garantiza que vayamos a encontrar esa información, si tomamos en cuenta que la tecnocracia revolucionaria produjo un imaginario institucionalizado del archivo, en el que las estadísticas sobre suicidio se maquillan dentro de otras narrativas de la muerte, como los accidentes, por ejemplo. Lo mismo ha sucedido con las detenciones por cuestiones políticas. Es muy común que a los disidentes se les abra expedientes criminales y se les acuse de delitos que no cometieron, para no reconocer la existencia de presos políticos. La noción de *imaginario institucionalizado* ha sido ensayada por Achille Mbembe y sirve para pensar los modos en que un archivo es construido, las imágenes y categorías de clasificación que se usan para su creación. Con esas imágenes, el poder busca camuflar los ejercicios de control y los procesos de borrado de determinadas identidades y prácticas.

En Cuba, el registro de la muerte como suicidio ha sido problemático porque esa decisión se ha asociado a sentimientos como la infelicidad, la frustración, la decepción o la traición. De alguna manera, el suicida desmentía a la Revolución como un espacio de realización, de éxito y felicidad. Morir por la patria y la Revolución era la única vía políticamente aceptada para autodestruirse. Aún maquilladas, las cifras oficiales de suicidio en Cuba son alarmantes. En su libro *To Die in Cuba: Suicide and Society* (2005), el historiador Louis A. Pérez Jr. comparte algunas estadísticas que indican que durante la década de 1960 se suicidaban alrededor de catorce personas por cada cien mil habitantes.[56] En aquel momento la isla contaba aproximadamente con una población de seis millones de habitantes. Lo cierto es que muchos jóvenes encontraron en el suicidio el único modo de ser libres en la Cuba de esos años. La muerte de Benjamín de la Torre es un testimonio de esa pulsión liberadora.

En la entrevista con Yoani Sánchez, Vargas Llosa dijo que cuando supo de los suicidios en las UMAP se sintió tan afectado que le escribió una carta privada a Fidel Castro. «Me parecía que era imposible que algo así ocurriera en Cuba», reflexionó. Poco después, recibió la invitación para reunirse con líder de la Revolución. Así recreó esta vez el encuentro:

> Éramos unos diez o doce, que de alguna manera habíamos hecho una manifestación de sorpresa con lo que ocurría. Esa es la única vez que he conversado con Fidel Castro, fue toda una noche, desde las ocho de la noche hasta las ocho de la mañana. Fue muy interesante y aunque me impresionó, no me convencieron sus explicaciones. Me dijo que lo que ocurría es que muchas familias de guajiros muy humildes, que tenían hijos becarios, se quejaban de que esos hijos habían sido víctima de «los enfermitos», así les decía Fidel. Los gays y las lesbianas eran para él «los enfermitos». Me dijo que había que hacer algo, que quizás había habido excesos, pero que se iban a corregir.[57]

Durante décadas, Fidel Castro fue exculpado de los problemas nacionales no solo por la izquierda internacional sino también por los propios cubanos. En la isla, la responsabilidad recaía en el embargo estadounidense, la burocracia, la corrupción, pero nunca en el máximo líder. Muchos de los confinados en las UMAP, incluso, llegaron a pensar que el dictador no tenía ni la más mínima idea de los abusos y atropellos a los que fueron sometidos.

El pastor bautista Raimundo García Franco fue uno de aquellos ingenuos. En 2018 publicó el diario que llevó a fines de la década

---

[56] Cfr. Louis A. Pérez Jr.: *To Die in Cuba: Suicide and Society*, The University of North Carolina Press, 2005.

[57] Yoani Sánchez: Ob. cit.

de 1960 en un campo de trabajo forzado. Antes del triunfo de la Revolución, García Franco había militado en el Movimiento 26 de Julio, una de las fuerzas políticas más importantes en la lucha contra la dictadura de Fulgencio Batista dirigida por el propio Castro. El 25 de marzo de 1967, desde el campamento donde se encontraba hacía dos años por sus creencias religiosas, Raimundo García Franco decidió redactar una carta al máximo líder. Le confesó que estaba escribiendo un diario sobre su experiencia en el lugar y le compartió algunos detalles sobre los maltratos y abusos de los guardias. En una parte de la carta se lee: «Si pusiéramos a los Testigos de Jehová y a los adventistas como judíos [sic], a los demás como no pertenecientes a la sociedad alemana que se pretendía y a los soldados que estaban a nuestro mando como tropas de la SS [sic], podríamos tal vez ponerle [sic] el título "Recuerdos de los años tristes del 43 en la Alemania nazi"».[58]

Con las analogías entre las UMAP y los campos de concentración nazis, García Franco trató de universalizar su experiencia traumática. Es posible que ese gesto haya estado orientado a movilizar afectos en el destinatario de la carta, al que no considera en absoluto como responsable de la instalación y el diseño de aquellas unidades. Le pidió a Fidel Castro que se hiciera justicia y le aseguró que creía en la Revolución y en el «justo empeño de los dirigentes».[59]

El comandante no respondió, aunque es muy poco probable que el mensaje haya llegado a sus manos, porque el manuscrito sobrevivió varias décadas hasta que fue publicado en 2018. Un documento de este tipo significaba un cabo suelto, un resto, una grieta en la narrativa oficial de la Revolución sobre las UMAP, y el dictador, seguramente, lo hubiera mandado a destruir.

El viernes 25 agosto de 1967, varios meses después de haber enviado la carta a Fidel Castro, el pastor escribía en su diario: "La historia me absolverá" es un documento que debieran meterse

---

[58] Raimundo García Franco: *Llanuras de sombras. Diario de las UMAP*, Centro Cristiano de Reflexión y Diálogo-Cuba, Cárdenas, Matanzas, 2018, p. 102.

[59] Ídem.

Imagen 3. Raimundo García Franco en un campamento de las UMAP en Camagüey, 1967. Foto cortesía de Raimundo García Franco.

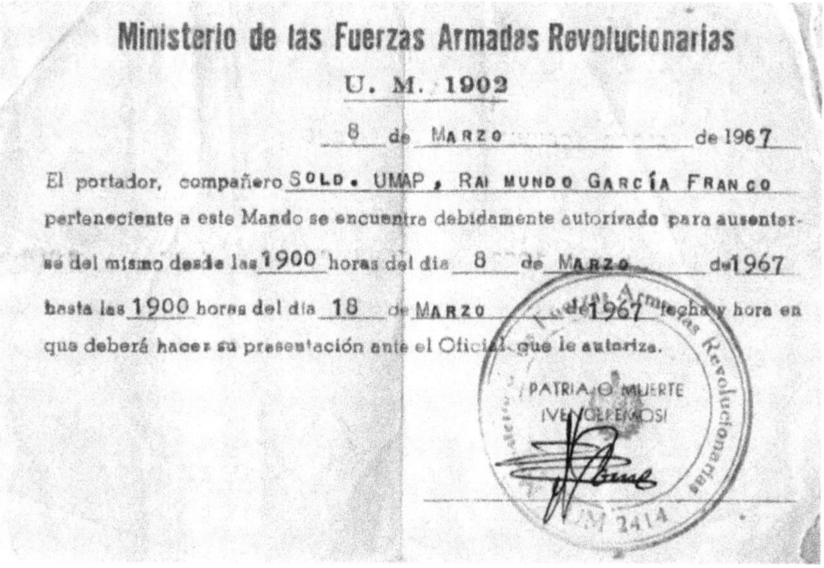
Ministerio de las Fuerzas Armadas Revolucionarias

U. M. 1902

8 de MARZO de 1967

El portador, compañero SOLD. UMAP, RAIMUNDO GARCÍA FRANCO perteneciente a este Mando se encuentra debidamente autorizado para ausentarse del mismo desde las 1900 horas del día 8 de MARZO del 1967 hasta las 1900 horas del día 18 de MARZO del 1967 fecha y hora en que deberá hacer su presentación ante el Oficial que le autoriza.

PATRIA O MUERTE

Imagen 4. Pase expedido por la dirección de las UMAP en marzo de 1967 que autorizaba a Raimundo García Franco a salir de la unidad. Foto cortesía de Raimundo García Franco.

algunos en la cabeza para que conozcan las bases ideológicas de la Revolución Cubana».[60] Hasta este momento, García Franco consideraba a las UMAP como un proyecto que «perseguía un resultado más humano, más revolucionario, más constructivo», pero que, por cuestiones de gestión, no sistémicas, fracasó. Sin embargo, el 9 de noviembre escribió con un tono más crítico: «Ya las UMAP son monstruosas. Han durado demasiado. Aquello es algo kafkiano, enajenado y enajenante, que aplasta en medio de sus absurdos. La única esperanza que existe allí es la de salir. No se puede permitir que en este siglo una revolución viva de espaldas al ser humano».[61]

En su libro *Agua de rosas* (2012), René Cabrera cuenta que por unos meses, antes de recibir el nombre de Unidades Militares de

[60] El documento a que se refiere García Franco fue escrito por Fidel Castro en 1953, mientras se encontraba encarcelado por asaltar el cuartel Moncada. Luego, el panfleto se convirtió en el programa de la Revolución, pero a partir de 1959 fue prácticamente letra muerta, porque muchas de las promesas en las que se basaba jamás se cumplieron.

[61] Ibídem, pp. 119 y 121.

Ayuda a la Producción, a ese sistema de campos de trabajo forzado se le conoció como Plan Fidel. Al menos, eso fue lo que le dijeron los guardias que custodiaban el campamento adonde fue enviado en 1965 por sus actividades religiosas: «¡Depieeeee!, párense maricone, que esto no e jun hotel. Arriba co[jones]… que etan en el plan Fidel» [sic]. Cabrera fue recluido en una unidad ubicada en Peonía, conocida entre los confinados como El Infierno. Los militares dejaban claro en qué consistía el programa. «Esto es el plan Fidel, hijos de puta, aquí el que se rebele se muere», arengaba el oficial que les dio tan calurosa bienvenida.[62]

Las referencias al Plan Fidel son escasas. Con ese nombre se conoció también un proyecto de Tribunales Populares que creó el mismo Castro en 1963 para juzgar a aquellos que cometían delitos menores en zonas rurales y montañosas del país.[63] José Matar, entonces encargado de la Dirección Nacional de los Comités de Defensa de la Revolución (CDR), dijo que estas cortes estaban encaminadas a la educación, a la consolidación de la justicia revolucionaria, y que además perseguían «la consolidación de la actitud socialista ante el trabajo y ante la vida».[64] Esas instancias surgieron en el contexto de depuración de jueces y magistrados y buscaban asentar la idea de que era la población quien impartía la justicia. Los Tribunales Populares se crearon para ir suplantando poco a poco las funciones del sistema judicial tradicional y crear mecanismos más confiables y alineados a las necesidades del gobierno revolucionario.[65] Se disolvieron a mediados de la década de 1970, cuando el régimen logró el control total de las instituciones.

---

[62] René Cabrera: *Agua de rosas*, Alexandria Library, Miami, 2012, pp. 50 y 59.

[63] «Plan Fidel», en Comités de Defensa de la Revolución, *Memorias de los Comités de Defensa de la Revolución*, Ediciones Con la Guardia en Alto, La Habana, 1964, p. 253.

[64] Ibídem, p. 254.

[65] En la Sierra Maestra, durante la insurrección contra la dictadura de Fulgencio Batista, ya había sido ensayada una experiencia similar con los Tribunales Revolucionarios. Estas cortes se usaron para castigar traiciones, deserciones y delitos cometidos por los rebeldes o los habitantes de las zonas en las que operaba la guerrilla. En 1959 sirvieron para sancionar y fusilar a miembros del antiguo régimen.

Los jueces «legos» de los Tribunales Populares no tenían que ser juristas; era suficiente con que fueran mayores de veintiún años, tuvieran sexto grado de escolaridad, un buen expediente laboral, un modo de vida acorde a los valores y la moral socialistas e integración revolucionaria.[66] Eran escogidos en «asambleas de masas» y estaban embestidos de total autoridad para dictar sentencias en delitos menores y sobre delincuencia juvenil.[67] En 1964, unas treinta y cinco cortes de este tipo se habían establecido de modo «experimental», pero ya a fines de 1968 funcionaban más de mil. El objetivo fundamental, se decía, era «reeducar al sancionado y fomentar en él una actitud de respeto hacia las normas de convivencia socialista».[68] Las audiencias eran colectivas y las sanciones iban desde la amonestación pública hasta la multa y la privación de libertad en caso de faltas graves.

Los Tribunales Populares sirvieron para enviar a muchos jóvenes a granjas estatales. Se utilizaron, además, para desarrollar la teoría revolucionaria sobre el «estado peligroso», la «conducta antisocial» y la política de «rehabilitación» mediante el trabajo forzado.

Pero en marzo de 1962, un año antes de que se instaurara el Plan Fidel, el gobierno revolucionario había promulgado la Resolución 934 que le otorgaba fueros al Ministerio del Interior para crear las Granjas Agropecuarias de Rehabilitación Penal, con el objetivo de que los reclusos «adquieran hábito de trabajo y capacitación suficiente para reintegrarse al medio social y contribuir al incremento de la producción agropecuaria del país». En otra parte de la Resolución se lee: «Es deber de todo ciudadano contribuir al desarrollo de la producción nacional al objeto de cumplir las metas para el abastecimiento del país».[69] En la práctica, el trabajo obligatorio

---

[66] Luis Salas: *Social Control and Deviance in Cuba*, Praeguer Publishers, New York, 1979, p. 251.

[67] Marta Harnecker: «Cuba. Una justicia revolucionaria», *Bohemia*, año XLV, n.° 33, 17 de agosto de 1973, p. 48.

[68] Luis Ricardo Villares: «El pueblo administrador de justicia», *Bohemia*, n.° 65, 31 de agosto de 1973, p. 36.

[69] «Rehabilitación Social. Reeducación de delincuentes. Granjas Agropecuarias de Rehabilitación Penal del Ministerio del Interior. Resolución N.° 934 de 16 de marzo

se implementó en todo el país como un instrumento pedagógico, de reeducación, y económico, ya fuera con delincuentes o con sujetos que no cometían delitos, pero que necesitaban algún tipo de correctivo y castigo por distanciarse del ideal revolucionario, del modelo del hombre nuevo.

La utilización del trabajo como una herramienta pedagógica, criminológica y económica comenzó desde 1959. Ese año se creó el Departamento de Diagnóstico y Clasificación asociado al Instituto de Reeducación de Menores y al Consejo Superior de Defensa Social. Desde esa institución se pensó que el modelo de presidio y de reformatorios había fracasado en Cuba, de ahí que era necesario la creación de Colonias Penitenciarias de Rehabilitación para satisfacer las demandas económicas y morales de la nueva sociedad. La Ley N.º 546 del 15 de septiembre de 1959, por ejemplo, disponía la creación de colonias agrícolas, talleres o casas de trabajo para aquellos «menores de doce a diez y seis años que habitualmente frecuenten los lugares públicos de reputación dudosa, o mantengan relaciones frecuentes con meretrices y tahúres y demás sujetos en estado peligroso de carácter análogo, o se dediquen a ocupaciones inmorales o impropias de su edad o sexo».[70]

En septiembre de 1959, también se promulgó la Ley N.º 548, que establecía la creación de Casas de Observación para reprimir la delincuencia juvenil, destinadas a la custodia provisional de menores de dieciocho años que hubieran cometido alguna fechoría por primera vez.[71] Se trataba de proteger, educar y asistir a los menores

---

de 1962», en *Folletos de divulgación legislativa. Leyes del Gobierno Provisional de la Revolución*, vol. XLII, marzo, abril y mayo, 1962, Editorial Nacional de Cuba, 1963, pp. 173 y 172.

[70] «Ley N.º 546 de 15 de septiembre de 1959. Modificación de artículos del Código de Defensa Social, de la Ley de Ejecución de Sanciones y de la Ley de Enjuiciamiento Criminal», en *Folletos de divulgación legislativa. Leyes del Gobierno Provisional de la Revolución*, vol. XII, 1 a 30 de septiembre de 1959, Editorial Lex, La Habana, octubre, 1959, pp. 23-25.

[71] Cfr. «Ley N.º 548 de 15 de septiembre de 1959. Creación de "Casas de Observación" para reprimir la delincuencia juvenil», en *Folletos de divulgación legislativa. Leyes del Gobierno Provisional de la Revolución*, vol. XII, 1 a 30 de septiembre de 1959, Editorial Lex, La Habana, 1959, pp. 30-32.

con problemas de conducta; estudiar su personalidad y someterlos a un proceso de rehabilitación «en centros orientados de acuerdo con la técnica social y las pautas científicas que se estimen como más adecuadas».[72] En noviembre de ese año se crearon también las Clínicas de Orientación y Conducta, adscritas al Ministerio de Bienestar Social, diseñadas para atender «a niños que padecen trastornos emocionales y desajustes de la personalidad».[73] Al frente de esas instituciones se asignó un grupo de psiquiatras dirigidos por el doctor José Pérez Villar.

A los reincidentes se les enviaba a los Centros de Rehabilitación, que antes del triunfo revolucionario funcionaban como reformatorios. Las muchachas eran enviadas al centro Aldecoa y los varones a la finca Torrens. Un reporte del periódico *Revolución* de febrero de 1959 aseguró que, cuando los especialistas intervinieron el Reformatorio de Torres, se encontraron «numerosos casos de homosexualismo», tráfico de drogas, pésimas condiciones en las galeras y calabozos, que contaban con un corredor conocido como «el pasillo de la muerte». Los muchachos, agrega, eran obligados a cortar caña y los beneficios iban a parar a «los bolsillos de algunos aprovechados».[74]

Es muy posible que el Plan Fidel haya sido un eufemismo con el que se nombraba a las UMAP entre los militares para dilatar el secreto tanto como fuera posible. El uso de eufemismos era muy usual en los regímenes comunistas para crear opacidad, borrar huellas y controlar la memoria. Las UMAP fueron parte de esos ejercicios y tienen dos antecedentes que no se deben desestimar: el programa de rehabilitación de chulos y proxenetas, dirigido por el comandante Ramiro Valdés, y el de reeducación de cuadros políticos, desarrollado por Ernesto Guevara cuando se desempeñaba

---

[72] «Ley N.º 111 de 27 de febrero de 1959. Órgano del Ministerio de Bienestar Social», en *Folletos de divulgación legislativa. Leyes del Gobierno Provisional de la Revolución*, vol. III, 1 a 28 de febrero de 1959, Editorial Lex, La Habana, 1959, p. 228.

[73] «Inauguran Clínica de Conducta», *El Mundo*, 18 de noviembre de 1959, p. B-5.

[74] Vicente Cubillas Jr.: «Un baldón de Cuba: El Reformatorio de Torres», *Revolución*, 2 de febrero de 1959, p. 4.

como Ministro de Industrias a inicios de la década de 1960. Ambos experimentos se manejaron como secreto de Estado y se instalaron en la Península de Guanahacabibes, un lugar remoto y apartado en la provincia de Pinar del Río, al que se le conoció como la Siberia cubana. Claro, hasta que la metáfora se desplazó a Camagüey, una vez que se instalaron las Unidades Militares de Ayuda a la Producción.

La rehabilitación de chulos y proxenetas estuvo asociada al cierre de los prostíbulos en Cuba que comenzó desde los mismos inicios de la Revolución. En la redacción de la Ley N.º 993 del 19 de diciembre de 1961 se lee: «Por Cuanto: Se han creado las condiciones y se ha hecho viable la acción tendiente a erradicar el proxenetismo o explotación en cualquier forma de la prostitución, vicio o lacra que constituye un evidente factor dañino a la moral pública y, por otra parte, es necesario que se adopten medidas legales que posibiliten la reeducación y rehabilitación, en su caso, de las personas afectadas».[75]

La disposición se promulgó poco después de que Fidel Castro hablara sobre el tema el 28 de septiembre de 1961. En aquella ocasión, Castro interpeló a las autoridades y les exigió que tomaran acciones contra los proxenetas:

> Ahora bien, ¿y qué hacemos con los explotadores de mujeres, los que se dedican a la trata de blancas? (*Exclamaciones de: «¡Que se vayan!»*) La primera batida, la batida hay que darla contra los que se dedican al infamante negocio de la explotación de las mujeres, de los que se dedican a la trata de blancas, y deberá ser esa la tarea de los compañeros del Ministerio del Interior, el darles la batida a los que comercian y explotan con mujeres. Así que lo advertimos, que va a comenzar la lucha contra ese elemento corrompido y antisocial. Lo advertimos, lo advertimos a su debido tiempo, ¡para que se asilen, si quieren, o saquen los pasajes para Miami! (*Aplausos.*) Y, si

---

[75] «Ley N.º 993 de 19 de diciembre de 1961», *Folletos de divulgación legislativa. Leyes del Gobierno Provisional de la Revolución*, vol. XXXIX, 1 a 31 de diciembre de 1961, Editorial Lex, La Habana, enero, 1962, p. 25.

quieren, nosotros, con mucho gusto, se los mandamos para Miami también y hasta les pagamos el pasaje a toda esa gente, para Miami. (*Aplausos.*)[76]

Ya lo he dicho en otras ocasiones, los discursos e intervenciones públicas del máximo líder dieron forma al aparato jurídico cubano. Los jueces y magistrados corrían despavoridos a promulgar leyes basadas en los imperativos del propio dictador. Aunque la Ley N.º 993 de 1961 hacía pública y oficial la postura del gobierno contra la prostitución y el proxenetismo, ya hacía mucho tiempo que esa política venía implementándose. Al tiempo que se cerraban los prostíbulos, se diseñaron programas de rehabilitación para proxenetas y meretrices. Para las trabajadoras sexuales se crearon granjas y escuelas en varios lugares del país, donde se las recluía y se las obligaba a aprender otros oficios.[77] Una de estas escuelas se estableció en el Guajay, a las afueras de la Ciudad de La Habana. Se le conoció como América Libre y ocupó los terrenos de la finca La Comparsa, propiedad del músico Ernesto Lecuona antes de ser confiscada por el gobierno revolucionario. Los proxenetas tuvieron otro destino. Se les envió a la Península de Guanahacabibes a trabajar de modo forzado en la siembra de eucaliptos, un árbol al que la prensa de la época le otorgó cualidades mágicas.

Ernesto Guevara también escogió Guanahacabibes para la rehabilitación de cuadros políticos en 1962, aunque el término que le gustaba manejar era el de *autoeducación*. El Ministerio de las Fuerzas Armadas había construido en Guanahacabibes un centro disciplinario para militares y Guevara aprovechó el sitio para enviar a los funcionarios bajo su mando. Antes de 1959, la región se dedicaba a la industria maderera, la mayor parte era manejada por una compañía estadounidense, Guanahacabibes S. A.

---

[76] Fidel Castro: «Discurso en la primera gran asamblea de los Comités de Defensa de la Revolución en la Plaza de la Revolución José Martí, 28 de septiembre de 1961», Departamento de Versiones Taquigráficas del Gobierno Revolucionario, <http://www.cuba.cu/gobierno/discursos/1961/esp/f280961e.html>, [15/12/2019].

[77] Cfr. Rachel Hynson: *Laboring for the State. Women, Family and Work in Revolutionary Cuba 1959-1971*, Cambridge University Press, 2019.

Imagen 5. Antiguas trabajadoras sexuales convertidas en operadoras de teléfonos, gracias al programa de reeducación de prostitutas. La imagen fue tomada por alguien que firma como «Fuente», en la planta de comunicaciones de Varadero, Matanzas, 1959. Archivo personal del autor.

Orlando Borrego, secretario del argentino en el Ministerio de Industrias, me explicó en una entrevista que, con la experiencia del centro de reeducación Uvero Quemado de Guanahacabibes, se buscaba educar y castigar a aquellos funcionarios que «habían cometido abusos de poder, algunas faltas e indisciplinas, que no estaban tipificadas como delitos, por lo que no se podían procesar judicialmente». Se quería, agregó, «establecer sanciones de tipo moral para esos casos y asociarlas a la educación y al trabajo voluntario». De acuerdo con Borrego, «la región de Guanahacabibes tenía una tierra muy mala para el trabajo agrícola, pero al Che le interesaba mucho desarrollarla. A todos los que se mandaban a Guanahacabibes se les preguntaba si estaban de acuerdo. De no aceptar, sí eran trasladados a otro lugar».[78]

[78] Abel Sierra Madero: «Entrevista a Orlando Borrego», audiograbación inédita, La Habana, 15 de octubre de 2011.

Borrego trató de construir un marco de interpretación para esa experiencia que no erosionara la imagen de su antiguo jefe. En su libro *Che. El camino del fuego* dijo que aquellos que no aceptaban pasar por el proceso de reeducación fueron destituidos de sus cargos, pero nunca perseguidos.[79] Después del estreno en Cuba de *La Dolce Vita* de Federico Fellini en 1963, a muchos funcionarios y otros sujetos que no mostraban un estilo de vida socialista, el discurso público los etiquetó precisamente con el nombre de la película, los «dolce vita», y fueron enviados a trabajar de modo forzado en varios programas de rehabilitación. Las UMAP fue uno de ellos.

A inicios de 1965, los órganos de Seguridad del Estado del Ministerio del Interior y el mismísimo Fidel Castro pusieron en marcha la Operación Dolce Vita, diseñada para destituir de sus cargos, reeducar y rehabilitar a funcionarios y líderes revolucionarios que tenían una vida disoluta, no acorde con la moral socialista. Se dijo que esos personajes tenían políticas de nepotismo o de «sociolismo», como se le conoció en el lenguaje popular, que malversaban recursos públicos y organizaban banquetes y fiestas costosas. Algunos, incluso, se vieron enredados en escándalos sexuales y el máximo líder consideró que eso afectaba la imagen de la Revolución.

José Luis Llovio-Menéndez fue uno los agentes de la Seguridad del Estado infiltrados que participó en esa operación. En el momento de ser reclutado, le dieron una lista con los nombres de altos dirigentes, entre ellos Osmany Cienfuegos, hermano del comandante Camilo Cienfuegos, una de las figuras más populares de la Revolución, que desapareció en extrañas circunstancias en octubre de 1959. De acuerdo con Llovio-Menéndez, Osmany Cienfuegos fue descubierto en su carro en la esquina de G y Malecón, semiinconsciente, fumando mariguana.[80] En la lista figuraban

---

[79] Orlando Borrego: *Che. El camino del fuego*, Ediciones Imagen Contemporánea, Casa de Altos Estudios Don Fenando Ortiz, La Habana, 2001, pp. 69-70.

[80] José Luis Llovio-Menéndez: *Insider: My Hidden Life as a Revolutionary in Cuba*, Bantam, New York, 1988, p. 128.

además otros dirigentes como Emilio Aragonés, Pedro Miret y Rolando Cubelas.[81]

El 13 marzo de 1966, Fidel Castro reconoció públicamente que se habían realizado algunos arrestos y se refirió a las fiestas y a las juergas que organizaban algunos funcionarios. «¿Viciosos en el seno de la Revolución?», «¿privilegios en el seno de la Revolución?», «¿apellidos en el seno de esta Revolución?», preguntó a la audiencia. Algunos «pepillitos de estos», «llámense como se llamen», agregó el máximo líder, «tendrán que ir a la UMAP, Unidades Militares de Ayuda a la Producción; y otros tendrán que ir a centros de rehabilitación de acuerdo con las disposiciones del Código de Defensa Social».[82] El 25 de marzo, días después de ese discurso, el Comandante de la Revolución Efigenio Ameijeiras, acusado de llevar una «vida dulce» y juzgado por una corte militar, publicó una carta en la que se disculpaba por sus «errores».[83]

Al final de la Operación Dolce Vita y para cubrir su papel de agente encubierto, José Luis Llovio-Menéndez llegó a la Unidad 2096 de las UMAP. Fue en estas, y no en Guanahacabibes, donde los «viciosos» funcionarios estatales expiaron sus culpas y pecados.

Pero Guanahacabibes no fue el sitio inicial escogido por Ernesto Guevara para su programa de reeducación. Su proyecto se instaló primeramente en Cayo Largo del Sur, una pequeña isla situada en el extremo oriental del Archipiélago de los Canarreos que en la actualidad es un importante enclave turístico. En 1959 era un lugar apartado de difícil acceso. Ese año, por disposición del Depar-

---

[81] Rolando Cubelas estuvo involucrado después en un plan para asesinar a Fidel Castro.

[82] Fidel Castro Ruz: «Discurso pronunciado por el noveno aniversario del Asalto al Palacio Presidencial en la escalinata de la Universidad de La Habana, 13 de marzo de 1966», Departamento de Versiones Taquigráficas del Gobierno Revolucionario, <http://www.cuba.cu/gobierno/discursos/1966/esp/f130366e.html>, [11/12/2019].

[83] «Carta del compañero Efigenio Ameijeiras al pueblo de Cuba», *Bohemia*, año LVIII, n.º 12, 25 de marzo de 1966, p. 61. Ameijeiras ya había sido reprendido en varias ocasiones. En 1959, cuando se desempeñaba como jefe de la policía, fue juzgado junto a Julio Casas, Samuel Rodiles y Manuel Guitard por un Tribunal de Honor. Fidel Castro los acusaba de ostentar carros y correrlos en el túnel de La Habana. Para más información cfr. «Multados Jefes de la policía», *El Mundo*, 6 de junio de 1959, p. A-1.

tamento de Educación del Ejército Rebelde en el que estaba involucrado Guevara, se creó un campo de trabajo en Cayo Largo, adonde fueron enviados a dar pico y pala alrededor de trescientos oficiales que habían cometido indisciplinas o faltas menores.[84] Al parecer, los cayos eran una suerte de «archipiélago gulag», para utilizar el término de Aleksander Solzhenitsyn, porque existen indicios de que en El Cayuelo, en la Ciénaga de Zapata, el gobierno revolucionario también instaló un enclave de trabajo forzado para homosexuales en 1961.[85] Algunas fuentes indican que en 1966, ya existían en Cuba una veintena de campos de trabajo forzado diseminados por todo el territorio nacional, muchos de ellos instalados en Cayo Diego Pérez, Cayo Blanco del Sur, Cayo Largo del Sur, Cayo del Rosario, Cayo Rosado, también en otros conocidos como Cayo Sin Vergüenza y Cayo Siete Tumbas.[86]

Antes de dirigir el Ministerio de Industrias, Guevara había creado el Departamento de Industrialización asociado al Instituto Nacional de Reforma Agriara (INRA). En 1960 Edison Velázquez, Director de Inspecciones, fue el primer funcionario enviado a Cayo Largo, luego de ser acusado ante el argentino, vía una nota anónima, de abuso de poder y de acoso sexual. La práctica de enviar anónimos era común en los países socialistas. En sociedades tan vigiladas, denuncias de este tipo eran tomadas en cuenta y dañaron la reputación y la confiabilidad de muchos.

---

[84] Helen Yaffe: *Che Guevara: The Economics of Revolution*, Palgrave Macmillan, New York, 2009, p. 216.

[85] «Prevención Social-Cuba», en Archivo Histórico de la Federación de Mujeres Cubanas, pp. 15-16, consultado y citado por Rachel Hynson, Ob. cit., p. 228.

[86] Cfr. Pepita Riera: *Servicio de inteligencia de Cuba comunista*, Editorial AIP, Miami, 1966, p. 73. Se dice que en 1972 Fidel Castro le regaló secretamente Cayo Blanco del Sur a la República Democrática Alemana, durante una visita a ese país. El periódico del Partido Comunista *Neues Deutschland* lo anunció por todo lo alto. A cambio, el comandante recibió un contrato que le otorgaba el 6 % de las exportaciones de azúcar a la RDA. Entonces, el islote adquirió el nombre del conocido comunista Ernst-Thälmann y se erigió una estatua en su nombre como símbolo de la toma de posesión. En 1975, el cantante Frank Schöber y su esposa Aurora Lacasa popularizaron la canción «Una isla en el golfo» dedicada a la isla. En 2001, el Ministerio de Exteriores alemán emitió un comunicado en el que declaró que el regalo fue un gesto simbólico y que por lo tanto no tenían ninguna jurisdicción.

Tiempo después de instalado el campo de trabajo, Ernesto Guevara envió a Cayo Largo a Jorge Ruiz, arquitecto y miembro del Movimiento 26 de Julio, para que evaluara las condiciones del lugar. En una entrevista que le concedió a Helen Yaffe, Ruiz comentó: «No había mujeres, ni bebida..., tenías que estar en el agua entre las 5 p. m. y las 10 p. m. cuando el aire cambiaba, porque si no los mosquitos te comían». Ruiz también se refirió a los castigos y maltratos que implementaban los que dirigían el campo de trabajo forzado: «Había una roca que sobresalía 300 metros y los directores de Cayo Largo hacían que los soldados se sentaran en la roca durante cuatro días para castigarlos. Fue muy malo, se cometieron muchos errores».[87] Jorge Ruiz recomendó a Guevara cerrar el enclave de Cayo Largo y el argentino le ordenó que buscara otro sitio para los propósitos reeducativos. Ruiz escogió Guanahacabibes.

De acuerdo con Orlando Borrego, Ernesto Guevara visitó en varias ocasiones el enclave Guanahacabibes: «El Che fue muchos domingos a ese lugar a trabajar con los compañeros. Las primeras veces se iba en carro de madrugada para poder estar allá temprano y después mandó a hacer una pequeña pista de aterrizaje para ir en avión, porque el Che sabía pilotear».[88] El número de confinados y el tiempo de permanencia variaban, explicó.

El periodista Segundo Cazalis contó que a inicios de 1964 Guevara lo llevó en su avioneta a visitar Guanahacabibes para que escribiera algo sobre la experiencia del lugar. Así lo describe: «El centro de rehabilitación no tenía nada que ver con una prisión: allí vivían alrededor de doscientas personas que habían cometido "errores" y que aceptaban más o menos voluntariamente, como castigo "moral" pasar por aquella especie de escuela por el trabajo. Al llegar a Guahanacabibes un grupo pasaba marcando el paso militar».[89]

---

[87] Helen Yaffe: Ob. cit., p. 217.

[88] Abel Sierra Madero: «Entrevista a Orlando Borrego», ob. cit.

[89] Segundo Cazalis: *Cuba ahora*, Ediciones Isla Sola, Caracas, 1966, p. 63.

Cazalis era el autor de la «Siquitrilla», una de las columnas periodísticas más leídas y polémicas de principios de la década de 1960, hasta que él mismo fue «siquitrillado» por Fidel Castro en uno de sus discursos de 1964.[90] La cólera del comandante provocó su despido y su ostracismo hasta que pudo salir de Cuba. El 4 de febrero de ese año se publicó el reportaje de Cazalis sobre el Centro de Rehabilitación en el periódico *Revolución*, en el que aseguró que no había visto un solo eucalipto. «Guanahacabibes está ligado a lo que nosotros pensamos sobre la construcción de una nueva sociedad», le comentó Guevara en esa ocasión. Mientras conversaba con algunos sancionados, el argentino explicó que esa experiencia era también «una demostración de lo que se puede hacer, aun en un sitio desolado, cuando se trabaja colectivamente», y agregó: «estoy seguro de que después, ustedes mencionarán su paso por aquí, sin ninguna timidez y hasta con cariño».[91]

La nota que Cazalis escribió sobre Guahanacabibes no agradó mucho al Che Guevara. «La pequeñez de aquel esfuerzo, su inutilidad para resolver los inmensos problemas del socialismo, la ingenuidad del procedimiento, me impidieron casi escribir. El reportaje salió flojo y me causó un segundo problema con El Ché», contó el periodista.[92] Cuando salió la nota, Guevara lo llamó por teléfono:

Usted se ha burlado de mí. Yo lo invité a Guanahacabibes sabiendo que usted no estaba de acuerdo, pero creí que usted opinaría en contra con honestidad. En lugar de eso, ha hecho unos cuantos chistes malos. Quiero que sepa, que no necesitaba acobardarse: Yo soy un hombre violento, pero sin G-2.

(Sin G-2 quería decir sin policía secreta. Yo no me había acobardado. El reportaje no quiso tomar el asunto a broma. Era el producto de una

---

[90] El término *siquitrilla* fue muy popular en Cuba y se usaba para describir acciones de amonestación o la cancelación pública emprendidas por el Estado contra determinadas personas.

[91] Segundo Cazalis: «Un día sin ver un eucalipto», *Revolución*, La Habana, 4 de febrero de 1964, p. 6.

[92] Segundo Cazalis: *Cuba ahora*, ob. cit., p. 63.

situación delicada. Yo no podía comprender cómo un hombre inteligente podía tener fe en resolver los problemas con aquella escuelita. La contradicción entre la gigantesca ineficiencia socialista y aquella medicina me producía pena. No me atreví a decirlo, no por temor al Ché que en realidad es un hombre sin G-2, sino por pena con él.)[93]

El Plan Fidel y el programa de Guevara tenían una concepción similar. Ambos empezaron a desarrollarse con la creación de tribunales. Me explico: en el Ministerio de Industrias se creó una Comisión Disciplinaria Administrativa (CODIAD), que en la práctica funcionó como un tribunal. Desde esa instancia se establecían los castigos y correctivos a los funcionarios cuyas empresas bajo su mando no cumplían con los planes de producción, o incurrían en «faltas morales» como falsear cifras de producción, prácticas de nepotismo o tener relaciones sexuales con trabajadoras. El CODIAD era una suerte de comisión depuradora que tenía protocolos específicos. Ángel Arcos Bergnes, al igual que Borrego, trabajó muy de cerca con Ernesto Guevara y dirigió la comisión por algún tiempo. Así describe el proceso:

> Cuando se detectaba la falla cometida se constituía la comisión, señalándose día y hora para la celebración de una vista a la que eran citados afectados y testigos [...]. Terminada la vista, la comisión deliberaba y determinaba si existía o no responsabilidad de los acusados en los hechos cometidos y la sanción a imponerse según la gravedad de estos, atendiendo una escala de penalidades: de cinco días a un mes de suspensión de empleo y sueldo; de cinco días a un mes de pérdida de haberes, sin abandonar el cargo; de 15 días a seis meses en un trabajo de inferior calificación y retribución; y de un mes a un año en el Centro de Rehabilitación de Uvero Quemado (Guanahacabibes). Las sanciones que imponía la CODIAD solo podían ser apeladas ante el viceministro primero o el ministro.[94]

---

[93] Ídem.

[94] Ángel Arcos Bergnes: *Evocando al Che*, Editorial de Ciencias Sociales, La Habana, 2007, pp. 141-142.

Arcos Bergnes visitó en varias ocasiones el Centro de Rehabilitación de Uvero Quemado y asegura que, además del Ministerio de Industrias (MINID), la experiencia fue replicada por los ministerios de Educación (MINED), de Relaciones Exteriores (MINREX), de Comercio Interior (MINCIN), por el Institutito de la Reforma Agraria (INRA), el Ministerio del Trabajo (MINTRAB) y el del Interior (MININT).

Al Centro de Rehabilitación Uvero Quemado también fueron enviados los estudiantes cubanos que estudiaban en el bloque socialista y que habían incurrido en deslices de tipo moral, es decir, sexual. Arcos Bergnes pudo conocer algunos, entre ellos a un muchacho que se metió en una playa nudista en Rostock, República Democrática Alemana, sin autorización. El desnudo público en la RDA estaba integrado a la construcción del comunismo, al autocontrol y la autodisciplina. Se pensaba como una suerte de antídoto contra la comercialización del cuerpo en las sociedades occidentales.[95] El otro joven con quien el funcionario pudo conversar había sido expulsado de Checoslovaquia por acostarse con la esposa, la hija y la cuñada del director de una fábrica que lo había invitado a su casa a pasar unos días.

Al inicio, asegura Arcos Bergnes, en el campamento de Guanahacabibes no había ninguna construcción y los mismos sancionados fueron los encargados de crear la infraestructura. Las instalaciones en otros modelos concentracionarios como las UMAP, por ejemplo, fueron construidas por los confinados como parte del propio castigo. El Centro de Uvero Quemado llegó a contar con una carpintería, un corral para puercos, una granja de pollos, una panadería, una talabartería, una escuela en la que los confinados recibían clases nocturnas de instrucción revolucionaria, una pista de aterrizaje y una oficina con un almacén.[96] Además de las labores asociadas a la construcción, la agricultura, la cría de cerdos, la producción de

---

[95] Josie McLellan: *Love in the Time of Communism: Intimacy and Sexuality in the GDR*, Cambridge University Press, 2011, p. 162.

[96] Ángel Arcos Bergnes: Ob. cit., p. 252.

botas o bates de béisbol, los sancionados tenían que cavar trincheras y vigilar la costa junto a las tropas de guardafronteras.[97]

En su libro, Ángel Arcos Bergnes cuenta que en una reunión del Ministerio de Industrias celebrada en marzo de 1962, Ernesto Guevara se refirió al Centro de Guanahacabibes y dijo que no era una «sanción feudal» sino revolucionaria. «Yo sé que es trabajo duro, porque lo he realizado muchas veces en trabajo voluntario, pero te aseguro que no es un trabajo "esclavo"», explicó el argentino.[98] Cuando interpelé a Orlando Borrego sobre el trabajo forzado implementado en Cuba, y traté de establecer conexiones entre Guanahacabibes y las Unidades Militares de Ayuda a la Producción, el viejo funcionario hizo un largo silencio, tragó en seco y contestó: «Guanahacabibes no era como la UMAP, allí sí había buena jama, la jornada de trabajo era normal, también había sus sesiones de estudio ideológico. A mí la experiencia de Guanahacabibes me pareció buena y si hubiera que volverla hacer [sic] me parecería bueno, la UMAP era otra cosa».[99]

Tanto Orlando Borrego como Ángel Arcos Bergnes hablan del Centro de Rehabilitación de Uvero Quemado como un experimento positivo. Sin embargo, el segundo sí reconoce que hubo maltratos a los sancionados por parte de los guardias que custodiaban el lugar. Al parecer, dos oficiales del Ejército Rebelde eran los responsables de los excesos y abusos. De acuerdo con Arcos Bergnes, fue el propio Borrego quien en noviembre de 1962 solicitó una investigación porque se había filtrado información sobre el asunto. Cuando Borrego recibió el informe en el que se decía que los dos oficiales habían castigado de modo inhumano a algunos sancionados, le ordenó a Arcos Bergnes que los despidiera porque eran «esbirros en potencia».[100] Borrego estaba en lo cierto, porque en 1965 este tipo de verdugos provenientes de las filas

---

[97] Ibídem, p. 253.
[98] Ibídem, p. 256.
[99] Abel Sierra Madero: «Entrevista a Orlando Borrego», ob. cit.
[100] Ángel Arcos Bergnes: Ob. cit., p. 259.

del Ejército Rebelde fueron los encargados de atormentar a los confinados en las UMAP.

Aunque el programa de rehabilitación de proxenetas gestionado por Ramiro Valdés y el de reeducación de cuadros del gobierno diseñado por Ernesto Guevara se manejaron con absoluta discreción, muy pronto toda Cuba sabía que algo raro estaba sucediendo con aquel lugar. Tal es así que, durante un discurso que ofreció el 13 de marzo de 1963, Fidel Castro respondió de modo airado a uno de los oyentes cuando hizo referencia a Guanahacabibes. En esa ocasión, el Comandante disertaba sobre la necesidad de que los poderes del Estado se unificaran y se quejaba de la actitud de algunos jueces que no colaboraban con la policía y que no estaban en consonancia con las necesidades del gobierno revolucionario y de la justicia socialista.[101] Todavía Castro no había logrado concentrar todos los poderes, ni poner las instituciones a su servicio.[102] En ese momento, un entusiasta gritó a toda voz y sugirió que enviaran a los que cometían delitos a Guanahacabibes. Comparto el momento; es hilarante la reproducción taquigráfica: «(*Uno del público le dice:* "¡Guanahacabibes!")» y el caudillo replicó: «¡Qué Guanahacabibes!, Guanahacabibes es para el que se equivoca de buena fe, no para el delincuente».[103]

---

[101] En 1961, el gobierno ordenó al Tribunal Supremo de Justicia que desarrollara una nueva noción de *justicia* para la construcción del socialismo. Algunos magistrados comenzaron a dar cursos de entrenamiento para que los jueces asumieran y entendieran «la misión fundamental de la justicia socialista». Los tribunales, se dijo, «son órganos de Poder y, por ende, no pueden erigirse en árbitros de la justicia, prescindiendo de los nuevos valores». Para más información cfr. «Ofrecerán cursos sobre el tema del socialismo», *Noticias Semanales de Cuba*, año I, n.º 1, 5 de septiembre de 1961, p. 11.

[102] Algunos testigos aseguran que, para acabar con la independencia del poder judicial, fueron sacados a punta de pistola de sus casas acusados y condenados de modo arbitrario. Para más información cfr. Inter-American Commission on Human Rights, *Report on the Situation of Political Prisoners and their Relatives in Cuba*, Pan American Union, General Secretariat, Organization of American States, Washington D.C., May 1963.

[103] Fidel Castro Ruz: «Discurso en la clausura del cuarto aniversario del Asalto al Palacio Presidencial en la escalinata de la Universidad de La Habana, 13 de marzo de 1963», Departamento de Versiones Taquigráficas del Gobierno Revolucionario, <http://www.cuba.cu/gobierno/discursos/1963/esp/f130363e.html>, [14/12/2019].

Un par de meses después, la revista *Mella* publicó una nota para tratar de calmar la opinión pública sobre el experimento. El texto recuperaba precisamente la idea difundida por Castro de que Guanahacabibes no era un «Eucalingrado», sino un programa para aquellos que se «equivocaban de buena fe». En Uvero Quemado, afirmaba el periodista, «no hay contrarrevolucionarios ni lumpens». Como parte de una política de control de daños, el texto incluyó algunos testimonios de los sancionados sobre la experiencia. Esta estrategia se replicaría también cuando lo que sucedía en las UMAP se empezó a regar como la pólvora. Los periodistas y los propios castigados tenían que participar de prácticas de simulación y crear una narrativa del milagro de la rehabilitación y la reeducación. «Creo que esta es la mejor escuela para el revolucionario que tiene debilidades y comete errores», comentó un joven de veintiún años del Ministerio de Comercio Interior. «Yo creía que esto era un infierno, todos me inflamaban la cabeza metiéndome miedo, y me duele haber creído semejante cosa de la Revolución. Todo lo que se dice es mentira», dijo Godofredo Sarría Terry, un teniente del Ejército Rebelde.[104]

El texto va más allá y refuerza el ideal normativo y disciplinario que este tipo de instituciones pretendía crear:

> La Revolución no quisiera tener Guanahacabibes, porque no quisiera tener equivocados. Ella desearía que todos sus hijos fueran ejemplares: que no cometieran errores, que fueran trabajadores magníficos, obreros de vanguardia [...]. Estar en Guanahacabibes no significa un dolor físico, sino una honda pena moral, un lugar de profunda meditación revolucionaria.[105]

Esa estrategia de personificación no era nueva. Fidel Castro la utilizó de modo recurrente para diluir sus responsabilidades y representar a la Revolución como una entidad sagrada y humanizada.

---

[104] Iván César Martínez: «Guanahacabibes. Para los que se equivocan de buena fe», *Mella*, 11 de mayo de 1963, pp. 4-5.

[105] Ibídem, p. 5.

Bajo estos ejercicios retóricos acomodaticios, la experiencia concentracionaria adquirió en los lenguajes públicos no solo un carácter pedagógico, de escarmiento, sino también religioso. De este modo, el campo de concentración se convirtió en una instancia para purgar errores y expiar la culpa de aquellos que no eran lo suficientemente revolucionarios.

Al igual que ha sucedido con las UMAP, los funcionarios y líderes que estuvieron involucrados en el diseño y gestión de los programas de trabajo forzado en Guanahacabibes se encargaron de que no quedaran evidencias o rastros de estos experimentos en la memoria de la Revolución. En octubre de 1965, un mes antes de que se produjera el primer reclutamiento o llamado de las UMAP, la revista *Bohemia* publicó «Guanahacabibes: ni es penal ni tiene eucaliptos», un texto firmado por Rogelio Luis Bravet. El artículo en tono cínico, con sorna, hablaba de la existencia de una «leyenda negra» popular sobre la región de Guanahacabibes que la representaba con una «atmósfera siniestra de Siberia criolla», destinada a los antisociales y sujetos con «conducta impropia». Aseguró, además, que en el lugar no había siquiera plantaciones de eucalipto: «Todo es leyenda. Al igual que la Siberia soviética».[106]

Para la fecha en que se publicó este texto de *Bohemia*, las atrocidades cometidas por Stalin estaban bastante difundidas, y la Siberia era un sitio macabro que se conocía prácticamente en todo el hemisferio occidental, por ser uno de los enclaves fundamentales del trabajo forzado en el país comunista. Bravet hizo una pequeña referencia al experimento de Uvero Quemado del Ministerio de Industrias; dijo que se trataba de un programa de «autoeducación», que no había vigilancia ni escoltas y que, en el momento de escribir el reportaje, se encontraban en el lugar aproximadamente treinta «autoeducandos». Algún día, alguien, un lingüista quizás, tendrá que estudiar la jerga comunista más a fondo para poder entender en profundidad los trucos del lenguaje, encaminados a distorsionar la dimensión de ciertas políticas y a producir desmemoria.

---

[106] Rogelio Luis Bravet: «Guanahacabibes: ni es penal ni tiene eucaliptos», *Bohemia*, año LVII, n.º 43, 22 de octubre de 1965, p. 4.

Es posible, tal y como lo sugiere la historiadora Rachel Hynson, que el programa de rehabilitación de proxenetas y chulos haya funcionado como campo de trabajo forzado en Guanahacabibes hasta 1960, y que se haya trasladado a un lugar mucho más apartado como Cayo Diego Pérez, a unos kilómetros de la costa de Playa Larga en la provincia de Matanzas.[107] Poco después, fueron enviados a plantaciones de caña, que era el destino que el gobierno revolucionario le reservaba a los «indeseables» y a los «peligrosos».[108]

Al parecer, en Guanahacabibes coexistieron varios programas de rehabilitación y reeducación. Esa multiplicidad de modelos concentracionarios, los problemas para manejarlos por separado y el esfuerzo enorme que conllevaba mantenerlos en secreto tienen que haber influido en el diseño de una estructura más racional y centralizada para optimizar el control y los recursos estatales. Con las UMAP, el gobierno pudo manejar a miles de hombres en una sola región y supervisarlos con una estructura militar más eficiente.

Además de Guanahacabibes, otros campos de trabajo forzado fueron instalados en la provincia de Pinar del Río a partir de 1963. Esos enclaves estuvieron destinados a castigar a los campesinos que habían colaborado con los grupos que se levantaron en armas contra el gobierno en las lomas del Escambray y en otras regiones del país desde 1960. Las confrontaciones adquirieron dimensiones de una guerra civil. Aunque muchos «alzados» habían luchado para derrocar la dictadura de Fulgencio Batista, la historia oficial los representó como «bandidos», al tiempo que oscurecía el apoyo que recibieron por parte de los campesinos. Era difícil de explicar para la teoría marxista de la lucha de clases que campesinos apoyaran el levantamiento contra un sistema que, supuestamente, se había creado para liberarlos. Muchos, hay que reconocerlo, quedaron atrapados en medio del conflicto y no les quedó más remedio que colaborar con los insurgentes o con el gobierno.

---

[107] Rachel Hynson: Ob. cit., p. 228.

[108] Rosa del Olmo: «The Cuban Revolution and The Struggle Against Prostitution», *Crime and Social Justice*, No. 12, Winter, 1979, p. 37.

En 1961 y en medio de los alzamientos, el gobierno lanzó la Campaña de Alfabetización y envió a jóvenes maestros a la zona. Dos de ellos, Conrado Benítez y Manuel Ascunce, fueron asesinados por grupos armados. Como respuesta, en noviembre de ese año, se promulgó el Decreto 988 que aprobaba la pena de muerte para aquellos que cometieran crímenes contra la Revolución, e incluía a los que les ofrecieran ayuda. El decreto también ordenó la confiscación de tierras a los campesinos que permitieran que fueran utilizadas para actividades contrarrevolucionarias.[109]

Miles de milicianos fueron enviados a las zonas de conflicto como parte de una campaña que se conoció como la «limpia del Escambray» o «lucha contra bandidos», en el que se integraba el discurso higiénico a la lucha contra los enemigos políticos. La operación comprendía también la relocalización forzada y masiva de comunidades campesinas. Desde que empezaron los levantamientos en 1960, y para cortar el apoyo a los sediciosos e imponerles una conciencia de clase, el gobierno comenzó una estrategia de colectivización que concentró a campesinos en pequeños asentamientos sobre los que estableció un estricto control. En un lugar conocido como finca La Campana, se instaló un campo de concentración dirigido por el mayor Félix Torres y un tribunal presidido por Claudio López. Se dice que en ese lugar fueron fusilados alrededor de quinientas personas.[110] Además de La Campana, algunos testimonios aseguran que el gobierno acondicionó otras fincas expropiadas, como La Sierrita o Sin Nombre, granjas de pollos y almacenes de fertilizantes para confinar a los campesinos desplazados de sus tierras.[111]

A los insurgentes y campesinos que no fueron fusilados, se les aplicó largas condenas. A las mujeres las trasladaron en trenes o

---

[109] Joanna Swanger: *Rebel Lands of Cuba: The Campesino Struggles of Oriente and Escambray, 1934-1974*, Lexington Books, Lanham, 2015, p. 227.

[110] Cfr. Inter-American Commission on Human Rights: *Report on the Situation of Political Prisoners and their Relatives in Cuba*, Pan American Union, General Secretariat, Organization of American States, Washington D.C., May 1963, p. 23.

[111] Pedro Corzo, Idolidia Darias y Amado Rodríguez: *Cuba. Desplazados y pueblos cautivos*, Ediciones Universal, Miami, 2011, p. 55.

autobuses custodiados por militares y las recluyeron en albergues creados en mansiones de la barriada de Miramar, en La Habana, bajo un régimen de estricta vigilancia. Vivían hacinadas y tenían que recibir, de modo obligatorio, clases de formación revolucionaria.[112] Los hijos fueron a parar a centros de reeducación de menores donde eran sometidos a un adoctrinamiento intensivo. Con el aislamiento y la separación familiar, se buscaba desarticular toda la estructura afectiva, al tiempo que permitió al Estado personalizar los castigos y experimentar con sus programas de rehabilitación y reeducación.

A fines de la década de 1960, el régimen había iniciado la edificación de barrios suburbanos con nombres de mártires revolucionarios que funcionaron como colonias penitenciarias para relocalizar a buena parte de la población del Escambray y de otros territorios implicados en alzamientos. A estos enclaves, construidos por los propios confinados, se les conoció como «pueblos cautivos» o «pueblos de presos». En Pinar del Río se crearon tres de ellos: Augusto César Sandino, Antonio Briones Montoto y Ramón López Peña. En Camagüey, los poblados de Las Clavelinas y Miraflores también funcionaron como colonias penitenciarias. El diseño urbanístico de estos pueblos respondía a una estructura carcelaria porque tenían una sola entrada y una sola salida. En las construcciones se ensayaron varios modelos arquitectónicos. El «Sandino», por ejemplo, consistía en bloques de apartamentos de dos plantas. En la zona de Pinar del Río se usó, además, el diseño «Gran Panel» para edificios de cuatro plantas, y también se levantaron edificios llamados «G-14».[113]

Joanna Swanger ha estudiado estos procesos de expropiación, desplazamiento y relocalización. La historiadora asegura que hay un perturbador paralelo entre esta política del gobierno revolucionario y la implementada por Fulgencio Batista con los campesinos que en la Sierra Maestra apoyaron a las fuerzas de Fidel Castro

---

[112] Cfr. Lillian Guerra: *Visions of Power in Cuba: Revolution, Redemption, and Resistance, 1959-1971*, University of North Carolina Press, 2012, p. 186.

[113] Pedro Corzo, Idolidia Darias y Amado Rodríguez: Ob. cit., p. 188.

durante la década de 1950.[114] Este tipo de prácticas se emplearon también en Estados Unidos durante la Guerra Fría. Se sabe que, después del ataque a Pearl Harbor en diciembre de 1941, decenas de miles de japoneses y sus familiares, muchos de ellos nacidos en territorio estadounidense, fueron arrestados, relocalizados y concentrados en fuertes militares durante tres años. Lo perdieron todo.[115]

Es muy probable que el uso del trabajo forzado en la construcción de los «pueblos cautivos» o «pueblos de presos» en Cuba haya influido en el diseño del programa de microbrigadas que tomó mucha fuerza a partir de la década de 1970. Con ese sistema, el Estado ahorraba cuantiosas sumas en mano de obra especializada y ponía a la población a construir sus propias viviendas. Un negocio redondo que llevaba el modelo de trabajo no pagado a otro nivel, sin necesidad de establecerlo de modo obligatorio.

En cada ministerio se creó una brigada con personas que tenían un régimen de trabajo de diez horas diarias, de lunes a sábados, explicó Esteban Casañas, uno de los que se involucró en ese régimen. Sin embargo, de las sesenta horas de trabajo solo pagaban cuarenta y cuatro. Las restantes, agregó Casañas, ni siquiera «eran consideradas como horas de trabajo voluntario en los cómputos que se llevaban de ellas, con el fin de analizar los méritos de las personas a la hora de la discusión por el derecho a una vivienda. Solo se contaban como horas de trabajo voluntario, las trabajadas a partir de finalizada la jornada laboral y las de los domingos».[116]

De este modo, el Estado daba respuesta a la creciente necesidad de viviendas sin tener que realizar grandes inversiones. Como casi toda la arquitectura socialista, se empleaban paneles prefabricados para acelerar los tiempos y crear uniformidad. Con ese criterio se

---

[114] Joanna Swanger: Ob. cit., p. 241.

[115] Cfr. James L. Dickerson: *Inside America's Concentration Camps: Two Centuries of Internment and Torture*, Lawrence Hill Books, New York, 2010.

[116] Esteban Casañas Lostal: «Vivienda y medio ambiente. Las microbrigadas», *Conexión cubana*, <http://www.conexioncubana.net/vivienda-y-medio-ambiente/370-las-microbrigadas>, [13/03/2019].

levantaron muchas urbanizaciones con edificios de muy baja calidad. La más conocida es el reparto Alamar, en la costa este de La Habana, adonde fueron a vivir entre 1973 y 1976 más de cien mil personas.

Mientras se producían los desplazamientos y relocalizaciones forzosas en el Escambray, el gobierno comenzó a desarrollar programas de colectivización para repoblar la zona con campesinos confiables y leales a la Revolución. Se crearon cooperativas gestionadas por el Estado que entregó casas nuevas y amueblabas. Había que cambiar el paisaje y la historia de la región, y crear condiciones para evitar nuevos alzamientos. Algunos de los *fellow travelers*, «amigos de Cuba» comprometidos con la Revolución, viajaron a la zona y contribuyeron con la propaganda. Lourdes Casal estuvo entre ellos. En 1973 visitó La Yaya, uno de esos poblados. Así lo describe en su diario de viaje:

> En esta comunidad rural viven unas 700 personas, incluyendo unos 200 niños que asisten a una escuela provisional, mientras se termina de construir el semi-internado que esperan completar en un mes. Los apartamentos tienen dos o tres dormitorios y se les entregan completamente amueblados… incluyendo televisor (ruso, Electron, de 24 pulgadas), radio (Agrícola) de ensamblaje cubano, refrigerador y cocina de luz brillante gasificado de dos hornillas (de fabricación cubana). El pueblo tiene escasamente dos años… Es aquí que se puede palpar casi el cambio en el estilo de vida que han experimentado […] el cine móvil del ICAIC que ahora viene dos veces a la semana a exhibir películas […]. Todo el mundo trabaja: en las vaquerías, en el huerto colectivo del pueblo…[117]

En ese momento, Lourdes Casal era profesora de la Universidad de Rutgers. En 1971 había editado *El caso Padilla: literatura y revolución en Cuba. Documentos*, un libro sobre la detención y encarcelamiento del poeta Heberto Padilla. Junto a otros intelectuales,

[117] Lourdes Casal: «Fragmentos de un diario de viaje a Cuba», *Nueva Generación*, año 4, n.° 27, junio, 1974, pp. 8-9.

fundó las revistas *Nueva Generación* y *Areíto* para promover un «diálogo» entre cubanos exiliados y el régimen castrista. Regresó a la isla por una invitación del Instituto Cubano de Amistad con los Pueblos (ICAP), una instancia gubernamental especializada en turismo ideológico.

Además del programa de viviendas y de colectivización, el gobierno diseñó una política educacional y cultural en el Escambray. Cientos de Maestros Voluntarios fueron enviados a la zona y el Instituto Cubano de Arte e Industria Cinematográficos (ICAIC) –conjuntamente con su proyecto de cine móvil– encomendó la realización de películas con la versión oficial del conflicto armado de la década de 1960. En 1973 se estrenó *El hombre de Maisinicú*. El filme fue dirigido por Manuel Pérez y contaba la historia de Alberto Delgado, uno de los infiltrados por la Seguridad del Estado en los grupos que se levantaron contra el gobierno. Con este tipo de materiales, el régimen construía su propia épica y mitología para asentar una pedagogía del miedo y la sospecha. De este modo, se codificaba un mensaje muy claro para los disidentes e inconformes: cualquiera podía ser un informante o un agente infiltrado. Esta estrategia estaba encaminada a crear un sistema más eficiente de control a partir de la autovigilancia y autodisciplina entre la población.

El actor protagónico de *El hombre de Maisinicú* fue Sergio Corrieri, la cara de los espías cubanos en el cine y la televisión durante la década de 1970. En 1979, participó en la serie de espionaje *En silencio ha tenido que ser*. Corrieri ya era bastante conocido por su participación en *Memorias del subdesarrollo*, una película de Tomás Gutiérrez Alea que se estrenó en 1968. Ese año el actor fundó junto al teatrólogo Rine Leal, entre otros, el Grupo Teatro Escambray, un proyecto orientado al adoctrinamiento de los campesinos. Al inicio, los miembros del grupo se desempeñaron como trabajadores sociales para poder diseñar una estrategia de intervención y transformación. El grupo organizó debates colectivos para que los pobladores se sintieran actores del programa e intervinieran en los temas de las obras.

Durante esos años, miles de «maestros voluntarios» e «instructores de arte» fueron enviados al Escambray y a otras zonas intrincadas. Se trataba de intervenir la subjetividad de los campesinos con un contenido que reflejara «la vida nueva» y contribuyera a la construcción del socialismo. Los planes ideológicos eran claros: el teatro debía moldear «el alma de los hombres».[118]

Los escritores también participaron en la narración de la «lucha contra bandidos». Norberto Fuentes, un periodista que había reportado sobre el tema, recibió en 1968 el premio Casa de las Américas por su libro de cuentos *Condenados de condado*. Pero el texto no fue muy bien recibido entre los funcionarios por el despliegue de antihéroes no compatibles con los personajes del realismo socialista que algunos trataron de reproducir e imponer en la isla. En septiembre de ese año, Leopoldo Ávila, el seudónimo que se supone usaba Luis Pavón, uno de los más temidos comisarios culturales de esa época, criticó el texto de Fuentes en la sección «Libros y autores» de la revista *Verde Olivo*, órgano oficial de las Fuerzas Armadas Revolucionarias. «Es un libro sobre una campaña heroica que costó mucha sangre joven y corajuda. Sin embargo, no hay héroes y si los hay, pasan a través de esas páginas fugazmente, sin pena ni gloria», escribió Ávila muy preocupado por la memoria que pudiera generar este tipo de narrativas.[119] Para el censor, el cuento más problemático fue «La yegua». En este relato Norberto Fuentes utilizó códigos de animalidad, muy común en la cultura «machanga» cubana, para representar al homosexual.[120] Lo construyó como un *rescabucheador* despreciable, encarnación femenina de la «loca» que, a hurtadillas en las noches, desabrochaba portañuelas de los guardias dedicados a cazar «alzados» en el Escambray. En uno de los fragmentos se lee:

---

[118] Olga Alonso: *Testimonios*, Departamento de Orientación Revolucionaria, Comité Central del Partido Comunista de Cuba, La Habana, 1974, p. 16.

[119] Leopoldo Ávila: «Los condenados de condado», *Verde Olivo*, año IX, n.º 43, 22 de septiembre de 1968, p. 17.

[120] Además de *yegua*, en la cultura popular cubana se utilizan otros metonímicos de tipo animal para referirse a los homosexuales, en especial a la figura de la «loca», una construcción heteronormativa para feminizarlos. Son muy comunes términos como *pargo, cherna, pájaro, pato*.

Pero era noche de lluvia y la hembra estaba en celo. A media noche hizo otro roce de esos y el capitán se arrancó los grados del cuello y gritó: ¡por estas tres barras yo tengo Buick grande, pistola de veinte tiros, casa en el Nuevo Vedado, mujer rubia que nunca huele a potrero! –y así dijo una lista muy grande de cosas que yo no sabía que se podían tener por tres barras y al final de la lista cogió al topógrafo por el cuello y respiró cuando dijo: ¡esta yegua se ha encarnado conmigo, yo le gusto, qué desgracia la mía, mire usted, comandante, que me la agarró otra vez![121]

Norberto Fuentes siguió la tradición de las tramas literarias cubanas del siglo xx en las que el homosexual debía morir trágicamente. Al final del relato, el muchacho se descargó el peine de su ametralladora en la cabeza. La presencia de un homosexual en un pelotón de la lucha contra «bandidos» no molestó tanto a Leopoldo Ávila como la imagen que dio Fuentes del capitán del ejército. «Esos hombres merecen, a nuestro juicio, un tratamiento más serio, más veraz y no que un joven escritor, les dispare, a mansalva, esa descarga ofensiva», censuraba el comisario.[122] La crítica en *Verde Olivo* y la reacción negativa de Fidel Castro, ha asegurado el propio Fuentes, lo condenaron al ostracismo hasta que se convirtió, años después, en un escritor muy cercano a los círculos de poder.[123]

En 1971, Eduardo Heras León también sintió el rigor de la censura y el castigo. Un artículo de crítica ideológica, no literaria, a su libro *Los pasos en la hierba* lo hizo caer en desgracia.[124] El volumen

---

[121] Norberto Fuentes: *Condenados de condado*, Casa de las Américas, La Habana, 1968, pp. 37-38. En 1970, la editorial uruguaya Arca publicó *Cazabandido*, que recoge los textos de Norberto Fuentes divulgados en *Mella*, *Noticias de Hoy* y *Granma*, sobre la campaña militar del Escambray.

[122] Leopoldo Ávila: Ob. cit., p. 17.

[123] Luis H. Goldáraz: «Norberto Fuentes: "A mí en Cuba me hicieron verdaderos horrores, pero tenía que resistir"», *Libertad Digital*, 28 de noviembre de 2019, <https://www.libertaddigital.com/cultura/libros/2019-11-28/norberto-fuentes-castrismo-cuba-hemingway-en-cuba-fidel-castro-heberto-padilla-cabrera-infante-hemingway-1276648690/>, [13/12/2020].

[124] Roberto Díaz: «Otra mención a *Los pasos*», *El Caimán Barbudo*, n.° 45, marzo, 1971, pp. 16-22.

había recibido mención en el Premio Casa de las Américas de 1970. Como Norberto Fuentes, Heras León abordaba el tema de las milicias, pero los hombres de estos cuentos se alejaban del canon del combatiente. El autor indagaba sobre los afectos en la nueva sociedad y reflexionaba sobre el miedo, las bajas pasiones, el poder, la dominación, el discurso nacionalista, la disciplina, las deserciones, la violencia y el escarnio contra el débil. Además, deconstruía el estereotipo del revolucionario y cuestionaba el papel del escritor dentro de la nueva sociedad. La respuesta oficial no se hizo esperar:

> Fui separado de la Universidad, de la Unión de Jóvenes Comunistas, de mi trabajo como profesor. El mismo dirigente me dijo que me enviarían a la Columna Juvenil del Centenario, y yo le dije que no, que me mandaran a la Península de Guanahacabibes a sembrar pinos, o a Campechuela, o a Maisí, al rincón más apartado de la Isla, pero que no iría a ese lugar, donde me parecía que jamás iban a ser imparciales. Entonces me dijo que unos días después, me informarían mi nuevo destino. Así fue. Me hablaron de una fábrica. Se llamaba Vanguardia Socialista. Era una fundición y forja de acero, localizada en Guanabacoa.[125]

El acero y la forja para moldear y fundir al hombre nuevo no eran una metáfora, sino una realidad.[126] Por el testimonio de Heras León se puede inferir que todavía en 1977, Guanahacabibes era empleado para los menesteres de la rehabilitación. Resulta curioso que, antes de la fundición, pretendían enviarlo a la Columna Juvenil del Centenario, un experimento que sirvió, como explico en el quinto capítulo, para sustituir las Unidades Militares de Ayuda a la Producción.

---

[125] Eduardo Heras León: «El Quinquenio Gris: testimonio de una lealtad», en Centro Teórico-Cultural Criterios, *La política cultural del período revolucionario: memoria y reflexión. Ciclo de conferencias organizado por el Centro Teórico-Cultural Criterios*, Centro Teórico-Cultural Criterios, La Habana, 2007, p. 85.

[126] Inspirado en el trabajo y en la experiencia de sus años en la fundición, Eduardo Heras León escribió *Acero*, un libro de cuentos que envió al concurso 26 de Julio de las FAR. El texto fue retirado del certamen por órdenes de los organizadores. En 1977, la Editorial Arte y Literatura finalmente lo publicó en La Habana.

Después de este paréntesis me gustaría regresar al argumento inicial con el que empecé esta sección. Es imposible deslindar los proyectos de rehabilitación, la instalación de campos de trabajo forzado o el nombre de las UMAP de la figura de Fidel Castro. Su responsabilidad fue reconocida por la propia prensa de la época. El 14 de abril de 1966, el periodista Gerardo Rodríguez Morejón conectaba directamente a Castro con el programa. «Fidel les dio el nombre», aseguró.[127] Sin embargo, muchos seguían creyendo que el máximo líder no tenía ni la menor idea de lo que estaba ocurriendo. José Luis Llovio-Menéndez cuenta que ese mismo año, su compañero Raúl Fernández Sáenz se le acercó espantado para hablar de los horrores que se producían en las UMAP: «¡Flaco! ¿Qué es esto? ¿Qué está pasando aquí? Estoy seguro que [sic] Fidel y Raúl no saben nada de esto… Esto es como estar en un campo de concentración nazi. Fidel no sabe. No puede saberlo».[128]

«El vano ayer». Travestismo de Estado, lavado de memoria y reescritura de la Historia

Desde hace algunos años viene produciéndose en el régimen cubano una serie de mutaciones orientadas a garantizar la continuidad del sistema y a borrar el pasado. A este proceso de gatopardismo político lo llamé *travestismo de Estado*. Se trata de un reajuste en las retóricas revolucionarias de la Guerra Fría, que utiliza de modo instrumental la noción de *diversidad* para ofrecer hacia el exterior una imagen de cambio con apenas unos retoques.[129]

La noción de *travestismo* está en función de leer al Estado como un cuerpo poroso, fluido, y no como una estructura rígida e inamovible. La utilizo fundamentalmente para describir las mascaradas, maquillajes y las apropiaciones que las instituciones oficiales

---

[127] Gerardo Rodríguez Morejón: «UMAP: forja de ciudadanos útiles a la sociedad», *El Mundo*, 14 de abril de 1964, p. 4.

[128] José Luis Llovio-Menéndez: Ob. cit., pp. 151-152.

[129] Abel Sierra Madero: «Del hombre nuevo al travestismo de Estado», *Diario de Cuba*, Madrid, 25 de enero de 2014, <http://www.diariodecuba.com/cuba/1390513833_6826.html>, [11/10/2019].

hacen de las prácticas y la *performance* del travesti y su puesta en escena. El *travestismo de Estado* es, por lo tanto, un proyecto de despolitización y asimilación encaminado a producir determinados cuerpos y subjetividades, también a controlar su historia política y cultural.

El nuevo escenario postsocialista demanda una política de la memoria que pueda controlar la historia que conecta la Revolución con políticas de discriminación. Consiste en reacomodar acontecimientos que, sin duda, erosionan la credibilidad de los discursos de la tolerancia y de la diversidad en los que descansa la transición que la vieja generación revolucionaria ha estado diseñando por años. Esta estrategia empezó a ser ensayada hace una década por el Centro Nacional de Educación Sexual (CENESEX), dirigido por Mariela Castro Espín, la hija del general Raúl Castro. En 2007, Mariela empezó a acaparar titulares cuando, a ritmo de conga y gozadera, comenzó a desfilar por las calles de La Habana rodeada de homosexuales, asegurando que la diversidad sexual ya formaba parte de la Revolución y de una «manera revolucionaria».

El travestismo de Estado, además de ensayar nuevos modos de control político, promueve una transición amnésica, el lavado de la memoria nacional y la reescritura de la Historia. Los ejercicios de reescritura sobre las purgas de homosexuales y la instalación de los campos de trabajo forzado, por ejemplo, comenzaron en agosto de 2010, cuando Fidel Castro dijo al periódico mexicano *La Jornada* que reconocía su responsabilidad histórica en aquellos experimentos. En una parte del texto se lee: «Si alguien es responsable, soy yo… Es cierto que en esos momentos no me podía ocupar de ese asunto… Me encontraba inmerso, principalmente, de la Crisis de Octubre, de la guerra, de las cuestiones políticas… Estoy tratando de delimitar mi responsabilidad en todo eso porque, desde luego, personalmente, yo no tengo ese tipo de prejuicios».[130]

---

[130] Carmen Lira Saad: «Soy el responsable de la persecución a homosexuales que hubo en Cuba: Fidel Castro», *La Jornada*, 31 de agosto de 2010, <https://www.jornada.com.mx/2010/08/31/mundo/026e1mun>, [11/10/2019].

Pocos meses después, el comandante era desmentido por su sobrina Mariela Castro Espín: «Siento decir que no estoy de acuerdo con Fidel. Yo lo respeto. Respeto que él, como caballero de su época y con su espíritu quijotesco, asuma la responsabilidad por ser el máximo líder. Desde ese lugar, lo comprendo». Mariela pareció ir aún más lejos: «Fidel ni siquiera estaba al tanto de las UMAP. Vivía concentrado en la supervivencia de la Revolución y en los cambios que se estaban haciendo en la política, las leyes en favor de los derechos del pueblo, dentro de complejas y tensas relaciones internacionales».[131]

Mariela Castro ha tratado siempre de minimizar el alcance y dimensión de las UMAP en la historia de la Revolución cubana. Prometió, incluso, una investigación sobre este tema; todavía la estamos esperando. Desde entonces, la directora del CENESEX ha dicho en cuanto foro se presenta o en las entrevistas que concede que las UMAP constituyeron un error aislado y que no fueron, en modo alguno, campos de trabajo forzado. La funcionaria no es la única en este empeño, otros comisarios culturales están tratando también de reproducir y exportar esta versión. Si tales discursos logran asentarse es posible que, en un futuro no muy lejano, veamos las UMAP representadas en los manuales escolares y en la esfera pública como simples campamentos de verano.

Recientemente, Mariela Castro volvió a hacerlo y ha provocado –incluso en medio de la pandemia del nuevo coronavirus– reacciones múltiples y enconadas polémicas. Todo ocurrió durante una transmisión *online*, en la que utilizó términos biopolíticos y lenguaje de animalidad contra sus críticos, calificándolos de «baratijas» y «garrapatillas».[132] Más términos que añadir al amplio repertorio de discursos de odio e intolerancia, diseñados para atacar y deshumanizar a los que disienten o piensan de modo distinto.

---

[131] Marta María Ramírez: «Pedir perdón sería una gran hipocresía. Entrevista con Mariela Castro Espín, directora del Centro Nacional de Educación Sexual (CENESEX)», *Swiss Cooperation Office Cuba*, 6 de octubre de 2010.

[132] Cfr. «Mariela Castro explica su lucha contra las "baratijas y garrapatillas"», *Diario de Cuba TV*, 6 de mayo de 2020, <https://www.youtube.com/watch?v=fzpMgZt-6_c>, [09/12/2020].

Los comentarios en las redes sociales explotaron al instante. «Dentro del CENESEX todo, contra el CENESEX nada», contestaron algunos en franca alusión al discurso de 1961, pronunciado por el difunto Fidel Castro y conocido como «Palabras a los intelectuales». Pocos días después, el 7 de mayo de 2020, Mariela Castro fue invitada a *La tarde se mueve*, un *show* que conduce Edmundo García en YouTube. El activista es conocido por sus afectos hacia el régimen cubano, aunque reside en Miami. Que Castro Espín utilizara esa plataforma para hablar de las UMAP no es casual. Sus declaraciones parecen una respuesta al documental *Pablo Milanés*, realizado en 2016 por Juan Pin Vilar. El filme fue censurado en Cuba y estuvo restringido en Vimeo hasta ese momento. Allí el cantautor habla brevemente de las UMAP, adonde fue enviado en 1966, cuando su carrera musical despegaba.

La directora del CENESEX trató de restar importancia a las UMAP. Para darle un poco de opacidad, dijo que era un asunto «muy sobredimensionado y distorsionado».[133] Aunque reconoció que «la manera de recoger a las personas fue terrible», justificó el emplazamiento de los campos de trabajo forzado: «Había personas que estaban totalmente distanciadas de los problemas del país y no querían poner su granito de arena». Además, por razones obvias, culpó de las redadas y detenciones al Ministerio del Interior y no al Ministerio de las Fuerzas Armadas, institución que por entonces dirigía su padre, el general Raúl Castro. «Eso fue un trabajo que se hacía desde el Ministerio del Interior (MININT), no era compatible con lo que habían decidido las Fuerzas Armadas», aseguró. De este modo, no solo deforma la memoria colectiva, sino también exime de responsabilidad a los culpables de aquella política.

De acuerdo con Mariela Castro, la experiencia de los confinados en los campos de trabajo dependió de las vivencias de cada cual. «En las UMAP había directivos que no eran homofóbicos, y que trataron bien a su gente, y que fueron comprensivos», agregó. Los ejercicios de acomodación de la experiencia traumática y el

---

[133] Edmundo García: «Entrevista a Mariela Castro Espín», *La tarde se mueve*, 7 de mayo de 2020, <https://youtu.be/8uv3eTRADUA>, [09/12/2020].

falseo de la Historia que hace Castro Espín continúan. En otra parte de su intervención, la directora del CENESEX se refirió al sistema de Escuelas al Campo desarrollado por los líderes de la Revolución a mediados de la década de 1960. «Nosotros íbamos a la escuela al campo. ¿Ir a la escuela al campo eran campos de concentración? Mira que aprendimos mucho y nos divertimos mucho y lo cuestionábamos todo. Si la pasábamos de lo más bien», dijo con sorna.[134]

El programa de la Escuela al Campo, iniciado en 1966, estaba conectado al proyecto de creación del hombre nuevo, y miles de niños y adolescentes fueron enviados a trabajar en la agricultura de modo obligatorio. Al tiempo que intensificaba una pedagogía de adoctrinamiento, el Estado se apropió de una fuerza de trabajo a la que no tenía necesidad de compensar económicamente. Esta política se extendió a todo el país por varias décadas, hasta que en el verano de 2009 la prensa oficial anunció su fin.

Como niño y joven cubano también tuve que trabajar en el campo, y no, no fue una experiencia placentera. Siempre lo vi como una imposición absurda, autoritaria y nada divertida. Había que cumplir normas, y sentí muchas veces el rigor del hambre. Si me negaba a trabajar había consecuencias e inmediatamente podía estar bajo sospecha. La asignación de becas o de carreras universitarias estaba sujeta a mi desempeño como trabajador agrícola.

Los comentarios de Castro Espín tratan de conectar ese experimento a un campo de afectos. Dentro de esa lógica, el trabajo forzado fue una suerte de carnaval, un espacio de entretenimiento. Este tipo de gestos ya había sido ensayado por el trovador Frank Delgado. En su canción «Maletas de madera» (2007), la escuela al campo se representa en una dimensión nostálgica y aquellos años se convierten en un objeto de deseo. Esta mirada tiene consecuencias por el tipo de memoria que genera. Las letrinas, la tierra colorada y el hambre adquieren en el discurso connotaciones positivas y despolitizan la propia experiencia. «Vamos a formar una conga

---
[134] Ídem.

con maletas de madera, tomando agua con azúcar encima de la litera», entonaba la guarachita.[135]

La zona más problemática de la intervención de Mariela Castro en *La tarde se mueve* tiene que ver con su concepción de la Historia. Según Castro Espín, los historiadores debemos dejar de «estar escudriñando en la basura con malas intenciones».[136] Esta noción escatológica que maneja la directora del CENESEX representa a los investigadores como «basureros» malsanos y a la Historia como una disciplina que pertenece exclusivamente al pasado. Con estos gestos, persigue que la Historia oficial de la Revolución se asiente como una narrativa fijada e incontestable. «Ah, cómo chisporrotea la mierda cuando se revuelve», diría Reinaldo Arenas.[137]

El travestismo estatal promovido por Mariela Castro puede ser leído a través de lo que Kevin Latham ha llamado «retóricas de la transición».[138] A partir de estas narrativas, Castro Espín intenta crear una amnesia histórica que desconecte a las UMAP de la lógica heteronormativa y violenta en la que se articuló la Revolución cubana. Este ejercicio busca, entre otras cosas, vaciar de contenido jurídico y despolitizar nociones como trauma y memoria, para que en el futuro la élite revolucionaria no sea interpelada por la justicia y que el partido en el poder pueda tener una continuidad histórica. En una sociedad democrática, esa aproximación negacionista sería penada por la ley, bien lo saben los alemanes y europeos que niegan la existencia del Holocausto.

El travestismo de Estado como estrategia política se basa también en la creación de espacios de crítica controlada en los que se toleran determinados discursos, siempre y cuando no pongan en peligro la hegemonía del Estado. Estos espacios se usan sistemáti-

---

[135] Frank Delgado: «Maletas de madera», *Inmigrante a media jornada*, Colección A Guitarra Limpia, Centro Pablo de la Torriente Brau, La Habana, 2007.

[136] Edmundo García: Ob. cit.

[137] Reinaldo Arenas: *El Central*, Seix-Barral, Barcelona, 1981, p. 87.

[138] Cfr. Kevin Latham: «Rethinking Chinese Consumption: Social Palliatives and the Rhetorics of Transition in Postsocialist China», in Chris M. Hann (ed.), *Postsocialism: Ideals, ideologies and practices in Eurasia*, Routledge, London/ New York, 2002, pp. 217-237.

camente para promover ciertas narrativas sobre la Revolución que orientan cómo deben leerse y asimilarse algunos asuntos históricos complejos como las UMAP.

En noviembre de 2015, cuando se cumplieron cincuenta años del despliegue de esos campos de trabajo forzado, el Centro Cristiano de Reflexión y Diálogo-Cuba, una institución que pretende reformar el maltrecho socialismo cubano, celebró en Cárdenas, provincia de Matanzas, un encuentro entre exconfinados de las UMAP para hablar del tema. Varios de los asistentes al evento contaron detalles de sus experiencias e hicieron referencia a los maltratos y abusos a que fueron sometidos por parte de los guardias. «Yo sentí asco por mi país», dijo entonces Moisés Machado Jardines. Y agregó: «Por haber estado en las UMAP me vi marginado de mi antiguo trabajo y otros que intenté conseguir a la salida, y hasta perdí a mi esposa, que se marchó con mis dos hijos».[139] Luis Manuel Castellanos Fernández, uno de los tantos sargentos que fueron enviados para custodiar a los reclusos de las UMAP, asistió al encuentro. Así interpretó su desempeño:

> A nosotros se nos dijo que teníamos que ser estrictos con la disciplina de esa tropa. Cada cual ve las cosas desde la posición donde está. Yo estaba allí por una convicción, libre y voluntariamente, con el concepto de que estaba defendiendo mi Patria y defendiendo la Revolución [...] ¿Que era duro el trabajo? ¡Claro que era duro! ¿Que en ese momento había un concepto de que había que rehabilitarlos porque eran un potencial para que el imperialismo norteamericano y sus agentes internos los utilizara como caldo de cultivo para alimentar la contrarrevolución interna y la quinta columna aquí? Pues también.[140]

Este previsible testimonio podría adjudicársele a cualquiera de los guardias que estuvieron involucrados en las UMAP. Sin embargo,

---

[139] José Jasán Nieves: «El silencio que no entierra a las UMAP», *OnCuba*, 30 de noviembre de 2015, <https://oncubanews.com/cuba/sociedad-cuba/historia/el-silencio-que-no-entierra-a-las-umap/>, [23/11/2019].

[140] Ídem.

durante décadas ha sido muy difícil el acceso a la voz de los cancerberos de estos campos. Esas voces, aunque generalmente tienden a exculparse dentro de una gramática de órdenes y voces de mando, siempre dejan resquicios, detalles, sobre los modos de gestionar el poder.

En la reunión de Cárdenas participó también Rafael Hernández, director de *Temas*, una revista de Ciencias Sociales que funciona como espacio de crítica controlada «dentro de la Revolución». Su intervención estuvo orientada a acomodar y a diluir las injusticias de las UMAP dentro de una retórica de Guerra Fría. «No se trata solo de evaluar la justicia o la eficacia de esas medidas, sino de recordar el contexto histórico en que se desarrollaron», expresó.

Días después, Hernández publicó en *Catalejo*, blog de la revista *Temas*, «La hora de las UMAP. Notas para un tema de investigación», donde induce a una lectura muy particular de los campos de trabajo en Cuba y aconseja, en un tono paternalista y condescendiente, cómo deben investigarse. Para el intelectual, las UMAP fueron una suerte de «escuelas de conducta» o «campos de castigo», pero no campos de trabajo forzado. Hernández reconoció que por la estructura y la disciplina implementada la institución estaba más cerca de las prisiones que de las unidades militares. En un primer momento, agrega, los campos estuvieron conformados por «antisociales y vagos habituales en edad militar, es decir, personas con antecedentes penales o considerados predelincuentes». Aquí reprodujo la jerga criminológica que justificó, precisamente, la persecución de ciudadanos y el emplazamiento de los campos de trabajo forzado, sin cuestionar en lo más mínimo el carácter biopolítico de la Revolución.

Además, Rafael Hernández utilizó la manida noción de *plaza sitiada* para explicar la instalación de las UMAP y justificó los abusos como excesos de algunos guardias que terminaron por alejar este experimento del «proyecto original». Muchos de ellos, aseguró, eran «personas nobles y sinceramente revolucionarias, pero carentes de la formación necesaria». También desestimó la presión internacional, decisiva en el desmantelamiento de los campos de trabajo forzado. La «rectificación de las UMAP no surgió de afuera, de ningún gobierno, organismo internacional u ONG extranjera, sino de las propias organizaciones e instituciones cubanas», afirmó.[141]

El estudio de las UMAP no debe verse solo como un gesto humanista, sino como parte de una política de memoria que sirva, al mismo tiempo, para devolver la dignidad a las víctimas, administrar justicia y pensar el futuro. «La hora de las UMAP. Notas para un tema de investigación», en cambio, tiende al «control de daños» y a la manipulación del pasado.

Mientras leía este texto, no podía pensar sino en el escritor español Isaac Rosa y su novela *El vano ayer* (2004). Rosa llama la atención sobre la existencia en España de formas narrativas que tienden a domesticar y anestesiar el pasado, al tiempo que construyen una imagen plácida de la dictadura franquista. En uno de los pasajes se lee:

> Consciente o inconscientemente, muchos novelistas, periodistas y ensayistas (y cineastas, no los olvidemos) han transmitido una imagen deformada del franquismo [...]. Se construye así una digerible impresión del régimen bananero frente a la realidad de una dictadura que aplicó, con detalle y hasta el último día, técnicas refinadas de tortura, censura, represión mental, manipulación cultural y creación de esquemas psicológicos de los que todavía hoy no nos hemos desprendido por completo.[142]

En la isla, este tipo de ejercicios conciliatorios comenzaron en los años noventa del siglo pasado con la película *Fresa y chocolate* (1993). «Fidel, con este filme, asumido, y sin nada que decir,

---

[141] Rafael Hernández: «La hora de las UMAP. Notas para un tema de investigación», *Catalejo*, 7 de diciembre de 2015; <https://cubainformacion.tv/cuba/20151230/66481/66481-la-hora-de-las-umap-notas-para-un-tema-de-investigacion>, [09/12/2020].

[142] Isaac Rosa: *El vano ayer*, Seix Barral, Barcelona, 2004, p. 32.

cerramos internacionalmente ese horrible momento que algunos llaman Capítulo y que prefiero llamar "inciso", que fue la Umap», le escribió Alfredo Guevara, entonces director del ICAIC, al máximo líder.[143]

Desde esa perspectiva entiendo también el panfleto de Rafael Hernández. Que su artículo haya sido publicado en *Temas*, una de las poquísimas revistas académicas en la isla, le confiere al texto un aura de legitimidad e independencia del Estado que en realidad no posee. Como dije antes, *Temas* es un espacio de crítica controlada que responde, en última instancia, a las instituciones estatales. La visión de Hernández está más apegada a la historia oficial de la Revolución, que a una investigación con rigor historiográfico y trabajo de archivo. Su texto está orientado fundamentalmente a restarle fuerza y alcance a los testimonios producidos por exiliados cubanos sobre los campos de trabajo forzado. En otro fragmento del ensayo se lee:

> La mayoría de estos testimonios, escritos y difundidos fuera de la Isla, se concentra en describir situaciones extremas, caracterizadas por reclusión arbitraria, abusos generalizados, condiciones propias de una prisión de alta seguridad o un campo de concentración, manejado por guardias sádicos, donde la norma es el castigo corporal, y se llega incluso a la ejecución extrajudicial. Los publicados en Cuba, en ediciones de algunas iglesias evangélicas, caracterizan las UMAP como injustas y refieren excesos cometidos en estas, aunque presentan una visión más ecuánime y humanizada no solo de los reclutas, sino de los guardias, matizan la vida dentro de estos campamentos, distinguen momentos de cambio y etapas menos malas, e incluyen un examen de conciencia de los autores, donde se destacan el crecimiento personal y el aprendizaje sobre la sociedad real y la naturaleza humana que significó para ellos.[144]

---

[143] Alfredo Guevara: *Tiempo de fundación*, Iberoautor Promociones Culturales, Madrid, 2003, pp. 493-494.

[144] Rafael Hernández: Ob. cit.

El sesgo que Rafael Hernández le atribuye a los testimonios de los exiliados cubanos es de tipo ideológico. Su lógica es prácticamente la misma que emplearon años atrás Ambrosio Fornet y Tomás Gutiérrez Alea para criticar *Conducta impropia*. De acuerdo con el director de *Temas*, esos testimonios son exagerados y describen solo «situaciones extremas». En cambio, los publicados en Cuba –en ediciones de algunas iglesias evangélicas, vale la pena aclarar– sí «presentan una visión más ecuánime y humanizada».[145]

Hernández utiliza como modelo de escritura «ecuánime y humanizada» a *Dios no entra en mi oficina. Luchando contra la amargura cuando somos víctimas de la injusticia* (2003). Se trata de un libro autobiográfico escrito por Alberto I. González Muñoz, un seminarista que fue enviado a las UMAP. A diferencia de los religiosos exiliados, que buscaban la denuncia al régimen cubano por el emplazamiento de los campos de trabajo forzado y abrir un debate para una política de la memoria, González Muñoz conmina al lector a no tomar el libro como una «acusación a ultranza», porque, en definitiva, sugiere, la experiencia de las UMAP no fue tan horrorosa como la de otros contextos.

De este modo, el testigo trató de desprenderse de la analogía con Auschwitz, la representación más poderosa del campo de concentración y del poder totalitario, utilizada recurrentemente por algunos de los cubanos que han escrito y hablado sobre las UMAP. Auschwitz es la imagen del horror, la deshumanización y la perversidad del poder biopolítico en un grado superlativo. Lo espeluznante de esa experiencia hace que otros modelos de campos de concentración y trabajo forzado, como el gulag soviético o las propias UMAP, no parezcan tan terribles.

En esa lógica se inscribe el libro de Alberto I. González Muñoz. En su relato, el diseño de la institución y los severos castigos aparecen como simples «errores» y no como estrategias sistémicas de los aparatos y dispositivos de control emplazados por el gobierno cubano en esa época. El religioso llegó a decir, incluso, que se

---

[145] Ídem.

sintió un «privilegiado» por haber sido enviado a las UMAP, porque aprendió más de la naturaleza humana y a conocerse a sí mismo.[146]

Al presentar a *Dios no entra en mi oficina...* como modelo de escritura sosegada, Rafael Hernández pasa por alto que Alberto I. González Muñoz recibió una serie de privilegios de los guardias y cabos que custodiaban a los confinados. De ahí que su experiencia en las UMAP no haya sido tan tortuosa. Este caso particular no puede utilizarse para minimizar el infierno al que fueron sometidos miles de hombres.

En resumen, como la revista *Temas*, el texto de Rafael Hernández sobre las UMAP forma parte de algunas estrategias políticas que buscan la producción y el asentamiento de marcos de interpretación sobre la realidad cubana, favorables al régimen. Se trata de un proyecto de desmemoria que canaliza y asimila traumas colectivos con lenguajes específicos y espacios de remembranza que establecen modos de lectura y orientan, es decir, dictaminan qué y cómo los cubanos tienen que recordar. Estos ejercicios tienen repercusiones en espacios de memorialización de eventos traumáticos. En la literatura, por ejemplo, ha tenido un gran impacto. Hemos visto cómo escritores, incluso aquellos que no dependen de los comisarios culturales cubanos para publicar, acomodan el pasado y se refieren a determinados acontecimientos con la jerga y las mismas herramientas de representación que utiliza la oficialidad.

Trauma, resentimiento y perdón. Una lectura desde las UMAP

Los regímenes totalitarios, sobre todo aquellos enquistados en el tiempo, tienden a producir narrativas que diluyen el pasado de represión para distorsionar el alcance de la tragedia. Borrón y cuenta nueva piden algunos. El modelo cubano no es una excepción. En ocasiones, hasta las propias víctimas del sistema acomodan la experiencia traumática dentro de un marco de corrección

---

[146] Alberto I. González Muñoz: *Dios no entra en mi oficina. Luchando contra la amargura cuando somos víctimas de la injusticia*, ABG Ministries, Frisco, 2012, pp. 12 y 21.

política y de narrativas sobre el perdón. Con *Dios no entra en mi oficina…*, Alberto I. González Muñoz termina por exculpar a los responsables de las UMAP, al tiempo que distorsiona, diluye y clausura una serie de debates sobre la política de la memoria y la administración de la justicia. Este libro busca no solo la congelación del pasado, sino también la despolitización de la experiencia traumática. Al final de la introducción, el autor conmina a los que vivieron esa pesadilla a que canalicen sus heridas, el dolor y la sensación de pérdida, a través de la fe y la esperanza. «Es la decisión más sabia y sana», asegura.[147]

González Muñoz no fue el único que siguió esa estrategia. En su libro *Llanuras de sombras. Diario de las UMAP* (2018), Raimundo García Franco decía que había «llegado la hora de perdonarnos unos a otros, aun a nombre [sic] de los fallecidos». Y agregó: «He esperado voluntariamente un largo período para esta publicación y si lo hago ahora es porque el tiempo, aunque no borre, sí permite apreciar con menos pasión y con más claridad y entendimiento los acontecimientos pasados». A pesar de la condescendencia, García Franco reconoce que salió de las UMAP «muy traumatizado» y que pasó meses «sin poder apenas dormir [ni] digerir los alimentos». Entonces, agrega, «no se conocía el estrés postraumático ni el Síndrome de Estocolmo». En el texto reconoce que su escritura podría estar marcada por esa reacción psicológica que hace que la víctima que ha sido retenida contra su voluntad pueda desarrollar «una relación de complicidad, y un fuerte vínculo afectivo con su captor», y «sentimientos positivos hacia quienes les retienen».[148]

Considero que ese vínculo afectivo del represor con la víctima pasa también por el miedo como instancia, como ese «principio regulador» de control social del que habla Claudia Hilb, propio de los regímenes totalitarios. De acuerdo con Hilb,

---

[147] Alberto I. González Muñoz: *Dios no entra en mi oficina. Luchando contra la amargura cuando somos víctimas de la injusticia*, ABG Ministries, Frisco, 2012, p. 22.

[148] Raimundo García Franco: *Llanuras de sombras. Diario de las UMAP*, Centro Cristiano de Reflexión y Diálogo-Cuba, Cárdenas, Matanzas, 2018, pp. 9, 12 y 13.

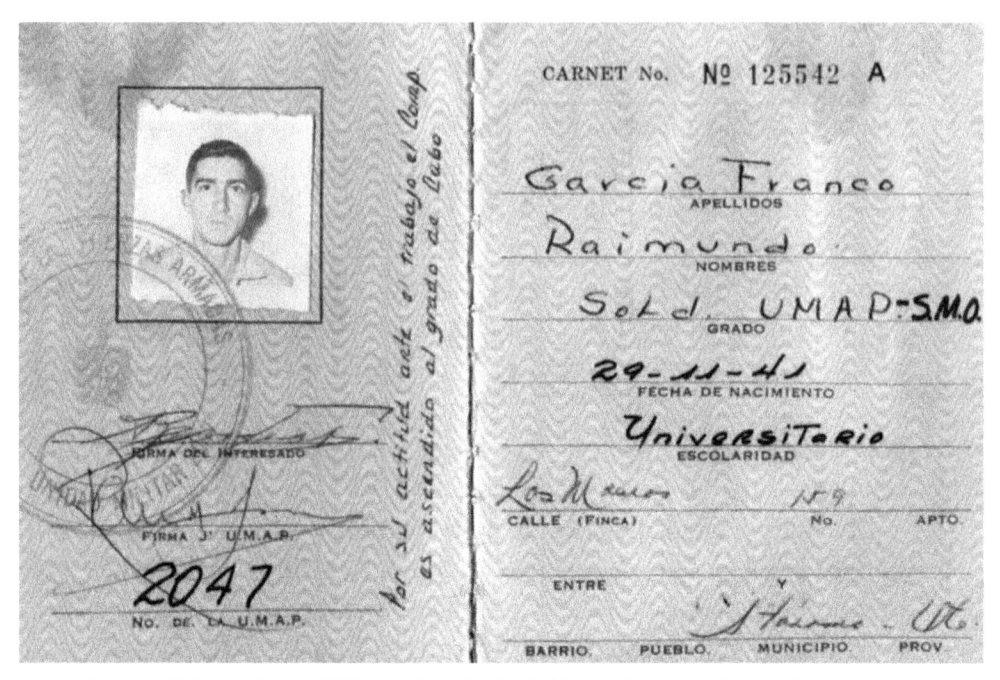

Imagen 6. Carnet de las UMAP de Raimundo García Franco. Foto cortesía de Raimundo García Franco.

el miedo es uno de los tantos afectos, de las «pasiones activas» que sostienen a este tipo de regímenes.[149] Dentro de este argumento, el miedo vendría a ser una «pasión reguladora» que en modo alguno debe leerse como ente de producción de pasividad, sino de narrativas de acomodamiento y sobrevivencia. Esto sirve para entender por qué los relatos sobre las UMAP de autores que viven en Cuba tienen un posicionamiento con respecto al acontecimiento y a la experiencia muy diferente al de los exiliados. Desde esa complejidad entiendo la relación tensa entre trauma y memoria.

En los últimos debates sobre los estudios de memoria es posible que no haya un concepto más usado que el de *trauma*. En la década de 1990, se produjo una avalancha de textos que conectaron la memoria al trauma. Estas aproximaciones llegaron a convertirse, asegura John Mowitt, en una «industria» con una jerga médica que banalizó la experiencia de mucha gente en función de un mercado,

---
[149] Claudia Hilb: *Silencio, Cuba. La izquierda democrática frente al régimen de la Revolución cubana*, Edhasa, Buenos Aires, 2013, edición Kindle.

de una moda académica.[150] En las polémicas se impuso una perspectiva psicologista que asoció el trauma con lo no narrable, lo inexplicable, y que ha desplazado la discusión al campo de la terapia. Como resultado, nociones como *justicia*, por ejemplo, se han diluido dentro de un enfoque terapéutico y sanador.

Elaine Scarry ha explicado cómo el dolor físico y la tortura no solo se resisten al lenguaje, sino que lo destruyen debido a la imposibilidad de objetivación verbal.[151] De ahí que sea necesario buscar otras formas de representación de las que están disponibles a mano. Esta lectura ha sido recuperada por otros académicos. Para Mieke Bal, por ejemplo, el trauma rara vez se convierte en narrativa, porque casi siempre se traduce como drama y represión.[152] Dentro de esta lógica, el trauma se representa como una entidad fijada que se resiste a la integración, no produce narrativa «coloreada» o sintetizada y pertenece al terreno de lo terapéutico y de los juzgados. Sin embargo, como ha advertido Ernestine Schlant, el drama de los juicios del Holocausto surtió de cierta «autoridad factual» –también de lenguaje– a mucha de la «literatura documental» de la década de 1970.[153] Lo cierto es que la medicalización de la experiencia traumática ha traído, entre otras consecuencias, victimización excesiva, despolitización y pérdida de agencia del testigo y la víctima.

Luego de esta breve pausa regreso a *Dios no entra en mi oficina...*, de Alberto I. González Muñoz. «Este libro debe quedar como un testimonio –escrito con la mayor objetividad posible– de un tiempo felizmente dejado atrás», reclamaba el autor en la edición de 2010.[154] No voy a seguir hurgando en sus ejercicios de acomodación

---

[150] Cfr. John Mowitt: «Trauma Envy», *Cultural Critique*, No. 46, Autumn, 2000, pp. 272-297.

[151] Cfr. Elaine Scarry: *The Body in Pain: The Making and Unmaking of the World*, Oxford University Press, 1985.

[152] Cfr. Mieke Bal, Jonathan Crewe & Leo Spitzer (eds.): *Acts of Memory: Cultural Recall in the Present*, University Press of New England, Hanover, 1998, p. VII.

[153] Cfr. Ernestine Schlant: *The Language of Silence: West German Literature and the Holocaust*, Routledge, New York, 1999, p. 49.

[154] Alberto I. González Muñoz: Ob. cit., p. 17.

y borrado del pasado. Sin embargo, considero necesario atender el reclamo de «objetividad» que realiza de manera recurrente González Muñoz y las implicaciones que tiene en la articulación de la memoria como un espacio de reconstrucción histórica, también como un dispositivo para pensar el presente y para la administración de justicia.

Alberto I. González Muñoz insiste en que su experiencia en las UMAP pertenece por entero al pasado. «Es inútil levantar acusaciones y condenar lo que ya no existe, precisamente, porque en su momento se reconoció errado y se clausuró», señala al inicio de su libro. En otro pasaje va más allá y dice que el cierre de las UMAP «en sí mismo fue un acto de justicia social y así debe ser reconocido históricamente».[155] Este ejercicio acomodaticio es problemático por el tipo de memoria que construye y promueve. Una memoria fetiche –diría Isaac Rosa– que se articula en lo anecdótico y en lo sentimental más que en lo ideológico y en la determinación de responsabilidades.[156]

González Muñoz vive en Cuba. Lo he explicado varias veces: los autores que escriben desde la isla son muy cuidadosos con sus posicionamientos políticos. El lugar de enunciación impacta no solo la narración y los encuadres de la experiencia traumática, sino también la configuración de la ética del testigo, de la que habla Giorgio Agamben. Esta ética se articula como un código moral que moldea el testimonio en función de la política. Tiene que ver con la selección de herramientas analíticas y los términos que se emplean, las decisiones narrativas que se toman para contar los acontecimientos. Esa ética determina, además, la relación que el testigo establece con el acontecimiento y con otros testigos. Por lo tanto, el testigo tiene un carácter relacional y no es una unidad estable, cerrada o hermética.

En uno de los pasajes de su libro, González Muñoz hace ostentación de su ética de testigo basada en la «objetividad», cuando

---

[155] Ibídem, pp. 12-13.

[156] Isaac Rosa: *El vano ayer*, Seix Barral, Barcelona, 2004, p. 32.

describe su relación con uno de los guardias de las UMAP. En el fragmento se lee: «Al escucharlo, comprendí que aunque formaba parte de la maquinaria reeducadora, también era una víctima como cualquiera de nosotros». Dijo, además, que algunos de los oficiales «mostraron simpatía, compasión y afecto a los reclutas». Y agregó: «Muchos intentaron ser justos, humanos y positivos en medio de la circunstancia tan negativa que los envolvió. Las experiencias con Rosabal, Concepción, Marrero, Zapata, Rojas y otros más, además de mitigar mis angustias en las Unidades Militares de Ayuda a la Producción, me enseñaron lecciones que necesitaba con urgencia. Lecciones que dieron una nueva dimensión a mi vida».[157]

Ahora bien, ¿son las víctimas y los victimarios sujetos semejantes? ¿Qué consecuencias tiene para la memoria pública representar a represores o cancerberos cómo víctimas? ¿Qué implicaciones tiene para imaginar futuros procesos de administración de la justicia? Antes de continuar, considero oportuno regresar a los debates que se generaron a partir de las ideas de Primo Levi sobre el papel del testigo y la representación de los cancerberos del campo de concentración nazi.

En un apéndice que agregó a la edición de 1976 de su libro *Si esto es un hombre*, Primo Levi aclaraba que para escribir ese texto había «usado el lenguaje mesurado y sobrio del testigo, no el lamentoso lenguaje de la víctima ni el iracundo lenguaje del vengador». La distinción entre víctima y testigo es importante para esta discusión. Levi pensaba que su testimonio resultaría más creíble cuanto más objetivo y menos apasionado fuese. «Solo así el testigo en un juicio cumple su función, que es la de preparar el terreno para el juez. Los jueces son ustedes», concluía.

Levi sabía que esa posición podía ser problemática porque la búsqueda de una «comprensión» más compleja y abarcadora de los acontecimientos, de alguna manera implicaba cierta justificación. Así lo argumentaba: «Quizás no se pueda comprender todo lo que

---

[157] Alberto I. González Muñoz: Ob. cit., pp. 140 y 293.

sucedió, o no se deba comprender, porque comprender casi es justificar. Me explico: "comprender" una proposición o un comportamiento humano significa (incluso etimológicamente) contenerlo, contener al autor, ponerse en su lugar, identificarse con él».[158]

Aunque en *Dios no entra en mi oficina...* no hay referencias a la figura ni a la escritura de Primo Levi, el proyecto de memoria en el que se involucra Alberto I. González Muñoz me lleva a pensar en la noción de *zona gris* que esbozaba el italiano. La zona gris pasa por la intención de objetivar de la realidad, también por un proceso que tiende a la humanización de algunos de los cancerberos o victimarios y a su delimitación de responsabilidades. Como se sabe, Levi entró en contacto con algunos de los funcionarios de la maquinaria de exterminio nazi cuando empezó a publicar sus textos y se convirtió en una figura pública. Uno de ellos fue Ferdinand Meyer. Gracias a las biografías de Myriam Anissimov, *Primo Levi o la tragedia de un optimista* (1996), y de Ian Thomson, *Primo Levi: A Life* (1998), sabemos de su correspondencia con Ferdinand Meyer. Levi le dejó muy claro que no sentía odio, pero que tampoco podía perdonar. El intercambio que sostuvieron ayudó a Levi a definir a los que participaron del sistema nazi, sin ser viles o infames, como sujetos «grises». De este modo, trataba de romper el marco binario entre «buenos» y «malos» y le adjudicaba toda la responsabilidad al sistema y no a personas específicas.

Este posicionamiento le ganó muchas críticas, incluso de parte de algunos de los que corrieron su misma suerte en Auschwitz. Uno de ellos fue Hans Mayer, quien escribió, bajo el nombre de Jean Améry, *Más allá de la culpa y la expiación. Tentativas de superación de una víctima de la violencia*. De acuerdo con Levi, Jean Améry lo consideraba un «perdonador», quizás porque su búsqueda de la «comprensión» opacaba de alguna manera la dimensión de la tragedia y la responsabilidad de los culpables.[159]

---

[158] Primo Levi: *Si esto es un hombre*, Muchnik Editores, Barcelona, 1987, pp. 303, 340-341.

[159] Cfr. Primo Levi: «El intelectual en Auschwitz», *Los hundidos y los salvados*, Muchnik Editores, Barcelona, 1989, pp. 109-127. Para una comparación entre Levi y Améry

Las contribuciones de Améry a los debates sobre el perdón me parecen fundamentales para pensar el lugar de la justicia en la reconstrucción del pasado y en la imaginación de la memoria colectiva. En *Más allá de la culpa y la expiación…*, aseguraba que solo es capaz de perdonar a sus victimarios aquel que «consiente que su individualidad se disuelva en la sociedad». Es decir, aquel que se acepta «como una pieza desindividualizada e intercambiable del mecanismo social», en función de un contrato que busca «superar el pasado», a partir de diluir la experiencia traumática y la figura del testigo en una narrativa colectiva y acomodaticia.

Para Améry, el perdón y la objetividad, generalmente, forman parte de los lenguajes del verdugo, de ahí que los llamados a la reconciliación son siempre sospechosos, porque atentan contra la historia misma. Es un absurdo, explicaba, «que se me exija objetividad en la confrontación con mis verdugos, con sus cómplices o tan solo con los testigos mudos. El crimen en cuanto tal no posee ningún carácter objetivo».[160]

Siguiendo esta lógica, me gustaría apuntar un par de cuestiones con relación al caso cubano. La objetividad no existe; es una ficción que termina casi siempre por exculpar al opresor. En la búsqueda de un lenguaje «objetivo» se resumen no solo la posición y lectura oficial sobre las UMAP, sino también la de algunas de las víctimas. Esta decisión afectó, incluso, la factura de los relatos. Algunos, por ejemplo, eligieron la ficción como lugar de enunciación y no el formato más tradicional del testimonio, por decirlo de alguna manera. José Mario Rodríguez fue uno de ellos. A José Mario le apremiaba difundir su experiencia como confinado de los campos de trabajo forzado entre los círculos intelectuales occidentales fascinados con la Revolución. A ellos estaba dirigido este proyecto de memoria que tenía un fin utilitario: la denuncia. En

---

cfr. Enzo Traverso: «Intelectuales en Auschwitz. Jean Améry y Primo Levy», *La historia desgarrada. Ensayos sobre Auschwitz y los intelectuales*, Herder, Barcelona, 2001, pp. 181-202.

[160] Jean Améry: *Más allá de la culpa y la expiación. Tentativas de superación de una víctima de la violencia*, Editorial Pre-Textos, Valencia, 2001, pp. 152 y 150.

pleno auge del Boom de la literatura latinoamericana, no es de extrañar que fuera la novela el género que eligió para narrar. Esos textos se publicaron en las revistas *Mundo Nuevo* y *Exilio*, y forman parte de *La contrapartida*, una novela de corte realista que nunca se terminó.[161]

Beltrán de Quirós fue otro de los que optó por la escritura creativa para hablar de las UMAP. Sin embargo, su posicionamiento como testigo difiere en gran medida del que asumió José Mario Rodríguez. El libro de Quirós consiste en una pequeña serie de cuentos que se publicó en 1971 en Miami por Ediciones Universal, con el título de *Los unos, los otros... y el seibo*. Beltrán de Quirós no es sino el pseudónimo que protegió a Jorge Luis Romeu para poder publicar fuera de Cuba sin ser descubierto por el gobierno.

A pesar de las precauciones, la Seguridad del Estado logró llegar a él y lo sometió a tortuosos interrogatorios para saber cómo había sacado el manuscrito de Cuba. No podían creer, relata Romeu, que había enviado cada cuento, uno por uno, por el correo postal.[162] Jorge Luis Romeu vivió en la isla hasta 1980 cuando escapó a los Estados Unidos durante el éxodo del Mariel. En 1984, ya en el exilio, publicó *La otra cara de la moneda. Los nuevos patitos feos*. Sin embargo, no dejó de firmar con el pseudónimo.

En el prólogo de *Los unos, los otros... y el seibo*, no se reconoce a las UMAP como una institución de trabajo forzado, mucho menos como un campo de concentración, sino como «una institución de trabajo agrícola obligatorio, con una organización y un reglamento militares». Ya sabemos que el acto de nombrar pasa por la política. El prologuista fue su propio autor. Sin embargo, el prefacio está escrito en la tercera persona del plural, invocando una voz colectiva de la

---

[161] *Mundo Nuevo* fue una revista fundada en 1966 en París por el crítico uruguayo Emir Rodríguez Monegal. Aglutinaba a buena parte de la intelectualidad hispanoamericana de entonces. Jean-Paul Sartre, Pablo Neruda, Carlos Fuentes, Juan Goytisolo, Jorge Luis Borges, Severo Sarduy, entre otros, fueron algunos de sus colaboradores. *Exilio*, en cambio, fue fundada por Víctor Batista en Nueva York y era una revista más enfocada en temas cubanos.

[162] Jorge Luis Romeu: «The Poet Who Added 12 Years to My Life», *Hispanic Link News Service*, February 12, 2001, <http://web.cortland.edu/romeu/padilla.html>, [03/10/2019].

experiencia que reclama una legitimidad en calidad de «observadores» *insiders* y, al mismo tiempo, una cierta «objetividad» encaminada a producir «el máximo de veracidad» sin «apasionamiento». En una sola oración se resume, de alguna manera, la intención del libro: «No queremos ser jueces».[163] Aquí se esboza una ética del testigo que ve en el cuento, en el relato de ficción, el formato más adecuado para posicionarse respecto del acontecimiento y producir conocimiento y una narrativa de memoria sobre la experiencia traumática.

En otra parte del prólogo, Jorge Luis Romeu da más detalles de la curaduría y de las decisiones que tomó en la publicación: «No pretendemos hacer autobiografía, que no la merece, ni queremos caer en el panfleto político. Hemos escogido el cuento por ser una forma de relatar práctica y amena».[164] Algo así ha dicho Félix Luis Viera cuando explicó la decisión de escribir su novela *Un ciervo herido*, sobre la que hablaré en el próximo capítulo. El fragmento citado de Beltrán de Quirós de aparente inocuidad merece cierta atención. ¿Son acaso la autobiografía y el testimonio géneros menores que conducen al «panfleto político»? ¿Qué implicaciones tiene para la constitución de un campo de memoria la decisión de «relatar de forma práctica y amena» la experiencia? ¿Qué consecuencias políticas tiene la memoria que se constituye exclusivamente como un espacio de entretenimiento o didáctico, desconectado de la justicia?

Como se sabe, la literatura no opera en el vacío, sino que forma parte de un sistema de relaciones e instituciones que la exceden. Ya lo había advertido Walter Benjamin: concebir el «arte por el arte» es cuanto menos ingenuo. Se dice que, a diferencia de la literatura de ficción, el relato autobiográfico y el testimonio tienen una relación más tensa con lo «real» y con el «hecho» histórico. De ahí que son géneros más propensos a escrutinios y constataciones. Lo cierto es que la literatura ofrece un manto de protección. Gracias a la «ficción» y a lo que se conoce como «licencias literarias», muchos

---

[163] Beltrán de Quirós: *Los unos, los otros... y el seibo*, Ediciones Universal, Miami, 1971, p. 7.
[164] Ídem.

escritores cubanos han podido explorar asuntos políticos complejos sin necesidad de inmolarse.

Por alguna razón que habrá que estudiar en algún momento, en la literatura cubana posterior a 1959, esas «licencias» han estado asociadas a procesos de censura y autocensura que afectan, sin duda, el tipo de memoria colectiva que producen. Sin embargo, como he afirmado en varias ocasiones, la literatura constituye una forma de memoria que no puede ser desechada –tampoco sobrestimada– en la reconstrucción del pasado. Primo Levi y Alexander Solzhenitsyn lo han probado. Además, la autobiografía y el testimonio son géneros que no están condicionados en lo absoluto por un formato o un estilo de escritura específico. Esta discusión la voy a retomar en el próximo capítulo. Allí propongo una lectura compleja de la memoria como proyecto literario o político, sin hacer separaciones o jerarquizaciones. Trataré de situarme en los puntos ciegos de cada uno de los géneros para poder establecer los nudos narrativos, los silencios y los vacíos que incluso en tanto géneros no pueden llenar.

Los unos, los otros... y el seibo de Beltrán de Quirós o Jorge Luis Romeu, como prefieran llamarle, desmiente, de alguna manera, el mito de Miami como centro de producción de narrativas inflamadas anticastristas. El libro está compuesto por cuentos breves, brevísimos, sobre las UMAP: «El haitiano», «Noche triste», «El nuevo», «El sargento», «El normador», «El herido», «La visita», «El jefe de lote», «Las sombrillas», «El domingo», «La discusión» y «El maestro». El tono y la trama de los relatos difieren en gran medida de las narrativas de memoria sobre las UMAP que luego se publicaron en el exilio. La violencia y los castigos no forman parte de las preocupaciones de Romeu, como sí de otros autores. El lugar de la representación y de gestión de la memoria no es el cuerpo atormentado y cercado por el campo de trabajo.

En una conversación que sostuvimos, le pregunté a Jorge Luis Romeu por qué se había decidido por el cuento, y por qué sus relatos, a diferencia de otros textos, no representaron las UMAP como campos de trabajo forzado. La respuesta no me sorprendió. Romeu quería «pintar» lo que vio, y concibió sus relatos como «postales». Explicó, además, que asumió una posición más «objetiva» para narrar sus experiencias, por eso prefirió no escribir sobre los abusos y los castigos. Los que lo hicieron, agregó, estaban «humanamente muy *resentidos*, como es lógico, y eso se transfirió a sus escritos».[165]

Mientras lo escuchaba, no pude sustraerme de la noción de *resentimiento* que Jean Améry proponía en *Más allá de la culpa y la expiación...*, precisamente, para reconstruir no solo la relación de las víctimas con los victimarios y representar el pasado, sino también para pensar el presente e imaginar el futuro. El resentimiento es el nodo argumental desde donde se posiciona Améry como testigo. Con su libro propuso un «análisis introspectivo del resentimiento» para analizar con más exactitud la subjetividad de la víctima; pero, sobre todo, para obligar a los verdugos a enfrentar la verdad de sus crímenes. En su argumentación, Jean Améry cargó contra la psicología que construye a las víctimas como sujetos enfermos y perturbados, también contra Nietzsche. En su *Genealogía de la moral*, el filósofo alemán había hablado del resentimiento como una categoría contaminada por la venganza y la falta de integridad. Améry le respondió: «Así habló quien soñaba con la síntesis del bárbaro y del superhombre».[166]

En el caso cubano, el resentimiento ha sido utilizado para representar el exilio. Dentro de esta lógica, los exiliados cubanos no son más que seres rencorosos, movilizados por la venganza, porque no han podido «superar el pasado». Sin embargo, como demuestra Améry, la noción de *resentimiento* no necesariamente tiene que estar asociada a la venganza, a lo afectivo, o a lo psicológico, sino que es ante todo una categoría política y filosófica. El reto es convertir el resentimiento en un espacio productivo de memoria y no en un repertorio de nociones vacías de la Guerra Fría. Se trata de transformar el acto de re-sentir en un proceso de actualización del

---

[165] Abel Sierra Madero: «Entrevista a Jorge Luis Romeu», audiograbación inédita, Miami, 12 de febrero de 2019.

[166] Jean Améry: Ob. cit., pp. 141, 142 y 147.

pasado que haga de la memoria un espacio no solo de archivo, sino también de pensamiento crítico.

El fantasma de Auschwitz y la universalización de la experiencia

En algunas narrativas sobre las UMAP hay un interés marcado por universalizar la experiencia. Se trata de que esos relatos sean leídos dentro de la tradición de trabajo forzado del siglo xx, como parte de un contexto más general. En el cuento «2279 ¿definitivamente?», José Mario Rodríguez, por ejemplo, cita el poema «Auschwitz» del escritor Salvatore Quasimodo. Ese gesto buscaba la referencia al campo de exterminio nazi, aunque en las UMAP no hubo crematorios ni cámaras de gas. Auschwitz es la representación superlativa del horror, una imagen muy poderosa con la que intentó ubicar a las UMAP dentro de un relato universal, en un mapa global de campos de concentración. El texto se publicó a inicios de 1969 en *Exilio*, una revista muy leída en el mundo cultural hispanoamericano de entonces. José Mario Rodríguez buscaba impactar, conmocionar, a unos lectores específicos: los intelectuales y escritores que estaban involucrados afectivamente con la Revolución cubana y que desconocían o se negaban a denunciar la instalación de campos de trabajo forzado en Cuba.

Desafortunadamente, su referencia a Auschwitz, lejos de generar solidaridades y afectos, provocó rechazo y desconfianza en el ámbito internacional. Lo mismo sucedió con otras narrativas que sucumbieron a la tentación de esta analogía. Incluso, los relatos que pretendían posicionarse desde la mesura y la objetividad no pudieron resistirse a esa comparación. Alberto I. González Muñoz tampoco pudo evitarlo. Era un modo de ordenar la experiencia, el acontecimiento traumático. En una parte de *Dios no entra en mi oficina...* se lee:

> Todo parecía increíble. ¿A dónde habíamos sido llevados? ¿En manos de quiénes estábamos? ¿Qué eran realmente estas Unidades de Ayuda a la Producción? Las altas cercas de alambre de púas, la cantidad de soldados con armas largas que nos custodiaban, las amenazas de no salir jamás

de allí, las condiciones infrahumanas de vida –ya que los ciento veinte hombres dormíamos hacinados sobre el piso de tierra en la barraca– y los métodos que habíamos visto usar hasta ese momento, nos recordaban las historias de los campos alemanes de concentración.[167]

Luis Bernal Lumpuy hizo referencias similares en su libro *Tras cautiverio, libertad. Un relato de la vida real en la Cuba de Castro*. En ocasiones, compara las UMAP con los campos alemanes. Otras veces, en cambio, con el gulag soviético. Al parecer, los libros que circulaban de contrabando entre los confinados determinaban el tipo de representación de la experiencia traumática. Por ejemplo, cuando Bernal Lumpuy leyó la descripción de los gendarmes nazis que hizo el checo Julius Fučík en *Al pie de la horca*, «los comparaba con los militares castristas. ¡Eran idénticos!». El libro de Fučík se editó en Cuba en dos oportunidades, 1961 y 1974, pero varias partes del relato fueron suprimidas. Sin embargo, en otro momento, Bernal Lumpuy dijo también que «los campamentos de las Umap eran copia al carbón de los campos de concentración soviéticos».[168] Esta descripción estuvo contaminada por otro libro que leyó en las UMAP. Se trata de *Un día de Iván Denísovich*, de Alexander Solzhenitsyn, que se publicó en Cuba a mediados de los años sesenta.[169]

El libro de Solzhenitsyn circuló de modo clandestino en los campos de trabajo forzado y se leía con voracidad. Pío Rafael Romero, quien estuvo junto a Bernal Lumpuy en las UMAP, también lo refiere en su testimonio novelado *Aislada isla*. En el texto, uno de los personajes se lamenta de que exista una lista de espera para poder leer la novela de Solzhenitsyn. Abel, el protagonista y *alter ego* del autor, llevaba tres semanas esperando por el libro. Lo escondía dentro de una lata de galletas para que no lo encontraran los guardias durante

---

[167] Alberto I. González Muñoz: *Dios no entra en mi oficina. Luchando contra la amargura cuando somos víctimas de la injusticia*, ABG Ministries, Frisco, 2012, p. 37.

[168] Luis Bernal Lumpuy: *Tras cautiverio, libertad. Un relato de la vida real en la Cuba de Castro*, Ediciones Universal, Miami, 1992, pp. 64 y 59.

[169] Cfr. Alexander Solzhenitsyn: *Un día de Iván Denisovich*, Colección Cocuyo, Editorial del Consejo Nacional de Cultura / Editorial Nacional de Cuba, La Habana, 1965.

Imagen 7. Vista exterior de uno de los campamentos de las UMAP en la provincia de Camagüey en 1966. Foto cortesía de María Elena Solé.

las requisas que hacían sorpresivamente. Cuando terminó de leerlo, les comentó a sus compañeros: «¿Saben una cosa? No me dice nada nuevo. Es lo mismo que esto, pero con frío. Y en lugar de trabajo en el campo es en la construcción. Pero de miseria y necesidades, más o menos igual. Cualquiera de nosotros podría escribir una historia como esa. ¿Quién sabe, en el futuro?».[170]

[170] Pío Rafael Romero: *Aislada isla*, Editorial Sargantana, Valencia, 2016, pp. 174-175.

Un día de Iván Denísovich de Alexander Solzhenitsyn se publicó en Cuba en circunstancias muy específicas. Para la fecha, todavía quedaba la resaca del proceso de «desestalinización» en la Unión Soviética que se inició con el discurso de Nikita Jrushchov en una sesión cerrada del XX Congreso del Partido Comunista en 1956. El líder del Soviet Supremo sorprendió al mundo al criticar los excesos cometidos por Stalin. En ese momento, sobrevino un período de cierta tolerancia con determinadas narrativas y Solzhenitsyn, que se encontraba en Siberia, fue «rehabilitado». Cuando murió Jrushchov, el futuro Premio Nobel volvió a caer en desgracia. El escritor cubano Ernesto Hernández Busto ha señalado que, a excepción de este libro, la única referencia que se encontraba del autor en las librerías se remonta a 1979, cuando la editorial Arte y Literatura publicó *La espiral de la traición de Solzhenitsin* del checo Thomas Rezac. Un panfleto, explica Hernández Busto, que a todas luces era una descarnada crítica a *Archipélago gulag*, el libro de Solzhenitsyn más reconocido, y que, por cierto, no se publicó en la isla.[171]

Para el cantautor Pablo Milanés, *Un día de Iván Denísovich* también fue una lectura importante para entender su experiencia concentracionaria. Milanés fue enviado a las UMAP cuando su carrera musical despegaba. El libro de Solzhenitsyn, contó en el documental realizado en 2016 por Juan Pin Vilar, «fue el que me abrió los ojos sobre todo lo que podía pasar». El artista tampoco pudo sustraerse a la comparación con el campo nazi: «Aunque no haya comparación te puedo decir que estuve en Auschwitz y las instalaciones eran mejores que las de la UMAP (*Risas.*). Las instalaciones eran tenebrosas».[172]

En *La mueca de la paloma negra*, Jorge Ronet dijo que campos similares a las UMAP existían en Bulgaria. No sé de dónde Ronet sacó la información para establecer este nexo pero, efectivamente,

---

[171] Ernesto Hernández Busto: «Solzhenitsyn en su centenario», *Letras Libres*, 11 de diciembre de 2018, <https://www.letraslibres.com/mexico/literatura/solzhenitsyn-en-su-centenario>, [03/10/2019].

[172] Juan Pin Vilar (dir.): *Pablo Milanés*, Xpin Producciones, La Habana, 2017.

entre 1944 y 1989, cerca de cien campos de trabajo fueron instalados en ese país, tomando como modelo el gulag soviético. De acuerdo con Tzvetan Todorov, en Bulgaria, las purgas, incluidas las ejecuciones masivas, fueron quizás más extensivas y crueles que en todo el sistema de gulag del bloque comunista.[173]

Como en Cuba, a los campos búlgaros fueron enviados jóvenes que no habían cometido otro crimen que escuchar música occidental, bailar *twist, jazz, rock and roll* o usar pantalones estrechos. Eso los convertía en sospechosos de no estar conformes con las reglas y las normas impuestas por el Partido Comunista. En los dibujos del cartógrafo Krum Horozov, sobreviviente del gulag de Belene donde pasó once largos años, se puede apreciar una cierta similitud con la arquitectura de los campamentos de las UMAP y otras granjas de reeducación y rehabilitación.[174]

El diseño de las barracas, las cercas de alambres de púas, el patio central y las torres de vigilancia, son muy similares a las descripciones de algunos testigos. En el documental *Conducta impropia*, Jaime Bellechasse mostró algunos de sus dibujos que trataban de reproducir el diseño de las instalaciones de la granja de rehabilitación en la costa sur de Pinar del Río, donde estuvo recluido en 1968. Allí decía:

> Las cercas con alambres de púas tendrían como unos diez pies de altura. Había que saltar dos cercas para. escapar de ahí o irse por abajo arrastrando pero... cada veinte o treinta metros había una posta, un guardia con fusil. También, entre estas dos cercas, ponían adentro rollos, de estos mismos alambres de púas, que inclusive si una gallina entraba se enredaba, no podía salir. En aquel lugar las cercas nunca estuvieron electrificadas. No era necesario. De aquel lugar era muy difícil escapar.[175]

[173] Tzvetan Todorov: *Voices from the Gulag: Life and Death in Communist Bulgaria*, The Pennsylvania State University Press, 1999, p. VII.

[174] La versión en inglés de la autobiografía *The Brainwave* se publicó en 2009. Ese año la Galería de Arte Nacional de Sofía organizó una exposición sobre la memoria del gulag titulada *¿Sin rastro?*. Krum Horozov contribuyó a la muestra con unos dibujos suyos que reconstruían la arquitectura y la estructura de los campos.

[175] «Jaime Bellechasse», en Néstor Almendros y Orlando Jiménez Leal, *Conducta impropia*, Editorial Playor, Madrid, 1984, p. 147.

La idea de que las UMAP fueron la versión tropical del gulag está relacionada con la fuerte presencia soviética en Cuba durante décadas. Esta imagen también fue difundida por Andrés Alfaya, un exagente de inteligencia que desertó y se radicó en Francia. Desde ese país asumió una nueva identidad, Juan Vivés, al menos para firmar *Los amos de Cuba*, un libro que ha generado muchas dudas sobre su credibilidad. Como aquí no estamos para juzgar la veracidad de un testimonio, lo integro a la discusión. De acuerdo con Alfaya, en febrero de 1965, llegaron a Cuba unos doce asesores soviéticos al mando del coronel Ivan Micharov con el objetivo de reorganizar el Departamento de Lacras Sociales del Ministerio del Interior, que se dedicaba, entre otras cosas, a sacar a las prostitutas de las calles. Con la asesoría de los camaradas, contó el agente, el Departamento adquirió una nueva estructura y se le conoció en el argot de los espías como la Mundana. Era dirigido por el capitán Rosendo Barrientos, un antiguo comunista, para contentar a los soviéticos.[176]

La primera misión de ese Departamento, explicó Alfaya, consistió en la selección de «aquellas personas que debían ser internadas en los campos de concentración –es preciso llamarlos así– de las Unidades Militares de Ayuda a la Producción». Con las redadas, las autoridades querían «agrupar una mano de obra considerable bajo el control del ejército y tras la pantalla de un organismo paramilitar». El exagente aseguró que alrededor de ciento ochenta y seis confinados se suicidaron, setenta y dos murieron, y quinientos siete debieron ser hospitalizadas con tratamiento psiquiátrico, a causa de los malos tratos y el régimen de trabajo forzado a que estuvieron sometidos. En otro pasaje del libro ofrece más detalles: «Todas estas cifras corresponden a los 38.641 condenados de las UMAP y pueden encontrarse en los archivos de la Mundana o en los de las Fuerzas Armadas Revolucionarias (FAR). Aunque los he consultado varias veces, no creo que reflejen plenamente las consecuencias desastrosas de esta operación

---

[176] Juan Vivés: *Los amos de Cuba*, Emecé Editores, Buenos Aires, 1982, p. 236.

inhumana».[177] En este fragmento, Andrés Alfaya o Juan Vivés, como quieran llamarlo, recurrió al archivo para reclamar su condición de testigo. Como ya he explicado, es muy difícil corroborar esas cifras hasta tanto no se pueda acceder a los registros oficiales.

Las UMAP también parecen tener alguna conexión con los Campos de Reforma Laboral chinos (*Laogaidui*), creados en 1949 cuando los comunistas tomaron el poder. Además de centros de detención y varias prisiones, ese sistema contaba con Campamentos para Delincuentes Juveniles, Campamentos de Trabajo para la Reeducación, Campamentos Disciplinarios para la Producción, entre otros. Estos últimos estaban organizados con una estructura militar y los confinados o prisioneros estaban divididos, como en las UMAP, en brigadas, batallones y compañías.[178]

Aunque es probable que el gulag y los campos de trabajo chinos hayan influido en las políticas de reeducación y rehabilitación en Cuba, el diseño de las UMAP parece estar conectado también a otros experimentos fuera del entorno socialista. Me refiero a las Colonias Agrícolas Militarizadas, pero sobre todo a los Batallones Disciplinarios de Soldados Trabajadores, diseñados por Franco.

Estos se implementaron en España entre 1940 y 1942 bajo la cobertura del Servicio Militar. Al igual que las UMAP, fueron unidades militarizadas manejadas por el ejército adonde se enviaron alrededor de cincuenta mil jóvenes antifranquistas para trabajar en actividades económicas de interés estatal.

Aunque el franquismo trató de desasociar a los Batallones de la tradición de los campos de trabajo forzado, formaban parte del mismo engranaje. Estaban supervisados por una entidad llamada Inspección de Campos de Concentración de Prisioneros, que también buscaba, con la reeducación y regeneración de los reclusos, crear un hombre nuevo. A los confinados en los campos franquistas, como a los soldados de las UMAP, se les atiborraba con charlas

---

[177] Ibídem, pp. 237-238.

[178] Cfr. Hongda Harry Wu: *Laogai: The Chinese Gulag*, Westview Press, Colorado, 1992, pp. 6-13.

Imagen 8. Vista exterior de uno de los campamentos de las UMAP en la provincia de Camagüey en 1966. Foto cortesía de María Elena Solé.

políticas, lecturas comentadas de periódicos, murales y mítines relámpago para difundir la doctrina oficial.

En el prólogo del libro *Esclavos del franquismo en el Pirineo* de Fernando Mendiola y Edurne Beaumont, Javier Rodrigo explica cómo los Batallones Disciplinarios de Soldados Trabajadores se integraron al sistema de explotación y esclavitud del franquismo bajo un marco ideológico en el que se representaba a los confinados como «enemigos» de España a los que había que reeducar. Sobre ellos cayó todo el peso del Estado y fueron obligados a trabajar en las industrias metalúrgicas, las minas, la construcción de carreteras y de puentes. A este modelo de trabajo forzado se le conoció como la «mili de Franco».[179] Muy poco se sabe aún de estos

---

[179] Fernando Mendiola Gonzalo y Edurne Beaumont Esandi: *Esclavos del franquismo en el Pirineo. La carretera Igal-Vidángoz-Roncal (1939-1941)*, Txalaparta, Tafalla, Navarra, 2007, pp. 12-13.

Batallones, lo que explica que nadie hasta ahora haya podido establecer las conexiones entre el modelo franquista y las UMAP. De acuerdo con Fernando Mendiola y Edurne Beaumont, la orden del 20 de diciembre de 1939 sobre el Servicio Militar fue clave en la legitimidad de estos Batallones. Se trataba, apuntan los estudiosos, de un castigo extrapenal contra aquellos que fueron considerados «desafectos». La sanción tenía una base política que ocultaba un sistema de privación de libertad y de trabajo forzado dentro de una ley militar.

En el caso cubano, como ya he señalado, la Ley del Servicio Militar Obligatorio de 1963 sirvió también para camuflar y legitimar la instalación de los campos de trabajo forzado. Pero estructuras militares asociadas a la producción ya habían sido ensayadas en Cuba mucho antes de que se emplazaran las UMAP. Hablo de los Batallones de Trabajo del Ejército Rebelde que si bien no fueron creados bajo la concepción del trabajo forzado, sometían a los hombres a largas jornadas de servicio. En 1960, la labor de esos cuerpos era reseñada constantemente por publicaciones oficiales. Las notas en la revista *Verde Olivo*, por ejemplo, destacaban su importancia social y económica, las contribuciones que hacían a la agricultura y la repoblación forestal. En 1960 también se crearon las Brigadas Juveniles de Trabajo Revolucionario, diseñadas para reclutar a adolescentes entre los catorce y los dieciocho años de edad, que no trabajaran o estudiaran, con el fin de enviarlos a planes de reforestación.[180] El reclutamiento para ambos batallones se hizo de modo voluntario, al menos al inicio. Con estos modelos, aseguraba la prensa, el gobierno logró ahorrar millones de pesos. Estas experiencias tienen que haber influido en el posterior diseño de las UMAP.

Tanto el sistema de trabajo forzado franquista como el castrista se articularon sobre necesidades económicas e ideológicas. En el caso español, con un gran componente católico, la reeducación se manejó como una política contra los presos republicanos

---

[180] «Brigadas Juveniles de Trabajo Revolucionario», *El Mundo*, 19 de mayo de 1960, p. A-4.

que debían purgar sus pecados con sufrimiento. Esto permitió al régimen justificar el sistema de trabajo forzado como un acto de generosidad o de caridad, para que los pecadores pudieran salvar y purificar sus almas. En el modelo cubano, también con un alto contenido religioso-político, pasó algo similar. Las UMAP se manejaron como una oportunidad –la única que estaba dando la Revolución– a «los gusanos» y a las «lacras sociales» para integrarse de una vez al sistema o en cambio sufrir las consecuencias, entre ellas, la muerte.

Es muy probable que el franquismo no solo haya impactado el diseño de los campos de trabajo forzado revolucionarios, sino también el aparato jurídico. Por ejemplo, la ley contra la vagancia que se aprobó en Cuba en 1971 tiene un espíritu y un lenguaje muy similares a la Ley de Peligrosidad y Rehabilitación Social franquista de 1970.[181] La cercanía temporal y de contenido no puede ser casual. Sobre todo, porque uno de los objetivos de la Ley de Peligrosidad Social franquista era precisamente la creación de «centros de rehabilitación» para someter a los homosexuales a un tratamiento médico. Así, se registraba al homosexual como un enfermo y como un potencial peligro para la sociedad. Como en Cuba, en España se emplearon técnicas de aversión y conductistas para la «cura» de la homosexualidad. Muchos de los homosexuales que fueron sometidos a esa experiencia terminaron encarcelados por falta de centros de rehabilitación. Solo se crearon dos, uno en Huelva y otro en Badajoz. Al de Huelva se enviaron a los «activos» y al de Badajoz, los «pasivos».[182]

Las conexiones entre el gobierno revolucionario y el régimen de Franco se remontan a la década de 1960 en plena Guerra Fría. En enero de 1964, el periodista Segundo Cazalis recibió órdenes explícitas, a través de una circular del Partido Comunista, de no atacar al Gobierno español en su columna «Siquitrilla» por «cortesía con Franco». Por esos días, agrega, «España y Cuba habían firmado un

---

[181] En 1970 Franco decidió «actualizar» la Ley de Vagos y Maleantes de 1954.

[182] Lucas Jurado Marín: *Identidad. Represión de los homosexuales en el franquismo*, Editorial La Calle, Antequera, 2014, p. 76-77.

convenio para comprar y vender tabaco, azúcar, vino y barcos de pesca», y Fidel Castro congratuló al General devolviéndole cincuenta españoles desafectos que se encontraban refugiados en la isla.[183]

Pero no siempre fue así. Al inicio, el comandante fustigaba a Franco en sus apariciones públicas. En 1960, el embajador español en Cuba fue declarado *persona non grata* y el agregado cultural fue acusado de ser un espía de la CIA. A pesar de las tensiones, ambos países sostuvieron las relaciones diplomáticas. De hecho, cuando se puso de moda romper relaciones con Cuba, España fue uno de los pocos que las mantuvo. En 1962, Estados Unidos impuso un embargo económico, financiero y comercial a la isla, que obligó a Fidel Castro a decretar una política de austeridad y racionamiento. En ese nuevo escenario, el máximo líder vio una oportunidad para retomar las relaciones con España a través de una diplomacia *backstage*, para no afectar las relaciones con los países del bloque comunista.

Franco enviaba grandes cargamentos de mercancías a Cuba que suplía la demanda de azúcar del país ibérico. Al puerto de La Habana llegaban barcos cargados de embutidos y turrones, cuando aún las navidades se celebraban en la isla. «¡Sí señor, llegaron turrones!», «el turrón es un mensaje nuestro en navidad», decía la propaganda. Gracias a estas transacciones, el gobierno cubano pudo mantener por un tiempo el ambiente de «normalidad» en los abastecimientos, seguir adelante con la radicalización de la Revolución y reducir la dependencia de la Unión Soviética.

A Franco, en cambio, le permitió mantener cierta influencia colonial sobre la isla, ocupar de algún modo el vacío que había dejado Estados Unidos y participar, como ha señalado Haruko Hosoda, del teatro político de la Guerra Fría.[184]

Las relaciones entre los dos regímenes eran tan estrechas que, en 1975, al morir Franco, el gobierno cubano dictó en secreto un luto oficial por tres días. Francisco Rubiales (*Paco*), un periodista español que trabajaba para la agencia EFE en La Habana, casi es

---

[183] Segundo Cazalis: *Cuba ahora*, Ediciones Isla Sola, 1966, pp. 40-41.

[184] Cfr. Haruko Hosoda: *Castro and Franco: The Backstage of Cold War Diplomacy*, Routledge, Taylor & Francis Group, New York/ London, 2019.

Imagen 9. Vista exterior de una barraca donde dormían los confinados. Foto tomada en uno de los campamentos de las UMAP en 1966. Foto cortesía de María Elena Solé.

expulsado de la isla por difundir la noticia. El día de la muerte de Franco, cuenta, «yo estaba buscando teletipos por todas partes y, de repente, suena el teléfono, lo descuelgo y era el embajador de España. Me dijo que Cuba había decretado tres días de duelo oficial por la muerte de Franco».[185] Paco, incrédulo, pensó que era una broma: «Él [el embajador] me contestó que tenía delante el decreto, fui a la embajada y vi el decreto firmado por el presidente de la República [Osvaldo Dorticós]. Me fui corriendo a la oficina y publiqué la noticia».

---

[185] «Franco y Fidel Castro: la verdadera historia de una relación inconfesable», *La Sexta Columna*, 22 de noviembre de 2019, <https://www.lasexta.com/programas/sexta-columna/noticias/franco-y-fidel-castro-la-verdadera-historia-de-una-relacion-inconfesable_201911225dd828ef0cf2a277e0099a1a.html>, [23/11/2019].

Una vez que la información salió a luz, alguien del Ministerio de Relaciones Exteriores lo llamó por teléfono: «Haz las maletas, te vas de La Habana por mentiroso. Has dado la noticia de que Cuba decreta tres días de duelo oficial por la muerte de Franco, ¿te crees que estamos locos? Esto es un país comunista, socialista, chico». Horas después, el gobierno cubano se vio obligado a confirmar la noticia, y la misma persona lo volvió a llamar: «Me dicen que tenía razón, que se había parado todo y que no hiciera las maletas», cuenta el reportero. «Nos has jodido, chico, nadie tenía que enterarse de esto, era una cosa secreta, no había que publicitarlo», y colgaron.[186]

Fidel Castro era propenso a relacionarse con otros dictadores además de Franco. En 2014 lo que era un rumor se convirtió en una certeza. Documentos desclasificados por el Ministerio de Relaciones Exteriores de Argentina probaron la relación del máximo líder con la dictadura de Jorge Videla entre 1976 y 1983. El gobierno de Cuba pasó por alto las desapariciones y violaciones de derechos humanos a cambio de favores diplomáticos, entre otras cosas. Uno de los documentos demuestra, incluso, que la dictadura argentina mandó emisarios a Estados Unidos para contribuir a resolver la crisis creada en 1980, cuando miles de cubanos pidieron asilo en la embajada de Perú. El 23 de abril de 1980, el régimen de Videla envió al capitán de navío Jorge Emiliano Portugal a Miami para coordinar un posible traslado de los asilados.[187]

---

[186] Ídem.

[187] «Resolución N.º 536 de 23 de abril de 1980 del Ministerio de Relaciones Exteriores y Culto», en *Derecho a la Verdad. Acceso a los Archivos Históricos de la Cancillería*, Buenos Aires, <http://desclasificacion.cancilleria.gov.ar/userfiles/documentos//RESOLUCIONES/Reso536-1980.pdf>, [19/11/2019].

Capítulo 4
Azúcar, plantación y Revolución.
Trabajo forzado, literatura y testimonio

El cuerpo como archivo. La gestión de la memoria

El sistema de clasificación, el proceso de reclutamiento y la estructura de los campamentos, así como los castigos empleados contra los confinados, convirtieron las UMAP en lo que Michel Foucault llamó «instituciones de secuestro». En esos centros de corrección, el cuerpo se inscribió en un proceso de sometimiento que lo forzaba al trabajo y a participar de ceremonias y rituales políticos. «El cuerpo solo se convierte en fuerza útil cuando es a la vez cuerpo productivo y cuerpo sometido», decía el filósofo francés.[1]

Ahora bien, ¿cómo podemos reconstruir o acceder a esa experiencia? ¿Cuáles son los lenguajes disponibles para realizar ese ejercicio? ¿De qué modo se representaron el trabajo forzado y la vida durante el confinamiento en las narrativas de memoria? ¿Puede el testimonio reconstruir toda la experiencia, el adentro y el afuera del campo de concentración? ¿Qué papel desempeñó la literatura de ficción en los procesos de reconstrucción?

Si el foco de atención era el cuerpo, no es de extrañar que las narrativas de memoria sobre las UMAP lo coloquen en el centro de los relatos. El cuerpo es el escenario de la representación, de la articulación de la escritura y de la gestión de la memoria. A pesar de la diversidad de tipo sexual, religiosa o ideológica de aquellos

---

[1] Michel Foucault: *Vigilar y castigar. Nacimiento de la prisión*, Siglo XXI Editores, México, 1991, p. 33.

que han escrito sobre las UMAP, los relatos parecen estar organizados a partir de las percepciones corporales.

El cuerpo nunca olvida, independientemente del paso del tiempo, algo así decía Isabella Camera d'Afflitto en su ensayo «Prison Narratives: Autography and Fiction».[2] La idea del cuerpo como archivo es fundamental para entender la subjetividad en estas escrituras y las diferentes posiciones que asumieron los testigos respecto de aquel experimento. Las tecnologías del poder militar y los castigos para atormentar el cuerpo y quebrar voluntades son los temas más recurrentes en estas narrativas. Es un código de representación que conecta a todos los autores. Los textos comparten varios nudos narrativos. Por lo general, los primeros pasajes hablan con nostalgia o melancolía sobre la vida anterior al campo de concentración. Como se sabe, estos afectos están relacionados con un sentimiento de pérdida o de caída, psicoanalíticamente hablando. Reflexionan sobre la violencia del reclutamiento, la identidad, la familia, los sueños personales. Se involucran, además, en la representación del encierro, la estructura y la arquitectura del campo de concentración, el régimen de trabajo forzado, la vida cotidiana, el hambre y la tristeza.

En las narrativas de memoria sobre las UMAP, se dice que los testigos de Jehová fueron los más violentados. Juan Pito Vento, otro de los que sintió el rigor de los campos de trabajo forzado revolucionarios, me dijo en una entrevista que con esos religiosos el poder se ensañó. Los guardias, asegura, «les daban culatazos con las armas para obligarlos a saludar la bandera y a cantar el himno». Pita Vento reconoció lo difícil que le resulta recordar esa experiencia: «Yo no quiero ni hablar de eso, solo estoy hablando contigo porque eso alguien tiene que escribirlo y ya estoy viejo y las cosas se me van olvidando».[3]

---

[2] Isabella Camera d'Afflitto: «Prison Narratives: Autography and Fiction», in Robin Ostle Moor & Stefan Wild (eds.), *Writing the Self: Autobiographical Writing in Modern Arabic Literature*, Saqi Books, London, 1997, p. 149.

[3] Abel Sierra Madero: «Entrevista a Juan Pita Vento», audiograbación inédita, La Habana, 11 de marzo de 2012.

Los testigos de Jehová tienen preceptos y creencias que les impiden insertarse dentro de la disciplina militar y rechazan el uso de las armas. Estos religiosos no adoran imágenes, no rinden tributo a la bandera ni entonan el himno nacional. Por estas cuestiones fueron, quizás, los más violentados y mortificados dentro de las UMAP, porque constituían un elemento disonante dentro del aparato correccional revolucionario.

José Luis Llovio-Menéndez, por su parte, dijo que en las UMAP vio una de las más degradantes y deprimentes imágenes de su vida: «En el centro del patio, colgado por las dos manos en lo alto de una asta, había un muchacho sobre los veinte años y su cuerpo se balanceaba con la brisa, justo debajo de una bandera que habían izado».[4] Se trataba de un Testigo de Jehová que se había negado a saludar la bandera. El responsable de la escena era un oficial que había sido miembro del Ejército Rebelde en la Sierra Maestra, antes del triunfo de la Revolución.

Este tipo de prácticas eran sistemáticas y se implementaron también con otros creyentes. Los castigos a los religiosos formaban parte de un proyecto que buscaba el quebrantamiento de la fe y garantizar la reeducación. De acuerdo con José Mario Chaviano Negrín, un joven adscrito a los Adventistas del Séptimo Día que también fue enviado a las UMAP, los oficiales tenían un particular desprecio por los religiosos; los atormentaban de modo indiscriminado. Así lo describe: «Nos obligaban a abrir huecos y nos decían que esos huecos eran para enterrarnos; pero la tortura psicológica fue terrible porque nos decían que esa era una oportunidad que Fidel y la Revolución nos estaban dando y que hasta que nosotros no cambiáramos, hasta que no nos convirtiéramos, íbamos a estar allí, que la estancia allí iba a ser interminable».[5]

Para este hombre, la política de reconversión ensayada por los guardias fue mucho peor que la tortura física. El Estado

---

[4] José Luis Llovio-Menéndez: *Insider: My Hidden Life as a Revolutionary in Cuba*, Bantam, New York, 1988, p. 153.

[5] Abel Sierra Madero: «Entrevista a José Mario Chaviano Negrín», audiograbación inédita, Nueva York, 9 de marzo de 2016.

revolucionario vio en las UMAP una oportunidad para evangelizar a los religiosos cubanos con una nueva fe, la del marxismo-leninismo, el amor y el agradecimiento a Fidel Castro. Los oficiales, incluso, los obligaban a trabajar bajo torrenciales aguaceros. «El agua de la patria no mata», decían. El sadismo era tal, asevera Chaviano Negrín, que en una ocasión «nos dejaron varios días sin comer y nos pusieron al sol durante el tiempo que duró el castigo. Después de nueve días en eso se apareció un guardia que nos prometió hasta una vaca, si nosotros nos convertíamos». En el empeño, los guardias llegaron hasta simular fusilamientos. Lo narra de este modo: «Un día llegaron unos oficiales en unos jeeps soviéticos y nos formaron. Se bajó uno y se puso a leer un papel, cuando terminó nos dijo que había llegado una orden que decía que, como nosotros no cedíamos ni abandonábamos la fe, había que fusilarnos. Entonces se pusieron en posición y organizaron el pelotón. Fue un alarde, pero pasamos tremendo susto. Las simulaciones de fusilamiento se convirtieron ya en una costumbre».[6]

El lunes 29 de noviembre de 1965, el reverendo Raimundo García Franco escribió en su diario: «A uno de los Testigos de Jehová que se negó a marchar lo sacaron de las filas y cuando no quiso caminar, el capitán disparó cerca de él, para asustarlo. Luego lo pusieron de pie junto a la cocina, con un palo grande encima de los hombros». En otro fragmento, fechado el 14 de diciembre de 1965, García Franco da más detalles: «A uno de ellos se lo llevaron y a esa hora –las 5:30 a.m.– lo metieron en un hoyo, con el agua al cuello. Cuando formamos nuevamente para marchar, los trajeron y a cada uno de ellos le amarraron con alambre un palo aguzado con la punta apoyada debajo del mentón para que no pudieran bajar la cabeza. Luego les pusieron al lado a varios compañeros con la orden de empujarlos y darles patadas para que marcharan».[7]

Los militares a cargo de los campos de trabajo forzado impedían la visita de sus familiares, si los religiosos no accedían a usar los

---

[6] Ídem.

[7] Raimundo García Franco: *Llanuras de sombras. Diario de las UMAP*, Centro Cristiano de Reflexión y Diálogo-Cuba, Cárdenas, Matanzas, 2018, pp. 21 y 27.

uniformes reglamentarios o no respetaban la disciplina impuesta. Otras veces, en cambio, los trasladaban a los campamentos donde estaban concentrados los homosexuales para quebrar sus voluntades y desprestigiarlos moralmente.

Otro de los que habló sobre la política contra los testigos de Jehová en las UMAP fue Alberto I. González Muñoz. Dijo que los métodos que utilizaron los guardias fueron aterradores y que el repertorio de castigos era amplio. En una ocasión, cuenta, los pararon desnudos durante varios días y noches sin darles agua ni comida. «¡Ahí van a estar hasta que decidan ponerse el uniforme o se mueran! Hay que aprender a respetar a la Revolución», les gritó un oficial. Así estuvieron, continúa la descripción, «hasta que fueron cayendo exhaustos uno a uno. Soldados armados cuidaban que nadie se acercara a darles alimento. Cuando se desplomaban desfallecidos, los llevaban no sabíamos a dónde». A otro muchacho, agrega González Muñoz, lo amarraron por los pies, «lo sumergieron varias veces con la cabeza para abajo en una fosa sanitaria que estaba descubierta a fin de convencerle de que se pusiera el uniforme. Había que ver el rostro del primero al mando de la compañía –con una expresión de burla cínica que era constante en él– como disfrutaba cada vez que el infeliz era izado todo embarrado de aguas putrefactas».[8]

Los testigos de Jehová, junto a los del Bando de Gedeón y los pentecostales, entre otros religiosos, habían sido representados por el discurso revolucionario como instrumentos del imperialismo y, por lo tanto, fueron declarados enemigos políticos. Ya en 1963, Fidel Castro descargaba toda su ira sobre ellos. El máximo líder dijo que no se podía tolerar a «nadie que predique esa irreverencia contra la patria, esa irreverencia contra la bandera» ni «esa falta de patriotismo». Esta sentencia recibió gran acogida por la multitud que exclamaba eufóricamente «¡paredón, paredón!».[9]

---

[8] Alberto I. González Muñoz: *Dios no entra en mi oficina. Luchando contra la amargura cuando somos víctimas de la injusticia*, ABG Ministries, Frisco, 2012, p. 37.

[9] Fidel Castro Ruz: «Discurso en la clausura del cuarto aniversario del Asalto al Palacio Presidencial en la escalinata de la Universidad de La Habana, 13 de

Varios medios oficiales aseguraron que había una conexión entre estos grupos religiosos, la CIA y los «bandidos» que se alzaron en diferentes lugares del país contra el poder revolucionario.[10] Se decía que los testigos de Jehová trataban de «sacar a los campesinos de las milicias y del Ejército Rebelde», que se comportaban «indiferentes en la lucha histórica de la Revolución», que promovían el ausentismo entre la población y el desinterés por el trabajo productivo.[11] La labor de estos religiosos era considerada, además, un problema para la ateología revolucionaria, sobre todo en las zonas rurales. Para contrarrestar su influencia, el gobierno decidió crear un curioso tipo de funcionario que se le conoció con el nombre de «orientador rural».

Si los creyentes llevaban la «palabra de dios» a esas comunidades intricadas, los orientadores rurales se convirtieron en una suerte de proselitistas encargados de trasladar los dogmas revolucionarios a los campesinos. Amado Sergio Guash fue uno de ellos. Además de coordinar con las empresas estatales para garantizar el abastecimiento y la reparación de las casas de los campesinos, trataba de «neutralizar» la actividad de «una secta de los Testigos de Jehová» en la zona. En una entrevista que concedió en 1970, explicó sus procedimientos: «Mira, el método que más yo he empleado es de discutir con ellos, el de hablarles de los planes de la Revolución, de los descubrimientos científicos, del origen del hombre […], trato de hacerles comprender lo absurdo de sus creencias […]. Con este método nosotros hemos logrado que algunos Testigos abandonen su retraimiento».[12]

---

marzo de 1963», Departamento de Versiones Taquigráficas del Gobierno Revolucionario, <http://www.cuba.cu/gobierno/discursos/1963/esp/f130363e.html>, [14/12/2019].

[10] Cfr. Eduardo Yasells: «Batiblancos y bandidos: prédica y crimen», *Verde Olivo*, n.º 15, 14 de abril de 1963, pp. 10-11.

[11] «Los Testigos de Jehová: una secta que ayuda a la contrarrevolución», *Verde Olivo*, año 3, n.º 36, 9 de septiembre de 1962, p. 61.

[12] «El trabajo social de un orientador revolucionario», *El militante comunista*, febrero, 1970, pp. 64-65.

Imagen 1. Caricatura de Juan Manuel Betancourt contra los testigos de Jehová, en la que se hace referencia al discurso de Fidel Castro el 13 de marzo de 1963. Publicada en *Palante*, 21 de marzo de 1963, p. 3.

Aunque la vanguardia revolucionaria cubana se erigió a través de una doctrina ateísta y antirreligiosa, manejó una serie de dogmas ideológicos para lograr el poder absoluto e instaurar su propia religión política. «El partido es inmortal», afirmaba una vieja consigna. De este modo se sincretizaba el materialismo científico con el mesianismo de Fidel Castro. La figura del máximo líder se articuló en la repartición «equitativa» de los panes y los peces, y se construyó sobre la base de la promesa y el milagro. La ideología del milagro soviético, apunta Miche Heller, se fundamentaba en dos elementos: gigantismo y precipitación.[13] Era el modo en que el partido podía acelerar a su antojo el curso de la Historia y generar un sistema compulsivo más eficiente. Los planes quinquenales y su sobrecumplimiento, las grandes obras, la manipulación del tiempo con los «saltos hacia delante» o el maquillaje de las cifras son solo algunos elementos que componen esa ideología.

Convido al lector a que revise los discursos de Fidel Castro. Durante varias décadas, el dictador prometió convertir a Cuba en un país próspero y desarrollado, en productor y exportador de carne, incluso por encima de Uruguay. Hablaba por horas con una retórica grandilocuente para generar asombros y expectativas. Sus números y estadísticas siempre eran monumentales y aplastantes: decenas de miles, decenas de millones o decenas de miles de millones eran sus favoritos. Cada fracaso venía acompañado de una nueva promesa. El diario *Granma*, órgano del Partido Comunista, en su primera plana del 27 de diciembre de 1986 prometió: «¡Ahora sí vamos a construir el socialismo!».[14] Habían pasado ya tres décadas del triunfo de la Revolución. Nadie le creyó.

Lo cierto es que la reconversión de religiosos y homosexuales en «hombres nuevos» dentro de las UMAP se manejó como otro de esos milagros. Este tipo de fantasía también pasó a la literatura. En 1976, el escritor Manuel Cofiño publicó «Para leer mañana», una noveleta que explora el tema de la reconversión religiosa y responde a los códigos el realismo socialista, estética marcada por el «reflejo» de la sociedad, el mensaje positivo y pedagógico. El protagonista del relato, Alejandro, es un joven comunista que trabajaba en un plan forestal estatal en Pinar del Río. Su misión consistía en

---

[13] Cfr. Michel Heller: *El hombre soviético. De la utopía a la realidad*, Planeta, Barcelona, 1985, p. 59.

[14] «¡Ahora sí vamos a construir el socialismo!», *Granma*, 27 de diciembre de 1986, p. 1.

convencer a los pobladores de una comunidad para que se integraran a la colectivización.

En una de las entradas del diario que escribía, Alejandro se lamenta de que los agricultores no participaban en la empresa estatal, sino que se dedicaban a criar animales y a sembrar en sus tierras, para su propio beneficio y no para el bien colectivo. El Estado necesitaba esas tierras para sus planes, de ahí que fue tan importante el proceso de convencimiento. El personaje advirtió que la presencia de «un foco muy activo de Testigos de Jehová», representaba un peligro para la colectivización en la zona. La «secta» se había convertido «en refugio de inconformes, resentidos y contrarrevolucionarios», explicó, y en «los últimos años han incrementado su labor de proselitismo y enfrentamiento a la Revolución».

Se quejó, además, de que en la escuela había niñas que «no saludan la bandera, ni cantan el himno, ni se dejan vacunar». Una de ellas, Teresa, recibió sus sermones: «Teresa, la bandera y el himno representan no solo a la Revolución, sino también a la Patria. ¿Tú sabes lo que es la Patria?».[15] Confieso que ese gesto me sorprendió en un texto tan normativo como este, porque desata, al menos por un instante, el núcleo de la retórica oficial que ha descansado históricamente en la construcción de una unidad inexorable entre la patria, la nación y la Revolución. Al final de la historia, como era de esperar, la niña termina saludando la bandera y cantando el himno.

La visión de Cofiño sobre los testigos de Jehová estaba en consonancia con la doctrina ideológica del Partido Comunista. «Para leer mañana» se publicó en 1976, año en el que se celebró también el Primer Congreso del Partido. En las «Tesis y resoluciones» del evento, se aseguró que los testigos de Jehová constituían una secta que «desarrolla actividades decididamente contrarrevolucionarias». Se dijo, además, que carecían del «debido respeto a los símbolos de la patria», que sus actividades iban «contra la salud de los ciudadanos», y que se dedicaban a «entorpecer las producciones

---

[15] Manuel Cofiño: «Para leer mañana», *Andando por ahí, por esas calles*, Editorial Letras Cubanas, La Habana, 1982, pp. 135, 141 y 139.

necesarias a la economía del país». En otra parte del texto, se los acusó de estar en contra de «la educación patriótica de la niñez» y de evadir sus obligaciones militares. «Estas conductas delictivas no tienen nada de religiosas y sí mucho de contrarrevolucionarias. Son inducidas y ordenadas por los jerarcas norteamericanos de los Testigos de Jehová», concluía el documento.[16]

El propio archivo oficial demuestra que los testigos de Jehová se convirtieron, efectivamente, en una de las grandes preocupaciones del régimen cubano. Al ser considerados altamente peligrosos para los objetivos revolucionarios, cayó sobre ellos todo el peso del Estado y la violencia de las instituciones militares. Algunos testimonios cuentan que, en 1978, dos años después de la celebración del Primer Congreso del Partido Comunista, se desató una cacería contra estos religiosos. En su libro *Objetores de conciencia*, Ángel Rojas dijo que el 11 de diciembre de 1978 fueron arrestados miles de testigos de Jehová en todo el país. La idea era cerrar de una vez los templos y acabar con la organización. Luego de un juicio al que fue sometido en la ciudad de Matanzas, Ángel Rojas fue condenado a ciento veinte días de prisión con cargos por «reunión ilícita».[17]

No era su primera vez en prisión. El calvario de este joven comenzó a mediados de los años sesenta tras ser capturado durante un intento de salida ilegal del país. Sabía que estaban enviando religiosos a las UMAP y decidió irse junto a su familia a los Estados Unidos. Durante tres años sufrió el rigor de las prisiones y las granjas de trabajo forzado.

Al parecer, además de las UMAP y las granjas de reeducación, el gobierno revolucionario diseñó otros castigos para acabar con estos religiosos, porque muchos fueron enviados a las prisiones más tenebrosas del país. En un conmovedor pasaje de su poema

---

[16] Partido Comunista de Cuba: *Tesis y resoluciones. Primer Congreso del Partido Comunista de Cuba*, Departamento de Orientación Revolucionaria, Comité Central del Partido Comunista de Cuba, La Habana, 1976, pp. 313, 314 y 315.

[17] Ángel Rojas: *Objetores de conciencia. La historia de un joven Testigo de Jehová en las prisiones de Cuba comunista*, Palibrio, Bloomington, 2014, p. 11.

—Que pase el próximo testigo.
—Si, pero que no sea un Testigo de Jehová.

Imagen 2. Caricatura de Arístides Pumariega (*Arístide*) donde se burla de los testigos de Jehová. Publicada en *Palante*, 21 de marzo de 1963.

«Leprosorio», Reinaldo Arenas describe su experiencia carcelaria y cuenta cómo los testigos de Jehová eran obligados a «leer en voz alta el último discurso de Castro beatíficamente estampado en el periódico *Granma*».

Cuando uno de los muchachos se negó, el oficial a cargo se abalanzó sobre él y le propinó bayonetazos y patadas. El escritor ofrece más detalles: «El resto de la guarnición se apresura y todos a puntapié destrozan el cuerpo del muchacho que aterrorizado grita que no lo maten. He visto entonces al segundo joven de la fila comenzar a leer despaciosamente el largo discurso, siempre en posición de atención en tanto que sus lágrimas caen sobre el papel».[18]

---

[18] Reinaldo Arenas: *Leprosorio (Trilogía poética)*, Editorial Betania, Madrid, 1990, p. 115.

La versión difundida por los medios oficiales respecto del tratamiento a los testigos de Jehová contrasta con los testimonios de muchos de los que sufrieron la experiencia de la prisión o del campo de concentración. Generalmente, los reportes de prensa promocionaban a religiosos que se habían convertido a la fe revolucionaria. Uno de ellos fue Florencio Marín, un joven que había sido enviado a las UMAP y se transformó «milagrosamente» en militante comunista. Gracias a los buenos modos de los guardias, aseguró, decidió cambiar de actitud. Así lo describe: «Alegres, me entregaron el uniforme y comencé a marchar como los demás. A hacer todo como ellos. Empecé a tomar conciencia de que las armas sí eran necesarias y que, en un momento determinado, también servían para luchar por la paz».[19] Este tipo de fábulas fueron usadas de modo recurrente para legitimar las políticas de rehabilitación en la esfera pública.

—¡Teniente, cometí un gran pecado!
—¡¿Cómo?!
—¡No puedo ponerme este uniforme; de olivo nada, ni las medias!
Es irreconocible aquella figura, en este do marcial que llega saludando y pidiendo miso para continuar.
—Mire sargento, no puedo ponerme es forme, mi religión me lo prohibe.
—Muchacho, ¿cuál religión?
—La mía. Soy testigo de Jehová.
—Bien, luego hablamos. Tómalas de formas. Voy a avisar al teniente.
Y sonríe mientras recuerda su viaje en mión que lo condujo hasta aquí. Todavía tr telegrama en el bolsillo y la jaba con las que le entregó "la vieja", y el calor del abrazo fuerte que dan las madres cuando se han separado de sus hijos. Y después mal momento cuando le entregaron las nuevas.
—No puedo ponérmelas, no puedo.
Y el tormento de la idea: ¡es un peca gran pecado!...
—Toma tu arma, es un A.K.A.

Una cerca y un número

Además de los castigos físicos y corporales, las narrativas de memoria sobre las UMAP describen otras tecnologías y dispositivos que merecen atención. Las cercas de púas que rodeaban los campamentos y el proceso de borrado de identidad a que fueron sometidos impactó la subjetividad de los confinados y, en consecuencia, los relatos de esa experiencia. Las cercas representan el campo de concentración; es la imagen que describe la estructura del encierro. «Una cerca. Es lo más importante. Limita mi radio de acción. Unos mil metros cuadrados. No más. Fuera de eso, pido

---

[19] Alfredo Echarri: «Donde trabajar se hace un hábito: la UMAP», *Juventud Rebelde*, 16 de julio de 1966, p. 8.

el fue testigo de Jehová

Texto: LISANKA
Fotos: JUAN LUIS AGUILERA

—Iré allí donde la Revolución me necesite. Recuerda el arma de doble filo que utilizaba la secta: la paz.
—Si hay que combatir, lo hago, como los demás.
Desea ganarse un puesto en las filas de la Juventud.
—Ahora me siento más cerca de la sociedad. Más útil. Más libre.
Hace lo que todos.

—En tiro saqué SOBRESALIENTE. Es zapador.
—"Voladura", es lo que más me gusta de la especialidad.
El soldado JUAN PEREZ BEOVIDES se retira. Por entre el cuello de la bota y el bajo del pantalón blanquea la carne.
—¿Usas medias?
—¡Sí, verde olivo!
—Yentonces, ¿por qué no los traes puestas?
—No se preocupe, es que las lavé.

El soldado Juan Pérez Beovides, viste el uniforme verde olivo con honor.

—No, armas no. Mi religión no lo permite.
...egó el teniente Varens y le habló y tuvo ...a paciencia con él y le dio entonces otras ...s, un pantalón kaki y una camisa azul.
...ás nadie le dijo nada.
...na tarde el jefe le llamó a su despacho. Le ...sejó, le habló como un amigo y le hizo pre- ...as acerca de su religión. No supo responder- ...quizás en este instante comprendió que era ...igo" por tradición.
—Era un absurdo. Ya no creo en eso. Me pa- ...la vida en la calle jugando.
...qui se ha crecido en sus 16 años. Ha dejado ...er niño.
...El servicio me ha ido formando como hom-

...tá emulando, es miembro de la Brigada Roja. Emulo con Mario Alarcón. Me comprometí ...or cada asignatura y 5 en las clases cultu-

...o teme reproches de antiguos compañeros. El uniforme lo visto con honor. Yo mismo ...onvencí.
...iere estudiar mecánico-tornero y trabajar ...a planta mecánica de Santa Clara.

Imagen 3. «Él fue testigo de Jehová», un texto que busca demostrar el milagro reeducativo de las UMAP. Publicado en *Verde Olivo*, año 9, n.º 37, 15 de septiembre de 1968, pp. 6-7.

permiso», así describía la arquitectura del campo de concentración Alberto I. González Muñoz.[20] Y agrega:

> Una cerca. Dentro, dos barracas largas. En una hay una cocina, un comedor, una habitación para los oficiales, una oficina y el cuarto de

[20] Alberto I. González Muñoz: *Dios no entra en mi oficina. Luchando contra la amargura cuando somos víctimas de la injusticia*, ABG Ministries, Frisco, 2012, p. 113.

los jefes de la unidad. En la otra dormimos nosotros, ciento veinte hombres hacinados en literas, apenas separadas un pie de distancia. También está la sanitaría y el cuarto donde duermen los reclutas de seguridad. Ellos son los que custodian el campamento con armas largas. ¿Qué más? El baño, las duchas y los servicios. También lugares para lavar. Tres parquecitos bajo dos matas de aguacates, con bancos rústicos hechos de cujes. Eso es todo. Esa es mi casa. Mi casa: una barraca larga y estrecha.[21]

De acuerdo con el cantautor Pablo Milanés, otro de los que estuvo en las UMAP en 1966, los campamentos estaban rodeados por una cerca compuesta por catorce pelos de alambres de púas, distribuidos de manera tal que se elevaban a unos seis metros de altura. A esa alambrada y al encierro está dedicada una breve pero muy conmovedora canción titulada «Catorce pelos y un día». En comunicación personal, Pablo Milanés explicó que no fue grabada en aquellos años, sino más tarde, en los estudios del Instituto Cubano de Arte e Industria Cinematográficos. Posteriormente, apareció como *bonus track* en el disco *Pablo canta a Nicolás Guillén*.

14 pelos y un día me separan de mi amada,
14 pelos y un día me separan de mi madre,
y ahora sé a quién voy a querer
cuando los pelos y el día
los logre dejar.[22]

Hastiado de las condiciones de encierro, Milanés decidió escapar de las UMAP. En el documental realizado en 2016 por Juan Pin Vilar, el cantautor relata que antes de la fuga había preparado un recital en el campamento y había hecho una colecta de dinero para poder costear el viaje de regreso a casa. Finalmente, decidió entregarse a las autoridades; su madre estaba muy angustiada porque

---

[21] Ídem.
[22] Pablo Milanés: [«Mensaje para Abel Sierra Madero»], correo electrónico, 15 de octubre de 2014.

la fuga se castigaba con la cárcel. El músico tenía algún parentesco con el comandante Juan Almeida Bosque, uno de los hombres de confianza de Fidel Castro. A pesar de los vínculos familiares, Almeida decidió enviarlo a la Fortaleza de la Cabaña, una prisión conocida por los fusilamientos y por ser el sitio donde recluían a los presos políticos. Después de un mes en la prisión, Milanés fue trasladado a un campamento que el ejército había diseñado para aquellos que se fugaban de las UMAP.

En el filme, el artista dijo que en las UMAP sufrió del Síndrome de Estocolmo. Junto al actor Ricardo Barber realizó una obra de teatro que se representó en la unidad en la que se encontraba. Así lo describe: «Hicimos una obra favorable a los que nos habían mandado para allá y nos culpábamos por haber ido hacia allí. Nos sentimos culpables, porque todos los días nos lo decían "ustedes son árboles que han crecido torcidos"». Al parecer, la obra gustó mucho a los guardias porque les propusieron difundirla y representarla en otros campamentos. «Barber y yo rompimos la obra y dijimos que no la recordábamos y que no queríamos hacerla en ningún lugar. Hemos estado brindándoles ofrendas a los que nos mandaron para acá», concluyó.[23] Ricardo Barber abandonó Cuba en la década de 1970 y se fue a Nueva York, donde murió a finales de 2018.

Un tiempo después de salir de las UMAP, Pablo Milanés se convirtió en uno de los iconos del Movimiento de la Nueva Trova. Sus canciones, junto a las de Silvio Rodríguez, entre otros, conformaron la banda sonora de la Revolución y construyeron un campo de afectos que influyó a millones de personas. Aunque en Cuba era un secreto a voces que Milanés había sido enviado a los campos de concentración, esperó por varias décadas para hablar del asunto. Hasta el documental de Pin Vilar en 2016, el cantautor se limitaba a dar algún que otro detalle a periodistas extranjeros que lo entrevistaban durante sus giras internacionales. En la actualidad, sus balbuceos sobre su experiencia como confinado de las UMAP coinciden con la promoción de sus conciertos en América Latina.

---

[23] Juan Pin Vilar (dir.): *Pablo Milanés*, Xpin Producciones, La Habana, 2017.

Es posible que el Síndrome de Estocolmo del que Pablo Milanés habla lo haya afectado por mucho tiempo, porque en 1984, casi veinte años después de salir de las UMAP, escribió «Cuando te encontré», una canción de amor a la Revolución que concluía de modo ferviente: «Será mejor hundirnos en el mar/ que antes traicionar/ la gloria que se ha vivido».[24] Además, existen indicios de que en 1980 participó, junto a otros miembros de la Nueva Trova, entre ellos, Silvio Rodríguez, en un mitin de repudio contra el trovador Mike Porcel. Sobre estos actos violentos hablaré en el último capítulo de este libro.

Las cercas en las UMAP no solo servían para demarcar el lugar social y político de los proscritos, sino también el espacio-tiempo de excepción que constituye en sí mismo el campo de concentración. También se empleaban como un instrumento del tormento, como una tecnología del castigo. René Cabrera la describe como la «cerca de los lamentos», porque era el lugar elegido por el oficial al mando de su campamento para castigar y torturar. El ejemplarizante castigo consistía, por lo general, en desnudar a la víctima y amarrarla a la cerca durante horas para que sintiera el rigor del frío y las picadas de mosquitos sin poder defenderse. La imagen elegida por Cabrera está inscrita en una significación religiosa que le otorga al castigo el carácter de suplicio, de ceremonia, de ritual. Aquí no solo me interesa mostrar el amplio repertorio de correctivos empleados en las UMAP, sino los modos en los que los castigos se inscriben en una narrativa y cómo se recuerdan.

Además de las cercas de púas, la violencia y las largas jornadas de trabajo, hay otro elemento al que las narrativas de memoria sobre las UMAP prestan especial atención. Se trata del proceso de borrado de identidad al que fueron sometidos los confinados en el campo de concentración. Inmediatamente después de producirse el reclutamiento, los hombres perdían sus nombres para convertirse en un número. El otorgamiento de un número no se hacía de

---

[24] La canción fue escrita junto a Silvio Rodríguez y se estrenó el 26 de julio de 1984. Después Pablo Milanés la incluyó en su disco *Proposiciones*, Egrem, La Habana, 1988.

manera aleatoria, sino que estaba conectado a un complejo sistema de clasificación que se basaba en la orientación sexual, las creencias religiosas, entre otros criterios. Esto no fue exclusivo del caso cubano. En los campos nazis, por ejemplo, los números se tatuaban en los brazos de los reos y se les ponían en las ropas unas bandas de diferentes colores que respondían a categorías de clasificación dentro de aquella maquinaria de exterminio. En las UMAP no

Imagen 4. Monograma del uniforme que usaron los primeros confinados de las UMAP en noviembre de 1965.

se tatuaba a los confinados, pero se les obligaba a usar un monograma o distintivo de color rojo y blanco con las siglas de la institución, que debían llevar a todos partes. Esas cuatro letras estaban cargadas de sentido y constituían también una marca.

El borrado de identidad mediante la asignación de números provocó que muchos no conocieran nunca el nombre de algunos de sus compañeros. Además, las autoridades buscaban suprimir la identidad y la vida previa a la entrada al campo de trabajo forzado, así como cortar todo vínculo afectivo con los guardias y oficiales. Este ejercicio formaba parte de una ritualidad de control basada en el conteo. Como en las prisiones, los confinados en las UMAP eran sometidos a un exhaustivo proceso de conteo varias veces al día que los guardias usaban para detectar fugas y reactualizar su propio poder.

«De nuevo, otro grito. Dos tres veces, alto y urgente. Hay que formar y pasar lista para ver si estamos todos. Yo soy 41. Grito: "Aquí" cuando me llaman. No, mejor dicho, cuando me cuentan. Nunca me llaman, pues no tengo nombre. Solo me cuentan. Solo soy 41. Un número». De este modo explicaba Alberto I. González Muñoz el proceso. Y continúa: «A las diez y treinta habrá otro grito para formación y pase de lista. Responderé a mi número. Yo soy 41. Eso es: un número. Mi tarea es estar cuando cuenten, cada vez que cuenten, y hacer que mi número funcione, que no esté ausente».[25] Un número es una abstracción, una estadística, un instrumento de despersonalización que impactó la subjetividad de muchos de los confinados. El propio González Muñoz describe la relación que estableció con los distintos números que tuvo durante el tiempo que estuvo recluido en la UMAP:

> Mi primer número en las UMAP fue el 93. Dentro de esa incomprensible maquinaria reeducadora en la que habíamos caído, conocí lo que siente una persona cuando deja de tener un nombre y se convierte en un número. Muy pronto aprendí a responder por el 93. No solamente cuando los jefes llamaban: Oiga 93, párese en atención. También los compañeros: Oye 93, vamos a conversar un rato. Más tarde fui el 13 y después el 41. Podrá parecer extraño a quien lea esto y nunca haya tenido la experiencia: uno le toma cariño a su número y sufre cada vez que se lo cambian.[26]

Aquí se representa la institución como parte de una «maquinaria reeducadora». Esta noción, creada por el propio testigo mientras estaba recluido, es fundamental para entender el carácter sistémico de las UMAP y su conexión con otras instituciones. Se trata de un testigo que produce conocimiento *ad hoc*, marcos de interpretación

---

[25] Alberto I. González Muñoz: Ob. cit., p. 116.
[26] Ibídem, pp. 37-38.

de la experiencia y otros detalles de extraordinario valor. «Ser un número es… no ser. Y yo solo soy 41», reitera en una suerte de soliloquio trágico. Para este hombre, el cambio de dígitos representaba un evento traumático, una tragedia. Al parecer, la adaptación a un número nuevo era un proceso complejo que le provocaba, incluso, una depresión tremenda, porque ya estaba «programado» para responder por otro: «Es como si de pronto te cambiaran el nombre».[27]

Para los cubanos, los números están conectados a los presagios y a la suerte. Usan la charada china que consiste en una lista de números con significados para jugar a «La bolita», una especie de lotería clandestina. Aunque el gobierno revolucionario había prohibido desde inicios de la década de 1960 la lotería nacional, los juegos de azar y las apuestas se mantuvieron funcionando de modo subterráneo. Los diferentes números que González Muñoz recibió en las UMAP se inscriben en este mapa de significación. Por ejemplo, en la charada, el 93 se identifica con la Revolución, las sortijas de valor, las joyas y la libertad. El 13, en cambio, representa la figura del pavo real, el niño y el elefante. El 41, otro de los números que sirvió para «nombrar» a este hombre, está asociado a la lagartija, la prisión, al pato y al jubo, una variedad de culebra oriunda de Cuba.

La maldita circunstancia de la caña por todas partes

El sábado 14 de mayo de 1966, Raimundo García Franco escribió en su diario de las UMAP: «Cargar las cañas en hombros al recorrer el surco para sembrarlas. Una y otra vez se recorre el mismo camino. Los surcos se unen con un camino interminable. Un día, otro día; cargar las cañas en el hombro cuando se llevan en un mazo, caminando como esclavos».[28] La esclavitud y la caña son imágenes recurrentes en este tipo de narrativas y se usan para explicar la experiencia concentracionaria. El ejercicio de iteración con el que García Franco describe las rutinas de trabajo es fundamental para entender las lógicas en las que se asentaron las UMAP y cómo

---

[27] Ibídem, p. 113.
[28] Raimundo García Franco: *Llanuras de sombras. Diario de las UMAP*, Centro Cristiano de Reflexión y Diálogo-Cuba, Cárdenas, Matanzas, 2018, p. 59.

se integraron a la economía de plantación en Cuba, con la que la Revolución, en teoría, prometió acabar.

En *La isla que se repite*, Antonio Benítez Rojo representó a la plantación como una máquina colonial iterativa que asociaba al azúcar con políticas de seguridad nacional. Primero se reconocieron como «antiabolicionistas» y luego como «antiindependentistas». En el siglo XX se llamaron «democráticas» y después de 1959, «revolucionarias». La propaganda nacionalista, explicaba Benítez Rojo, tuvo un gran peso porque construyó al azúcar como una necesidad: «sin esclavos no hay azúcar», «sin azúcar no hay país» y «¡los diez millones van!». De este modo, agregó: «El azúcar equivale a patria, y producir azúcar es ser cubano. Años atrás, cuando alguien pretendía modificar el *statu quo* del mundo azucarero, era señalado como enemigo y llamado "revolucionario"; ahora se le llama "contrarrevolucionario" aunque se trate del mismo individuo».[29]

La perspectiva postcolonial que propone Benítez Rojo para leer el Caribe, a través del continuo y repetitivo ciclo de plantación, es productiva si se usa también para analizar el papel de la plantación dentro del sistema totalitario cubano y la subordinación del país al imperialismo soviético. Cuando llegaron al poder en 1959, los líderes de la Revolución prometieron acabar con el modelo de monocultivo azucarero en el que la isla estuvo atrapada desde el siglo XIX. Sin embargo, las políticas para diversificar la economía y crear nuevas industrias fracasaron; el azúcar siguió siendo el principal renglón hasta finales de la década de 1980. Cuba terminó desempeñando, dentro del bloque comunista, prácticamente el mismo papel que tenía bajo la influencia de Estados Unidos durante la primera mitad del siglo XX.

La promesa de acabar con el monocultivo y el latifundio sedujo a muchos. Jean Paul Sartre, por ejemplo, vio a la Revolución cubana como un «huracán» contra el «monstruo diabético» de la plantación. De acuerdo con el intelectual francés, el azúcar había desarrollado una suerte de «hipertrofia» cultural que generaba una

---

[29] Antonio Benítez Rojo: *La isla que se repite* (edición definitiva), Editorial Casiopea, Barcelona, 1998, p. 144.

relación de dependencia con el imperialismo.[30] Pero Sartre pensaba en el coloniaje estadounidense y no en el soviético, que a la larga terminó imponiéndose. Lo cierto es que, a mediados de la década de 1960, la economía cubana seguía dependiendo del azúcar y la mecanización del corte de caña no estaba generalizada, por lo que el éxito de las zafras dependía del corte manual. Para suplir las necesidades del bloque comunista, se instaló un latifundismo estatal que tuvo consecuencias desastrosas.

El azúcar también formó parte del gran salto ideológico que Fidel Castro tenía previsto para 1970. El máximo líder pretendía llevar la isla a una etapa superior de construcción del socialismo con una zafra de diez millones de toneladas de azúcar. Este proyecto comenzó a planearse desde 1964 y adquirió tal importancia y envergadura que la revista *ANAP* del Ministerio de la Agricultura lo denominó como la «bomba atómica azucarera».[31] Para lograr el golpe de efecto, Castro necesitaba movilizar y desplazar gran cantidad de brazos hacia las zonas donde existían grandes plantaciones de caña. La provincia de Camagüey, ubicada en la región central del país, con grandes extensiones de tierra y poca mano de obra, fue escogida de modo estratégico para el emplazamiento de las UMAP a fines de 1965.

Las zafras se insertaron dentro de la jerga nacionalista y los discursos de la guerra. Se promocionaban como campañas militares y a los trabajadores se les que representaba como héroes y soldados, para poder utilizarlos como fuerza de trabajo sin tener que compensarlos económicamente. Con ese objetivo, se crearon varios modelos de trabajo no pagado, las UMAP entre ellos. De acuerdo con el economista Carmelo Mesa-Lago, entre 1962 y 1967 el Gobierno logró ahorrar con esa estrategia alrededor de trescientos millones de pesos.[32]

---

[30] Jean Paul Sartre: *Huracán sobre el azúcar*, Ediciones Uruguay, Montevideo, 1961, p. 26.

[31] Cfr. Lillian Guerra: *Visions of Power: Revolution, Redemption, and Resistance, 1959-1971*, University of North Carolina Press, 2012, p. 190.

[32] Cfr. Carmelo Mesa-Lago: «Economic Significance of Unpaid Labor in Socialist Cuba», *Industrial and Labor Relations Review*, Vol. 22, Issue 3, April 1, 1969, p. 339.

PARTICIPACION DE LAS UNIDADES MILITARES DE AYUDA A LA PRODUCCION EN LA SEPTIMA ZAFRA.

TOTAL DE CAÑA CORTADA	112.188.652
ARROBAS DIARIAS POR HOMBRES	92.2
% DE PARTICIPACION EN LA PROVINCIA	11.07 %
% DE CUMPLIMIENTO DE LAS METAS ASIGNADAS AL MINFAR	112 %
% QUE REPRESENTA LA CAÑA CORTADA POR EL MINFAR	20 %

●

LIBRAS DE AZUCAR PRODUCIDAS	322.542.375
TONELADAS METRICAS PRODUCIDAS	148.370.38
SACOS DE 250 LBS. PRODUCIDOS	1.290.171
PROMEDIO DE CAÑA ALZADA DIARIA	906.153
CABALLERIAS DE CAÑA CORTADAS	2.056.5
CAMPOS CORTADOS	6.285.7

●

MEJOR MACHETERO DE LA UMAP:
ROBERTO GALGUERA MARTEL
Brigada Cap. Roberto Rodriguez (El Vaquerito)

MEJOR DUO DE LAS UMAP:
AMADO ASIN ALMENARES
EMILIO ASIN ALMENARES

●

MEJOR BRIGADA BIMILLONARIA
CDTE. HORACIO RODRIGUEZ

MEJOR BRIGADA MILLONARIA
CAPITAN ROBERTO RODRIGUEZ

MEJOR BON DE LAS UMAP
BON N° 26
AGRUPACION VERTIENTES

MEJOR AGRUPACION
AGRUPACION No. 6 SENADO

●

BRIGADAS BIMILLONARIAS
@s.

1—	CMDTE. HORACIO RODRIGUEZ	2.007.008	VERTIENTES
2—	„ LUIS A. TURCIOS LIMA	2.053.006	SENADO
3—	VENCEDORES DEL IMPERIALISMO	2.001.937	ESMERALDA

MEJORES MACHETEROS

	@s.		@s.
ROBERTO GALGUERA MARTEL	101,570	VICTOR SUAREZ PEREZ	92,428
AMADO ASIN ALMENARES	100,694	ANTONIO ALFONSO M.	92,428
EMILIO ASIN ALMENARES	100,693	RUPERTO CABRERA	83,904
DOMINGO MARRERO	100,346	OMELIO RIVERO	90,539
SEGUNDO HERNANDEZ	100,050	JUAN F. QUESADA M.	76,048

Imagen 5. Cifras de cantidad de caña cortada por los confinados en las Unidades Militares de Ayuda a la Producción en 1967. Aparecieron en la contraportada de ¡*Sin Tregua!*, Boletín Informativo de la Sección Política de las UMAP, n.º 6, 1967.

Las UMAP se integraron a la economía planificada socialista, al igual que había sucedido en la Unión Soviética con el gulag (por sus siglas en ruso: Dirección General de Campos de Trabajo Correccional y Colonias). Vladimir Chernavin, uno de los que logró escapar de ese infierno, describe cómo en 1930 el gulag se convirtió en una gran empresa de trabajo forzado con apariencia de institución correctiva, lo que permitió establecer planes de desarrollo en lugares donde hubiera sido muy difícil sin ese instrumento.[33] De acuerdo con Chernavin, el gulag tenía una estructura y funciones muy similares a los de una empresa estatal, estaba organizado en forma de unidades militares, y los detenidos recibían un pago miserable por el trabajo.

Los treinta mil hombres enviados a trabajar de modo forzado a las UMAP se consideraron también como propiedad del Estado cubano. «Ustedes han dejado de pertenecerse», les dijo un oficial a un grupo de confinados cuando les dio la bienvenida.[34] De este modo, se justificaba la apropiación y disposición del cuerpo dentro de una estructura de tipo militar pero que en el fondo tenía una base económica.

El sistema de trabajo impuesto por los guardias a los confinados en las UMAP y las interminables jornadas provocó que algunos pensaran en el suicidio. Otros, en cambio, decidieron mutilarse con el objetivo de lograr una tregua por los días que durara la lesión o, en el mejor de los casos, para que los regresaran a casa. La automutilación era castigada severamente. Para no ser descubiertos por los guardias, los confinados debían aparentar que había sido un accidente durante el corte de caña. Debían internarse en los cañaverales para cercenar el miembro elegido. Muchos perdieron dedos, otros sufrieron heridas en los tendones que provocaron daños irreversibles. El religioso José Caballero Blanco recuerda que en su unidad había un recluso al que le llamaban El Cirujano

---

[33] Cfr. Vladimir Chernavin: «Life in Concentration Camps in USSR», *The Slavonic and East European Review*, Vol. 12, No. 35, January 1934, p. 393.

[34] José Mario Rodríguez: «2279: ¿definitivamente?», *Exilio*, vol. 3, n.º 1, primavera, 1969, p. 35.

por el grado de especialización que había alcanzado en el arte de dar tajos con un machete afiladísimo. Una vez que se practicaba la mutilación, se cortaba la tela del pantalón y esa área se embadurnaba con la sangre de la herida y se llamaba al cabo para que autorizara a ir a la enfermería.[35] Para extender el tiempo de convalecencia, espolvoreaban sobre las heridas un poco de abono nitrogenado de modo que las lesiones no cerraban.

Por lo general, en la mayoría de las escrituras producidas por los confinados de las UMAP, se representa el trabajo forzado en el corte de caña mediante analogías con la esclavitud. Una excepción es Alberto I. González Muñoz, quien empaca el sistema de explotación de los campos de concentración dentro de una narrativa religiosa que le otorga un valor intrínseco al trabajo sin importar las condiciones:

> Me incorporé al trabajo del campo y lo hice con verdadero entusiasmo. Desde que comencé a aplicar el principio que Pablo expresa en Colosenses 2: 23, «*Y todo lo que hacéis, hacedlo de corazón, como para el Señor y no para los hombres*», todas las cosas habían cambiado para mí. ¿Qué importaba que hubiera sido llevado a las UMAP injustamente? A la hora de trabajar, podía hacerlo como si estuviera trabajando para el Señor. ¿Qué importaba que solo recibiera siete pesos por salario?[36]

Si una de las víctimas del campo de trabajo forzado acomoda su experiencia traumática de este modo, qué podemos esperar de los victimarios y sus narrativas ancladas en la justificación y en la negación. Esta posición de testigo demuestra el hondo calado que tuvo la retórica revolucionaria sobre el trabajo, sus poderes de asimilación entre las propias víctimas y sus conexiones con la religión. Cuando más adelante González Muñoz dice que «la Biblia condena de manera absoluta la pereza porque ella degenera y destruye al hombre», no

---

[35] José Caballero Blanco: *UMAP. Una muerte a plazos*, Alexandria Library, Miami, 2008, p. 57.

[36] Alberto I. González Muñoz: *Dios no entra en mi oficina. Luchando contra la amargura cuando somos víctimas de la injusticia*, ABG Ministries, Frisco, 2012, p. 237.

Imagen 6. Póster diseñado y difundido por cubanos anarquistas, exiliados en Estados Unidos, durante la década de 1960, que conecta el Servicio Militar Obligatorio y las UMAP con el trabajo forzado y la esclavitud. Archivo personal del autor.

queda claro si habla un seminarista o un comisario ideológico del Partido Comunista de aquella época. Apenas alcanzo a ver la diferencia, porque la lógica sobre el trabajo como dispositivo de control y el empaque ideológico son prácticamente los mismos.

Con su entusiasmo hacia el trabajo, este religioso se integró al sistema de «emulación» de las UMAP con la intención de sobrecumplir las normas. Quería obtener –según habían prometido los militares– días adicionales a los establecidos en el sistema de pases. Sin embargo, el único premio que recibió el «compañero vanguardia» fue una bandera roja con la que tenía que ir a todas partes. «Salimos de pase a finales de diciembre. Nos dieron los diez días reglamentados y la oferta de más días de pase por sobrecumplir la norma se quedó en promesas», lamentó.[37]

El sistema de emulación se basaba en un nuevo modelo de extracción y utilización de la fuerza de trabajo por parte del Estado. De este modo, el «trabajo voluntario» se convirtió en un dispositivo de control y en un mecanismo disciplinario que el régimen utilizaba para apropiarse del tiempo de los ciudadanos sin tener que pagarles.

En el gulag soviético, los prisioneros que accedieran a trabajar más allá de la norma se consideraban «trabajadores de choque», y se les reducía el tiempo de estancia en la institución. De modo que para estos «entusiastas» dos meses podían ser considerados como tres.[38] Algo similar sucedió con las UMAP. Los confinados recibían un pago de sietes pesos mensuales y eran compelidos a participar dentro de lo que se conoce como «emulación socialista», un sistema de competencia inspirado por el movimiento estajanovista ruso. La emulación se utilizó para incentivar la producción.

En las UMAP, los trabajadores «vanguardias» o «de choque» no recibían compensación económica, sino diplomas o reconocimientos en actos políticos y de masa. A los que se consideraba que habían tenido un buen comportamiento y una buena «actitud ante

---

[37] Ibídem, p. 240.
[38] Cfr. Vladimir Chernavin: Ob. cit., p. 407.

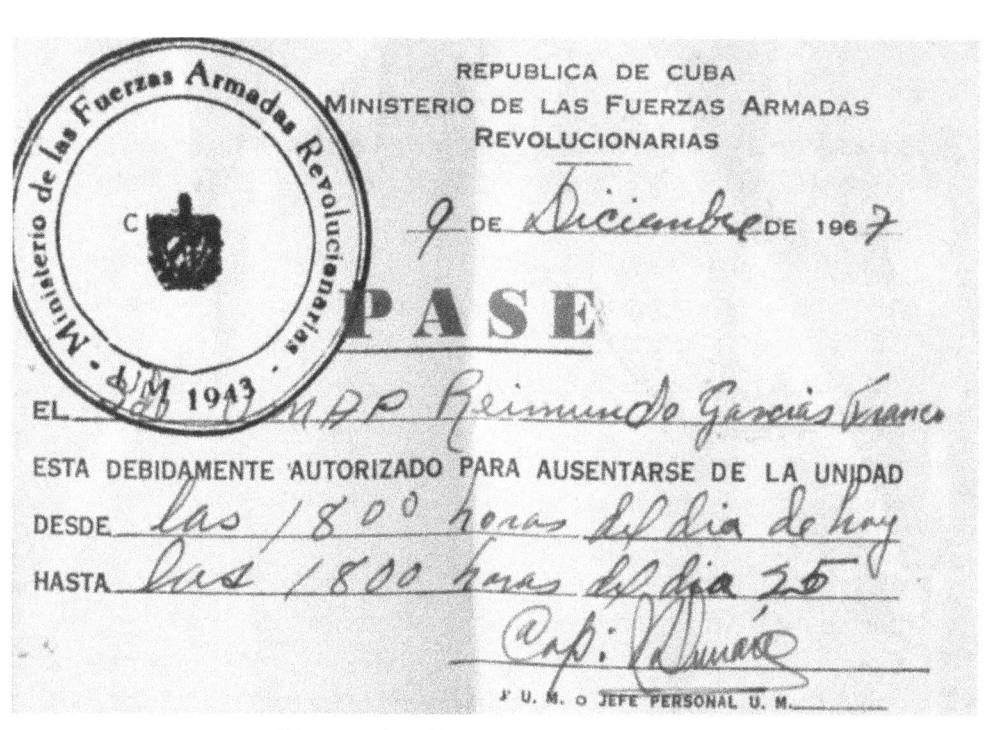

Imagen 7. Pase expedido por la dirección de las UMAP el 9 de diciembre de 1967 que autorizaba a Raimundo García Franco a salir de la unidad. Foto cortesía de Raimundo García Franco.

el trabajo» se les rebajaba, al menos en teoría, diez días de cada mes del tiempo reglamentado.[39] Sin embargo, eso nunca ocurrió. En los campos de rehabilitación en China también se implementó esta estrategia, sobre todo entre 1958 y 1960, durante la política del Gran Salto Adelante. A los más destacados en la producción se les denominaba «soldados modelos». Como premio podían recibir visitas de familiares alguna que otra vez, además de cartas y paquetes. En algunos casos, también les otorgaban pases para ir a sus casas.[40] Sin embargo, en las UMAP los pases no se hicieron efectivos hasta muchos meses después de efectuado el confinamiento. El pase y la visita de los familiares funcionaron también como mecanismos de control y de coerción. Si no se cumplían las

---

[39] Cfr. Luis Pavón Tamayo: «¿Qué es la UMAP? El Servicio Militar en las Unidades de Ayuda a la Producción», *Verde Olivo*, año VII, n.º 12, 27 de marzo de 1966, p. 9.

[40] Martin King Whyte: «Corrective Labor Camps in China», *Asian Survey*, Vol. 13, No. 3, March 1973, p. 263.

normas disciplinarias o económicas previstas, los reclusos podían perder ese privilegio. Además, eran sometidos a jornadas de «trabajo voluntario».

Según Orlando Borrego, la política del trabajo voluntario comenzó a ser implementada por Ernesto Guevara cuando estuvo al frente del Ministerio de Industrias. El funcionario había sido el secretario personal de Guevara y, desde 1964, se desempeñó como Ministro de la Industria Azucarera. En 1968, Fidel Castro lo destituyó porque dijo que la Zafra de los Diez Millones, que el comandante estaba planificando para 1970, era imposible de cumplir.

De acuerdo con Borrego, durante el tiempo que Guevara estuvo al frente del Ministerio de Industrias, cada trabajador debía cumplir con doscientas cuarenta horas de «trabajo voluntario». Esa meta, recuerda, «era muy fuerte, muy difícil de cumplir porque había que ir casi todos los domingos y entonces qué tiempo se dedicaba a la familia. Por eso muchos compañeros hacían trabajo voluntario de noche». Era tanta la presión, aseguró, que «varios dirigentes se volvieron locos por el sistema de trabajo que habíamos creado. Eso pasó con uno de nuestros administradores más conscientes, Omelio se llamaba, que tenía como tres cargos al mismo tiempo». En una ocasión, agregó, «me llama la mujer por teléfono porque el compañero estaba en el baño de su casa vestido de miliciano dándose una ducha y enjabonándose y todo, se fundió completo, no pudo con la presión, lo cogió un estrés funcional y lo fundió». Ante esa realidad, concluye, «creamos un departamento de psicología y psiquiatría para orientar a los compañeros en todo este programa que se estaba llevando a cabo. Cómo sobrellevar y balancear las grandes cargas de trabajo, el desarrollo de la conciencia, la exigencia de la moral».[41]

Durante esos años, se conminó a millones de ciudadanos a que trabajaran de modo «voluntario». Este modelo había sido bastante

---

[41] Abel Sierra Madero: «Entrevista a Orlando Borrego», audiograbación inédita, La Habana, 22 de septiembre de 2011. La conversación se sostuvo en su oficina del Ministerio de Transporte, donde Borrego se desempeñaba como asesor del Ministro.

criticado por varios especialistas, entre ellos Carmelo Mesa-Lago y René Dumont. A pesar de la gran cantidad de recursos estatales y humanos empleados, explicaron los expertos, los niveles de productividad eran muy bajos, la fuerza de trabajo no era especializada y la política de estímulos del Gobierno no produjo incentivos suficientes.[42] El «trabajo voluntario» terminó por convertirse en un sistema compulsivo a tal punto que en el lenguaje popular se le reconocía como «obliguntario». Esta práctica también se impuso en las UMAP, a pesar de las largas y duras jornadas de trabajo que ya estaban establecidas como norma. Así lo describe José Caballero Blanco:

> Teníamos que trabajar en el campo de lunes a sábado, jornadas de más de 12 horas. Los domingos, supuestamente, eran para lavar la ropa, escribir a nuestras familias y recuperar algo de fuerzas. Pero la realidad no era así. Los grandes cerebros del campamento idearon otro tipo de actividad para ese día, actividad que irónicamente llamaron: «trabajo voluntario». Como nuestro trabajo consistía en todo lo relacionado con la caña de azúcar «chapear, aporcar, cortar...», la fabulosa idea consistía, en ir a recoger boniato, yuca, o lo que se les ocurriera.[43]

José Caballero Blanco era un joven bautista que fue enviado a los campos de trabajo forzado cuando tan solo tenía diecinueve años. Se animó a hablar sobre esa experiencia varias décadas después. La primera edición de su libro UMAP. *Una muerte a plazos* se realizó en 2008, en Estados Unidos, donde vive exiliado. Su visión como testigo también pasa por una ética religiosa que lo llevó a matizar sentimientos y afectos con respecto al poder que lo envió a las UMAP. En la introducción del volumen confesó que cada vez que intentaba escribir, el odio se desbordaba y esa memoria le causaba un profundo dolor. El tiempo y su fe religiosa, explica, fueron fundamentales para que esos recuerdos no se tradujeran

---

[42] Cfr. Carmelo Mesa-Lago: Ob. cit. y René Dumont, *Socialism and Development*, Grove Press, New York, 1970.

[43] José Caballero Blanco: Ob. cit., p. 100.

Imagen 8. Póster diseñado y difundido por cubanos anarquistas, exiliados en Estados Unidos, durante la década de 1960, para explicar la naturaleza compulsiva del trabajo voluntario. Archivo personal.

en venganza. Sin embargo, a diferencia de otros testigos, Alberto I. González Muñoz entre ellos, Caballero Blanco no reduce el espacio de la justicia al simple perdón. «A esos, la justicia debe de aplicárseles con toda su fuerza. Justicia no es ensañamiento», reflexionó.

José Caballero Blanco describió el agobiante sistema de trabajo en los campos. Además, reflexionó sobre el papel de la caña de azúcar en la Historia de Cuba y representó las UMAP como un régimen de plantación esclavista: «Tan dulce que es la caña y cuantas amarguras hay relacionadas con ella. Los pobres negros esclavos, los chinos contratados como "obreros"; jamaiquinos y haitianos, cuando la República... Luego arribó el proceso revolucionario y junto a él, los cortes de caña "voluntarios" y la neoesclavitud de las UMAP».[44] Este tipo de analogías no solo se utilizó

[44] Ibídem, pp. 158 y 100.

en las narrativas testimoniales o autobiográficas sobre las UMAP, sino también en otras escrituras que se inclinaron por otros géneros para dar cuenta de esa experiencia. Así reflexionaba Abel, el protagonista de *Aislada isla* (2018), un testimonio novelado, escrito por Pío Rafael Romero.

> La espalda termina destrozada al final de cada jornada. Exigían dejar cargada toda la caña que se cortaba en el día, pues si tarda mucho en ir al central azucarero, merma su peso y contenido de azúcar. Esto hace que el día de trabajo se extienda a catorce o dieciséis horas. Tiempo que ni los esclavos hacían en la época que Cuba era colonia española. Solo faltaba el látigo. Mejor no mencionar esto, para no dar ideas.[45]

En uno de los pasajes de otra novela, *Un ciervo herido* (2002), el escritor Félix Luis Viera pone en boca del personaje de Luis Arturo un parlamento que representa el régimen de trabajo en las UMAP como parte de un sistema de esclavitud: «[...] bajo ese sol con la espalda doblada en el surco el látigo del sargento en su voz apúrense coño la norma la patria espera de ustedes la Revolución socialista necesita de ustedes el futuro el desarrollo del porvenir el comandante en jefe confía en nosotros dicen los sargentos». [sic]

El narrador de *Un ciervo herido* es el propio protagonista de la novela. Para resolver las limitaciones del empleo de la primera persona de modo sostenido, Viera fue intercalando otros recursos para hablar del contexto histórico. Es el caso de las cartas que el protagonista envía a su madre y que buscaban «conservar en cuero vivo los recuerdos y reflexiones» sobre la experiencia en las UMAP.[46]

Para muchos de los confinados, efectivamente, las cartas que intercambiaron con familiares y amigos tuvieron un fin utilitario. Sirvieron para «ordenar los recuerdos y reconstruir la historia».[47] Las cartas también funcionan como una forma de evidencia. Además,

---

[45] Pío Rafael Romero: *Aislada isla*, Editorial Sargantana, Valencia, 2016, p. 265.
[46] Félix Luis Viera: *Un ciervo herido*, Editorial Verbum, Madrid, 2015, pp. 87 y 89.
[47] Alberto I. González Muñoz: Ob. cit., p. 8.

constituyen ese espacio liminal y poroso que conecta el adentro con el afuera del campo de trabajo forzado y del espacio carcelario en general. Son también una zona residual, la instancia desde donde se articulan afectos, la memoria y una parte de la experiencia.

Félix Luis Viera fue enviado a las UMAP en 1966. Tuvieron que pasar treinta años para que decidiera escribir la novela. En una conversación que sostuvimos en 2016, el escritor explicó que durante todo ese tiempo buscaba un narrador: «El narrador tenía que ser muy original. Yo no podía narrar una retahíla de hechos tremebundos que aburrirían al lector». Esta estrategia, señala, estaba encaminada a que la historia no reprodujera los mismos códigos que los textos y películas que se han realizado sobre el Holocausto, para no aburrir al lector y no incurrir en exageraciones.

Félix Luis Viera creía románticamente que iba a poder escribir la novela en la isla y no en México como sucedió: «Yo pensaba que la iba a poder publicar en Cuba cuando ya eso fuera aceptado, cuando la Revolución hubiera avanzado lo suficiente, cuando eso ya no fuera un pecado, cuando este y otros asuntos fueran de dominio público, sin rencor ni un carajo. Claro, estoy hablando de los sesenta y los setenta. Pero no fue así».[48] Aunque la novela contiene muchos elementos autobiográficos, el escritor no la considera un testimonio en lo absoluto, ni siquiera una novela histórica. Sin embargo, reconoce que, aunque estuvo recluido en las UMAP, no fue un testigo directo de todos los castigos que se describen en el libro. Para estos pasajes, dice, se valió de las descripciones de un primo suyo que sí había sufrido una experiencia más rigurosa.

Para representar la experiencia traumática, Félix Luis Viera escogió la «literatura» y no el testimonio, que, explicó, por lo general se asocia solamente a la reconstrucción del pasado.[49] La novela, en cambio, le permitía, por la propia «naturaleza» del género, que los acontecimientos no fueran leídos y asimilados como Historia. Es interesante ese gesto, en la medida en que contrarresta aquellas narrativas ofi-

---

[48] Abel Sierra Madero: «Entrevista a Félix Luis Viera», audiograbación inédita, Miami, 23 de mayo de 2016.

[49] Ídem.

ciales y las de algunos confinados de las UMAP que insisten en leer su experiencia allí como pasado, para que no pueda ser utilizada en el presente político. En literatura, diría William Faulkner, «el pasado no ha muerto, ni siquiera es pasado».[50] Sin embargo, esa separación tácita de géneros literarios de la que participa Viera resulta problemática para un proyecto de memoria que tiene que prescindir de antemano de la materialidad del archivo oficial. Es usual que el autor, el testigo, la literatura y el testimonio se piensen como entidades fijas e inconexas. En la historia de la literatura cubana hay varios ejemplos que desmienten esta lógica. Reinaldo Arenas es uno de ellos.

Reinaldo Arenas. El escritor como testigo y la literatura como testimonio

¿Puede el escritor ser considerado un testigo? ¿Es la literatura un testimonio? Con estas preguntas me interesa indagar sobre el papel de la literatura como proyecto de memoria y si se puede constituir en un espacio central, no periférico o complementario, en la producción de un régimen de saber y de verdad. Para desarrollar esta discusión, voy a tomar como punto de partida un texto del escritor cubano Reinaldo Arenas. Se trata de *El central*, un extenso poema escrito en 1970 y publicado en España en 1981.

En *La isla que se repite*, Antonio Benítez Rojo hablaba de una tradición de «discursos de resistencia» al azúcar en Cuba en la que incluyó «El central». Creo que el texto tiene un alcance y una fuerza que ese ejercicio historiográfico restringe. Duanel Díaz ha dicho, con razón, que el modelo retórico de *El central* está más cerca de *La isla en peso* de Virgilio Piñera que de otros autores que Benítez Rojo integra a su esquema. «Solo que ahora la fatalidad no es tanto la insularidad como la plantación misma: la insoportable circunstancia de la caña por todas partes», explicaba el crítico.[51]

---

[50] William Faulkner: *Requiem for a Nun*, Knopf Doubleday Publishing Group, 2011, p. 73. La traducción es mía.

[51] Duanel Díaz Infante: «Azúcar y revolución (Réquiem)», *Diario de Cuba*, 18 de mayo de 2013, <http://www.diariodecuba.com/cultura/1368826739_3303.html>, [16/03/2019].

El central forma parte de un proyecto de memoria más abarcador al que se integran «Morir en junio y con la lengua afuera», «Leprosorio» –poemas de estructura muy similar–, y la novela *Arturo, la estrella más brillante* (1984), de la que hablé brevemente en el segundo capítulo. Antes de meterme de lleno en el texto, me gustaría retomar algunas de las ideas que Benítez Rojo ensayó en *La isla que se repite*. Allí quizás esté una de las claves para leer «El central» de Reinaldo Arenas.

En su análisis de las crónicas de Fray Bartolomé de las Casas, Benítez Rojo recuperó la noción de *ficción intercalada*, patentada por Enrique Pupo-Walker, para explicar las fabulaciones literarias del sacerdote. De acuerdo con Pupo-Walker, las ficciones literarias no son, en lo absoluto, restos insignificantes del discurso historiográfico, sino que constituyen una parte constitutiva de ese saber.[52] Para Benítez Rojo, en cambio, la ficción es un complemento del testimonio histórico. Sin embargo, reconoció que el testimonio, en ocasiones, también se articula como complemento de la fabulación literaria. En algunos casos, aclaró, las ficciones pueden tomarse como textos «protohistóricos», porque preceden al material historiográfico mismo, incluso, anteceden al momento donde se funda propiamente el discurso historiográfico.[53]

Si seguimos esta ruta de análisis, podríamos entender *El central*, precisamente, como dispositivo «protohistórico». Esta decisión tiene implicaciones metodológicas y empíricas. Dentro de esta lógica, no tendría sentido separar lo literario de lo testimonial. Por el contrario, se trata de entender el modo en que la literatura se gestiona como un proyecto de memoria, se constituye en testimonio, y cómo se convierte en un signo de Historia –diría Jacques Rancière.

Aquí habría que decir como Rancière que «no hay una lengua propia del testimonio» ni jerarquía entre géneros. La literatura,

---

[52] Cfr. Enrique Pupo-Walker: «La ficción intercalada: su relevancia y funciones en el curso de la historia», *Historia, creación y profecía en los textos del Inca Garcilaso de la Vega*, Editorial José Porrúa, Madrid, 1982, pp. 149-193; tomado de Antonio Benítez Rojo, *La isla que se repite* (edición definitiva), Editorial Casiopea, Barcelona, 1998, p. 115.

[53] Cfr. Antonio Benítez Rojo: Ob. cit., p. 137.

aunque está constituida por un régimen estético del arte, explicaba el francés, debe leerse como una «elección» de representación. Y agregó: «no existe lo irrepresentable como propiedad del acontecimiento», solo elecciones de representación.[54] Con este este argumento, Rancière respondió a las ideas que Claude Lanzmann desarrolló sobre la supuesta «irrepresentabilidad» del Holocausto.

Ahora bien ¿qué garantías tenemos de que el testimonio no sea sino una «ficción intercalada»? ¿Toda literatura es testimonio? Por supuesto que no. Solo aquella que se implica, que se involucra en un sistema de representación de lo histórico a partir del posicionamiento del autor como testigo. Es decir, que se constituye, al mismo tiempo, como un saber historiográfico y como un resto, un archivo simbólico de memoria o de contramemoria. Aquí propongo una visión más abarcadora del testigo y no como una unidad cerrada. La condición de testigo no se adquiere solamente a partir de un repertorio de experiencias y vivencias en primera persona. La memoria y la experiencia también se constituyen a partir de un proceso de transferencias.

Como se sabe, en el documental *Shoah* (1985) Claude Lanzmann prescindió de imágenes de archivo del Holocausto. Esta decisión no estaba relacionada con un criterio estético, sino con una ética que venía proponiendo desde 1979 en la revista *Les Temps Modernes*, donde habló de la «irrepresentabilidad» del Holocausto y del carácter intransferible de la experiencia.[55] Dentro de esta lógica, el testigo es una entidad sagrada de imposible acceso. Los trabajos de Dominick LaCapra y Teresa Brennan, entre otros, han demostrado que una parte de la experiencia, entendida como campo de afectos, es transferida o transmitida a través de varias formas.

LaCapra, por ejemplo, advierte sobre los modos en que los historiadores u otros analistas se convierten en «testigos secundarios»,

---

[54] Jacques Rancière: «S'il y a de l'irreprésentable», en Jean-Luc Nancy (ed.), *L'Art et la Mémoire des camps. Représenter, exterminer, Le Genre humain*, No. 36, Seuil, Paris, 2001, pp. 94 & 96.

[55] Cfr. Claude Lanzmann: «De l'Holocauste à *Holocauste* ou comment s'en débarrasser», *Les Temps Modernes*, annee 34, No. 395, juin, 1979, p. 1901.

a partir de una relación transferencial que afecta la posición de sujeto con respeto al testigo y su testimonio.[56] Por transferencia, entiende el proceso en que el historiador puede involucrarse emocionalmente con el testigo o con un testimonio específico. Anne Karpf va mucho más allá y dice que en determinadas circunstancias el historiador pasa de ser un testigo secundario para convertirse en un testigo «sustituto» (*surrogate witness*), mediante un proceso de transferencias que denomina «cadena testimonial» (*chain of testimony*).[57] La transferencia también se produce a través de archivos simbólicos o de sentimientos (*archive of feelings*) tal y como lo pensó Ann Cvetkovich, para explicar los modos en que algunos textos culturales funcionan como repositorios de sentimientos y emociones codificados, no solo en el contenido, sino también en las prácticas que rodean su producción y recepción.[58]

Estas aproximaciones son importantes para entender cómo el acto de presenciar (*witnessing*) se convierte también en una experiencia colectiva a partir de la literatura, y cómo el testimonio es un género más poroso y abierto de lo que se cree. *El central* de Reinaldo Arenas ofrece esa posibilidad.

Shoshana Felman ha argumentado que el testimonio es un fenómeno híbrido y genéricamente entrecruzado (*cross-generic*), y que la poesía, efectivamente, puede constituirse como un testimonio.[59] En la nota que Arenas introduce al final de *El central*, impresa en una letra pequeñita como en los contratos, parece estar una de las claves para leer el poema dentro de esta discusión. En el texto se lee: «Desde luego, las imágenes actuales personales o, si se

---

[56] Dominick LaCapra: *History and Memory after Auschwitz*, Cornell University Press, 1998, p. 11.

[57] Anne Karpf: «Chain of Testimony: The Holocaust Researcher as Surrogate Witness», in Nicholas Chare & Dominic Williams (eds.), *Representing Auschwitz: At the Margins of Testimony*, Palgrave Macmillan, London, 2013, p. 87.

[58] Ann Cvetkovich: *An Archives of Feelings: Trauma, Sexuality, and Lesbian Public Cultures*, Duke University Press, Durham, 2003, p. 7.

[59] Cfr. Shoshana Felman & Dori Laub: *Testimony: Crises of Witnessing in Literature, Psychoanalysis and History*, Routledge, London, 1991, p. 4.

quiere, sentimentales que integran el poema son también reales, pero a ningún historiador le interesará verificarlas. Además, cómo hacerlo».[60] De este modo, el escritor cubano inscribe el campo de lo afectivo, de lo personal, en el registro de lo real, de lo histórico. Pero ya mucho antes lo había anunciado, este fragmento es solo una confirmación: «Donde florece el espanto/ Poeta/ allí estás».[61] Arenas propone una lectura de la poesía como un espacio que no pertenece a la filología, sino al campo de la imagen. El poema es una captura de lo histórico, sin embargo, la Historia está planteada como verificación. El escritor, además, propone un reto metodológico que hasta hoy se mantiene como una pregunta de investigación. ¿Cómo hacerlo?

El central está conformado por escenas que dialogan con la estructura de la ópera bufa; tiene argumentos y hasta un «Grandioso Finale». Este formato le imprime al texto una musicalidad y una ritmática que acentúan el melodrama y la tragedia, géneros con los que Arenas juega también. En la octava parte del poema, «Pequeño pretexto para una monótona descarga», vuelve a dar cuenta sobre su relación con la Historia.

> *OH, sí, cómo me revienta hablar de la historia.*
>   *Cómo me revienta y precisa.*
>   *Cómo me encajona y fatiga.*
>   *–«Cómo trabajosamente compongo»: patada sobre*
> *el culo sobre patada sobre el culo.*
>   *Ah, cómo chisporrotea la mierda cuando se revuelve.*
>   *Ah, con qué prudencia todo dictador condena a*
> *muerte a quien ose manejar la espumadera.*
>   *Ah, cómo asquerosamente me apasiona revolver.*
>   *Ah, cuánto apestan los héroes*
> *Oh, cuánto apestas.*[62]

[60] Reinaldo Arenas: *El central*, Seix-Barral, Barcelona, 1981, p. 105.
[61] Ibídem, p. 47.
[62] Ibídem, p. 87.

Aquí el poeta expresa una vocación, una pasión que pasa por inscribir la literatura en el metarrelato historiográfico. Se trata de un gesto, de un ejercicio de *history-telling* del que hablaba Alessandro Portelli. El término clave es *revolver*. Agitar la mierda se plantea no solo como una pulsión, una necesidad, sino como un método para decir lo que no ha sido dicho. Revolver, significa deconstruir, desacralizar. Este ejercicio escatológico lo lleva a otro nivel en la novena parte, «La monótona descarga»:

> HABLAR *de la historia*
> *es hablar de nuestra propia mierda*
> *almacenada en distintas letrinas.*
>   *–Manos esclavas conducen los camiones por el terraplén*
> *polvoriento.*
>   *Hablar de la historia*
> *es entrar en un espacio cerrado*
> *y vernos a nosotros mismos*
> *con trajes más ridículos, quizá,*
> *pero apresado por las mismas furias*
> *y las mismas mezquindades.*
>   *–Manos esclavas labran cruces, cetros, cofas, gallardete*
> *y curañas; hacen funcionar las palancas.*
>   *Hablar de la historia*
> *es abandonar momentáneamente nuestro obligatorio silencio*
> *para decir (sin olvidar las fechas) lo que entonces no pudieron*
> *decir los que padecieron el obligatorio silencio.*
> *Para decir ahora lo que ya es inútil.*
>   *–Manos esclavas sacan oro, mueven trapiches, construyen*
>   *puentes, fosas y carreteras, estrangulan y aplauden.*[63]

En este fragmento el acto de *Hablar* se destaca en mayúsculas; está en una instancia superior a la *historia*, en minúsculas, y la reconstrucción historiográfica se representa nuevamente como un ejercicio

---

[63] Ibídem, p. 91.

escatológico. Por otra parte, la palabra y el silencio funcionan como un archivo, un repositorio, «sin olvidar fechas», aclara el poeta.

Además del volumen de Seix-Barral de 1981, «El central» cuenta con otra edición que se realizó en 1990 y estuvo a cargo de la Editorial Betania. En esa ocasión, el poema se publicó en *Leprosorio (Trilogía poética)*, un libro que incluía además «Morir en junio y con la lengua afuera» y «Leprosorio», escrito entre 1974 y 1976. Para esta nueva edición, Arenas hizo algunos retoques al poema. En la quinta parte, «De noche los negros», volvió a cuestionar la Historia como espacio de reconstrucción de la experiencia traumática. También indagó en sus puntos ciegos y residuos para pensar las tensiones que se producen entre la víctima y el responsable de la tragedia a la hora de narrar:

> *En qué aguas*
> *se reúnen el que cuenta el terror*
> *y el terror que se cuenta.*
> *En qué abismo furioso perece*
> *la música y el danzante.*
> *Quién es el que interpreta.*
> *Quién es el que padece.*
> *Cuál de los dos es el autor*
> *del trágico mamotreto.*[64]

De este modo, Arenas participó de los debates de la posmodernidad y del posestructuralismo que desestabilizaron la noción de *obra* y la figura del autor. Los ensayos de Roland Barthes y Michel Foucault, a finales de la década de 1960, proponían la muerte del autor como principio ético. «¿Qué importa quién habla, alguien ha dicho qué importa quién habla?», se preguntaba Foucault.[65] Sin

---

[64] Reinaldo Arenas: «El central», *Leprosorio (Trilogía poética)*, Editorial Betania, Madrid, 1990, p. 41.

[65] Michel Foucault: «¿Qué es un autor?», en Michel Foucault y Daniel Link, *¿Qué es un autor? Seguido de Apostillas a ¿Qué es un autor?*, Ediciones Literales, Buenos Aires, 2010, p. 11.

embargo, está disquisición que sirvió para explicar el carácter inestable y poroso del autor como categoría o entidad privilegiada dejaba fuera una serie de escenarios en los que sí importa quién habla y desde qué posición habla. ¿Quién puede hablar y quién no? Esa es básicamente la pregunta que articuló el campo de los estudios subalternos (Subaltern Studies), desarrollados por Gayatri Spivak, entre otros, a inicios de la década de 1990.

No voy a profundizar en este asunto para no alargar o desviar la discusión. Lo que me interesa del fragmento de «El central» citado más arriba es el gesto de Reinaldo Arenas para crear una visión más elástica de la figura del autor. Al parecer, el poeta pensaba en un autor colectivo para contar el acontecimiento. El relato se construye sobre un proceso de transferencias que hace que ambos, el que interpreta y el que padece, se puedan fundir en una misma unidad de *history-telling*. En esta lógica es que leo la poesía como testimonio y la constitución del escritor como testigo.

Arenas reclamó una condición de testigo que fue desarrollada con más profundidad en «Leprosorio», donde habla de su experiencia carcelaria en varias prisiones cubanas durante 1975. En *El central* representaba a Cuba como una *sugar island*, en «Leprosorio», en cambio, desarrolló la imagen de la isla-cárcel:

> *Yo he visto, yo he visto.*
> *Yo he visto no la tortura sicológica, no los sofisticados experimentos bioquímicos, no el tecnificado crematorio, ni siquiera la velocísima (ya lo dice su nombre) silla eléctrica –recuerde que estamos en una prisión tropical que es además el primer territorio libre de América, por lo tanto, aquí no son necesarias esas finezas–;*[66]

El poema está dedicado a Virgilio Piñera «una vez más», y *La isla en peso* es una referencia con la que Arenas dialoga constantemente. En el texto, el escritor asume una posición de testigo

---

[66] Reinaldo Arenas: «Leprosorio», *Leprosorio (Trilogía poética)*, ob. cit., p. 114

desde donde autoriza la voz poética: «Todo eso lo vi, pero, naturalmente, si usted no lo vio, cómo puedo mostrárselo./ Yo he visto, yo he visto».[67] Este ejercicio permite que el poema pueda ser leído como un testimonio y como un espacio de interpretación que excede al propio poema. Si en El central Reinaldo Arenas pensaba lo histórico como verificación, en «Leprosorio» su voz se construye desde una autoridad que no necesita constatación. Es la voz del testigo.

En otro pasaje del texto, Arenas diserta sobre el papel y el valor de la poesía para contar el acontecimiento y la experiencia traumática en un régimen como el cubano. Cuestiona las formas poéticas e irrumpe con el verso libre, habla de justicia, de urgencias y de la necesidad de decir. En el texto se lee:

> ¿Alguien siente el desesperado crepitar de la Isla donde
> millones de esclavos (ya sin color) arañan la tierra inútilmente?
> No hay nada que decir, sino inclinarse y escarbar.
> No hay nada que decir sobre la libertad en un sitio donde
> todo el mundo tiene el deber de callarse o el derecho a perecer
> balaceado.
> No hay nada que decir sobre la humanidad donde todo el
> mundo tiene el derecho a aplaudir o perecer balaceado.
> No hay nada que decir sobre los sagrados principios de la
> justicia en un sitio donde todo el mundo tiene el derecho a
> inclinar su cuerpo esclavo, o sencillamente, perecer balaceado.
>
> (Qué claro, qué claro está todo: ni grandes frases, ni
> complicadas especulaciones filosóficas, ni el poema hermético.
> Para el terror basta la sencillez del verso épico: decir.)
> Hay que decir.
> Hay que decir.
> En un sitio donde nada se puede decir es donde más hay
> que decir.

---

[67] Ibídem, p. 115.

Hay que decir.
Hay que decirlo todo.[68]

Si en la novela *Arturo, la estrella más brillante*, había una posición de desencanto con respecto a la Historia y desconfianza del poder de testimonio –«qué podían las palabras contra ese terror»–, aquí el testimonio se convierte en una necesidad imperiosa: «Hay que decirlo todo».[69] Este texto fue escrito mucho antes de que se difundiera la mayoría de las narrativas sobre las UMAP. La temporalidad no es un detalle menor porque lo convirtió en un dispositivo de saber historiográfico; es como si el texto hubiera venido del futuro. *El central*, así como «Morir en junio y con la lengua afuera», «Leprosorio» y la novela *Arturo, la estrella más brillante*, conforman un proyecto de contramemoria que rompe con los relatos de otros escritores cubanos con respecto a la zafra y el azúcar durante la Revolución.

El central tiene que ver con la propia experiencia de Reinaldo Arenas como bracero en una plantación cañera. En 1970, durante la locura de la Zafra de los Diez Millones, el escritor fue enviado por la Unión de Escritores y Artistas de Cuba a cortar caña en el ingenio Manuel Sanguily en Pinar del Río. Décadas después contó: «La visión de tanta juventud esclavizada fue la que me inspiró la redacción de mi poema *El Central*. Allí mismo, redacté aquellas páginas; no podía quedarme en silencio ante tanto horror».[70]

Ese año la revista *Casa de las Américas* dedicó una edición especial a la «mayor zafra de nuestra historia». Reinaldo Arenas no fue invitado. *El central* fue, de alguna manera, su respuesta a aquel proyecto editorial. El posicionamiento de Arenas es muy diferente al de Cintio Vitier, por ejemplo. En sus «Apuntes cañeros», Vitier reprodujo la visión disciplinaria oficial y representó la zafra como

---

[68] Reinaldo Arenas: *El central*, ob. cit., p. 61.
[69] Ibídem, p. 51.
[70] Reinaldo Arenas: *Antes que anochezca*, Tusquets, Barcelona, 1992, p. 155.

un espacio poético ideal para la rehabilitación de escritores. En uno de los versos, el poeta explicó cómo «la mano de escribir/ coge otra forma», «el uso del machete la reeduca».[71] Para Arenas, en cambio, la plantación es un infierno definido por el trabajo forzado, el insoportable corte de caña, las largas jornadas, la vida en las barracas. Se burla de la visión de Vitier, de la política cultural de la Revolución, y ridiculiza el lenguaje de la jerga ideológica comunista y sus metáforas industriales:

> La poesía, al igual que el porvenir, se gesta en el vertiginoso giro de un pistón de 4 tiempos; en el mareante desfile de las carretas cañeras y en la árida voz del que te ordena *más rápido, más rápido*. Oh. La poesía está aquí, en la parada al mediodía para el trago de agua sucia. Oh, la poesía está aquí, en el torbellino de moscas que asciende a tu rostro cuando levantas la tapa del excusado. Con la creación del bocabajo [...] es indiscutible que se crea toda una escuela literaria.[72]

El central de Arenas podría pensarse también como una máquina, una máquina literaria para utilizar, precisamente, el término de Benítez Rojo cuando describe los ciclos de la plantación en *La isla que se repite*. Pero en Arenas el tiempo histórico no es lineal ni continuo, sino una correlación espacial y temporal que hace que la encomienda indígena, la plantación esclavista del siglo XIX y el trabajo forzado en los cañaverales y centrales azucareros socialistas se constituyan en una única dimensión, *back and forth*.

El texto es una suerte de *collage* de imágenes orientadas a la deconstrucción de los lenguajes de un poder que se apropió de la fuerza de trabajo de miles de ciudadanos bajo una retórica socialista, para no tener que compensarlos económicamente. «Veo un ejército

---

[71] Cintio Vitier: «Apuntes cañeros», *Casa de las Américas*, año XI, n.º 62, septiembre-octubre, 1970, p. 79.

[72] Reinaldo Arenas: *El central*, ob. cit., p. 46. *Bocabajo* fue el nombre de uno de los castigos de las plantaciones esclavistas. Consistía en poner al esclavo con el vientre en el suelo para que recibiera el número de azotes que el dueño estimara conveniente.

de adolescentes esclavizados y hambrientos, arañando la tierra./ (Lluvias. Y la flota soviética que arriba en "visita amistosa".)/ Qué querías que te dijese, de qué quieres/ que te hable. De qué puedo hablarte, de qué otra cosa puedo hablarte,/ dime», se lee en *El central*.[73] El escritor advertía la presencia del coloniaje soviético y establecía una relación constitutiva entre azúcar, plantación y la Revolución. Es precisamente ese tipo de ejercicios deconstructivos, el uso de estas imágenes, lo que hace del texto un dispositivo historiográfico.

En Reinaldo Arenas hay una ética que pasa por la acción de ver y por la interpelación al lector: «De qué puedo hablarte, de qué otra cosa puedo hablarte,/ dime». La posición de testigo que reclama Arenas cuestiona, además, la función social y el compromiso del intelectual con la realidad. En esta narrativa, la Revolución es un trapiche, una maquinaria que molía cañas, hombres y escritores al mismo tiempo. ¿La censura?, parte de esa molienda:

Ah,
¿pero conoce usted las diversas fases de la fabricación del azúcar?
Quieras o no, aquí te las endilgo:

a) La caña pasa por las esteras, se le tritura, se le extrae
el jugo, se niegan pases, se recargan los horarios, se celebran
consejos de guerra, se convoca a reuniones urgentes.
Y la violencia se encona como un machetazo en la época
de las lluvias.

b) El juego delicioso, cantado ya por poetas y narradores,
sufre el proceso de la imbibición, se purifica; llega a las pailas,
se agita, bulle, se aprietan las tuercas, se redoblan los azotes
y la vigilancia; se castiga por no haber dado el corte bien bajo;
se exige una arroba más por día.

---

[73] Ibídem, p. 95.

> *Y la violencia se encona como un machetazo en la época de las lluvias.*[74]

La representación de la Revolución como máquina (de)moledora se complementa con la de la plantación como un escenario de clausura, de aniquilación del cuerpo del sujeto y del presente histórico. Irrumpe en el discurso poético con el verso libre y va contra las formas:

> *Llegamos.*
> *Y ya todo estaba previsto,*
> *los grandes planes futuros,*
> *los grandes terrores presentes, las altas tierras de la Isla*
> *acorazada por su perenne espanto.*
> *Llegamos y no hay nadie esperándonos*
> *ni siquiera para decirnos que regresemos.*
> *No hay nada, sino la orden inacabable,*
> *la resolución a largo plazo,*
> *los carteles donde se nos muestra el futuro.*
> *y la gran plantación de caña donde se nos aniquila*
> *el presente.*
> *Llegamos*
> *y aquí están ya los grandes artefactos mecánicos listos para ser conducidos.*
> *Llegamos*
> *y aquí están ya las inevitables planillas (sexo, edad, nombre del padre, nombre de la madre, peso, actitud ante el trabajo, integración y conciencia revolucionaria, conducta, color de los ojos) listas para ser llenadas.*
> *Llegamos*
> *cuando ya era demasiado tarde para dejar de aplaudir.*
> *Llegamos*
> *cuando ya era imposible seleccionar nuestro infierno.*[75]

[74] Ibídem, pp. 63-64.

[75] Ibídem, pp. 54-55.

Plantación socialista y hombre nuevo

Además de Cintio Vitier, en el número 62 de *Casa de las Américas* dedicado a la zafra de 1970, participaron Manuel Moreno Fraginals, Edmundo Desnoes, Víctor Casaus, René Depestre, Raúl Rivero, Margaret Randall, Carlos Puebla, Manuel Granados, Antonio Benítez Rojo, entre otros. En su ensayo «Cuba: caña y cultura», Desnoes habló sobre el papel del azúcar en la historia de la isla, asociada al subdesarrollo y a la dependencia, también de su experiencia como bracero en la zafra de 1967. Escribió el texto con pereza, con desgano, como si se tratara de una obligación. Para narrar la experiencia personal, se limitó a citar un fragmento de su cuento «Aquí me quedo». Es curioso el cambio de tono del ensayo con respecto a ese cuento, en el que describió el corte de caña como una labor insoportable y asfixiante. También se refirió a la violencia revolucionaria sobre el cuerpo del intelectual y su obra literaria.

Sin embargo, se la pasó lisonjeando a Fidel Castro y, como el dictador, trató de convertir el revés en victoria con frases vacías. Este gesto fue muy común en la retórica castrista después del fracaso de la Zafra de los Diez Millones. Desnoes vendía la idea de que, a pesar del fiasco, con la Revolución, la caña iba a destruir su «propia gravitación opresiva sobre nuestra cultura» para transformarse en un dispositivo de conciencia revolucionaria sobre el trabajo. «La caña nos condena y nos libera», concluyó.[76] Esa era también la tesis que planteaba René Depestre. Para el poeta y ensayista haitiano de la descolonización, la caña representaba una suerte de *cogito*: «Corto caña, luego soy, luego somos».[77]

Vale la pena regresar al relato «Aquí me pongo» de Desnoes. En uno de los diálogos se lee: «— ¿Ustedes se dan cuenta de que nosotros vamos a cortar caña de aquí a unas horas igual, pero igualito

---

[76] Edmundo Desnoes: «Cuba: caña y cultura», *Casa de las Américas*, año XI, n.º 62, septiembre-octubre, 1970, pp. 56 y 58.

[77] René Depestre: «Birilín. Para la mayor zafra de la Historia», *Casa de las Américas*, año XI, n.º 62, septiembre-octubre, 1970, p. 115.

que lo hacían los esclavos hace ciento cincuenta años?».[78] Este parlamento se conecta con la idea de que el «trabajo voluntario» en la Revolución no era sino un modelo más de trabajo oneroso, de trabajo esclavo. Sebastián, el protagonista, es un escritor que desconfía de la promesa de construir el comunismo cortando caña. Otro pasaje del cuento retoma la visión sobre el intelectual que Ernesto Guevara había planteado en «El socialismo y el hombre en Cuba» (1965):

> La culpabilidad de muchos de nuestros intelectuales y artistas reside en su pecado original no son auténticamente revolucionarios una bomba en el barracón llegó el *Granma* con la carta del Che sobre el hombre nuevo y silencio la gente rascándose las ronchas de los mosquitos leyeron en alta voz y qué tenemos que hacer para que nos consideren revolucionarios integrarse al pueblo seis años la revolución Playa Girón la Crisis del Caribe morir habrá que morir habrá que nacer de nuevo.[79]

La falta de puntuación, el discurso corrido y sin pausa fue un recurso del Boom latinoamericano que también Reinaldo Arenas utilizó en *El central*, en «Morir en junio y con la lengua afuera» y en la novela *Arturo, la estrella más brillante*. La trama de «Aquí me pongo» de Edmundo Desnoes se conecta con la tesis del número de *Casa de las Américas* dedicado a la zafra. Se trataba de representar la muerte del escritor burgués y el nacimiento del «hombre/escritor nuevo». De este modo, la caña funcionó como un espacio normativo ideológico y masculinizador. En uno de los diálogos se lee:

> —No me sorprende, hacía mucho tiempo que yo lo esperaba. El intelectual y los escritores y los pintores nacieron para eso, para ser jodidos.
> —Ustedes bromean, pero ya verán. Algún día la revolución eliminará a todos los escritores y artistas de origen pequeñoburgués... Nosotros

---

[78] Edmundo Desnoes: «Aquí me pongo», *Punto de vista*, Instituto del Libro, La Habana, 1967, p. 120.

[79] Ibídem, p. 128.

estamos maleados por la sociedad capitalista que conocimos antes de la revolución, ya no tenemos remedio.

—Todos los escritores y artistas son maricones.

—¡Patria o muerte!

—Venceremos.[80]

Después de que se emplazaron las UMAP, muchos entendieron que el único modo de evitar el campo de concentración en la década de 1960 era participando de modo «voluntario» en las zafras. Manuel Granados exploró, precisamente, ese tropo literario del escritor bajo sospecha ideológica y sexual:

—Viejo, este año voy al corte –dije a mi padre a la hora de la comida.

—Te rajarás; no estás hecho a eso –contestó él.

Te rajarás, te rajarás, la caña es dura. Así era siempre, en todas partes y con todos, peor aún:

—Eres escritor intelectual.

Supongo que de ahí a flojo, afeminado, débil políticamente, posible apátrida, gusanón, agente de la CIA, había poco trecho. Quizás por eso estoy aquí, a pesar de que. «Lo único que tendremos es lo que seamos capaz de hacer». ¿Fidel? Por algo más, qué caray, porque La Habana es una mierda en tiempo de zafra, porque me humilla la barba de los macheteros y sus conversaciones y su prepotencia y ¡porque yo también puedo cortar caña! Y por cuanto vivo aquí, hago aquí. He de entender que zafra y termómetro en Cuba, pueden ser sinónimos, ya que a través de lo primero, se pueden medir las posibilidades de lo segundo.[81]

Ninguno de los escritores que contribuyeron con el número de *Casa de las Américas* dedicado a la zafra de 1970 habló de las UMAP. Ninguno. Solo Manuel Granados con «De testimonio 70» parece destacar la estructura carcelaria y militar en la que también estaban implicados los campamentos de macheteros voluntarios, donde

---

[80] Ibídem, p. 110.

[81] Manuel Granados: «De testimonio 70», *Casa de las Américas*, año XI, n.º 62, septiembre-octubre, 1970, p. 60.

los escritores expiaban sus culpas y pecados. En 1967, Granados había obtenido una mención en el premio de esa institución con la novela *Adire y el tiempo roto*. En «De testimonio 70» se lee: «Reunión del Batallón. Confirmación de pareja. Facenda, mayimbe del CNC, gordo y de pistola, militarmente da el reglamento. No se puede hacer esto, no se puede hacer lo otro y qué sé yo, y qué sé más, y me asusto pensando en una Isla del Diablo rodeada de caña por todas partes». Y más adelante: «Funciona la cocina, un viejo carcelero es el jefe de cocina, su argot es el de la galera, y me incomoda pues me hace sentir: —El 18-06 recoja sus pertenencias, llegó su libertad».[82]

Aquí *La isla en peso*, «la maldita circunstancia del agua por todas partes» y el miedo de Virgilio Piñera reaparecen como fantasmas para explicar la tragedia, el drama cubano. No se sabe muy bien si Granados utilizó el significado arcaico del término *facenda* para describir la actividad del corte o, en realidad, es un guiño a la *fazenda* brasileña para destacar las conexiones del modelo revolucionario con otras estructuras de plantación y organización social. No es casual el uso del término *mayimbe*, un vocablo que recuerda la estructura de poder del cacicazgo. El mayimbe es el jefe; una imagen que Reinaldo Arenas utilizó recurrentemente en *El central* para referirse a Fidel Castro, como se verá más adelante.

Además del lenguaje y la estructura carcelaria y militar del campamento de macheteros, Manuel Granados destacó la asignación de números que, como ya he explicado, fue un elemento fundamental del campo de trabajo forzado. Ahora bien, desde el inicio del texto, el escritor realiza un gesto que no se debe pasar por alto. El relato se articula en una escritura creativa, pero el título, «De testimonio 70», sugiere un encuadre que funde lo literario con lo testimonial. El reclamo del testimonio no es casual. Se trata de un ejercicio que se conecta directamente a los argumentos que he tratado de desarrollar en estas páginas sobre los modos en que el testimonio puede constituirse en literatura y la literatura, también, a veces, en testimonio.

---

[82] Ibídem, p. 61.

En otro pasaje se lee: «Tengo que hacer un buen papel, primero muerto que rajao, si me rajo dirán que es porque soy escritor, a pesar de que ya se han rajao seis que no lo son y no les han dicho nada más que eso, ¡rajaos!».[83] Otra vez el escritor frente al espejo, frente al mito fundacional del hombre nuevo como dispositivo masculinizador y de imaginación nacional. La noción de los *rajados* está asociada con la feminidad, con la traición, y tiene su origen en el malinchismo mexicano y la «Chingada». En *El laberinto de la soledad*, Octavio Paz hablaba de la «Chingada» como espacio de la colonización/penetración del cuerpo nacional mexicano.[84] En Cuba, este discurso fue recuperado por la retórica revolucionaria con consignas grandilocuentes como «Solo los cristales se rajan, los hombres mueren de pie».

Si para Cintio Vitier en la caña nacía la poesía, para Granados, en cambio, significaba la imposibilidad de escribir: «¡Qué duro es todo! La mocha pesa un diablo; no estoy cansado. ¡Sí, lo estoy coño! ¿Y qué? Después de todo, esto es largo, tendido, jodío, excitante y obligatorio, ¿pero quién me obligó? Nadie, para qué vivo ahora. ¿Por qué no fui hecho y formado en la decadencia de lo anterior y muerto en ello? ¿Por qué no tuve paciencia y esperé a que los valores, el hombre nuevo y el desarrollo estuvieran funcionando?». Y más adelante se responde: «Debo aniquilarme y nacer de nuevo, con olor a sudor y dolor de cintura y contentura por los pelos de la barba que igualan y ponen el amaneramiento seudointelectual (esnob es la palabra) que antes no tenía, en retirada, y...».[85]

«Humo en las torres, humo en las altas torres»

Reinaldo Arenas entendió la Ley de Servicio Militar Obligatorio y el mísero pago de siete pesos mensuales que recibieron los reclutas y los confinados de las UMAP, en nombre de la Revolución y la construcción del socialismo, como parte de un sistema de gestos, lenguajes y signos. Los reclutados vestidos de verde, «el color de la

---

[83] Ibídem, p. 70.

[84] Cfr. Octavio Paz: *El laberinto de la soledad*, Fondo de Cultura Económica de España, Madrid, 1981, pp. 31-32.

[85] Manuel Granados: Ob. cit., p. 64.

época», son representados como una dotación de negros esclavos. Los guardias y los oficiales del MININT, por su parte, encarnan la figura del mayoral de la plantación y de los cazadores de esclavos. En uno de los pasajes de *El central*, el poeta describe una redada policial alrededor del parque que colinda con heladería habanera Coppelia. Este sitio, ubicado en el barrio de El Vedado, ha servido para la sociabilidad de los *gays* y en general de los jóvenes desde la década de 1960. Entonces, el lugar era conocido como «La patera» y fue objeto de constantes redadas policiales para arrestar a jóvenes que se vestían de modo «extravagante» y con hábitos de nocturnidad que provocaron el pánico de los dirigentes:

> Visto desde aquí, desde la altura, el paisaje es casi romántico; centenares de muchachos corriendo por parapetos, muros, altas columnas, y, canteros, y centenares de hombres agarrándolos [...]. En grupos de 12 son atados por el cuello y a golpes de puntapiés sacados de la selva. En la esquina, la infatigable orquesta parece barnizar la lucha con un popular cha-cha-cha.[86]

Esta descripción es casi cinemática y construye un ambiente, una atmósfera de la represión. Al tiempo que describía a los oficiales como rancheadores de esclavos, Arenas se refiere a los ómnibus Leylands, camiones y trenes utilizados por el ejército para el traslado de los jóvenes a las UMAP o a otras granjas de trabajo, como barcos negreros trasatlánticos.

No con nosotros que hemos sido citados
por una ley militar
o recogidos en nombre del pueblo. Y
en regios Leylands
hemos sido conducidos hasta el mismo campo de
trabajo, y
disciplinadamente hemos ocupado nuestras literas,
nos hemos acordado del número que nos han adjudicado,

---

[86] Reinaldo Arenas: *El central*, Seix-Barral, Barcelona, 1981, p. 35.

> *hemos recibido un uniforme y*
> *un par de zapatos y*
> *un sombrero. Y*
> *hemos sido vacunados. Y*
> *hemos probado a veces hasta postres en la comida. Y*
> *una vez*
> *hasta se nos permitió que nos visitaran,*
>   *(por unas horas se suspendieron los trabajos).*[87]

Los ómnibus Leylands de fabricación inglesa comenzaron a circular en Cuba a inicios de la década de 1950. La importación de estos aparatos estuvo asociada al desmantelamiento de la red de tranvías de La Habana, y generó millonarios ingresos por concepto de comisiones a los corruptos políticos de esa época. Durante la Revolución, se mantuvo la importación hasta que llegó el último lote en 1965. En otras narrativas de memoria producidas por personas que sufrieron la experiencia de las UMAP, estos autobuses adquirieron una connotación muy diferente a la imagen del barco negrero. «Alguien dijo que era como una versión de los trenes de la muerte de los nazis, que conducían a los judíos a los campos de trabajo forzado, con la variante modernizada de cambiar los trenes por ómnibus Leyland Olympic», escribió en su libro Pío Rafael Romero.[88] El punto de asociación aquí, la imagen escogida para significar el peso de la tragedia, es el campo nazi.

Para Arenas, en cambio, su proyecto de memoria descansaba en la representación de Cuba socialista como una gran plantación que había terminado por convertir en esclavos, «ya sin color», a millones de personas. «De noche, ¿son negros? De noche, ¿son reclutas? [...] He aquí que ha llegado el momento en que dos épocas confluyen».[89] Esta superposición temporal, esta manipulación del

---

[87] Ibídem, pp. 41-42.
[88] Pío Rafael Romero: *Aislada isla*, Editorial Sargantana, Valencia, 2016, p. 58.
[89] Reinaldo Arenas: *El central*, ob. cit., pp. 61 y 59.

tiempo histórico para conjugarlo con el tiempo poético, es de los ejercicios más recurrentes que caracterizan el texto. «Ahora yo era el indio, yo era el negro esclavo; pero no era yo solo; lo eran aquellos cientos de reclutas que estaban a mi lado», escribió también años más tarde en *Antes que anochezca*.[90]

El color de la piel ha sido históricamente uno de los elementos antropológicos sobre los que se articularon el racismo y la esclavitud en el Caribe. En *El central*, el color es una metáfora sobre la que se ensamblan otras formas de racismo y etiquetas discriminatorias. Arenas propone una noción de *racismo estatal* más amplia que pasa por la sexualidad, el control del deseo y de la expresión intelectual. De acuerdo con esta lógica, el racismo de la Revolución se articula a través de la generación de una identidad colectiva «sin color», homogénea, de la violencia y el trabajo forzado. Lo que Arenas traduce en lenguaje poético, literario, no es sino el establecimiento de una pedagogía, de una biopolítica que se produce como doctrina de Estado, a partir de la distribución de los cuerpos en una dinámica y experiencia concentracionarias, con fines productivos e ideológicos.

El texto también se adentra en la cultura de la simulación que existe al interior del régimen totalitario. La describe como una práctica de supervivencia, también una consecuencia de la falta de instituciones democráticas. Después de 1959 se estableció un pacto tácito entre la dirigencia y la ciudadanía en el que muchos, al ser interpelados por la violencia real o simbólica de la Revolución, decidieron participar del simulacro, de la mascarada política, no solo para sobrevivir dentro de una sociedad tan vigilada, sino también para garantizar movilidad social y acceso a determinados bienes y servicios. «Muchacho/ no hay consignas/ por muy bien que las sepas parodiar/ que te rescaten no hay instituciones/ no hay instituciones internacionales/ no hay instituciones», se lee en otro pasaje que termina con un verso lapidario: «Tu juventud te condena». Inmediatamente después, el poeta empieza a dibujar

---

[90] Reinaldo Arenas: *Antes que anochezca*, Tusquets, Barcelona, 1992, p. 154.

una ciudadanía, una identidad definida por el cimarronaje, por la fuga, no hay otra opción: «Corre, sencillamente corre. Corre hasta que tropieces con el metálico rostro, con la muralla infranqueable, o con el mar custodiado. Pero oye, no dejes de correr jamás».

En el poema, el trabajo forzado en la Cuba socialista se representa como parte de un engranaje, de un sistema de plantación destinado no solo a la producción de azúcar, sino también de «hombres nuevos» en masa. Además, Arenas tiene un modo muy peculiar de representar a Fidel Castro en todo ese sistema. El comandante es indistintamente un rey, un dictador, un dueño de esclavos, el amo, también un cacique: «Mire qué bien marchan, comandante –comenta uno de los íntimos con el Gran Cacique–. Mire usted qué ritmo, qué paso, qué disciplina. –Y el Gran Cacique, vasto y ventrudo, grasiento y barbudo, mira y sonríe».

El central bien pudiera ser leído dentro del género de la novela del dictador, aunque formalmente sea un poema. Arenas propone un desmontaje del arquetipo colonial, a partir de la crítica al monumento autoritario que significa la figura de Fidel. «Que rieguen, que fertilicen esta nueva variedad/ que Yo propongo, que Yo dispongo, que Yo ordeno/ que se siembre, cultive y adore», se lee en otro verso.[91]

La representación nacional de Cuba como una encomienda indígena o un batey y la de Fidel Castro como un cacique fue recuperada hace unos años. En 2008 comenzó a circular de modo *underground* una canción del trovador Ray Fernández, «Lucha tu yuca, taíno», una guaracha en la que se describe la decadencia del máximo líder: «El cacique delira, está que preocupa». Por esa fecha, Fidel Castro ya había delegado todo el poder a su hermano Raúl, después de haber sufrido una enfermedad que lo incapacitó. Alejado de la vida política y visiblemente afectado por su condición, Castro comenzó a escribir notas incoherentes a las que llamó «Reflexiones» y que publicaban todos los medios. Además de esos delirios, Fernández resaltaba el modo en que el Estado se apropiaba de la fuerza de trabajo de los cubanos: «Ay trabaja, trabaja, cómo

---

[91] Reinaldo Arenas: *El central*, ob. cit., pp. 34, 36, 14 y 12.

suda el indito/ al que todavía pagan con espejitos/ en las horas de ocio juega al Batos un poquito/ porque está caro, muy caro, porque está caro, muy caro, el areito».[92]

El repertorio de imágenes que Arenas utilizó para representar a Fidel Castro era bastante amplio. En «Morir en junio y con la lengua afuera», otro poema de 1970 y con un formato muy parecido a *El central*, compara al máximo líder con una suerte de «gran hermano» orwelliano: «El gran amo está aquí; el amo vigila./ El gran amo dispondrá cuánto debes vivir,/ para qué sirves, cuál es tu fin». Otras veces, Fidel es un Dios que dispone de los cuerpos a su antojo. Para el poeta, la Revolución es precisamente un proyecto minucioso de fractura, digestión y borrado de cuerpos y subjetividades: «El hombre nuevo está perdiendo el habla, la memoria, ya no ve./ Son los invariables privilegios que Dios, piadoso,/ concede/ siempre/ al esclavo».[93]

Esa imagen acerca del desmembramiento del sujeto a partir de las «necesidades» económicas y políticas de la Revolución había sido ensayada por Heberto Padilla en *Fuera del juego* (1968). Con «En tiempos difíciles», el primer poema del libro, Padilla explora el cuerpo como ofrenda y como sacrificio:

> *A aquel hombre le pidieron su tiempo*
> *para que lo juntara al tiempo de la Historia.*
> *Le pidieron las manos,*
> *porque para una época difícil*
> *nada hay mejor que un par de buenas manos.*
> *Le pidieron los ojos*
> *[...]*
> *Le pidieron el pecho, el corazón, los hombros.*
> *Le dijeron que eso era estrictamente necesario.*[94]

---

[92] Ray Fernández: «Lucha tu yuca, taíno», *El conciertosky*, EGREM, 2014.

[93] Reinaldo Arenas: «Morir en junio y con la lengua afuera», *Leprosorio (Trilogía poética)*, Editorial Betania, Madrid, pp. 87 y 94.

[94] Heberto Padilla: *Fuera del juego*, Ediciones Unión, La Habana, 1968, p. 23.

De hecho, Herberto Padilla fue el único de los intelectuales cubanos durante la década de 1960 que, desde Cuba, hizo referencia a las UMAP en una publicación oficial. La estudiosa Lourdes Casal y el historiador Jorge I. Domínguez afirmaron en algún momento que una carta enviada por la Unión de Escritores y Artistas de Cuba (UNEAC) al máximo líder condujo al eventual desmantelamiento de las UMAP. Sin embargo, no ofrecen ninguna fuente que pueda confirmarlo.[95] En marzo de 1968 Padilla escribió: «En tan corta vida revolucionaria hemos tenido; incluso, nuestro stalinismo en miniatura, nuestro Guanahacabibes, nuestra *dolce vita*, nuestra UMAP».[96] Se trata de un texto que se publicó en *El Caimán Barbudo* en medio de una polémica sobre la novela *Pasión de Urbino* de Lisandro Otero, y en el que el poeta hacía duras críticas a los comisarios culturales. La polémica le costó la dirección de la publicación a Jesús Díaz y puso en la mira al propio Padilla. Fue el principio del fin, su suerte estaba echada, era solo cuestión de tiempo. En algún momento, Jesús Díaz contó que otros detonantes de la expulsión fueron un poema de Juan Gelman, «Fidel», en el que se refería a Castro como «El Caballo» y un cuento de Sixto Quintela, «Los dioses blancos», donde se hacían claras alusiones al máximo líder.[97] A Jesús Díaz lo sustituyó Félix Sautié Mederos.

Vuelvo a *El central*. Con este texto, Reinaldo Arenas participa también de una conversación historiográfica. Aunque en las notas

---

[95] Estos autores se refieren a las UMAP casi de pasada. Ambos cometen errores cuando se refieren a sus fechas de instalación. Para más información cfr. Lourdes Casal, «Literature and Society», in Carmelo Mesa-Lago (ed.), *Revolutionary Change in Cuba*, University of Pittsburgh Press, 1971, p. 459; Jorge I. Domínguez, *Cuba: Order and Revolution*, Belknap Press of Harvard University Press, 1978, p. 357. Es muy posible que Casal haya tomado la información de K. S. Karol en su libro *Guerrillas in Power. The Course of the Cuban Revolution*, Hill & Wang, New York, 1970, p. 395. Karol menciona la supuesta carta de la UNEAC pero tampoco ofrece referencias.

[96] Heberto Padilla: «Respuesta a la redacción saliente», *El Caimán Barbudo*, n.° 19, marzo, 1968, p. 5.

[97] Jesús Díaz: «El fin de otra ilusión. A propósito de la quiebra de *El Caimán Barbudo* y la clausura de *Pensamiento Crítico*», *Encuentro de la Cultura Cubana*, n.° 16-17, primavera-verano, 2000, p. 111.

finales del libro reconoce que utilizó y citó la biografía novelada *El negrero*, de Lino Novás Calvo, no es posible leer este texto sin pensar en *El ingenio. Complejo económico social cubano del azúcar* (1964) de Manuel Moreno Fraginals. *Central* e *ingenio* no son sino dos términos con la misma etimología. Con un fragmento, precisamente de *El ingenio...*, el historiador había contribuido al número de la revista *Casa de las Américas* dedicado a la zafra de 1970.

En *El ingenio...* de Moreno, además de rigor histórico, también hay poesía. «Una gran mancha verde de cañaverales va cubriendo las tierras cubanas» se lee en uno de los pasajes.[98] La caña, agregaba, conlleva a la destrucción ambiental, al borrado de un paisaje anterior y también imprime un nuevo sello cultural a los lugares donde se emplaza. Pero el mayor poder de Moreno reside en datos, cifras, censos, tablas. El de Arenas, en cambio, en la producción de imágenes que deconstruyen las lógicas económicas y políticas del azúcar en la Revolución: «La gran propaganda desplegada por radios y pancartas por televisores por afiches y paredes embadurnadas por agentes de masa por agentes militares por agentes secretos faltan brazos aún faltan brazos un negocio redondo».[99]

En *El ingenio...*, Moreno Fraginals hizo un inventario de los términos originados en la plantación que estaban asociados a los castigos y que se integraron, curiosamente, al universo de las relaciones sexuales: *palo* ('coito'), *tumbadero* ('casa de prostitución' o 'casa de citas'), *botar paja* ('masturbación'), *bollo* ('vulva'), *paila* ('nalga'). En este ambiente de represión, explicaba el historiador, hasta la terminología de los castigos a los esclavos se integró al léxico sexual: *cuerazo*, forma habitual de llamar al latigazo, pasó a significar 'coito'. Hoy son frecuentes las expresiones «dar un cuerazo» o «echar un cuerazo», entre otras.[100] En *El central*, Arenas contribuye a este glosario terminológico con palabras generadas por

---

[98] Manuel Moreno Fraginals: *El ingenio. Complejo económico social cubano del azúcar*, t. 1, Editorial de Ciencias Sociales, La Habana, 1978, p. 137.

[99] Reinaldo Arenas: *El central*, ob. cit., p. 31.

[100] Manuel Moreno Fraginals: *El ingenio. Complejo económico social cubano del azúcar*, t. 2, ob. cit., p. 40.

la jerga ideológica revolucionaria que provenían de la plantación socialista:

Ah, ¿pero conoce usted el significado de la palabra *reenganche*?

Ah, ¿pero no ha actualizado su vocabulario?

No sabe usted, por ejemplo, lo que significa planchar un campo de caña?

[...] ¿No sabe usted, por ejemplo, señor arribado de tierras distantes, simpático mariconzuelo acompañado de su esposa bilingüe y humanista, no conoce usted el verbo *reenganchar*, el verbo *calimbar*, el verbo *recaptar* o el *efecto de hacer conciencia*?[101]

En este fragmento, el escritor interpela directamente a los intelectuales extranjeros que apoyaban a la Revolución sin tener la más mínima idea de las condiciones de trabajo de los cubanos. De ahí que el poema tenga también una orientación pedagógica: «Francamente debe usted pasar una escuela, un cursillo de esos rápidos y eficaces, donde la calidad revolucionaria se demuestra, ante todo, pelándose al rape».[102] Además, al usar el término despectivo *mariconzuelo*, Arenas representa a estos intelectuales dentro de una economía tradicional de roles sexuales de tipo activo/pasivo. Como se sabe, dentro de esta lógica, un ente pasivo es el que se convierte simplemente en un receptáculo. De este modo, una categoría de tipo sexual se transfiere al campo de lo ideológico.

Una reflexión aparte merece el término *reenganche*. En las UMAP, así como en otros modelos de trabajo forzado, incluso en las escuelas cubanas, la comida siempre fue mala e insuficiente. Era muy usual que los confinados o los estudiantes quedaran con hambre. Así surgió el término *reenganche*, muy utilizado en estos contextos para describir el acto de repetir una ración si sobraba

---

[101] Reinaldo Arenas: *El central*, ob. cit., p. 51.
[102] Ídem.

algo de comida. Generalmente, después de comer, se hacía una fila para esperar por las sobras, una vez que cerrara la cocina. Muchas veces, la fila se hacía en vano, porque las sobras ya se habían agotado o porque los propios jefes prohibían la ración extra.

En su libro *Tras cautiverio, libertad. Un relato de la vida real en la Cuba de Castro*, Luis Bernal Lumpuy asegura que, mientras la comida destinada a los confinados era pésima, el capitán al mando de su campamento exigía que le prepararan «platos especiales». Bernal Lumpuy esperaba siempre con ansiedad que el oficial le diera la orden de llevar la bandeja con las sobras para tirarlas a la basura. Así lo describe: «En el trayecto de la jefatura al comedor, yendo por detrás de las barracas para evitar miradas indiscretas, me comía disimuladamente las sobras del capitán, que era muchísimo mejor que la comida que nos daban a nosotros».[103]

Aunque las provisiones que el ejército destinaba a la alimentación eran escasas, algunos guardias sustraían comida y víveres sin tomar en cuenta las consecuencias que esto podría ocasionar a los confinados que trabajaban de sol a sol. Alberto I. González Muñoz fue uno de los pocos que se encargó de manejar los suministros del almacén de un campamento. En *Dios no entra en mi oficina...*, relata cómo el jefe de su unidad afanaba, casi a diario, latas de leche condensada o de carne. Todo estaba estrictamente normado. Una lata de leche estaba prevista para el desayuno de cuatro hombres: «Si el teniente se tomaba un par de latas diarias, estaba consumiendo la leche de ocho reclutas. Como la leche tenía que alcanzarme para todo el mes, el resultado era que había que echar ocho latas más de agua a la leche en el desayuno».[104]

El menú en los campos de trabajo forzado consistía, por lo general, en arroz, sardinas, caldos de chícharos o frijoles aguados plagados de gorgojos. Los gorgojos (*sitophilus granauris*) son insectos que habitan en granos y cereales que han sido almacenados por mucho

---

[103] Luis Bernal Lumpuy: *Tras cautiverio, libertad. Un relato de la vida real en la Cuba de Castro*, Ediciones Universal, Miami, 1992, p. 60.

[104] Alberto I. González Muñoz: *Dios no entra en mi oficina. Luchando contra la amargura cuando somos víctimas de la injusticia*, ABG Ministries, Frisco, 2012, p. 247.

tiempo. En ocasiones, la leche en polvo o enlatada con la que preparaban el desayuno estaba vencida. Como parte de una economía de guerra, los confinados en las UMAP recibían porciones de alimentos enlatados como tronchos de anguila china o de carne. La «carne rusa», como se le conoció en Cuba, y los tronchos se servían en porciones muy pequeñas. «Decíamos que esta era carne de ave, de AVERIGUA qué es. En fin, una dieta "balanceada"», relata José Caballero Blanco. El café con leche del desayuno, agrega, «era tan aguado porque lo preparaban con solo 10 latas de leche condensada. Éramos 120 hombres». Cuando se agotaba la leche, preparaban una «fécula de no sé qué, traída de la URSS que la diluían en agua y le echaban café». El «polvo ruso» dijo, «venía empacado en cajas que por fuera tenían la imagen de una mujer con un niño en brazos. Tenía un sabor tan horrible que bromeábamos con que el infante le imploraba a su madre: "mamá, por favor, no me des esta mierda"».[105]

Algunos reclusos aseguran que en sus campamentos les estaba prohibido hacer guarapo, el jugo que sale de la caña de azúcar. Los oficiales decían que «la caña era para producir azúcar para la Revolución no para que los vagos se la comieran».[106] Para matar el hambre, preparaban una mezcla de harina de maíz tostada con azúcar a la que agregaban agua. En otras ocasiones comían todo lo que se moviera. Es decir, un gato, una gallina, un majá o una jutía. Aunque no fue una práctica sistemática, los guardias hacían requisas y confiscaban todos los comestibles que los familiares llevaban a los campamentos.

La alimentación que el ejército brindaba a los confinados en las UMAP era muy precaria y no se correspondía con el duro sistema de trabajo al que estaban sometidos. Como demuestran las fuentes históricas, algunos dueños de plantaciones del siglo XIX alimentaban mejor a los negros esclavos que el ejército cubano a los confinados en los campos de concentración. El esclavo era el producto

---

[105] José Caballero Blanco: *UMAP. Una muerte a plazos*, Alexandria Library, Miami, 2008, pp. 103-104, 53, 132 y 134.

[106] Ibídem, p. 134.

de una inversión, constituía una propiedad. Por lo tanto, el sistema dependía de la salud y del cuidado del cuerpo del trabajador. Había que alargar su vida útil para garantizar mejores rendimientos económicos. En las plantaciones decimonónicas los esclavos recibían una alimentación a base de cereales como harina de maíz, arroz y granos. Pero era más común una dieta de viandas como plátano y boniato, que se combinaba con tasajo o bacalao. A esta fórmula se le conoció como *funche*.

Manuel Moreno Fraginals ha demostrado cómo en la región central del país algunos hacendados brindaban carne de res fresca a sus esclavos. Por ejemplo, en el ingenio Las Coloradas –propiedad de la familia Valle Iznaga y con una dotación de doscientos sesenta esclavos–, en la década de 1860, se destinaron para el consumo dos reses y media por semana. Sin embargo, esto no era un fenómeno generalizado. Algunos dueños, debido a la crisis económica que experimentaron, se vieron obligados a racionar la comida. El promedio diario de carne o pescado salado que recibía un trabajador adulto en las plantaciones del siglo XIX, asegura Moreno Fraginals, estaba sobre los doscientos gramos diarios. Estaba tan generalizado el consumo de la carne salada entre los esclavos, dice el historiador, que en el lenguaje popular se le conoció como «comida de negros». La dieta que recibían los confinados en las UMAP no se acercaba, ni por asomo, a las calorías y carbohidratos del *funche*.[107]

---

[107] Manuel Moreno Fraginals: *El ingenio. Complejo económico social cubano del azúcar*, t. 2, ob. cit., pp. 61, 38 y 39.

Capítulo 5
Narrativas en conflicto. Historia oficial y control de la memoria

Al tiempo que se instalaban los campos de trabajo forzado en Cuba, una maquinaria ideológica, científica y mediática justificaba la intervención del Estado en todas las esferas de la vida. Como parte de ese proceso, se comenzó a producir un relato hegemónico que controlara no solo el pensamiento sobre el pasado nacional, sino también sobre el presente. Se trataba de que la historia oficial de la Revolución se asentara como una narrativa fijada e incontestable. Los regímenes autoritarios y los gobiernos democráticos se involucran también en ese ejercicio.

La historia oficial es el resultado de consensos políticos, educativos y mediáticos, como bien señalaba Rafael Rojas en *La máquina del olvido: mito, historia y poder en Cuba* (2011). En las democracias, advertía el historiador cubano, «las posibilidades de impugnación de las narrativas oficiales son mayores que en los regímenes autoritarios o totalitarios, ya que la libertad de expresión y la autonomía jurídica de las instituciones culturales pluralizan la circulación de discursos históricos y limitan la construcción de relatos hegemónicos».[1]

En la actualidad, periódicos como *Granma* y *Juventud Rebelde*, entre otros, producen cuanto menos, sorna. Pero en las primeras décadas de la Revolución tenían un peso nada despreciable en la

---

[1] Rafael Rojas: *La máquina del olvido: mito, historia y poder en Cuba*, Taurus/ Penguin Random House, México, 2011, edición Kindle.

vida y la política del país. ¿Qué tipo de memoria pública produjeron esos medios sobre los campos de trabajo forzado? En las páginas que siguen voy a intentar responder esa pregunta. Me interesa específicamente el proceso de producción de ficciones orientadas a que la memoria oficial del autoritarismo cubano se asentara no solo como memoria pública sino como memoria colectiva. No se trata de crear un marco binario que contraponga el relato oficial al testimonio como forma de evidencia o como un archivo de contramemoria. La idea es pensar la memoria como un espacio de tensión que pueda producir también otro relato público sobre la historia de las UMAP.

La instalación de campos de trabajo forzado en Cuba se manejó como un secreto de Estado. Pero cuando las historias de las atrocidades y los abusos comenzaron a generar un pánico internacional por los síntomas represivos que estaba mostrando la Revolución, la estrategia cambió. Entonces, se extendió una política de control de daños orientada a crear un archivo y otra memoria pública a partir de un proceso dual de producción y borrado. Es decir, la creación de ese archivo suponía la destrucción de otro.

«UMAP: Forja de ciudadanos útiles a la sociedad». Control de daños y propaganda

En la prensa oficial de mediados de la década de 1960, las UMAP fueron representadas como una «forja de ciudadanos útiles a la sociedad».[2] Otra vez, las imágenes del proceso de templado de metales, la fragua y la escoria sirvieron para explicar la Revolución como un proceso de depuración. Para Luis Pavón Tamayo, uno de los comisarios políticos y culturales más siniestros de esa época, el Servicio Militar Obligatorio (SMO) era un dispositivo disciplinario que garantizaba «una educación adecuada» y una «correcta formación moral y física de nuestros jóvenes». Además, aseguró: «Los prepara para la vida, los hace más firmes; los educa en las heroicas tradiciones de nuestras Fuerzas Armadas Revolucionarias». Como

---

[2] Gerardo Rodríguez Morejón: «UMAP: forja de ciudadanos útiles a la sociedad», *El Mundo*, 14 de abril de 1964, p. 4.

ya he explicado, la Ley del SMO fue el instrumento jurídico que se utilizó para legitimar el emplazamiento de las UMAP.

Con su retórica educativa, Pavón excusaba los abusos y atrocidades que se sucedían en los campos de concentración. De acuerdo con el funcionario, las UMAP acogieron a «algunos jóvenes que no habían seguido la mejor actitud ante la vida» y que «habían tomado la senda equívoca ante la sociedad». Explicó que esa institución se creó, precisamente, para «ayudar» a esos muchachos «a encontrar un camino acertado, [para] facilitarles un desarrollo que les permita incorporarse a la sociedad plenamente».[3]

La política de control de daños emprendida por el gobierno con respecto a las UMAP se basó en la construcción de narrativas sobre el milagro de la reeducación. Se hablaba del «carácter humanista» de este experimento y se criticaba a los que lo conectaban con el trabajo forzado y el trato deshumanizado. *Adelante*, el periódico de la provincia de Camagüey, fue una de las plataformas desde las que se intentó gestionar la política de la memoria de las UMAP. La campaña comenzó por recomendación del propio Raúl Castro. El 9 de abril de 1966, unos meses después de instaladas las unidades, Castro visitó Camagüey y conversó con algunos periodistas: «Yo no sé si ustedes tendrán tiempo de hacer un reportajito de las UMAP por ahí». Un periodista alegó que «el problema es que no hay autorización para hacerle reportajes a las UMAP».[4]

Al parecer, algunos medios recibieron la autorización porque los «reportajitos» sobre los campamentos comenzaron a salir pocos días después. El 13 de abril de 1966, Luis M. Arcos publicó en las páginas de *Adelante* un panfleto en el afirmaba que las UMAP tenían un carácter formativo, educativo y que desempeñaban «un papel importantísimo en la transformación radical de la nación». Decía, además, que las unidades habían sido creadas para el bien social y que estaban siendo objeto de «incesante especulación por parte

---

[3] Luis Pavón Tamayo: «¿Qué es la UMAP? El Servicio Militar en las Unidades de Ayuda a la Producción», *Verde Olivo*, año VII, n.º 12, 27 de marzo de 1966, p. 8.

[4] «Breve conversación con el comandante Raúl Castro», *Adelante*, 9 de abril de 1966, p. 1.

de elementos contrarrevolucionarios». Para controlar a los reclutas, explicó el periodista, «se seleccionó un personal especializado que ha librado una dura y tenaz batalla» con los elementos antisociales provenientes de sectas como Testigos de Jehová o Adventistas del Séptimo Día, que «no trabajan los Sábados de Revolución».

Sin embargo, aseguró que «en las UMAP no se les obliga a abandonar sus creencias religiosas, sino que se les respetan», de ahí que sintieran «gran cariño y respeto hacia los cuadros de mando».[5] Estos contenidos, publicados en medios controlados por el Estado, se caracterizan generalmente por editorializar el reportaje con una intención propagandística. La curaduría de las imágenes y las citas apoyan tácitamente el relato oficial del asunto. Los textos publicados en *Adelante* tienen que haber sorprendido a los pobladores de las zonas donde se emplazaron los campamentos, porque voceros del Ministerio del Interior y de las Fuerzas Armadas se encargaron de esparcir el rumor de que los reclusos en las UMAP eran altamente peligrosos.

Como parte de esa campaña que he venido describiendo, el ejército otorgó grados militares a varios de ellos. Se les conoció como cabos de escuadra y se encargaban de la supervisión del trabajo y de otras actividades administrativas. Esta estrategia permitía gestionar el control de un modo más eficiente, reducía los costos económicos del Estado y minaba las relaciones entre los propios confinados.

En otras experiencias concentracionarias, era muy usual que los cancerberos utilizaran a los reclusos para hacer el trabajo sucio. En los campos nazis, por ejemplo, es conocido el triste papel de los *Sonderkommandos*, judíos encargados de ayudar en la maquinaria de exterminio de su propia gente. Sin embargo, la categoría de *Kapos* (o *Funktionshäftlinge*) se ajusta más a los cabos de escuadra que se crearon en los campos de trabajo forzado en Cuba. En el gulag se les conoció como «capataces» (*nariádchik*).

---

[5] Luis M. Arcos: «UMAP. Donde el trabajo forma al hombre», *Adelante*, 13 de abril de 1966, p. 5.

Habló el primer capitán José Q. Sandino en el acto donde se ascendieron al grado de Cabos a miembros de esas unidades.

ASCENSOS EN LAS UMAP

Texto:
JOSE ARMAS

Fotos:
VIRGINIO MARTIN

El Primer Capitán José Q. Sandino, haciendo el resumen del acto.

El primer capitán José Q. Sandino, jefe del Estado Mayor de las Unidades Militares de Ayuda a la Producción (UMAP), resumió en el estadio "Cándido González" de Camagüey el acto en que fueron ascendidos al grado Cabos un crecido número de miembros de esas unidades.

El ascenso de estos compañeros a Jefes de Escuadra, constituye un cargo de notable responsabilidad dentro del marco organizativo que tienen las UMAP.

Los ascendidos fueron seleccionados por sus jefes superiores que tomaron en cuenta la disciplina, la actitud ante el trabajo, el estudio y todas las tareas que debían cumplir.

Esto, demuestra palpablemente que, a pesar del poco tiempo de constituidas, las Unidades Militares de Ayuda a la Producción se van convirtiendo en un competente Ejército de Trabajadores que logra sus primeros frutos producto de un trabajo disciplinario acertado.

HABLA SANDINO:

Al iniciar sus palabras, el primer capitán, José Sandino, dijo:

—Compañeros de las UMAP, hoy nos hemos reunido aquí, para conversar con ustedes y hacerles una breve explicación sobre esta reunión. En los primeros días en que ustedes fueron reclutados de la vida civil para ingresar en este nuevo Ejército de Trabajadores, todo tenía un color distinto. Nosotros, hemos observado el comportamiento y la comprensión de cada uno de ustedes, hasta hoy; hemos visto sus trabajos en las labores agrícolas, la recogida de frutos, en la zafra..., y todo esto ha servido para que ustedes hayan sido seleccionados por sus superiores para formar los Jefes de Escuadra. Por eso, les comunico que por orden del Estado Mayor General quedan todos ascendidos a cabos de Escuadra de las UMAP.

—¿Cuál será la tarea de ustedes? —prosiguió Sandino—. La tarea de ustedes, con esta nueva responsabilidad, será la de tratar con los compañeros que vendrán en próximo producto del nuevo llamado. Ustedes, tienen la experiencia para tratar con los nuevos compañeros; tal vez, la que no teníamos nosotros al empezar a formar las UMAP. Ustedes han sido seleccionados dentro de muchos compañeros. Esperamos que se hagan merecedores de esta nueva responsabilidad que la Revolución pone en ustedes; que sepan cuidar y enseñar a los nuevos compañeros; que los sepan tratar con estricta disciplina, pero como hermanos siempre, y esa será una gran ayuda a los jefes superiores.

—Esto no es sencillo —dijo luego—. Tal vez ustedes han podido oír cuántas cosas se han hablado por ahí de las UMAP; cómo elementos mal intencionados han tratado de presentarla. Ustedes han visto que no es así; que las UMAP son un Ejército de Trabajadores y que ese trabajo es de la Patria y por eso se está aquí; que aquí se cumple con un deber revolucionario donde nos hacemos acreedores de la digna Patria que tenemos nosotros. Nuestra tarea es demostrar que es así. Hablen con los nuevos compañeros

31

Imagen 1. En la imagen, una foto del capitán José Q. Sandino, uno de los oficiales a cargo del manejo de los campos de trabajo forzado, ilustra una entrevista en la que se habla de las UMAP. Publicada en *Verde Olivo*, n.º 23, 12 de junio de 1966.

De acuerdo con el testimonio de José Caballero Blanco, los cabos eran soplones y «abusivos a cambio de prebendas. Nada nuevo si se tiene en cuenta que hay cárceles que utilizan a algunos prisioneros para reprimir a sus compañeros». Habían aceptado el «cargo» para evadir el rigor de trabajo, y aunque tenían ciertos privilegios eran tratados como prisioneros. Durante la zafra, explicó, «todo el mundo tuvo que agarrar la guámpara "machete" y cortar caña. Soy incapaz de criticarlos, ya que la ley de la supervivencia era la que imperaba allí».[6] Algunos cabos, incluso, mantenían relaciones sexuales con las «muchachitas», o las «niñas», como se les conoció en la jerga carcelaria de las UMAP a los homosexuales.

Las FAR y sus órganos de prensa también difundieron la idea de que los confinados con mayor rendimiento en el corte de caña eran recompensados con artículos materiales. En una nota publicada en la revista *Verde Olivo* el 30 de octubre de 1966, se aseguró que el ejército organizó una ceremonia de premiación en la que se entregaron motocicletas, refrigeradores, radios y relojes. José Q. Sandino Rodríguez, Jefe del Estado Mayor de las UMAP, dijo que ese gesto «desbarataba una vez más la sarta de mentiras echadas a rodar por los enemigos de la Revolución» que trataban de presentar a las UMAP como una «institución de sometimiento».[7]

El periódico *Adelante* también reseñó el evento y citó otros fragmentos del discurso de Sandino: «Aquí se ve claro que las Unidades de Ayuda a la Producción no son campos de concentración».[8] Según el periodista, había mucha alegría entre los que asistieron al acto; el evento fue amenizado por los Guaracheros de Vertientes. Es muy probable que esa ceremonia no haya sido sino una puesta en escena para las relaciones públicas, porque los testimonios que he colectado hasta el momento y las entrevistas que he realizado desmienten estos reportes de prensa. Algunos cuen-

---

[6] José Caballero Blanco: *UMAP. Una muerte a plazos*, Alexandria Library, Miami, 2008, pp. 65 y 85.

[7] Juan Armas: «Premios en las UMAP», *Verde Olivo*, n.º 43, 30 de octubre de 1966, p. 15.

[8] Joaquín Rieumont: «Premian a soldados de las UMAP destacados en la pasada zafra», *Adelante*, 25 de octubre de 1966, p. 1.

tan que, aunque fueron declarados «trabajadores vanguardias», no recibieron siquiera un diploma de reconocimiento, un modo de estímulo simbólico muy usual en Cuba que ha sobrevivido hasta hoy.

Este tipo de estrategias propagandísticas también se empleaban en el sistema de trabajo forzado soviético. Yuri Brokhin, un cineasta que desertó en 1972 y se instaló en Estados Unidos, contó que en 1967 planeaba comprarse un carro marca Volga. Sin embargo, en todo Voroshilovgrad, Ucrania, solo había unos doce automóviles disponibles para la venta a la población, y ya estaban destinados a jugadores de fútbol. Uno de los jefes de policía que quería entrar en la Historia prometió ayudarlo con el asunto del carro si hacía una película sobre los logros de su Departamento: «Debemos mostrarle al pueblo soviético en qué consiste, cómo luce un campo de reeducación moderno». Por el entusiasmo con el que lo describió, cuenta Brokhin, «estaba claro que los soviéticos estaban escogiendo mal sus destinos vacacionales. Era mucho más placentero irse a un campo de trabajo forzado».[9]

Cuando el equipo de filmación llegó al campo de Voroshilovgrad Oblast, en la entrada, atado a la cerca de alambres de púas, había un cartel con una inscripción: «El trabajo convirtió al mono en hombre. Federico Engels».[10] El teatro estaba montado, pero Yuri Brokhin solo pensaba en su volga. El gulag se dedicaba a construir calderas para locomotoras. Como la idea era mostrar el milagro del campo de trabajo forzado, filmaron a varios confinados, entre ellos a un tal Sidorov que había sido acusado de robos a mano armada. En una escena colorida y romántica, describió el cineasta, el recluso paraba de trabajar y le apretaba la mano al comisionado. Inmediatamente, el propio Sidorov y varios compañeros, protestaban y preguntaban por qué no recibían más materiales ideológicos para leer. Demandaron los cinco volúmenes de los discursos de Leonid Brézhnev, el líder del Soviet Supremo y libros extras de Marx y Lenin.

---

[9] Yuri Brokhin: *Hustling on Gorky Street: Sex and Crime in Russia Today*, The Dial Press, New York, 1975, p. 103. La traducción es mía.

[10] Ibídem, p. 104.

En las escenas aparecían unas barracas que lucían impecables, el césped estaba verde y recién cortado. Era probable, reflexionó Brokhin, que las instalaciones de ese gulag tuvieran buenas condiciones porque no había presos políticos, o quizás, porque estaban cuidadosamente preparadas para labores de propaganda. La película se preparó de modo que el comisionado y los guardias aparecieran junto a varios confinados que estaban a punto de ser puestos en libertad.

Uno de los cancerberos presentó a los entusiastas camaradas que hablaban del milagro de la reeducación. Entre ellos a Savchenko, alias *Pot*, un «exladrón y homosexual activo» que dijo en tono grandilocuente: «Ciudadanos, por primera vez en mi vida, entiendo qué significa la colectividad. Gracias al colectivo me he convertido en un hombre cambiado». De acuerdo con Brokhin, varios a su alrededor murmuraron: «sí, sí, ha cambiado de ser un homosexual activo a ser un homosexual pasivo».[11] Otros oradores criticaron el imperialismo estadounidense e hicieron un llamado a incrementar los niveles de producción. La película terminaba con el himno de Vano Muradeli «El Partido es nuestro guía». El comisionado cumplió su palabra y para fines de 1967 ya Yuri Brokhin manejaba su volga.

En la construcción y exportación de una imagen optimista del gulag no solo participaron cineastas como Yuri Brokhin, Aleksandr Cherkasov o el propio Sergei Eisenstein, sino también fotógrafos, pintores y escritores, entre ellos Máximo Gorki. En 1934 Gorki editó junto a S. G. Firin (Semen Georgievich) y Leopold Averbach –un crítico que fue fusilado en 1938–, *Belomor: An Account of the Construction of the New Canal between the White Sea and the Baltic Sea*. Se trata de un volumen comisionado por la policía política (GPU por sus siglas en ruso), para producir una memoria positiva sobre el gulag. En el proyecto participaron varios escritores y se diseñó de modo que los confinados se autocriticaran y celebraran la política de reeducación.

Pero la representación del gulag como balneario ya había sido ensayada con *Solovki*, una película dirigida por Aleksandr

---

[11] Ibídem, p. 105.

Cherkasov en 1928. El material formó parte de una estrategia de la GPU para contrarrestar las denuncias que Sergei Malsagov hizo a la prensa londinense poco después de escapar de Solovki. La visión de Cherkasov nada tenía que ver con el horror. Al espectador no se le mostraba un sitio macabro, sino un espacio con alojamientos confortables, comida deliciosa y atracciones culturales como teatro, espectáculos de variedades y conciertos. Solovki contaba con un museo, un periódico, una escuela y hasta una biblioteca. En algunas escenas, incluso, aparecen jóvenes dándose un chapuzón después del trabajo o practicando deportes de combate, fútbol, levantamiento de pesas y gimnástica. De este modo, la policía política controlaba la memoria y la experiencia del gulag.

El campo de Solovki o Soloviets ocupó las instalaciones de un antiguo monasterio de clausura. A la entrada, una tela con letras inmensas daba una cordial bienvenida: «Con mano de hierro conduciremos a la humanidad hasta la felicidad».[12] El filme de Cherkasov narra el tortuoso y largo ciclo de la rehabilitación y es portador de un mensaje ejemplarizante para los enemigos del Estado soviético. «Los espías, especuladores, ladrones, bandidos, los que alteran el orden y los contrarrevolucionarios son enviados a las islas Solovki en el Mar Blanco», explicaba la narrativa textual de la película. Las escenas del traslado masivo en trenes de personas escoltadas por militares con armas largas son sobrecogedoras. La coreografía de confinados en una fábrica de botas, la composición de máquinas, fraguas, tornos y braceros dando pico y pala en medio de la velocidad y el silencio propio del cine «mudo» construye un ambiente aún más opresivo. Un rebaño de cerdos alineados es la representación de los reclusos.

El campo se había instalado, precisaba un cartel, con el objetivo de «crear el hábito de trabajo y reeducar a personas socialmente dañinas para convertirlas en miembros útiles a la sociedad». En el filme se dan algunos detalles administrativos. A la entrada se procedía a inscribir y a registrar la información de los confinados

---

[12] Aleksandr Solzhenitsyn: *Archipiélago gulag (1918-1956)*, Tusquets, Barcelona, 2002, p. 321.

a quienes se les describe, irónicamente, como «la nata de la sociedad». Un equipo médico valoraba su salud y los clasificaba por categorías para determinar el tipo de labores a las que serían asignados. El trabajo y la conducta de los reclusos era evaluada constantemente por comisiones conformadas por la administración del gulag y de los propios presos. «Aquellos que se resistan a la educación mediante el trabajo son trasladados a una sección de castigo en la montaña Sekirnaya», se advertía.[13] De acuerdo con Alexandr Solzhenitsyn, a Solovki fueron enviados monjes ortodoxos, entre otros religiosos, también prostitutas e intelectuales como Dimitri Lijachov y Pável Florenski.[14]

Como bien ha señalado Cristina Vatulescu, el filme de Cherkasov utilizó una estética policial que convertía el campo de concentración en una especie de museo criminológico de un Estado que coleccionaba cuerpos extraños y los exhibía al público.[15] Esa política de coleccionar, exhibir y musealizar criminales también fue implementada en Cuba. A finales de la década de 1960, el gobierno revolucionario exponía en la prensa a homosexuales y jóvenes con cabellos largos a los que se les llamaba «chicos del cuarto mundo», como conté en el primer capítulo. Las redadas eran narradas como «una lección moral inolvidable», y los artículos compartían varias fotos de los «monstruos», tal y como hacían los frenólogos y fisónomos del siglo XIX y principios del XX. Hoy, gracias al documental de Jorge Dalton, *En un rincón del alma* (2016), sabemos que estas prácticas eran mucho más perversas de lo que imaginábamos. El material usa filmaciones en dieciséis milímetros del archivo oficial, que documentan las redadas policiales, cortes de cabello y ataques de la juventud comunista a los homosexuales en plena calle.

---

[13] Aleksandr Cherkasov (dir.): *Solovki. Campamentos de Solovki con propósito especial*, Sovkino, 1938. Agradezco a mi madre Noemí Madero la traducción del ruso al español de esta película.

[14] Aleksandr Solzhenitsyn: Ob. cit., p. 25.

[15] Cristina Vatulescu: *Police Aesthetics: Literature, Film, and the Secret Police in Soviet Times*, Stanford University Press, 2010, p. 125.

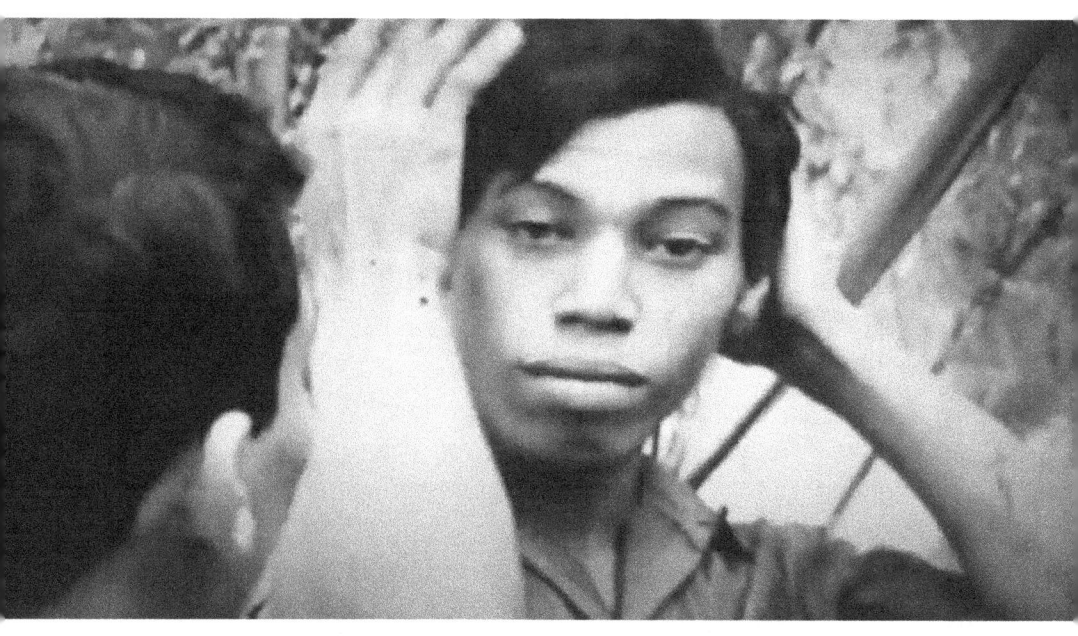

Imagen 2. Fotograma del documental de Jorge Dalton *En un rincón del alma*, Susy Caula Producciones, El Salvador, 2016. En la escena, el joven asediado y agredido por las turbas posa desafiante ante la cámara con gesto de rebeldía antes de ser tirado al piso y golpeado.

En otras tomas, los muchachos son agrupados y presentados al espectador como especies raras en una pasarela o un desfile. Al igual que en un fichaje policial, la cámara enfoca los rostros y hace capturas de perfiles, panea, cataloga, clasifica. Las filmaciones, además, muestran una vergonzante participación colectiva en la violencia, orquestada y sincronizada entre camarógrafos y atacantes. Detrás, por momentos, la voz en off de Fidel Castro. Como se sabe, la cámara no opera en el vacío, sino que está integrada o «ensamblada», a un sistema que lo excede.[16] En este caso, el lente produce un «realismo óptico» en función de una narrativa policial que busca generar un campo de afectos y producir equivalencias entre la imagen y el perfil criminal.

Las filmaciones, orientadas a la creación de contrastes morales y pensadas como una herramienta ideológica y criminológica,

[16] Allan Sekula: «The Body and the Archive», *The MIT Press*, Vol. 39, Winter, October 1986, p. 16.

dan muchas luces sobre la naturaleza del Estado, sus tecnologías de control, y la composición de sus fantasías biopolíticas y antropológicas. También sobre los modos en los que se articulan los afectos y las pulsiones colectivas. Aquí la cámara se vuelve contra sí misma porque, contra todo pronóstico, el cuerpo gay termina por convertirse en un registro, un archivo y un lugar de memoria.

Más allá de criterios estéticos y de facturación del documental de Jorge Dalton, los fotogramas a los que hago referencia suscitan algunas preguntas: ¿quién los filmó y quién los comisionó? ¿Dónde se almacenaron? ¿Cómo llegaron a parar a manos del documentalista? Los *footages* están editados; ¿con qué criterios?, ¿qué se quedó fuera? ¿por qué?

Jaime Bellechasse cayó preso en una de esas redadas y asegura que el ICAIC filmó las detenciones y el proceso de fichaje. De acuerdo con el pintor, en las inmediaciones del hotel Capri parecía que se estaba filmando «una película porque estaba todo lleno de grandes reflectores y decenas de guardias en las aceras. Muchas personas fueron detenidas en forma bastante violenta, con llaves y golpes a los que se resistían».[17] Las concentraron en una cuadra y las montaron en unos ómnibus que la policía había escondido en un parqueo cercano. Bellechasse da más detalles:

> Cuando llegamos a la Seguridad del Estado nos pusieron en fila y empezaron a ficharnos, a sacarnos fotos, huellas digitales. Estaba allí, por cierto, el director del Noticiero ICAIC (Instituto Cubano de Arte e Industria Cinematográficas), Santiago Álvarez, quien con sus equipos nos tomó películas. Esa redada fue una cosa organizada de antemano. Esos noticieros después se exhibieron y se les hizo mucha propaganda: trataban de demostrar que todos éramos elementos antisociales, enemigos de la Revolución y desviados o degenerados.[18]

---

[17] «Jaime Bellechasse», en Néstor Almendros y Orlando Jiménez Leal, *Conducta impropia*, Editorial Playor, Madrid, 1984, p. 43.

[18] Ibídem, p. 146.

Imagen 3. Fotograma del documental de Jorge Dalton *En un rincón del alma*, Susy Caula Producciones, El Salvador, 2016. En la escena la cámara hace un paneo y trata de archivar, de inventariar los cuerpos de los detenidos.

Después de ver esas escenas no resultaría extraño que aparecieran algún día filmaciones de las UMAP. Pero a diferencia de los soviéticos, que vieron en el cine y la literatura un modo de cambiar la Historia y generar otra memoria sobre el gulag, los líderes de la Revolución, al parecer, no tomaron ese riesgo y prefirieron que la prensa fuera la que se encargara de la propaganda y de asentar el milagro de la reeducación en las UMAP.

En otra de las tantas notas publicadas por el diario *Adelante*, un periodista llegó a asegurar, incluso, que se sintió sorprendido por la «pulcritud de las instalaciones» y los servicios sanitarios del campamento que visitó.[19] Se trata de Armando Boudet, quien visitó una de las unidades en compañía del fotógrafo Eugenio Marsal. Sin embargo, la mayoría de los relatos testimoniales y las narrativas de memoria sobre las UMAP coinciden en que

[19] Armando Boudet: «Las UMAP», *Adelante*, 29 de diciembre de 1966, p. 6.

las condiciones higiénico-sanitarias de los campamentos eran deplorables.

José Caballero Blanco, por ejemplo, cuenta que para los guardias que los custodiaban lo más importante era la disciplina y el rendimiento en el campo. La salud o el estado físico de los hombres no formaban parte de sus preocupaciones. El día que llegó a las UMAP, recuerda, había un muchacho enfermo con mucha fiebre, pero el oficial al mando, conocido como «el teniente *Caballo Loco*», ordenó que lo enviaran al campo. «A este con una inyección de campo se le quita todo», dijo.[20] El joven se llamaba Héctor Suárez Leyva y murió días después. Había contraído leptospirosis, una enfermedad que se transmite a través de la orina de los roedores. Si los guardias lo hubieran llevado a un hospital a tiempo, hubiera sobrevivido.

Este no es un caso aislado. Otras narrativas dan cuenta de la falta de humanidad de algunos médicos que trabajaban en la comisión de reclutamiento del ejército y en los propios campamentos. René Cabrera, un joven católico que fue enviado a las UMAP por sus creencias religiosas, relata en su testimonio, *Agua de rosas*, que muchos de los confinados padecían enfermedades que los inhabilitaban para trabajar en las plantaciones. Pero los médicos asignados a las UMAP no hacían nada para impedir que fueran a cumplir con la jornada. A los que se enfermaran de paperas, varicela, bronquitis o problemas gástricos severos se les daba «una pastilla y para el campo. Era la receta invariable del Dr. Pastillita». Con ese mote era conocido el doctor Raúl Rodríguez.

Cabrera relata un incidente violento en el que un cabo de escuadra pinchó e hirió con una bayoneta a su compañero Carlos Rodríguez Morín. Pastillita, asegura el testigo, miró «con total indiferencia las heridas» y no recomendó enviarlo a un hospital, a pesar de la profundidad de las cortaduras.[21] Solo se limitó a escoger a uno de los reclusos para que se desempeñara como sanitario del campamento.

---

[20] José Caballero Blanco: Ob. cit., p. 69.

[21] René Cabrera: *Agua de rosas*, Alexandria Library, Miami, 2012, pp. 104 y 66.

Por lo general, los sanitarios eran estudiantes de Medicina o de Enfermería que habían sido depurados de la universidad.

El ejército utilizó la prensa para construir una realidad paralela sobre las UMAP. Para lograr ese objetivo, se acondicionaban algunas unidades y se invitaba a los periodistas a que participaran del teatro y la decoración. Se hacía creer que los confinados gozaban de buena alimentación y que organizaban actividades deportivas y recreativas. Pero la simulación no se limitaba al campo de lo estético. Antes de recibir visitantes o periodistas, los reclusos eran presionados y amenazados por los guardias para que ofrecieran una imagen plácida de las UMAP. Las cartas que escribían a los familiares debían entregarse abiertas. Aquel que se saliera del guion tendría que asumir las consecuencias: «Cualquier descripción de lugar, cualquier referencia sobre el acontecer diario en el campamento o sobre el trato que recibíamos, sería considerada y juzgada como traición».[22]

En uno de los pasajes de su libro *Tras cautiverio, libertad. Un relato de la vida real en la Cuba de Castro*, Luis Bernal Lumpuy se refiere al maquillaje de su campamento y a la *performance* a la que fueron obligados en la primavera de 1966. Después de varios meses sin ver a los familiares, cuenta el testigo, el comandante Ernesto Casillas, entonces Jefe del Estado Mayor de las UMAP, visitó su campamento junto a periodistas y camarógrafos. Los militares que estaban en la comitiva llevaban guantes, bates y pelotas, y los repartieron entre los confinados. Y agregó: «Dieron un almuerzo tan abundante que luego afectó la salud de los prisioneros hambreados, y prepararon un acto en el campamento para que hablara el comandante». El oficial prometió visitas de familiares, «como si eso fuera un acto generoso de la Revolución, y hasta mintió al decir que ese mes se nos daría permiso para ir a nuestras casas, lo que no sucedió hasta meses más tarde». Habían logrado, finaliza Luis Bernal Lumpuy, que las cámaras captaran «el entusiasmo de algunos que se prestaron al juego de la propaganda».

---

[22] Ibídem, p. 74.

Pocos días después, «la prensa, la radio y la televisión nacional mostraban a grupos de jóvenes de las UMAP cargando en hombros al comandante Casillas como si fuera un héroe».[23] Varios reportajes incluyeron estrofas del himno que había compuesto Omar Reyes, uno de los confinados, para demostrar el entusiasmo de estos hombres con respecto a su experiencia en los campos. He podido recolectar algunos fragmentos y los reproduzco a continuación:

*Somos soldados del trabajo
de ayuda a la producción
que venimos hasta el campo
a ayudar a la nación*

*Hay un nuevo ejército
que es el de la UMAP
defendemos nuestra patria
y no es la fuerza regular
somos los soldados
soldados de la producción.
Con el machete en la mano
y en el hombro el azadón,
prometemos a la patria
trabajar de corazón.*[24]

Algunos confinados reaccionaron a esta poética que apoyaba la versión oficial sobre los campos de trabajo y decidieron componer canciones contestatarias. Este ejercicio da cuenta del conflicto entre diferentes narrativas que se enfrentaron en plano simbólico para narrar la experiencia del trabajo forzado. En su libro *UMAP. Una muerte a plazos*, José Caballero Blanco recuerda un guaguancó que cantaban a modo de resistencia los confinados durante el trabajo. La pieza critica la oscuridad del sistema de justicia

---

[23] Luis Bernal Lumpuy: *Tras cautiverio, libertad. Un relato de la vida real en la Cuba de Castro*, Ediciones Universal, Miami, 1992, p. 62.

[24] Jane: «UMAP», *Juventud Rebelde*, 13 de abril de 1966, p. 8.

revolucionaria y representa a las UMAP como una cárcel: «Nos llevaron pa' la UMAP/ sin celebrarnos ni juicio/ la condena fue tres años/ fingiendo que era el Servicio».[25] Además, reproduce un himno compuesto por un compañero que impugnaba el relato que la prensa intentaba asentar en el imaginario colectivo. El «himno de Coy», como se le conoció entonces, se regó como la pólvora en los campamentos:

*Si estando yo en Camagüey
en una granja ubicado
sometido y maltratado
por el comunismo cruel
pasando tanto trabajo
que casi no resistía
y solamente mi hombría
me ayudaba a continuar.*

*CORO: Cuando la gente pregunte
¿La Siberia dónde está?
Contéstale con firmeza
que allá en Camagüey está.*

*Tristeza da recordar
aquellos tristes momentos
donde tanta juventud
parecían hombres muertos.
Y llenos de desconcierto
Imploraban ante Dios
y confusos les decían
el por qué los castigó.*

*CORO: Cuando la gente pregunte
¿La Siberia dónde está?*

---

[25] José Caballero Blanco: Ob. cit., p. 116.

contéstale con firmeza
que allá en Camagüey está.

Mi alma triste y tronchada
no quiere acordarse más
de aquella furia tenaz
que sobre mí pasaba.
Fue tanto lo que sufrí
por las cosas de la vida
que mi alma estaba abatida
no quiero acordarme más.[26]

Estos gestos demuestran que por más que un sistema trate de controlar, disciplinar o anular la autonomía individual o colectiva hay vacíos, resquicios que no puede llenar. La resistencia se manifiesta muchas veces desde lo micropolítico, desde pequeñas acciones que desmienten la totalidad del poder.

De la narrativa oficial no solo se encargaron los periódicos, sino también otros canales comunicativos. *¡Sin Tregua!*, el Boletín Informativo de la Sección Política de las UMAP, también se involucró en la propaganda. En mayo de 1967, esta publicación declaró que, con motivo del Día de las Madres, el Estado Mayor del ejército envió tarjetas de felicitación a mujeres cuyos hijos habían tenido una actitud «ejemplar» en las unidades. De acuerdo con un editorial, muchas de ellas respondieron en gesto de agradecimiento por la labor reeducativa del Estado.

En una carta fechada el 30 de mayo de 1967, Justina Montiel Alonso escribió agradecida: «Créanme que me he sentido grandemente emocionada y que estoy grandemente sorprendida, pues no pensé nunca que en ese lugar pudiera fructificar el árbol del amor entre los humanos».[27] Además, el boletín publicó otros mensajes que reforzaban la idea de las UMAP como una institución

---

[26] Ibídem, p. 97.

[27] Justina Montiel Alonso: «[Carta a la Sección Política de las UMAP]», *¡Sin Tregua!*, n.° 6, junio, 1967, p. 4.

1967 "Año del Viet Nam Heroico"
Boletín Informativo de la
Sección Política de las UMAP

¡SIN TREGUA!

N° 6

1953-1967

26 DE JULIO

Aniversario de una Gesta Heroica

¡Gloria Eterna a los Héroes y Mártires del Moncada!

Imagen 4. Portada de *¡Sin Tregua!*, Boletín Informativo de la Sección Política de las UMAP, n.º 6, 1967. El ejemplar utiliza una de las fotos tomadas después del asalto al cuartel Moncada el 26 de julio de 1953. En la imagen aparecen Fidel Castro y otros asaltantes junto a oficiales de la policía de Fulgencio Batista.

pedagógica y no como un campo de trabajo forzado. En la carta que Rosa González y Vicente Hernández escribieron se lee:

Compañeros:

Recibimos la carta de felicitación con motivo del día de las madres, y esa carta ha sido para nosotros una de las mayores emociones que nunca antes habíamos recibido, pues esa carta, en la cual se expresan con frases tan elogiosas para nuestro querido hijo Heriberto, ha venido a llenar de alegría el corazón de unos padres que, aun sintiendo la ausencia física del hijo amado, también reconocen que esa ausencia ha sido un dolor grande para nosotros, pues nunca perdimos la fe como padres, de que Heriberto era un buen hijo, cariñoso y disciplinado, y hoy en manos de ustedes se ha preparado para triunfar en la vida, pues quizás le faltaba el grado político que ha adquirido en esa escuela que ustedes le han dado, por lo que estamos hondamente agradecidos.[28]

Pero la propaganda revolucionaria no solo activó resortes afectivos y sentimentales a partir de las poderosas figuras de las madres «agradecidas». Alberto Inzúa, uno de los galanes más populares de la radio y la televisión cubana en la década de 1950, fue otra de las tantas voces que se utilizaron para legitimar los campos de trabajo y justificar su necesidad histórica. En 1966, el actor se encontraba en uno de los campamentos de las UMAP y, en julio de ese año, le dijo al periódico *Juventud Rebelde* que estaba arrepentido de los errores que había cometido. Este tipo de declaraciones se inscriben en el modelo de la «autocrítica», una narrativa que se mueve entre la culpa y el perdón. El individuo sabe lo que debe decir, lo que el poder vigilante espera que diga:

Sé que los gusanos y demás elementos indeseables han propagado infinidad de bolas sobre mi persona... Ya ven ustedes donde estoy. Uno como hombre, comete errores; pero considero que solo el estar cons-

---

[28] Rosa González y Vicente Hernández: «[Carta a la Sección Política de las UMAP]», *¡Sin Tregua!*, n.° 6, junio, 1967, p. 4.

ciente que los cometió y el arrepentimiento sincero le sirve de purga. Donde uno encuentra buenos jefes con deseos de ayudar y encuentra comprensión, se siente estimulado. Para quien jamás ha hecho este tipo de trabajo, es muy duro. Pero esto no mata a nadie [...]. He conversado con algunos compañeros y hemos llegado a la conclusión que muchas veces que los errores que se comenten son producto de la ignorancia política en que vivía uno sumido. Uno se abstraía estudiando libretos y se olvidaba que había también otras cosas que estudiar [...] puedo decir que solo quien estudia la Revolución y llega a comprenderla, puede evitar fallos que puedan lesionarla.[29]

Las prácticas de autocrítica estaban extendidas a todas las instituciones del país y se mantuvieron hasta finales de la década de 1980. Se les conocieron como asambleas de méritos y deméritos. Se trataba de un ritual, una suerte de *performance* que incluía la confesión pública. Las personas debían confrontar sus errores y virtudes delante de la colectividad. Cada cual se ponía de pie y explicaba sus logros y resbalones en el trabajo. Era obligatorio que se reconociera algún error para no ser acusado de «autosuficiente», una actitud bastante criticada por los cuadros políticos. Las «autocríticas» también sirvieron a las autoridades para saber lo que la gente pensaba de las instituciones y de los funcionarios. Estos procedimientos pasaron también a la literatura. En *Brumario* (1980), una novela de Miguel Cossío Woodward, se representa de esta forma:

Se promovía también el uso de la autocrítica, una versión comunista del harakiri oriental en la que Sergio, el intelectual, pronto se hizo experto, al extremo que había que mandarlo a callar, no se le vaya la mano y lo tengamos que recoger. Cucho Cortina pasaba balance a la reunión y encontraba las causas de aquellas debilidades pequeñoburguesas, que debemos erradicar, camaradas, y aquí no estamos para destruir a nadie, sino para analizar y educar, por lo que debemos tratar de mirar

[29] Alfredo Echarri: «Donde trabajar se hace un hábito: la UMAP», *Juventud Rebelde*, 16 de julio de 1966, p. 8.

hacia el hombre nuevo, más decididos que nunca; pero con la misma alegría y espíritu juvenil.[30]

A las confesiones del actor Alberto Inzúa en *Juventud Rebelde* se sumaron las de Pedro Antonio González, un muchacho descrito como burgués. Su testimonio fue presentado con el cintillo «Donde muere un "bitongo" nace un combatiente», y sirvió para construir una narrativa de la redención y del cambio producido por la reeducación. «Solo pensaba en la diversión, estar siempre en la calle, en mi carro, con mujeres mayores que yo, vaya, una especie de "dulce vida", ¿me entiende?... Con esa mentalidad llegué aquí», contaba González.[31]

De acuerdo con el muchacho, las primeras jornadas de trabajo le «resultaron horribles» y estaba muy flaco porque la vida que llevaba era muy diferente. Y continúa: «Ahora lo veo todo distinto. Ya puedo hacer cualquier trabajo por duro que sea. Y créame, me será difícil no pensar en el trabajo cuando salga de aquí. ¡Cómo no voy a pensar así, si gracias al trabajo ahora peso 140 libras!». El joven terminaba sus declaraciones con una oda de los oficiales: «Quien no comprende la función de un jefe militar, puede, incluso, llegar a odiarlo. Pero el que como yo aprendió a entenderlo, lo admira tanto que quiere llegar a ser como él [...]. Ese amor a las FAR, lo debo al haberme puesto a observar a mis jefes. Todos han sido muy buenos y sencillos, y a la vez, duros, exigentes».[32]

«¿Acaso van a convertir el país en un campo de concentración?»

En 1966, el emplazamiento de campos de trabajo forzado en Cuba era ya un secreto a voces. Resultaba imposible ocultar lo que estaba sucediendo en las UMAP. A principios de ese año la prensa oficial comenzó a explicar el asunto. En un artículo del 14 de abril de 1966, el periodista Luis Báez reconocía a través de las páginas del periódico *Granma* que, cuando comenzaron a llegar los primeros

---

[30] Miguel Cossío Woodward: *Brumario*, Editorial Letras Cubanas, La Habana, 1980, p. 75.

[31] Alfredo Echarri: Ob. cit., p. 8.

[32] Ídem.

grupos a las UMAP «que no eran nada buenos, algunos oficiales no tuvieron la paciencia necesaria ni la experiencia requerida y perdieron los estribos».[33] Varios militares, aseguró Báez, fueron sometidos a Consejos de Guerra y se les degradó. A otros, en cambio, se les expulsó de las fuerzas armadas.

Ese mismo día, *El Mundo* publicó un artículo que mostraba una imagen idílica de las unidades. En uno de los fragmentos, casi de pasada, se hizo una pequeña referencia a los «errores» cometidos por los guardias. Así se describe: «Al principio la situación era tan tirante, que algunos oficiales cometieron el error de perder los estribos. Por ejemplo, se registraron varios casos de tenientes que, exasperados por lo negativo de la conducta de ciertos muchachos, los abofetearon».[34] De este modo, la prensa, aunque maquillaba la política de castigos, reconocía de alguna manera que se había empleado la violencia.

Resulta curioso el cambio de perspectiva. Tan solo un mes antes de ese artículo, Luis Pavón había asegurado que los cuadros de mando de las UMAP eran «prestigiosos compañeros de las FAR», que los jefes de nivel intermedio eran todos viejos miembros del Ejército Rebelde, «esforzados combatientes casi todos de origen campesino» que conocían «las dificultades y características del trabajo agrícola».[35] Pero las UMAP estaban ocasionando costos políticos para el proyecto revolucionario que ni el mismo Fidel Castro pudo prever. El 29 de agosto de 1966, en uno de sus interminables discursos, criticó la política de instalación de campos de trabajo y el uso de cercas de púas. En esa ocasión el comandante expresó:

> ¿Acaso van a convertir el país en un campo de concentración? ¿Y cuándo van a hacer un plan de cualquier cosa, presos para allí con una

---

[33] Luis Báez: «Unidades Militares de Ayuda a la Producción (UMAP)», *Granma*, 14 de abril de 1966, p. 6.

[34] Gerardo Rodríguez Morejón: «UMAP: forja de ciudadanos útiles a la sociedad», *El Mundo*, 14 de abril de 1966, p. 4.

[35] Luis Pavón Tamayo: «¿Qué es la UMAP? El Servicio Militar en las Unidades de Ayuda a la Producción», *Verde Olivo*, año VII, n.° 12, 27 de marzo de 1966, p. 8.

cerca de alambre de púas? No, que la Revolución no significa el trabajo esclavista. (*Aplausos.*) Los presos trabajan para su rehabilitación y para que, incluso, mejoren sus condiciones de vida, no tengan que vivir metidos en una reja, para que las cárceles no sean almacenes de hombres, para que el trabajo sirva como instrumento educador.[36]

El mismo que había ordenado la instalación de las UMAP trataba de depositar la responsabilidad de esa política en otros oficiales. Es muy probable que este discurso haya incidido en la disminución y el carácter de los castigos en las UMAP porque inmediatamente después cambiaron las órdenes. Las tortuosas jornadas de trabajo, aseguran muchos testigos, se redujeron de doce a ocho horas.

Sin embargo, no en todos los campamentos fue así. Siempre hubo entusiastas que siguieron reproduciendo las mismas prácticas. Algunos guardias no entendían este cambio que contradecía las orientaciones que habían recibido de los altos mandos al iniciarse el experimento. En su libro *Agua de rosas*, René Cabrera trató de reproducir un diálogo que entabló con un oficial que se sintió engañado por el propio Fidel Castro. De acuerdo con el militar, en el entrenamiento que recibieron antes de ser emplazadas las UMAP, se les dijo que tenían que estar preparados para recibir a «fieras». El máximo líder, aseguró, fue «quien nos ordenó que los acabáramos, que ustedes no eran compatibles con la sociedad que estábamos construyendo». Para el capitán, solo había dos opciones: la rehabilitación o la muerte. Fue ahí cuando Cabrera recordó las palabras del teniente Lastre el primer día en aquel infierno: «esto es el plan Fidel, hijos de puta, aquí el que se rebele, se muere».[37]

El escaso archivo público que creó el régimen cubano sobre este asunto estuvo encaminado a producir ficciones que contribuyeran al borrado de la historia de los campos de trabajo forzado. Se

---

[36] Fidel Castro: «Discurso pronunciado en la clausura del XII Congreso de la CTC-R, 29 de agosto de 1966», Departamento de Versiones Taquigráficas del Gobierno Revolucionario, <http://www.cuba.cu/gobierno/discursos/1966/esp/f290866e.html>, [15/07/2019].

[37] René Cabrera: *Agua de rosas*, Alexandria Library, Miami, 2012, pp. 210-211.

trataba de que, entre otras cosas, las UMAP no pudieran constituirse en un sitio identificable de memoria y de memorialización. Para el verano de 1968, el mantenimiento de los campos era insostenible. El experimento había fracasado y dañaba la imagen de la Revolución. En junio de ese año, la revista *Verde Olivo* hizo pública una carta firmada por el Ministro de las Fuerzas Armadas Revolucionarias, Raúl Castro. En la misiva, el general se dirigió a los jóvenes que iban a ser desmovilizados del SMO. Sin embargo, los destinatarios no eran otros que los confinados de las UMAP, que habían sido reclutados bajo la cobertura de esa ley militar. Castro reconoció que en «ocasiones no se han usado los métodos más correctos y se han presentado dificultades».[38] La necesidad de defender el país, agregó, los había obligado a crear rápidamente un gran ejército donde no todos los oficiales tenían la mejor preparación. Ese fue más o menos el tono.

En el documento, el general dijo que sentía preocupación «por los problemas que se han presentado» y exhortaba a los jóvenes desmovilizados a que respondieran un cuestionario. Esta fue la última vez que una publicación oficial reconoció que no se había utilizado los «métodos más correctos». Las UMAP quedaron oficialmente disueltas a través de la Ley N.º 058-68. Aunque las unidades habían desaparecido como institución, otros dispositivos más sofisticados las sustituyeron; pero el espíritu y las motivaciones que las crearon se mantuvieron intactos.

Nuevos modelos de trabajo forzado. Operación Mambí y la Columna Juvenil del Centenario

Al tiempo que se desmantelaban las UMAP, debido a la presión internacional y al malestar que se había creado en el país, el ejército y el Ministerio del Interior crearon otros programas de trabajo forzado. Para mantener los niveles de producción de azúcar que demandaba el «gran salto adelante» que Fidel Castro tenía previsto para 1970, la mano de obra que garantizaba las UMAP tenía

---

[38] Raúl Castro Ruz: «Carta a los jóvenes que se desmovilizan», *Verde Olivo*, año IX, n.º 26, 30 de junio de 1968, p. 3.

que ser reemplazada. También necesitaban aprovechar la infraestructura que estaba creada.

A inicios de 1968, Arcadio Ruiz Castellano pasaba su tiempo de SMO en una unidad regular de Telecomunicaciones en las afueras de La Habana cuando fue acusado de pederastia pasiva y activa. A los quince días de estar encerrado en la Fortaleza de La Cabaña, le celebraron un juicio y fue condenado a seis meses y un día de prisión. Poco después se vio en un «campo de trabajo forzado para homosexuales» cerca de una unidad antiaérea en San Antonio de los Baños.[39] Inmediatamente se percató de que todos los reclusos en aquel sitio habían sido «depurados» de distintos campamentos militares después de ser acusados de homosexuales. «La unidad, nos dimos cuenta, era de pasivos; pero después nos enteramos de que había otra unidad de activos», aseguró.[40] En San Antonio de los Baños, Ruiz Castellano trabajaba en los jardines de las casas de los asesores soviéticos y también limpiando marabú, una de las labores más duras de la agricultura. «En ese lugar, fue cuando llegó la noticia de que habían desmantelado las Unidades de Ayuda a la Producción. Esa fue la primera vez que oí mencionar ese nombre», agregó.[41]

El desmantelamiento de las UMAP comenzó a mediados de 1968 y generó muchas expectativas entre los reclusos porque pensaron que pronto serían liberados. Sin embargo, a los pocos días, refiere Ruiz Castellano, fueron enviados a un campamento en la provincia de Camagüey que había sido ocupado precisamente por los confinados de las UMAP. El traslado se hizo en un tren con vagones para transportar ganado: «Tuvimos que sacar la mierda de

[39] Abel Sierra Madero: «Entrevista a Arcadio Ruiz Castellanos», audiograbación inédita, Nueva York, 7 de marzo de 2016.

[40] Según el antropólogo Guillermo Núñez Noriega, el marco binario activo/pasivo ha servido históricamente para organizar las relaciones sexuales entre varones según el papel erótico. En ese sentido, el papel «activo» sería desempeñado por un sujeto «masculino» y el papel «pasivo», por un sujeto «afeminado» o «menos masculino». Cfr. Guillermo Núñez Noriega: «Reconociendo los placeres, deconstruyendo las identidades. Antropología, patriarcado y homoerotismos en México», *Desacatos*, n.º 6, pp. 15-35.

[41] Abel Sierra Madero: «Entrevista a Arcadio Ruiz Castellanos», ob. cit.

las vacas, fue horrible. Por eso yo no puedo ver películas de campos de concentración ni nada de eso. Yo fui al museo del Holocausto en Washington y me espanté».[42]

El cruce de algunas fuentes me lleva a pensar que muchos de los enclaves que se utilizaron para las UMAP se fueron reconvirtiendo, poco a poco, en otros modelos de trabajo forzado. Así sucedió con el campamento La Ofelia, en la granja estatal Ramiro Echemendía, ubicada en la localidad de Sola. A fines de 1965, esta unidad era manejada por el Estado Mayor de las UMAP. Allí estuvieron recluidos y agrupados en la Compañía 25-06 algunos de los testimoniantes consultados para este libro: Juan Pita Vento, Reynaldo García Reina, Manuel Santana Crespo, Alfredo García Hernández, Orlando Beltrán, Rolando González Rosales, Francisco Sainz y Justo Pérez. Sin embargo, ya en febrero de 1967 esa granja era ocupada por un Campamento Juvenil del MININT. Una crónica de la revista *Verde Olivo* así lo confirma.

Que el reportaje se haya realizado en esa misma granja no es casual. Respondió a una estrategia encaminada a borrar cualquier vestigio de las UMAP en la región. Los Campamentos Juveniles del MININT no fueron sino otro de los tantos modelos de campos de trabajo forzado que se emplazaron en Cuba entre mediados la década de 1960 y la de 1970. A estos campamentos, asentados sobre la misma lógica reeducativa y productiva de las UMAP, se enviaban por lo general a adolescentes que habían cometido alguna felonía, abandonado los estudios, o que no trabajaban. Según la nota, los Campamentos Juveniles se formaron cuando se realizó «un chequeo cuadra por cuadra a fin de conocer qué cantidad de adolescentes entre 14 y 18 años no estaban estudiando ni trabajando», y las autoridades se dieron cuenta de que solo en la ciudad de Nuevitas había unos doscientos jóvenes que reunían esas características.[43]

Durante 1968, el periódico *Juventud Rebelde* publicó varios artículos sobre estos enclaves que resaltaban el éxito del nuevo programa

---

[42] Ídem.

[43] Oscar Guzmán: «Campamento juvenil», *Verde Olivo*, año VIII, n.º 6, 12 de febrero de 1967, pp. 27-29.

de reeducación. Con un tono moralizador, los textos usaban supuestos testimonios de padres agradecidos de que el MININT y el Estado se encargaran de sus hijos, y de que hicieran lo que la familia no pudo lograr. «Ustedes saben lo que hacen, siempre y cuando sea para hacerlo más revolucionario», se lee en uno de los textos.[44]

Tal y como habían hecho con las UMAP, había que demostrar el «milagro» reeducativo de estas instituciones y su papel en la reconversión de homosexuales. Para ese empeño, también reprodujeron declaraciones de entusiastas funcionarios. En uno de los reportajes se entrevistó a Mayra Esperanza Vega, reeducadora del campamento femenino Alborada, quien aseguró: «Yo he visto casos de homosexuales, ayudadas a transformar por sus compañeras. Y muchachas que han venido con costumbres netamente masculinas, han sentido renacer en ellas la feminidad que parecía ausente de sus pensamientos».[45]

Sin embargo, estos emplazamientos no eran suficientes para garantizar la mano de obra que requería la Zafra de los Diez Millones. En el verano de 1968, mientras se clausuraba el programa de las UMAP, el ejército diseñó una nueva estrategia. Se trata de la Operación Mambí, una campaña de tipo militar que planeaba ubicar en la provincia de Camagüey más de cincuenta mil brazos para trabajar en los cortes de caña. Todas las organizaciones políticas y de masa se involucraron en la empresa. La Federación de Mujeres Cubanas, incluso, envió a mujeres a los campamentos los domingos para coser y lavar la ropa de los «combatientes». Muy liberador todo.

En ese contexto se creó un gran contingente de braceros al que se conoció como la Columna Juvenil del Centenario (CJC). Con ese nuevo experimento, las autoridades buscaban garantizar gran cantidad de fuerza de trabajo para los cañaverales. Además, se utilizó para explicar que ese había sido precisamente el proyecto original

---

[44] Alfredo Echarri: «Crónica de un futuro sonriente. Quizá por primera vez...», *Juventud Rebelde*, 18 de junio de 1968, p. 2.

[45] Alfredo Echarri: «Campamentos juveniles del MININT. ¿Podremos evitar que existan menores delincuentes?», *Juventud Rebelde*, 9 de marzo de 1968, p. 2.

de las UMAP, pero que había terminado por distorsionarse debido al mal manejo de los oficiales. La Columna se disolvió en 1971 cuando se fusionó con otras unidades militares dedicadas a la producción. Así surgió el Ejército Juvenil del Trabajo, que existe hasta hoy bajo el mando de las Fuerzas Armadas Revolucionarias.

Para cambiar la imagen de las UMAP y de los nuevos programas de trabajo que el gobierno estaba creando, se lanzó una campaña mediática que impactara en el país y en la opinión pública internacional. Varios fotógrafos, entre ellos Ernesto Fernández, fueron enviados a los campos con ese propósito. El Instituto Cubano de Arte e Industria Cinematográficos (ICAIC) también se involucró en ese proyecto de relaciones públicas. En 1970, al director Miguel Torres se le encomendó la realización de un documental sobre la Columna Juvenil del Centenario. El material no hizo mucha gracia a la oficialidad. Lejos de ser una pieza más de propaganda, el filme mostraba cuerpos de adolescentes marchitados por las largas jornadas. Jóvenes en harapos cortaban caña en pésimas condiciones y con escasa alimentación.

A los cantautores Silvio Rodríguez y Pablo Milanés, que trabajaban entonces en los Estudios de Experimentación Sonora del ICAIC, se les encargó una canción para el documental. En una de sus estrofas se lee:

Qué paga ese sudor del tiempo que se va
qué tiempo están pagando
el de su vida
qué vida están sangrando por la herida
de virar esta tierra de una vez[46]

La Columna Juvenil del Centenario funcionaba como un ejército. Tenía un Estado Mayor y puestos de mando que publicaban partes oficiales, como se hubiera hecho en condiciones de guerra. Este

---

[46] Silvio Rodríguez y Pablo Milanés: «Canción de la Columna Juvenil del Centenario», en *Grupo de Experimentación Sonora del ICAIC*, vol. 3, EGREM/ FONOMUSIC, La Habana, 1997.

programa perseguía los mismos objetivos que las UMAP, pero la prensa y los políticos aseguraban que los braceros se incorporaban de manera voluntaria, cuando en realidad eran obligados por la Ley del SMO. El rostro de este ejército era Jaime Crombet, el Secretario General de la Unión de Jóvenes Comunistas, pero figuraba nada más para las cámaras y los periodistas. El capitán Lázaro Vázquez era en realidad quien manejaba los hilos con orientaciones precisas de Raúl Castro.

Sin una organización militar, la Columna Juvenil del Centenario no hubiera podido implementarse. Tal despliegue de hombres necesitaba de una disposición legal coercitiva que los obligara a cortar caña durante tres años. Los líderes de la Revolución pensaban que la estructura y la disciplina militar aseguraban más eficiencia y productividad, de ahí que la instalación de campos de trabajo forzado no solo se manejó como una necesidad moral, sino también económica.

Al funcionar como un ejército, los miembros de la Columna Juvenil estaban sujetos a las leyes y códigos militares, tal y como había sucedido con los confinados en las UMAP. De este modo, se evitaban las fugas y deserciones. Se decía que la zafra era una especie de batalla de «envergadura histórica en la que está empeñado el honor revolucionario de nuestro pueblo y en ella sus integrantes forjarán su carácter y desarrollarán sus aptitudes convirtiéndose en hombres más capaces, más plenos, más integrales; siendo a la vez, trabajadores, soldados y estudiantes como aspiramos que sea toda nuestra juventud».[47]

Los jóvenes inscritos en este programa tenían que pasar por un período de preparación militar. Debían jurar «fidelidad a la Patria y a la Revolución» y no podían abandonar la Columna durante un período de tres años. Estaban sometidos a un estricto régimen disciplinario y a largas jornadas de trabajo. Solo tenían derecho a pases de cincos días cada dos meses. Los que fueran sorprendidos en «actos contrarios al decoro y la moral socialista», consumieran

---

[47] «Reglamento de la Columna Juvenil del Centenario», *Juventud Rebelde*, 3 de agosto de 1968, p. 3.

«bebidas alcohólicas en el área del Campamento o del trabajo», eran severamente castigados.[48]

Los primeros campamentos de la Columna Juvenil del Centenario se instalaron en agosto de 1968. Poco después se crearon también algunos conformados por mujeres. En 1969, el cineasta estadounidense David Stone, su esposa Barbara y el polaco Adolfas Mekas tuvieron la oportunidad de filmar en uno de ellos. Los Stone eran miembros de Weather Underground, una guerrilla urbana de estudiantes estadounidenses que se oponía a la guerra en Viet Nam y simpatizaba con Cuba. En su libro *Visions of Power. Revolution, Redemption, and Resistance, 1959-1971*, Lillian Guerra asegura que el rodaje se hizo con la anuencia del ICAIC. La institución les facilitó un equipo de trabajo en el que se encontraban el productor Camilo Vives, el sonidista Leonard Sorel y dos agentes del Departamento de Seguridad de Estado, Rafael Rey y Rafael Martos.

De esa experiencia salió el documental *Compañeros y compañeras* (1970). El material se conserva en los archivos de la Universidad de Yale, donde se encuentran, además, varias cintas sin editar que no formaron parte de la película. Aunque el filme tenía la intención de producir una imagen positiva de la Revolución, coincido con Lillian Guerra cuando propone una lectura más allá de la «escenificación política». De acuerdo con Guerra, los esfuerzos de los realizadores y los entrevistados por construir una visión hiperreal de la utopía revolucionaria terminaron por ocasionar una «contra narrativa de la autorrepresentación» que socavó el propio relato del ICAIC y los objetivos de David Stone.[49] Este argumento se basa en el lenguaje corporal de las entrevistadas y en el papel de la dirigente de la Unión de Jóvenes Comunistas (UJC), Margarita Fonseca. Las muchachas lucen aterradas ante la cámara, ríen nerviosas, tratan sin éxito de reproducir de memoria las consignas, sobreactúan y vacían de contenido el discurso oficial.

---

[48] Ídem.

[49] Lillian Guerra: *Visions of Power in Cuba: Revolution, Redemption, and Resistance, 1959-1971*, University of North Carolina Press, 2012, pp. 332-333.

Estos materiales constituyen una fuente de gran valor para estudiar los procesos de violencia y simulación políticas en ambientes totalitarios. Especial interés tiene la filmación de una asamblea para escoger «columnistas ejemplares». En los regímenes comunistas las asambleas tenían un papel importante en la ritualidad política y disciplinaria cotidiana. Con un formato inquisitorial y religioso, las asambleas públicas estaban orientadas a extraer confesiones y relatos que confrontaran a los miembros de la comunidad.

La escena en la que una de las jefas increpa a la colectividad para que den testimonio sobre una de las candidatas bien merece la pena. En voz alta pregunta: «Sobre los problemas políticos. ¿Cómo ella los domina, que carácter le da ella? ¿Ella es combativa?». En ese momento una de las muchachas se pone de pie y comenta: «Con las compañeras que a veces echen [de] menos a su casa y se ponen a llorar y eso, siempre ella le ha salido al frente, y si tienen alguna duda y algo, siempre le ha aclarado lo que ellas necesiten [sic]. Nunca yo le he oído de que se siente mal aquí [sic], al contrario». La jefa poco convencida insiste: «¿No tienes que señalarle nada a la compañera?». Se hace silencio y le ordena a otra que responda: «A ver Gertrudis. ¡Gertrudis! Ponte de pie». La muchacha mira sus uñas mientras habla, nerviosa, no levanta la vista. Poco después se procede a la votación y Rafaela quedó electa como «columnista ejemplar».[50]

Otro de los momentos que merece atención tiene que ver con una clase de «instrucción revolucionaria». En esa escena, la profesora vestida de verde olivo lee fragmentos del diario de campaña de Ernesto Guevara en Bolivia, en el que se habla de la deserción de uno de los guerrilleros, Camba. Pregunta a las alumnas por su significación y, como no encuentra la respuesta que quiere oír, se ofrece a dar un discurso. De acuerdo con la maestra, en la decisión de Camba «ya se está mostrando la blandenguería». Y continúa: «aquel que no sea capaz de estar dispuesto al sacrificio más grande, de olvidarse

---

[50] David Stone: «Columna-Exemplary Workers [video]», The Cuban Revolution Collection, Yale University Library Manuscript Group, No. 650.

de que él es un ser humano, sino que es un revolucionario que lucha por la libertad del pueblo, puede retirarse en esos momentos».[51] Aquí subyace la esencia de una pedagogía. La condición humana se adquiere únicamente en relación con la «identidad revolucionaria». Toda postura e identidad que no tenga inscrita esa etiqueta se sale del mundo de lo humano.

Aunque la Columna Juvenil del Centenario respondió a intereses y necesidades económicas, los líderes revolucionarios vieron en ese proyecto una oportunidad para la «rehabilitación» de jóvenes delincuentes y «predelincuentes». Así surgió la Precolumna Juvenil del Centenario, que estuvo conformada en su mayoría por más de mil quinientos adolescentes que habían cometido crímenes y felonías de gravedad. Fueron sacados de reformatorios juveniles y cárceles, y enviados a campamentos agrícolas. Como en las UMAP, los muchachos estuvieron custodiados por militares armados. Félix Sautié Mederos fue el funcionario encargado de la implementación del experimento.

Para la creación de la Precolumna Juvenil del Centenario se utilizó la noción de *estado predelictivo*, una figura jurídica que sirvió también para ensayar e instituir otros modelos de trabajo forzado. En 1971, por ejemplo, se promulgó la Ley N.º 1231 del Código Penal. Bajo este mecanismo, conocido entonces como «Ley contra la vagancia», se enviaron a miles de hombres, considerados peligrosos y vagos, a trabajar en centros de reeducación, es decir, en granjas agrícolas. Además, en 1973, se estableció la Ley N.º 1249 para los delitos que atentaran «contra el normal desarrollo de las relaciones sexuales y contra la familia, la infancia y la juventud». La ley permitía castigar a los homosexuales por el delito de «escándalo público». Muchos fueron encarcelados o condenados al trabajo forzado.

Durante la década de 1960, miles de adolescentes menores de dieciséis años también fueron internados en diferentes campamentos. Tuvieron que trabajar la agricultura por un período de dos

---

[51] Ídem.

años. Así lo confirma una entrevista que Luis Mario Isaac, responsable del sector agropecuario de la UJC, concedió al diario *Juventud Rebelde* el 29 de enero de 1968. Explicó que la idea era convertir esas instalaciones en «verdaderas escuelas integrales».[52]

Esa lógica fue la que se siguió para desarrollar el Programa de las Escuelas al Campo que comenzó a ensayarse en abril de 1966 en la provincia de Camagüey. Los estudiantes de las escuelas de Secundaria Básica e institutos preuniversitarios fueron enviados a trabajar a zonas rurales por unos cuarenta días. El entonces Ministro de Educación José Llanusa explicó en qué consistía el proyecto. Aclaró, además, que «más importante aún que la promoción y la producción es la formación del hombre nuevo, la ligazón del trabajo y del estudio será lo que nos ayudará a lograr nuestras aspiraciones».[53] La fase experimental terminó muy pronto y la Escuela al Campo se extendió a todo el país por varias décadas. En el verano de 2009 la prensa oficial anunció su fin.

Los campamentos para apátridas

El 2 de enero de 1966, unos meses después de emplazados cientos de campamentos de las UMAP, Fidel Castro ofreció un discurso por el séptimo aniversario del triunfo de la Revolución. El comandante se refirió a todos los inconformes con el proyecto socialista que habían solicitado la salida del país. Dijo que la Revolución no tenía por qué «digerir» a «esos elementos desclasados, muchos de los cuales nunca han trabajado y son incapaces de trabajar, y muchos de los cuales son agentes del enemigo en el seno de nuestra sociedad».[54] De este modo, Castro hacía pública una política que

---

[52] Gilberto González: «Entrevista a Luis Mario Isaac», *Juventud Rebelde*, 29 de enero de 1968, p. 6.

[53] Alfredo Echarri: «Más importante aún que la promoción y que la producción es la formación del hombre nuevo. Entrevista con José Llanusa», *Juventud Rebelde*, 22 de abril de 1966, p. 2.

[54] Fidel Castro: «Discurso pronunciado por séptimo aniversario de la Revolución en la Plaza de la Revolución, 2 de enero de 1966», Departamento de Versiones Taquigráficas del Gobierno Revolucionario, <http://www.cuba.cu/gobierno/discursos/1966/esp/f020166e.html>, [19/01/2020].

ya se estaba implementando en el país desde hacía unos meses y que violaba los derechos laborales de miles de personas. Aquellos que tenían pasaporte, y que habían manifestado su voluntad de abandonar la isla, serían despedidos sin contemplación.

Para ellos, la Revolución les tenía una sorpresa. Sencillo: tendrían que trabajar en la zafra o en labores más onerosas por el tiempo que estuvieran tramitando la salida del país, para poder recibir el permiso del gobierno. La idea era atormentarlos e integrarlos a una maquinaria política y a la vez económica. Tendrían que pagar el precio del disenso y la inconformidad con el sistema. «Les damos trabajo, pero otro tipo de trabajo, para que se ganen el sustento produciendo y no parasitariamente», explicaba el máximo líder.[55] La tramitación podía durar de uno a tres años.

Así, miles de personas tuvieron que trabajar en granjas agrícolas, en la cría de puercos, la recogida de basuras, el cultivo del henequén, entre otras faenas. El reclutamiento fue muy parecido al de las UMAP, porque las personas recibían un telegrama de manera sorpresiva antes de ser concentradas en granjas manejadas por el ejército.

A los hombres enviados a esos campamentos de trabajo forzado se les conoció en el argot popular como «los Johnson». El epíteto sirvió para asociar a los castigados con el presidente estadounidense en turno, Lyndon B. Johnson. Hasta Fidel Castro reconoció el apodo: «Los Johnson –como les llaman a esos señores– están actualmente, mientras les llega el telegramita, los que están en condiciones físicas aptas para ello, ganándose el pan con el sudor de su frente. Y antes de pasar allá a la sociedad del imperialismo, su ladrillo puesto, su granito de arena también por este país».[56] Las mujeres, por su parte, fueron bautizadas con el mote de «Jacquelines», por Jacqueline Kennedy. Pero

---

[55] Ídem.

[56] Fidel Castro Ruz: «Discurso en el acto conmemorativo del octavo aniversario de los Comités de Defensa de la Revolución en la Plaza de la Revolución, 28 de septiembre de 1968», Departamento de Versiones Taquigráficas del Gobierno Revolucionario, <http://www.cuba.cu/gobierno/discursos/1968/esp/f280968e.html>, [19/01/2020].

en la jerga política oficial esos emplazamientos tenían un nombre: «Campamentos para apátridas».

La familia de Nereyda Barnet sintió el peso y el rigor de esta política. En una conversación que sostuvimos el 22 de enero de 2018 en Naples, Florida, Barnet recordó el discurso de Fidel Castro el 2 de enero de 1966 como un punto de quiebre en sus vidas. A partir de ahí, asegura, la situación se tornó insostenible: «Los CDR preguntaban "a dónde van", "de dónde vienen", vigilaban lo que teníamos puesto, hasta la marca de cigarrillos, yo creo que revisaban hasta la basura».[57]

Tanto ella como su padre, residentes de la ciudad de Matanzas, tuvieron que trabajar en diferentes granjas, desde junio de 1968 hasta que abandonaron el país en 1971. Así describe el proceso:

> A mí me mandaron a un campo que se llamaba Cejas 2, que estaba en Pedro Betancourt. Cuando llegamos al campamento –éramos como trescientas– estaba lleno de mujeres militares. Había una cerca y me di cuenta de que aquel lugar era como una prisión. Nos dieron un número. Nos levantaban a las cinco, y a las seis de la mañana ya estábamos en el campo, y terminábamos de trabajar a las seis de la tarde. Había que bañarse desnuda delante de las demás. Todavía era señorita. Bajé 85 libras. Yo estuve un tiempo que mi mente no quería recordar y borré muchas cosas. Yo no podía ni siquiera hablar de esto.[58]

Entonces, Barnet padecía de hipotiroidismo y la enfermedad se agudizó durante su estancia en el campo de trabajo forzado. Para tratar de obtener una licencia médica que la regresara a su hogar, acudió al psiquiatra Ariel Payá: «Era vecino de la casa y me dijo que me iba a dar un certificado médico para que no me mandaran al campo o me cambiaran de ahí. Me dio clorpromazina de 100 mg, me drogó y me sodomizó. Cuando le reclamé, me dijo que debía

---

[57] Abel Sierra Madero: «Entrevista a Nereyda Barnet», audiograbación inédita, Naples, 22 de enero de 2018.

[58] Ídem.

Imagen 5. Nereyda Barnet durante su estancia en uno de los campamentos para apátridas en la provincia de Matanzas. Foto cortesía de Nereyda Barnet.

estar contenta porque me había respetado la virginidad».[59] Después de un tiempo en las granjas agrícolas, Barnet fue enviada a trabajar en un plan forestal en Punta Icacos, hasta su salida en junio de 1971.

Julia Miranda y su esposo Eddy López tuvieron que vivir también la tortuosa experiencia de los campamentos para apátridas en la provincia de Camagüey. En su libro *Diario para Uchiram (Cuba, 1962-1969)*, Miranda relata las vicisitudes, humillaciones y angustias por las que tuvieron que atravesar antes de que les permitieran irse de Cuba. Se trata de un diario que escribió a escondidas entre 1962 y 1969, y que ocultó entre paredes de un viejo caserón hasta que una amiga comenzó a enviarlo por partes a su casa en Miami en 1994.

Este texto es una fuente única, un archivo personal que contiene valiosas descripciones sobre la vida cotidiana de una familia de clase media que ha perdido todo, y que trata de sobrevivir dentro de la euforia revolucionaria. Además, el libro incluye documentos, telegramas, páginas facsimilares del diario y el reglamento de los «Campamentos para apátridas» manejados por el MININT.

En el diario hay una referencia al discurso de Fidel Castro del 2 de enero de 1966: «Fue algo así como la sentencia de hambre y trabajo más elocuente de cuantas he oído». De acuerdo con Julia Miranda, Castro era una presencia ubicua y macabra que dictaba la vida de todos. Para nombrarlo utilizaba casi siempre una frase: «Quien nos gobierna».

Además, usó una serie de seudónimos para no poner en riesgo a las personas que menciona, en caso de que las autoridades encontraran los papeles si registraban la casa. Por ejemplo, ella misma se esconde bajo el pseudónimo de Jadna. Cuando habla de Zepole, se refiere a Eddy López, su esposo. El central Lodanesco no es otro que el Senado Sugar Company. Los revolucionarios, fieles a la creación de su propia tradición, le pusieron el nombre de un mártir: Noel Fernández.

---

[59] Ídem.

Imagen 6. Nereyda Barnet durante su estancia en uno de los campamentos para apátridas en la provincia de Matanzas. Foto cortesía de Nereyda Barnet.

El diario está dedicado a su hija María de Jesús López (*Marichu*, como le llamaban a la pequeña). Uchiram no es sino el uso del apodo en reversa. En la entrada del 19 de enero de 1966, Julia reflexiona sobre el peligro de la escritura: «Tan grave veo la situación, tan fuerte la represión, que creo que me será imposible proseguir mis apuntes regularmente, y que tendré que guardarlos por tiempo indefinido, hasta que decida qué he de hacer por fin con ellos».[60] Estaba aterrada y temía por la seguridad de los suyos.

Una vez que solicitó la salida del país, la familia quedó marcada, expuesta. Las autoridades despidieron a cada uno de sus puestos de trabajo y le notificaron que harían un inventario minucioso de todas

---
[60] Julia Miranda: *Diario para Uchiram. Cuba 1962-1969*, Editorial Verbum, Madrid, 2008, pp. 165 y 171.

Imagen 7. Mujeres confinadas en un campamento para apátridas en la provincia de Matanzas. Foto cortesía de Nereyda Barnet.

sus pertenencias. No podían venderlas ni regalarlas. Si lo hacían, no recibirían el consentimiento para irse. En uno de los pasajes del diario fechado el 8 de marzo de 1966, Julia Miranda narra el proceso:

> Nos vigilan los Comités de Defensa, al extremo de anotar las horas en que salimos cada día. El televisor, la cocina de gas y una lámpara de pie los han venido a ver descaradamente, diciéndonos: «Buenas tardes, vengo a ver el televisor, a ver si me gusta, para pedirlo para mi casa...», etc. La vivienda ha sido solicitada por más de una docena de personas. Dos de estas familias apuntadas también se han creído con el derecho de pedir permiso para examinar las habitaciones a ver si les convienen.[61]

Contaron cada cubierto, cucharita, platico, piezas de vestir, incluida la ropa interior de la niña, joyas, los zapatos, muebles, las sábanas, las

---

[61] Ibídem, p. 195.

toallas. No quedó un objeto sin registrar. Aquellas horas fueron las más desagradables de su existencia, escribió Julia en su diario. El inventario/registro fue como una violación que la hizo sentir ajena, una extraña en su propia casa. El cerco sobre ellos se iba cerrando.

La Ley N.° 989 del 5 de diciembre de 1961 autorizaba al Estado cubano para que confiscara, además de las casas, todos los bienes de las personas que se marchaban del país. Así lo justificaba una publicación de los CDR en 1964: «Ante la agresión económica del imperialismo norteamericano y el cese de las exportaciones a Cuba por parte del Gobierno de los Estados Unidos, comienzan a escasear determinados artículos que los que abandonaban el país vendían, creando una especulación en detrimento de la economía popular, pues los que los adquirían los revendían a precios elevadísimos».[62]

Los que se iban perdían prácticamente todos los derechos y eran sometidos a extremo control. Sus nombres pasaban a engrosar una gran lista negra. Sobre ellos caía todo el peso del Estado revolucionario. No podían regalar, traspasar a familiares, ni vender ninguna de sus propiedades o pertenencias. El 28 de septiembre de 1961, el propio Fidel Castro interpelaba a los CDR para que extremaran la vigilancia:

> Los parásitos que se van a veces traen a un parientico o traen a un amiguito para la casa, y, ¡de eso nada! No señor. Hay que vigilar para cuando ya ustedes los vean vendiendo máquina, muebles, etcétera, y ya se sabe que se van, nosotros tengamos la planilla. Y esa casa –lo advertimos– será para una familia obrera. El que se mude para la casa de un parásito que se vaya, ¡que sepa que después tiene que dejar la casa! (*Aplausos.*), el que se mude para la casa de un parásito, que esas casas son para los obreros.[63]

---

[62] Comités de Defensa de la Revolución: «Recuperación de valores del Estado», *Memoria de los Comités de Defensa de la Revolución de 1963*, Ediciones Con la Guardia en Alto, La Habana, 1964, p. 139.

[63] Fidel Castro Ruz: «Discurso en la primera gran asamblea de los Comités de Defensa de la Revolución en la Plaza de la Revolución José Martí, 28 de septiembre de 1961», Departamento de Versiones Taquigráficas del Gobierno Revolucionario, <http://www.cuba.cu/gobierno/discursos/1961/esp/f280961e.html>, [28/07/2019].

Al inicio de la Revolución, los bienes confiscados como muebles, obras de arte o joyas se subastaban públicamente. Sin embargo, en muchas ocasiones, fueron a parar a manos inescrupulosas de funcionarios, autoridades y líderes corruptos. El Estado estableció protocolos para la confiscación. Comparto la metodología que se implementó, tal y como la describe la publicación de los CDR:

> Este plan fue coordinado con el Consejo Superior de la Reforma Urbana, Control de Viviendas, CTC-R, Ministerio del Interior y la Dirección Nacional de los CDR. El mismo consistía en que mediante la confección de un modelo oficial, se practicara un inventario de las pertenencias de aquellas personas que solicitaban permiso para abandonar el país. Esta tarea fue encomendada a los compañeros del Ministerio del Interior (DOP) y al CDR de la cuadra los que debían realizarla conjuntamente; a esto se le denomina INVENTARIO INICIAL. Cuando la persona que ha solicitado permiso para salir del país es autorizado, se procede a chequear el inventario inicial con los muebles que se encuentran en la vivienda para comprobar que no falta nada, o si se han adquirido nuevos muebles hacerlo constar; esto es lo que se llama RATIFICACION DEL INVENTARIO. Al hacerse este chequeo del inventario inicial, el ocupante debe entregar las llaves de la vivienda al compañero del CDR de la cuadra, quien procederá a sellarla. En este propio acto se confecciona un modelo que se denomina COMPROBANTE DE VIVIENDA O LOCAL, donde se recogen una serie de datos sobre las comodidades de la vivienda y su estado, así como la condición en que el ocupante vivía en ella; es decir, si era ilegal o no. Este modelo, conjuntamente con las copias del inventario, se remite a la Administración General de Recuperación de Valores del Estado. Las llaves quedan en poder del CDR de la cuadra, hasta que Recuperación de Valores del Estado tase y extraiga los muebles. Y objetos que estime pertinentes, enviando las llaves al Departamento Nacional de Control de Viviendas CTC-R, junto con una relación de los muebles que quedan en la vivienda y el modelo que recoge su composición.

En la coordinación establecida por Recuperación de Valores del Estado con Control de Viviendas, se acordó que es parte integrante del inmueble la cocina y el refrigerador. Los compañeros y compañeras de los Comités de Defensa de la Revolución han estado vigilantes de los valores del pueblo, informando los trasiegos e irregularidades que han observado con dichos valores por parte de los que se marchan del país y de personas que, en convivencia con los mismos, tratan de apoderarse de los bienes del pueblo.

Los CDR han desplegado una gran actividad y han tenido que entablar una gran lucha en este frente, como celosos guardianes de los valores del Estado.

Prueba de ello es que, cuando se marchaban los elementos apátridas, familiares de mercenarios y contrarrevolucionarios, los Comités de Defensa de la Revolución movilizaron toda su fuerza de trabajo en este frente, para hacer en tiempo record los inventarios, pues en muchos casos, no existía el inventario inicial y había que hacer al mismo tiempo la práctica de éste, sellar la vivienda, reclamar los muebles, objetos, prendas y otros valores que los que se marchaban pretendían ocultar. Así pudieron recuperarse vehículos de todas clases, joyas, dinero, etc.

Con la participación de las compañeras y los compañeros de los CDR en la práctica de los inventarios se han recuperado millones de pesos en muebles, joyas, efectivo y valores.

Esta actuación honesta y honrada de las compañeras y compañeros de los CDR fue paso a paso seguida por la Administración General de Recuperación de Valores del Estado.[64]

De este modo, el discurso político justificaba y legalizaba el robo, la rapiña y la expropiación del Estado a ciudadanos, y lo presentaba como una «actuación honesta y honrada».

[64] Comités de Defensa de la Revolución: Ob. cit., p. 140.

Imagen 8. Fotograma del filme *Memorias del subdesarrollo*, dirigido por Tomás Gutiérrez Alea, Instituto Cubano de Artes e Industria Cinematográficos, 1968.

Entonces, los líderes revolucionarios apelaron al resentimiento y odio de clase. A los sectores medios se les representó como malversadores y desfalcadores de la nación. Aquellos que se marchaban no podían llevarse prácticamente nada de lo que habían construido con años de esfuerzo. En los puntos de embarque eran sometidos a requisas y más humillaciones. Una de las escenas de *Memorias del subdesarrollo* (1968), el filme de Tomás Gutiérrez Alea, muestra precisamente el momento en que un funcionario de aduana confisca las prendas y relojes a los que se iban.

En junio de 1966, Julia Miranda se refirió en su diario a los jóvenes confinados a las Unidades Militares de Ayuda a la Producción. Dijo que conversó con algunos y que pudo saber de primera mano lo que estaba sucediendo en los campos de trabajo forzado. Una vez que se corrió la voz, agrega, los muchachos del pueblo apenas salían de sus casas. En ese pasaje se lee: «Tienen temor de llegar a un bar, de estar en un parque, de estar sentados en el portal y hasta temor de caminar por la acera: UMAP –cuatro letras que resuenan en sus oídos sin cesar–. Y está justificado ese miedo porque hay esbirros que vigilan, acechan y les recogen masivamente sin ninguna explicación».[65]

El tiempo fue pasando y el 4 de febrero de 1968 la familia recibió la visita de un oficial del Ministerio del Interior para entregarles el número de salida del país e informar que tendrían que trabajar en la agricultura. Debían estar atentos a una citación que se les enviaría por correo. El 15 de febrero, pocos días después de recibir la notificación, Julia escribió en su diario: «Para los que nos vamos ha terminado el riego de abono y ha comenzado la siembra de boniatos con el fango hasta las rodillas. Luego vendrá la siembra de frijoles, de pepinos, etc. En otras provincias: sembrar café, cortar caña, limpiar granjas, cepillar las paredes de las plazas, chapear potreros y ¡hasta recoger mierda de vaca!».[66] Sin excepción de edad, los hombres considerados como «apátridas» tuvieron que trabajar de manera forzosa hasta el último momento. Las mujeres, por su parte, también. Solo quedaban exentas aquellas que tuvieran hijos menores de siete años.

La presión política también afectó las relaciones de Julia con sus amistades. En una de las entradas del diario, deja constancia de la tristeza que sintió cuando Aira, amiga de la infancia, le dijo que su padre no quería que fuera más a la casa porque podría perjudicarlos. Aira fue el pseudónimo que Julia Miranda le otorgó a Rina Sarduy, prima del escritor cubano exiliado Severo Sarduy. Además, el gobierno desarrolló una estrategia para acrecentar el rechazo popular hacia la familia. Los obligó, por ejemplo, a entregar personalmente los telegramas que notificaban a los jóvenes que iban a ser reclutados para el SMO.

En una ocasión, Eddy (Zepole) recibió una orden para que se presentara en el parque de Mier, un pueblito cercano. Ese era el punto donde se concentraban a los que iban a ser enviados a los campos de trabajo forzado. En el lugar, cuenta Julia, había un grupo de sujetos que lo amenazaron con golpearlo con «cabillas», pero

---

[65] Julia Miranda: Ob. cit., p. 226.
[66] Ibídem, p. 261.

las autoridades los disuadieron. La cabilla de hierro fue uno de los utensilios que emplearon las turbas para atacar y violentar a los que no estaban integrados al régimen. A este tipo de prácticas se les conoce como «actos de repudio».[67] Ese día, se llevaron a Eddy para una granja.

Eddy era trasladado constantemente porque a los «apátridas» los movían en función de las necesidades económicas. Muchas páginas del diario están dedicadas a describir la odisea de Julia para tratar de visitar a su esposo en los intrincados y alejados lugares donde se encontraba. En una de las páginas se lee:

> Pude notar que su piel estaba estropeada, tenía varios arañazos, pequeñas cortaduras en los brazos producidas por la hoja de la caña y ronchas en la cara y el cuello. Me contó que estaban como presos y que la comida era pésima, que tenían que trabajar muy duro y que serían trasladados a un lugar todavía no revelado. Supe también que el albergue era inmundo, el agua impura, y la comida consistía en un poco de potaje aguachento, la mayoría de las veces con un trozo de boniato que en muchas ocasiones estaba lleno de gusanos, y que solo dos veces les habían dado unos trocitos de carne.[68]

Julia atribuyó la frecuencia de los traslados a una «guerra psicológica» que el gobierno había emprendido contra ellos. Mientras su esposo estaba confinado al trabajo forzado, Miranda tuvo también que trabajar en la agricultura. A diferencia de Eddy, ella podía regresar a su casa a diario. El 8 de octubre de 1968 le escribió al marido para contarle sobre los rigores de las faenas: «Hoy empecé en la granja, es muy duro ese trabajo; limpiamos pepinos. La norma es de 3.23, y para hacerla hay que limpiar tres surcos.

---

[67] Julia Miranda: Ob. cit., pp. 226 y 261. Para más información sobre los actos de repudio cfr. Abel Sierra Madero, «"Here Everyone's Got Huevos, Mister!": Nationalism, Sexuality, and Collective Violence during the Mariel Exodus», en Michael J. Bustamante & Jennifer L. Lambe (eds.), *The Revolution from Within: Cuba, 1959-1980*, Duke University Press, Durham/London, 2019, pp. 244-276.

[68] Ibídem, pp. 294-295.

Imagen 9. Julia Miranda junto a su hija María López (Uchiram) en Camagüey, 1967. Foto cortesía de Julia Miranda.

El tal Miguel los quiere limpios, una vara a cada lado de la matica, pero tan solo hacemos media vara».[69]

Diario para Uchiram es un libro conmovedor, fascinante, que ofrece detalles de la cotidianeidad de una familia en medio de una Revolución que los arrasa por su condición de clase. El texto describe las estrategias de resistencia que desarrollan para sobrevivir

---
[69] Ibídem, p. 295.

en medio de la política de racionamiento y la escasez. La angustia por la espera, el desconcierto ante el rumbo del país y el futuro son preocupaciones constantes. La escritura simple y nítida de Julia Miranda comparte imágenes cinemáticas que ofrecen un mapa complejo y estremecedor. El libro puede ser leído también como una novela realista y documental. El texto, escrito en primera persona, es una suerte de monólogo interior con una voz narrativa muy poderosa que hace que el acontecimiento más mínimo se convierta en un motivo literario. Quien narra es, al mismo tiempo, protagonista de esta historia empacada dentro del género del diario. Sin embargo, este formato es solamente un recurso estético de representación de la experiencia.

Julia Miranda establece una conversación entre el espacio íntimo y el mundo exterior. Reconstruye cada pieza, cada fragmento de la vida. El lector también puede acceder incluso a la banda sonora de la época. En 1966, llegó a Cuba «Yo soy aquel», una canción que popularizó el vocalista español Raphael en el Festival de Eurovisión. Para los confinados de las UMAP, la canción se convirtió en un himno. El tono melancólico y la letra daban sentido a la experiencia concentracionaria. Era perfecta para esas circunstancias, le dijo a su madre en una carta Armandito Valdivieso, el protagonista de Un ciervo hervido, la novela de Félix Luis Viera: «¿Quién no dejó allá afuera una novia, una mujer, un marido o bujarrón amado? Es menester tener mucho autocontrol para soportar esta canción, sin siquiera un leve temblor de vellos, en estas amedrentadoras, lejanas noches de las UMAP».[70]

Al parecer, la canción también se utilizó para representar a los «apátridas» que se iban del país o aquellos que deseaban irse. Se cargó de sentido a través de la parodia, un género muy usado como modo de resistencia en aquella época, que alguien debería estudiar algún día. En Diario para Uchiram, Julia Miranda reproduce la letra de la parodia. La comparto aquí porque me parece útil para entender los modos en los que el discurso popular

---

[70] Félix Luis Viera: Un ciervo herido, Editorial Verbum, Madrid, 2015, p. 107.

Imagen 10. Julia Miranda junto a su esposo Eddy López en 1966. Foto cortesía de Julia Miranda.

traduce deseos y conflictos para burlarse del poder de modo anónimo y colectivo:

> *Yo soy aquel que un día dijo «voy abajo».*
> *Yo soy aquel al que botaron del trabajo.*
> *El que suspira, por su salida,*
> *el que quisiera ser dueño de un avión...*
> *de un avión...*
>
> *Yo soy aquel que por marcharse de la vida.*
> *Yo soy aquel que si se marcha ya no vira.*
> *El que suspira, por su salida,*
> *aquel que ruega cada noche con fervor...*
> *Y estoy aquí, aquí, desesperado...*
> *Y estoy aquí, aquí, desmejorado...*
> *Y estoy aquí, aquí, para decirte*
> *que como yo hay un millón.*
>
> *Yo soy aquel que por un bote se desvive.*
> *Yo soy aquel que por una lancha solo vive.*
> *El que suspira, por la salida,*
> *aquel que sueña cada noche con un vapor.*
> *Y estoy aquí, aquí, por desdichado.*
> *Y estoy aquí, aquí, por desgraciado.*
> *Y estoy aquí, aquí, solo diciendo:*
> *¡Avión... avión... avión!*[71]

El 1 de marzo de 1969, Julia Miranda explica que, después de un tiempo en la agricultura, las mujeres «apátridas» de su pueblo fueron enviadas a trabajar en unas naves avícolas: «El trabajo consiste en cargar el alimento cada mañana, un saco de yute suficientemente grande y pesado para una mujer, y echarlo a los depósitos preparados alrededor de la nave, y luego hacer lo mismo con los

---

[71] Julia Miranda: Ob. cit., p. 362.

del agua, mantenerlos limpios y llenos». Si había pollos enfermos, había que «eliminarlos agarrándolos por las patitas para matarlos golpeándolos contra un poste colocado a la entrada de la nave».

El 6 de septiembre de 1969, la familia llegó finalmente a Nueva York. La última entrada del diario es del 10 de mayo de ese año. Ese día Julia contó cómo enjuiciaron a su esposo y lo condenaron a cinco meses de prisión en una granja destinada a presos políticos. Lo acusaron, asegura, de tratar de burlar la comisión médica del Ministerio del Interior para ser removido de los trabajos forzados. A partir de ese momento, Julia Miranda escribió apesadumbrada: «Nos toca esperar a que se disipe esta tormenta y podamos ver qué va a ser de nuestras vidas. Una espera más añadida a la espera. Yo sigo en las polleras, el Diario sigue escondido bajo tierra, y escribo mi última nota, para esconderla también».[72]

---

[72] Ibídem, pp. 369 y 375.

Capítulo 6
«¡Aquí los huevos están por la libre, Mister!». Nacionalismo, sexualidad y violencia colectiva en Cuba durante el éxodo del Mariel

«Al que asome la cabeza, duro con él. Fidel, duro con él»

¡Que se vayan!; ¡Gusanos, si sacan los pies se los cortamos!; ¡Que se vayan los parásitos y la escoria!; ¡Mi ciudad más limpia y bonita sin lumpens ni mariquitas!; ¡Fuera las ratas!; ¡Qué tiemblen los flojos, el pueblo entró en acción! ¡Gusanos, ratones, salgan de los rincones!; ¡Nuestra patria limpia y pura, que se vaya la basura!; ¡Gusano, lechuza, te vendes por pitusa!; ¡Que tiemblen los flojos, el pueblo está actuando!; ¡Cuba, que linda es Cuba, sin los gusanos me gusta más!; ¡Comandante en Jefe: ordene!; ¡Cuba para los trabajadores y los revolucionarios!; ¡Fidel, aprieta, que a Cuba se respeta!; ¡Cuba para los que producen!; ¡Que se vayan los que quieren vivir de nuestro sudor!; ¡Pin, pon, fuera, abajo la gusanera!; ¡Nuestro pueblo trabajador piensa unánimemente: que se vayan los flojos, que se vayan los lumpens, que se vayan los delincuentes, que se vaya la escoria!; ¡Los CDR listos las 24 horas, Comandante en Jefe: Ordene!; ¡Aquí no caben ni cobardes ni traidores!; ¡Carter, lechuza, los cambiaste por un pitusa!; ¡Con la Revolución no se juega!; ¡Carter tarrú, la escoria te la llevas tú!; ¡El pueblo que venció en Girón repudia la escoria!; ¡Carter, lechuza, te llevas la gentuza!; ¡Carter, loca, a Cuba no se toca!; ¡Oye, gusano, no saques los pies, mira que si no te los corta el Comité!; ¡Ahora que la taza está llena, vamos a halar de cadena!; ¡USA, USA, se venden por un pitusa!; ¡Carter, amarillo, amárrate el calzoncillo!; ¡Fidel, seguro, a los yanquis dales duro!;

¡Carter, llévate a tus carteristas!; ¡Nuestra patria limpia y pura, que se vaya la basura!; ¡Primero dejar de ser que dejar de ser revolucionarios!; ¡Que se vaya la carroña!; ¡Perú te llevas tremenda gente, lumpens y delincuentes!; ¡Los aseres van en pira!; ¡Se quema, se quema, se quema la gusanera!; ¡Imperialistas, hártense con la escoria. Buena indigestión!; ¡Que se vayan los lumpens!; ¡Fuera de aquí esas ratas con su guapería barata!; Cubano no es quien nace en Cuba, sino quien la honra; La sociedad de consumo no deslumbra a nuestro pueblo; Un solo destino a la escoria: el basurero de la historia; ¡Abajo los desperdicios!; ¡Abajo los apátridas!; Que se vaya la morralla; Acuérdate de abril, recuerda; El futuro pertenece por entero al socialismo; ¡Que se vayan las ratas, que se vayan los que aquí nacieron por equivocación! [sic][1]

Estos inflamados mensajes pertenecen a una antología de cien consignas compiladas por el periódico *Granma*, órgano oficial del Partido Comunista de Cuba. Se publicaron el 23 de abril de 1980, como parte de la convocatoria a una concentración multitudinaria a celebrarse el 1 de mayo bajo el nombre «Marcha del Pueblo Combatiente». Las consignas le daban sustento y racionalidad a una campaña que el gobierno cubano había lanzado para contrarrestar la crisis creada por miles de cubanos que ingresaron en la embajada de Perú en La Habana para pedir asilo político.

En la confusión, el vigilante encargado de la seguridad de la embajada tuvo problemas con el arma de fuego que portaba, se dio un tiro y murió. Ante la negativa de los diplomáticos peruanos de entregar a los sujetos que habían penetrado en la sede diplomática, el gobierno cubano retiró la custodia y, en menos de cuarenta y ocho horas, más de diez mil personas ocuparon el lugar con la esperanza de marcharse de Cuba. Estos sucesos desencadenaron un éxodo migratorio de más de cien mil cubanos hacia los Estados Unidos por el puerto del Mariel, entre el 15 de abril y el 31 de octubre de 1980.

La coyuntura fue utilizada por el gobierno para reactualizar procesos de inclusión y exclusión nacional. A los que emigraron

---

[1] «Antología de las consignas del pueblo en la Marcha del Pueblo Combatiente», *Granma*, 23 de abril de 1980, p. 4.

en ese contexto se les etiquetó con el mote de «marielitos» y fueron insertados dentro de una narrativa antinacional que estuvo atravesada por cuestiones de sexualidad, criminalidad y vagancia. Esto provocó también la sospecha de un sector del exilio cubano que se había construido a sí mismo sobre la base del éxito económico y la distinción social para desmarcarse del sujeto revolucionario.

Durante los meses que duró la crisis, el régimen revolucionario organizó acciones colectivas violentas conocidas como «actos de repudio» que se ejecutaron contra vecinos, colegas y otros ciudadanos que manifestaron un interés explícito por abandonar el país. Generalmente, la historia de estas acciones violentas aparece diluida en referencias académicas, novelas o cuentos, documentales y memorias, pero aproximaciones de más calado crítico y político son realmente escasas. No existe un texto que haya sistematizado o analizado en profundidad el fenómeno de los actos de repudio, lo que explica la opacidad con la que históricamente ha sido leído el asunto dentro y fuera de Cuba.[2]

Los actos de odio o «de repudio» van a ser considerados aquí dentro de un marco más general de violencia colectiva, organizada y consentida por el Estado cubano, para garantizar su hegemonía y manejar la crisis generada por el éxodo del Mariel. Se trata, como se verá más adelante, de un tipo específico de violencia política que se diferencia de la empleada por otras dictaduras latinoamericanas. Si bien es cierto que en Cuba no hubo desapariciones masivas y asesinatos, como en otros países de la región, no debe subestimarse el impacto que ha tenido en los miles de personas que han sido sometidas a este tipo de violencia, desde el éxodo del Mariel hasta la actualidad. Muchas de las víctimas o testigos de esos ataques los definen como prácticas de horror y barbarie.

---

[2] Entre los documentales sobre el éxodo del Mariel en los que aparecen algunos pasajes sobre los actos de repudio se encuentran *Más allá del mar/ Beyond the Sea* (2003) de Lisandro Pérez-Rey y *Voices from Mariel* (2011), producido por Adriana Bosh, Steven Bauer y dirigido por James Carleton. En el libro de José García, *Voces del Mariel. Historia oral del éxodo cubano de 1980* (2012), aparecen varios testimonios que describen los actos de repudio.

La ubicación de estas acciones dentro de un marco más general está encaminada a analizar la violencia colectiva en el caso cubano, en diálogo con otros escenarios y discusiones más globales. De acuerdo con Omar Shahabudin McDoom, en la interpretación de procesos de violencia colectiva existe una serie de convicciones e inferencias que tienden a otorgarles racionalidad a los líderes y a las élites, mientras que se piensa que los sujetos comunes y corrientes responden de manera emocional y espontánea.[3]

Esta hipótesis, señala McDoom, tiende a privilegiar las decisiones de las élites y a subestimar el papel de los ciudadanos y la conducta de masa en conflictos intergrupales. Cuando, en realidad, las élites pueden manipular estratégicamente las emociones de las masas que, en ocasiones, reaccionan de modos inesperados. McDoom propone una conjugación de ambos enfoques porque lo racional y lo afectivo, agrega, no son excluyentes en modo alguno. Este académico, posicionado en el campo de la psicología social, explica que la violencia colectiva está precedida por un proceso de polarización que pasa por la activación de fronteras intergrupales, la construcción homogénea de los enemigos y la *solidaridad* entre los miembros de los grupos privilegiados, a los que se les exige determinadas pruebas de lealtad.[4]

Los actos de repudio que se organizaron en 1980 forman parte de un proceso histórico de producción de enemigos políticos. Se articularon sobre la base de una retórica nacionalista que conjugó nociones biopolíticas y discursos de animalidad, que deshumanizaba y representaba como especies peligrosas a los miles de personas que querían abandonar el país. En ese momento la homofobia volvió

---

[3] Aunque el trabajo de Omar Shahabudin McDoom está basado en los conflictos de Ruanda en la década de 1990, considero que su marco de interpretación resulta de mucha utilidad para entender procesos de violencia colectiva y los dispositivos que los activan en otros contextos más generales. No se trata aquí de establecer falsas equivalencias entre uno y otro caso, sino de intentar ubicar en un marco más universal las bases sobre la cual se activó la violencia colectiva en el caso cubano.

[4] Cfr. Omar Shahabudin McDoom: «The Psychology of Threat in Intergroup Conflict. Emotions, Rationality, and Opportunity in the Rwandan Genocide», *International Security*, Vol. 37, No. 2, Fall, 2012, pp. 120, 121 y 122.

a tomar mucha fuerza. Las conexiones entre el nacionalismo y la sexualidad ya estaban asentadas en el imaginario colectivo desde los años sesenta, y se habían traducido en políticas que iban desde la creación de un perfil delincuencial y las depuraciones en las instituciones, hasta la creación de campos de trabajo forzado. Por lo general, la conjunción entre nacionalismo y sexualidad se refuerza en situaciones límites, y el Mariel significó la más grande crisis de legitimidad que el gobierno cubano había enfrentado en toda su historia, hasta el estallido social que aconteció el 11 de julio de 2021.

Los actos de repudio fueron una de las respuestas a la crisis y pueden ser leídos como parte de un «estado de excepción» o «estado de emergencia» en el que el derecho quedó suspendido temporalmente.[5] El estado de excepción ha sido un recurso que el gobierno ha activado sistemáticamente para suprimir derechos y libertades, y se ha asentado dentro de una narrativa de Guerra Fría que representa a Cuba como una «plaza sitiada». Esa noción ha servido para argumentar el diferendo con Estados Unidos, exacerbar sentimientos nacionalistas y para explicar el fracaso económico del modelo socialista. También se usa para justificar la ausencia de determinados estándares democráticos y para anular la disidencia interna.

Siguiendo esta ruta de análisis, intentaré crear un marco de interpretación de los actos de repudio en Cuba durante el éxodo del Mariel. Se trata de deconstuir los encuadres ideológicos y afectivos en los que descansaron esas acciones violentas. Dentro de ese escenario me interesan fundamentalmente los discursos nacionalistas heteronormativos que intervinieron de manera activa en la recreación de los marielitos, orientados a legitimar la violencia colectiva y a que se asentara como una práctica política socialmente aceptable.

Muy pocos lenguajes llegan a ser tan eficientes en la traducción y simplificación del discurso político como las consignas y los discursos del humor, debido a los resortes y códigos afectivos en

---

[5] Para una lectura teórica del «estado de excepción» conjugada con la biopolítica cfr. Giorgio Agamben, *State of exception*, University of Chicago Press, 2005.

los que se sostienen. La cobertura que el semanario humorístico *Palante* hizo de los sucesos de la embajada de Perú y del éxodo del Mariel merece una atención especial. Complemento el análisis de la retórica oficial con algunas entrevistas que realicé en Miami y La Habana a personas que vivieron los sucesos del Mariel. Integro a la discusión una serie de debates y discusiones intelectuales que intentaron explicar el éxodo desde el exterior.

Los actos de repudio: ¿una tradición política en Cuba?
Aunque es difícil rastrear prácticas políticas similares a los actos de repudio en Cuba antes de 1959, algunas fuentes indican que acciones violentas de este tipo ya habían sido ensayadas durante el período republicano. El intelectual cubano Vicente Echerri, por ejemplo, asegura que durante la caída del dictador Gerardo Machado a mediados de 1933 se sucedieron algunos actos violentos contra personas conectadas al antiguo régimen.

De acuerdo con Echerri, «una turba persiguió en la localidad de Trinidad a Consuelo Machado, prima del presidente derrocado, desde el parque donde había ido a pasear, hasta la casa del alcalde donde tuvo que refugiarse». Su relato continúa: «El ánimo era de linchamiento, hasta que mi abuelo, que se había destacado localmente en la lucha contra Machado, llegó con un jeep del ejército y sacó a la pobre señora y la embarcó por Casilda rumbo a Cienfuegos». El testimonio le viene de muy cerca a Vicente Echerri, porque una tía suya «estaba entre la multitud vociferante a pesar de que Consuelo Machado era su madrina».[6]

En ese momento, Gerardo Machado era una figura muy odiada debido a sus métodos despóticos. Durante su segundo período presidencial, había organizado grupos paramilitares que actuaban con la anuencia de la policía. Se trataba de la «porra» creada por Leopoldo Fernández Ros, el exdirector del periódico *La Noche*, que atacaba a opositores y a periodistas contrarios al gobierno. La porra machadista fue responsable de desaparicio-

---

[6] Vicente Echerri: [«Mensaje a Abel Sierra Madero»], correo electrónico, 16 de mayo de 2015.

nes y asesinatos que buscaban aniquilar la disidencia y resolver la crisis política.[7]

Por su parte, la historiadora Lillian Guerra le atribuye a la Federación Estudiantil Universitaria (FEU) un papel importante en sentar el precedente de los actos de repudio como práctica política. De acuerdo con Guerra, durante los años treinta, la FEU organizó una serie de acciones en la Universidad de La Habana contra profesores corruptos. Asegura la historiadora que esos «actos de repudio se debieron a la impunidad y la falta de estructuras institucionales y leyes que regularan la corrupción». Al parecer, la impotencia generada por esa situación provocó la reacción de los estudiantes. Esa es la gran diferencia, agrega, «entre los actos de repudio en ese período y los organizados por el gobierno cubano contra ciudadanos indefensos después del triunfo de la Revolución».[8]

El periodista Alberto Rubiera contó en un artículo publicado en la revista *Cuba Internacional* que él había participado en un «acto de repulsa» [sic] contra un grupo de poetas franquistas que leían durante un acto celebrado en el Ateneo de La Habana, en diciembre de 1949. En ese momento, cuenta Rubiera, varios jóvenes estudiantes de izquierda decidieron sabotear el evento; entre ellos se encontraban Antonio Núñez Jiménez y Raúl Valdés Vivó quien dio las instrucciones a seguir.[9] Así lo describe: «Debíamos procurarnos unos cuantos huevos y tomates, preferiblemente podridos. Vestidos lo más formalmente posible –con traje, cuello y corbata en el caso de los hombres–, debíamos acudir entre 8:15 y 8:30 pm al Ateneo y tomar distintas zonas en el salón de actos. Desde luego,

---

[7] Cfr. Carlos G. Peraza: *Machado. Crímenes y horrores de un régimen*, Cultural, Habana, 1933.

[8] Abel Sierra Madero: «Entrevista a Lillian Guerra», audiograbación inédita, Miami, 20 de mayo de 2015.

[9] Antonio Núñez Jiménez fue delegado de la Federación de Estudiantes Universitarios (FEU) por la Facultad de Sociología de la Universidad de La Habana entre 1947 y 1949. Durante toda esta época, militó secretamente en la Juventud Socialista. Esa afiliación se hizo pública cuando viajó a Berlín Oriental en 1951, como parte de la delegación cubana que participó en el Festival de la Juventud y los Estudiantes. Para más información cfr. Lillian Guerra, *Heroes, Martyrs, and Political Messiahs in Revolutionary Cuba, 1946-1958*, Yale University Press, 2018.

llevaríamos en los bolsillos –o en los bolsos de mano– nuestros malolientes proyectiles».[10]

Fue Valdés Vivó quien se paró y gritó varias consignas al tiempo que «lanzaba hacia la presidencia, con envidiable puntería, un huevo y un tomate [...]. Siguió en breve una batalla campal en la que derrotamos a los fascistas en toda la línea. Ni uno solo de nosotros recibió golpes importantes; en cambio vi varios curas falangistas "regados por el suelo" como se dice en Cuba».[11]

En la década de 1950 ocurrieron algunos incidentes contra Carlos Márquez Sterling y Jorge Mañach. Estas agresiones permiten entender los actos de repudio o acciones similares como parte de una tradición. El 7 de octubre de 1955, el periodista y político cubano Carlos Márquez Sterling participó en el programa *Ante la Prensa* de CMQ-Televisión. Una vez terminada su comparecencia, fue atacado por un grupo de jóvenes que le lanzaron huevos y otros objetos. En una carta firmada el 12 de octubre, el director de Relaciones Públicas de CMQ, Arnaldo Shewerert, se disculpaba con Márquez Sterling por el altercado y le adjuntaba una nota, que fue transmitida por la sección «Tome Nota» del noticiero de CMQ, en la que se explicaba lo sucedido:

> Justa indignación causó, a raíz del 10 de marzo [de 1952], la agresión a la Universidad del Aire de CMQ. Fueron a la sazón jóvenes simpatizantes del régimen los que lanzaron huevos podridos contra el doctor [Jorge] Mañach. No menos indignación está causando hoy el hecho que al salir anoche de Radiocentro –del programa «Ante la Prensa», al que había estado invitado– fuera agredido el doctor Carlos Márquez Sterling, Líder de la Ortodoxia Libre por grupitos que le lanzaron huevos y otros objetos.[12]

Es llamativo el uso de huevos contra Mañach y Márquez Sterling, porque en los actos de repudio durante el éxodo del Mariel en 1980

---

[10] Alberto Rubiera: «Puntos suspensivos», *Cuba Internacional*, agosto, 1988, p. 96.

[11] Ídem.

[12] Arnaldo Shewerert: «[Nota transmitida el 7 de octubre de 1955 a las 5:56 p. m. en la sección "Tome nota" del Noticiero de CMQ]», Archivo personal de Lillian Guerra, Hoja 114.

también se lanzaron huevos contra los que querían abandonar el país. Sin embargo, resulta imposible adjudicar a un grupo político específico la patente de semejantes prácticas.

El ataque a Jorge Mañach se produjo luego de que el intelectual rechazara una invitación que le hizo Fulgencio Batista para celebrar su llegada al poder a través de un golpe de Estado el 10 de marzo de 1952. En cambio, la agresión contra Márquez Sterling provenía de grupos del Partido Ortodoxo, opuesto al régimen de Batista. La nota transmitida en CMQ incluía algunos comentarios de Márquez Sterling, quien aseguró que fue «un acto incivil de elementos ortodoxos» que le eran hostiles.[13]

Una de las primeras acciones que puede ser interpretada como un acto de repudio en el período de la Revolución ocurrió en junio de 1959 contra el *Diario de la Marina*, el periódico de más antigüedad en la esfera pública cubana. Así lo reportaba *El Mundo* en un editorial: «Un incidente por todos conceptos condenable se produjo en la tarde del pasado lunes, al presentarse varios camiones llenos de individuos frente al edificio del estimado y colega *Diario de la Marina* y proferir frases molestas contra su director y el personal que labora en el mismo».[14] En el texto se asegura que los congregados lanzaron gritos provocativos, aunque no hubo agresión física a los periodistas ni al personal del rotativo. Este medio había entrado en contradicción con el gobierno revolucionario y fue cerrado en 1960. El incidente introdujo una nueva modalidad de violencia política de Estado, que se hizo mucho más visible durante la crisis del Mariel en 1980.

---

[13] Ídem. En ese momento, Márquez Sterling ya se había separado del Partido Ortodoxo, fundado por Eduardo Chibás, y había creado Ortodoxia Libre. Los grupos «hostiles» a los que se refiere eran aquellos del ala de su antiguo partido, afines a la figura de Fidel Castro, con quien Márquez Sterling tenía grandes diferencias. El intelectual creía en la vía del sufragio para resolver la crisis política del país y evitar la guerra civil, mientras que Castro era partidario de la lucha armada. Como se sabe, esta visión terminó imponiéndose. Desde mediados de los cincuenta, Fidel Castro trató de acabar con la reputación política de Carlos Márquez Sterling, quien el 4 de enero de 1959 fue detenido y, junto a su familia, permaneció en prisión domiciliaria hasta marzo de ese año que logró salir de Cuba.

[14] «Coacción al *Diario*», *El Mundo*, 24 de junio de 1959, p. A-4.

El periodista Luis Conte Agüero cuenta en su libro *América contra el comunismo* (1962) que en marzo de 1959 planeaba leer ante las cámaras de CMQ una carta dirigida al propio Fidel Castro en la que lo acusaba de comunista y de acabar con la Revolución. El reportero había presidido el comité de amnistía que influyó en liberación de Castro en 1955 por el asalto al cuartel Moncada dos años antes. La calle de la televisora, cuenta el reportero, estaba tomada por «las fuerzas de choque» del Partido Comunista, algunos dirigentes del Movimiento 26 de Julio y la policía política para impedir su entrada al lugar.[15] El carro en el que viajaba fue atacado, pero logró escapar a duras penas. Días después, Conte Agüero se asiló en una embajada y pudo abandonar el país.

En 1961 comenzó una gira por varios países de América Latina para ofrecer su visión crítica de la Revolución. En muchos foros en los que se presentaba era abucheado y atacado por manifestantes simpatizantes de Fidel Castro. En Montevideo sucedió uno de esos altercados. En su edición del viernes 17 de marzo de 1961, el periódico *El Debate* tildó de «lamentable espectáculo» una discusión sobre Cuba que fue saboteada por «una claque bien adiestrada [que] comenzó a silbar y gritar denuestos al orador».[16] Por su parte, el diario *La Plata* se refirió a los atacantes de Luis Conte Agüero como «claque comunista regimentada», con «tácticas conocidas» y consignas que acallaban al orador con exclamaciones de «paredón», entre otras. A excepción de *El Popular*, de conocida filiación comunista, la mayoría de los medios que reseñaron el incidente en aquella plaza de Montevideo insistía en que esas prácticas eran propias de «incultura radical, de violencia extrema», extraña «a la vida democrática del país».[17]

---

[15] Luis Conte Agüero: *América contra el comunismo*, Frente Anticomunista Cristiano, 1962, p. 129. Agradezco a Jennifer Lambe por la referencia a este texto.

[16] «La hostilidad de una claque regimentada impidió al Dr. Conte Agüero exponer su pensamiento», *La Plata*, 17 de marzo de 1961; tomado de Luis Conte Agüero, Ob. cit., p. 115.

[17] «Editorial», *El Bien Público*, 18 de marzo de 1961; tomado de Luis Conte Agüero, Ob. cit. p. 118.

Para Conte Agüero, los ataques en su contra eran parte de una estrategia internacional comunista, porque los manifestantes emplearon las mismas consignas y conductas en todos los espacios. Estas acciones de agitación política y apoyo ideológico a la Revolución cubana apuntan a un proceso de transnacionalización del acto de repudio.[18] Numerosos ejemplos podrían citarse sobre este tipo de ejercicios. Por lo general, el régimen usa las embajadas para convocar y organizar acciones violentas en foros académicos, políticos y culturales contra personas que manifiesten una visión crítica sobre Cuba. Uno de los actos de repudio más escandalosos tuvo lugar en Panamá durante la celebración de la Cumbre de las Américas en abril de 2015. En esa ocasión, la delegación oficial no solo boicoteó los debates, sino que atacó verbal y físicamente a algunos opositores cubanos o miembros de la sociedad civil que habían sido invitados al evento.

El acto de repudio marcó una inflexión en la violencia revolucionaria que se caracterizó en los inicios por los fusilamientos televisados, los juicios sumarios y las depuraciones en las instituciones. Las propias fuentes oficiales demuestran que esas acciones se habían ensayado mucho antes del éxodo del Mariel. Los actos de repudio formaban parte de la política de los Comités de Defensa de la Revolución (CDR) desde 1972, aunque entonces tenían otros objetivos. En un primer momento, consistían en asambleas diseñadas para condenar actividades delictivas y censurar públicamente a aquellos que, por incumplir con la guardia nocturna ordenada por los CDR, propiciaban robos o daños a la propiedad estatal.[19] De acuerdo con algunos funcionarios, esas iniciativas tuvieron «un saldo positivo para las masas desde el punto de vista de su dimensión educativa».[20]

---

[18] Para más información cfr. Nora Gámez Torres, «Cumbre de las Américas: las frases memorables, los actos de repudio y lo que no sucedió», *El Nuevo Herald*, 13 de abril de 2015, <https://www.elnuevoherald.com/noticias/mundo/america-latina/article18459476.html>, [21/05/2020].

[19] Omelia Guerra: «Actos de repudio. Actividad desarrollada contra la delincuencia», *Con la Guardia en Alto*, tercera época, año XIV, n.º 6, junio, 1975, p. 16.

[20] Ídem.

Por lo general, en estas asambleas participaban oficiales de la policía que daban detalles del robo y de los delincuentes. La periodista Omelia Guerra describió el protocolo: «La multitud se agrupa en la calle, frente al lugar donde ocurrió el hecho delictivo. Al centro, junto a los cederistas que vigilaban la noche de los hechos, un miembro de la PNR esclarece el modo utilizado por el infractor». Y agregó: «Quien tenía el deber de responder por la integridad de esa propiedad social, se separa del grupo. Con las manos hundidas en los bolsillos del pantalón, su mirada desciende hacia el pavimento. Luego yergue la cabeza, y expone que pasó... en qué consistió el fallo».[21]

Como se sabe, los Comités de Defensa de la Revolución fueron diseñados por Fidel Castro a inicios de los años sesenta para establecer un control social y político más eficiente a nivel local y barrial sobre aquellos individuos que eran considerados enemigos de la Revolución. Esta organización funcionó como un «poder lateral» de los aparatos estatales e intervenía hasta en los más mínimos detalles de la vida los cubanos.[22]

Estas prácticas fueron desarrollándose y poco después la organización ordenó la implementación de los «actos de respuesta», un ritual político que llevaba el rechazo a otro nivel. Se trataba de concentraciones masivas a las que la policía llevaba a los delincuentes aprendidos. Según Omelia Guerra, los actos de respuesta se realizaban «en estrecha coordinación con los órganos de la Fiscalía y la PNR, para no incurrir en violaciones de la legalidad socialista».[23] Los detenidos debían explicar a la multitud cómo actuaron y las deficiencias que encontraron en la vigilancia de los CDR que facilitaron las fechorías.

En abril de 1978, la periodista volvió a tocar el tema. ¿Qué es un acto de repudio?, ¿qué determina su realización?, ¿quiénes participan?, preguntó a Antonio Rodríguez Neira y a Juan Monjo Mederos, encargados de la vigilancia de los CDR. «Un acto de repudio es una

---

[21] Ídem.
[22] Cfr. Michel Foucault: *La verdad y las formas jurídicas*, Gedisa, Barcelona, 1996, p. 97.
[23] Omelia Guerra: Ob. cit., p. 17.

expresión de masas, una manifestación de indignación del pueblo ante un hecho antisocial, y va dirigido a ganar experiencias en torno a este fenómeno social», explicaron. Además, dijeron que estaban orientados a «educar a las masas, preparar a los cederistas para que conozcan cuáles son los factores que inciden en una futura conducta antisocial y en consecuencia trabajen sobre ellos».[24] Estas prácticas y discursos que buscaban el escarnio y la intimidación desmontan la tesis oficial acerca de la espontaneidad popular durante el éxodo del Mariel. Los protocolos de violencia colectiva que se emplearon en ese momento ya estaban diseñados, solo había que activarlos.

«¡Que se vayan! ¡Que se vayan!». Actos de repudio y violencia colectiva durante el éxodo del Mariel

La crisis en la embajada de Perú duró dos semanas, hasta que el gobierno anunció la habilitación del puerto del Mariel para todos los ciudadanos que quisieran abandonar el país. Algunos testigos aseguran que la sede diplomática fue asediada durante días por grupos que entonaban consignas y lanzaban huevos y piedras contra las que estaban dentro.[25] Tal es así que la seguridad del lugar tuvo que ser restaurada para poder controlar la situación.

Pero cuando los ocupantes comenzaron a salir, el gobierno les tenía preparada una sorpresa. Miles de personas fueron concentradas para que les hicieran sentir el rigor de la masa. En varias secuencias del documental *Que se vayan*, producido por las Fuerzas Armadas Revolucionarias, se puede ver la multitud enardecida que rodea a los que abandonaban la embajada de Perú y les grita mensajes homofóbicos y de odio.[26]

---

[24] Omelia Guerra: «El repudio de las masas», *Con la Guardia en Alto*, año XVII, n.º 4, abril, 1978, p. 17.

[25] Cfr. Lisandro Pérez-Rey (dir.): *Más allá del mar/ Beyond the Sea*, The Cuban Research Institute, Florida International University, Estados Unidos/ Cuba, 2003. En el documental *La marcha del pueblo combatiente* de Santiago Álvarez también se aprecian los desfiles masivos frente a la embajada de Perú. En el material se puede observar el tono de las consignas y los gritos de los manifestantes.

[26] Fuerzas Armadas Revolucionarias: *Que se vayan*, Sección Fílmica de las Fuerzas Armadas Revolucionarias/ NOTIFAR, La Habana, 1980. Agradezco a Librada González Fernández y al Archivo Cubanecuir por esta referencia.

Imagen 1. Fotograma del documental *Que se vayan*, ECIFAR-NOTIFAR, 1980. En la secuencia, un joven gay que sale de la Embajada de Perú es acechado por una multitud que le grita: «¡Yegua!, ¡Yegua!, ¡Yegua!». En Cuba ese adjetivo se utiliza para denominar despectivamente a los homosexuales.

Poco después, se desató una cruzada violenta en centros de trabajo, casas y lugares públicos sin precedentes en la historia de Cuba bajo el total consentimiento de las autoridades policiales. Los Comités de Defensa de la Revolución comenzaron a organizar actos de repudio, pero la intensidad de estos rituales dependía de la relación que las personas tuvieran con sus vecinos. La periodista Mirta Ojito, quien abandonó el país durante el éxodo del Mariel cuando apenas era una adolescente, relata en su libro *Finding Mañana: A Memoir of a Cuban Exodus* (2005) el momento en que su familia abandona la casa. De acuerdo con Ojito, la policía llegó a la vivienda y procedió a realizar un inventario de todo lo que había. Los oficiales le sugirieron a una vecina que se encontraba en la puerta de la vivienda que buscara más personas para «prepararles algo a esta gente». Se trataba de «preparar» un acto de repudio, pero la vecina, que ostentaba el grado de teniente, les dijo a los agentes: «nadie toca a esta familia. He visto a estas niñas crecer».[27]

El testimonio de Mirta Ojito apunta a la existencia de varios niveles de participación en los actos de repudio y, al parecer, este no fue un caso aislado. Luis Nodarse era el presidente de su CDR durante el éxodo del Mariel. Me contó que en una reunión «una señora levantó la mano y empezó a convocar a la gente para ir a tirarle huevos a una pareja que vivía en la cuadra y se dirigió a mí. Yo le dije a ella que comprara el cartón de huevos y se los tirara pero que conmigo no contara». Ese tipo de prácticas comenzaron a desencantar a Nodarse de la Revolución: «Yo creo que ahí empezó mi ruptura, así que dije "yo no tengo nada que ver con esto", fue a partir de ese momento. Eso fue un acto de bajeza, sencillamente. Exaltaron las bajezas humanas».[28]

Si en los sesenta, el castigo contra los que querían irse de Cuba se fundamentaba en los programas de rehabilitación y reeducación mediante el trabajo forzado, la lógica seguida durante el éxodo del Mariel en 1980 fue muy distinta. Los ataques y actos de repudio contra los que se iban tomaron el carácter de linchamientos simbólicos. «¡Aquí vive un traidor!», «¡Fuera gusanos!» fueron algunas de las pintadas que aparecieron en las casas de los que se iban. En los actos de repudio en La Habana se utilizaron muñecos a los que se colgaban de la cabeza simulando ahorcamientos. Se trataba de destruir la imagen y el prestigio de esas personas que en múltiples ocasiones fueron agredidas verbal y físicamente con el esfuerzo coordinado de las instituciones y las organizaciones de masas.

Los actos de repudio buscaban, al mismo tiempo, intimidar y castigar a los que se iban, y disuadir a otros que pudieran desear hacerlo. En su centro de trabajo, asegura Marianela Molina, se les

---

[27] Mirta Ojito: *Finding Mañana. A Memoir of a Cuban Exodus*, Penguin Press, New York, 2005, pp. 174-175.

[28] Abel Sierra Madero: «Entrevista a Luis Nodarse», audiograbación inédita, La Habana, 3 de junio de 2015.

expulsaba y obligaba a caminar delante de los compañeros, desde el edificio hasta la calle:

> Los organismos sacaban a la gente entonces, la persona iba caminando y era el molote de gente detrás, gritándole, «que se vaya, que se vaya». Tú podías ver los distintos molotes en la calle y eran las ocho horas de trabajo en función de eso. Pero hubo otro caso en mi trabajo en que una ingeniera se supo que se iba, y una vieja escribe un cartel y obliga a la ingeniera con la ayuda de otros más a que se lo pusiera en el pecho hasta que saliera del trabajo, hasta que cogiera la guagua, la ruta 2. Me acuerdo como si fuera hoy. No me acuerdo bien qué decía el cartel, pero podía decir cualquier cosa, gusana, traidora. A ese acto de repudio sí fui, caminé detrás de la ingeniera y me sangraba el corazón.[29]

Todo parece indicar que en un primer momento la convocatoria descansó en la compulsión a los miembros del Partido y la Juventud Comunista, y luego se extendió a toda la sociedad. Esto tiene sentido, si se toma en cuenta que el modelo revolucionario había impactado los modos de concebir el parentesco dentro de la hermandad nacionalista revolucionaria. Los lazos ideológicos habían suplantado, al menos en el plano simbólico, a los lazos sanguíneos y de amistad.[30]

Los militantes comunistas, funcionarios estatales y militares tuvieron que renunciar a la comunicación con sus familiares en el exterior para no perder privilegios económicos o sus empleos. El Partido Comunista pretendía crear una nueva familia que se sustentaba en el amor a la Revolución y en el odio a los «contrarrevolucionarios», es decir, a los enemigos políticos. Por eso, la militancia fue un sitio fundamental para garantizar la intervención colectiva durante los actos de repudio. Así lo describe Esperanza Torres, una de las testigos de ese momento histórico:

---

[29] Abel Sierra Madero: «Entrevista a Marianela Molina», audiograbación inédita, La Habana, 5 de junio de 2015.

[30] Lois M. Smith & Alfred Padula: *Sex and Revolution. Women in Socialist Cuba*, Oxford University Press, New York/ Oxford, 1996, p. 144.

Imagen 2. Toma de una de las «marchas del pueblo combatiente» organizadas por el Estado cubano durante el éxodo del Mariel en la que participaron hasta los niños. En la imagen se ven muñecos de trapo colgados de un árbol que muestran los linchamientos simbólicos que se efectuaron en ese proceso. Se desconoce el fotógrafo. Associated Press. Archivo personal.

Si eras militante del Partido o de la Juventud tenías que ir, si no te analizaban en las asambleas y hasta te podían sancionar. En mi trabajo nadie se negó a participar en ningún acto de repudio. Yo no me negaba, pero cuando venían a buscar a la gente, me ponía a trabajar como si tuviera cosas pendientes importantes para no tener que ir. Venían por los departamentos con una lista a buscar a la gente y ya estaban las guaguas ahí esperando para hacerle un acto de repudio a uno que uno no conocía. Cada empresa hacía los actos de repudio a sus trabajadores y los vecinos se los hacían a los de sus barrios. O sea, que a una familia o una persona se le unían los del centro de trabajo, más los de la cuadra y el barrio que los conminaban los CDR. Otras veces, se convocaba a los actos de repudio cuando terminaba el horario de trabajo. Entonces ponían guaguas para llevarnos hasta la casa donde vivía la persona. Cuando uno llegaba ahí, ya tenían puestos altoparlantes y la gente gritando. Todo aquello fue una barbarie.[31]

En 1980, Esperanza Torres trabajaba en un ministerio ubicado en La Rampa, uno de los tramos de calle más concurridos de La Habana. Desde ese lugar observó varios actos de repudio, pero el que más le impactó fue el que el Instituto Cubano de Radio y Televisión (ICRT) le preparó a la actriz Celeste del Mar:

> La metieron en un latón de plástico o de madera, no sé. La metieron dentro del latón y la rodaron desde el ICRT Rampa abajo. La gente iba atrás de aquella cosa gritando exacerbadas como si no fueran seres humanos. Le gritaban «¡esbirra!», «¡traidora!», «¡escoria!», los gritos de aquella época. Ah, iban con latas y palos sonando, como si fuera una conga mientras la muchacha estaba en aquel tanque rodando por toda la calle. Después la subieron caminando y la tenían cogida por los brazos. Lo de los actos de repudio en La Rampa era horrible; pero el de Celeste del Mar me traumatizó para toda mi vida.[32]

El cantautor Mike Porcel también sintió el rigor de esas acciones violentas. En mayo de 1980, varios miembros del Movimiento de la Nueva Trova asediaron la casa de su madre cuando se enteraron de que Porcel tenía intenciones de abandonar el país durante la crisis del Mariel. Este evento ha resucitado recientemente a partir de la censura de un documental sobre su obra en el que se retoma el tema de los actos de repudio. Se trata de *Sueños al pairo* de los realizadores José Luis Aparicio y Fernando Fraguela. El ICAIC, con el pretexto de que había cuestiones de *copyright* sin aclarar, prohibió su proyección pública.

A Mike Porcel se le impidió salir de Cuba durante el éxodo del Mariel y permaneció como un fantasma en la isla hasta 1989. Ese

---

[31] Abel Sierra Madero: «Entrevista a Esperanza Torres», audiograbación inédita, Miami, 12 de enero de 2015.

[32] Ídem.

año, logró largarse finalmente por gestiones de la iglesia y de organizaciones de derechos humanos. Aunque han pasado cuarenta años de aquellos eventos, Porcel los recuerda como los peores momentos de su vida. «Yo no guardo rencor pero no olvido», ha repetido prácticamente a cada entrevistador.[33]

En varias ocasiones, Porcel ha asegurado que los principales exponentes de la Nueva Trova –entre ellos Silvio Rodríguez y Pablo Milanés– participaron en aquella acción violenta. Por la rendija de una ventana pudo ver a quienes lo asediaban. Además de Silvio Rodríguez, Pablo Milanés y Alejandro García (Virulo), entre otros, Porcel vio a Eduardo Ramos, director del Grupo de Experimentación Sonora del ICAIC. Poco antes de morir en 2018, Ramos le confesó a Juan Pin Vilar:

> Es de la única cosa de la que yo me he arrepentido en mi vida. Me he arrepentido de varias cosas, pero la que yo guardo así dentro de mi cabeza, de algo que es tan insólito en mi personalidad, [fue] gritar «¡traidor!» a alguien. La única vez que lo hice y prometí que eso jamás volvería a pasar fue frente a casa de Mike Porcel. Me arrepiento toda mi vida de eso. Ojalá lo tuviera al frente para pedirle disculpas por eso. Participamos todos. Ahí participó todo el mundo. Todo el mundo gritó ahí. Eso fue bochornoso […]. Ese es uno de mis dolores, el acto de repudio a Mike Porcel.[34]

Después de patear la puerta de la casa en repetidas ocasiones, cuenta Porcel, le dejaron una carta que aún conserva. El texto, escrito con una incontenible verborrea patriotera, lo llama «excompañero» y concluye con palabras inflamadas: «Vete y piensa que a donde quiera que vayas te seguirá nuestro odio y la lástima con

---

[33] Cfr. Redacción Radio Televisión Martí: «De Mike Porcel a Silvio Rodríguez: "No tengo nada que decirle"», *Radio Televisión Martí*, Miami, 6 de marzo de 2020, <https://www.radiotelevisionmarti.com/a/de-mike-porcel-a-silvio-rodr%C3%ADguez-no-tengo-nada-que-decirle-/259692.html>, [09/12/2021].

[34] Juan Manuel Cao: «El cantautor cubano Mike Porcel habla sobre documental sobre su vida censurado en Cuba», *El Espejo*, AméricaTeVe, 3 de marzo de 2020, <https://www.youtube.com/watch?v=1hs1GxTU48I>, [15/06/2020].

que hemos observado la gradual degradación de un hombre».[35] A raíz de la censura del documental *Sueños al pairo* y de las declaraciones de Porcel, Silvio Rodríguez trató de desmentir lo sucedido y de minimizar su alcance. Además, sugirió que la carta es apócrifa. En su blog *Segunda Cita* escribió:

> Siempre dije que no estaba de acuerdo en hacer repudio alguno. Y aunque traté de perderme la noche en que acordaron hacerlo, dieron conmigo. Y fui. Afuera de la casa había un grupito de compañeros y una señora del CDR. Alguien, que hoy vive en Miami, me dijo que esperaban por mí para que comenzara. Di media vuelta, caminé hasta el portal de la casa y allí susurré una palabra. Después regresé al grupo y dije: ya lo hice. Inmediatamente me marché. Mientras me alejaba, vi cómo de uno en uno se acercaban a la casa a dejar su susurro. En eso consistió el tan proclamado mitin.[36]

Rodríguez trató de restarle importancia al asunto y de diluir su cuota de responsabilidad. Lo que llama «susurro», asegura Toni Pinelli, fue un grito de «¡traidor!». Cuando el cantautor habla de «alguien, que hoy vive en Miami», se refiere precisamente a Pinelli. Desde 2015 reside en esa ciudad, pero en 1980 ocupaba un cargo de dirección en el campo de la cultura. Pinelli estuvo allí y también gritó. Pidió perdón ante las cámaras de televisión y ha dicho que Silvio «a pesar de que se sienta culpable nunca lo va a admitir», pero aquel día frente a la casa de Porcel «se acercó a la puerta, al micrófono, había un micrófono, y le dijo traidor».[37]

---

[35] Zoé Valdés: «Una carta del Movimiento de la Nueva Trova a Mike Porcel. Para no olvidar», *Zoé Valdés*, 8 de abril de 2010, <https://zoevaldes.net/2010/04/08/una-carta-del-movimiento-de-la-nueva-trova-a-mike-porcel-para-no-olvidar/>, [23/01/2019].

[36] Silvio Rodríguez: «[Comentario de Silvio Rodríguez sobre Mike Porcel]», *Segunda Cita*, 4 de marzo de 2020, <https://www.blogger.com/comment.g?blogID=2044430452931794159&postID=2186269196387316053&isPopup=true&bpli=1&pli=1>, [10/03/2020].

[37] «Trovador Mike Porcel le responde a Silvio Rodríguez», *Noticiero Televisión Martí*, Radio Televisión Martí, 5 de marzo de 2020, <https://www.youtube.com/watch?v=7iyFdiuObtY>, [10/03/2020].

Los actos de repudio podían durar días y los asediados no salían a la calle, ni siquiera a buscar alimentos, por miedo a ser golpeados. En algunas ocasiones se establecían cercos sobre las viviendas y les cortaban la entrada del combustible y la electricidad. «Los últimos días vividos allí fueron muy duros. Yo no podía salir de la casa y así... nos lo habían dicho, ¿no?, que si no salíamos de la casa y nos estábamos tranquilos, pues no nos tiraban nada más, porque nos tiraban piedras, huevos... nos insultaban», le comentó la actriz Zobeida Castellanos al documentalista Jorge Ulla.[38]

El músico Carlos Molina vivió una experiencia similar. Así lo narró: «De buenas a primeras aparece una turba de decenas de personas presidida por Gladys Sánchez, la presidenta del CDR y su marido Fernando Peón, quienes se lanzaron sobre la terraza de la casa donde me encontraba sentado meciendo a mi hija Roxana». La multitud, cuenta Molina, lanzaba huevos, piedras y gritaban «improperios acompañados del consabido coro de las concentraciones: "Fidel, Fidel, Fidel, Fidel". Basilio Rodríguez, quien vivía con su familia en el apartamento de los bajos del edificio, se atrevió a romper los cristales de las ventanas entre los barrotes que daban al comedor. Nunca habíamos visto algo así». Fueron momentos de mucha tensión. Cuando trató de pedir ayuda, le cortaron el servicio telefónico, de agua y electricidad. En la noche la turba dejó salir a sus hijas pequeñas.

Poco después volvieron los gritos: «Ahora procedieron a pintar letreros obscenos en la fachada de la casa. A mi auto le poncharon las gomas y pintorretearon el techo. En letra roja se leía: MARICÓN. El cerco continuó hasta altas horas de la noche. No podíamos comer, menos dormir, pero lo peor era el desasosiego de no saber cuándo ni cómo terminaría el asedio». La odisea duró diez largos días: «Construyeron una tarima con altavoces en frente a la casa. Ahora el repudio iba acompañado con himnos revolucionarios.

---

[38] «[Testimonio de Zobeida Castellanos]», en Jorge Ulla y Lawrence Ott, Jr. (dirs.), *En sus propias palabras*, producción independiente, 1980. Para más información cfr. Jorge Ulla, Lawrence Ott, Jr. y Miñuca Villaverde, *Dos filmes de Mariel: el éxodo cubano de 1980*, Editorial Playor, Madrid, 1986, pp. 30-31.

Improvisaban discursos inflamatorios, trajeron pioneros a recitar poemas».[39]

En las noches, Molina y su esposa salían a hurtadillas para poder recoger un poco de agua de la cisterna. Días antes, el Decano de Música del Instituto Superior de Arte, Carlos Fariñas, le había preparado un acto de repudio en el Aula Magna de la institución, en el que participaron varios alumnos y profesores.

La violencia organizada y gestionada por el Estado también alcanzó a las escuelas. En 1980, José García tenía trece años. Después de una clase, la maestra convocó a los alumnos a un acto de repudio contra una familia que él conocía. Así lo recuerda: «Asistí durante un tiempo corto con un profundo sentimiento de vergüenza e impotencia. Me había visto obligado a participar, al menos como público, como parte de la manada, de una acción brutal contra personas inocentes, a sabiendas que mi familia también podía ser otra de las víctimas cuando nos llegara el momento de partir».[40]

Las cosas llegaron a tal punto, asegura Marianela Molina, que en la barriada de Boyeros una persona murió en un acto de repudio: «Claro, el Estado permitió que toda la bajeza humana aflorara. Recuerdo que una vez en el elevador ya no pude más y dije: "¡Parece mentira lo que estamos viviendo, es un horror lo que estamos viviendo!"». De acuerdo con Molina, después del incidente en el que falleció un ciudadano, «llegó un papel del Comité Central del Partido a los sindicatos, que decía que eso no estaba de acuerdo con los principios de la Revolución; porque las cosas habían tomado un vuelo que era incontrolable».[41] La escalada de violencia estaba ocasionando serios costos políticos.

Los discursos higiénicos e inmunitarios que habíamos visto durante la década de 1960 se reactivaron durante el éxodo del

---

[39] Carlos Molina: «Diez días de actos de repudio en la Cuba castrista», *Tumiamiblog*, 17 de mayo de 2020, <http://www.tumiamiblog.com/2020/05/diez-dias-de-acto-de-repudio-en-la-cuba.html>, [09/12/2020].

[40] José García: *Voces del Mariel. Historia oral del éxodo cubano de 1980*, Alexandria Library, Miami, 2012, p. 30.

[41] Abel Sierra Madero: «Entrevista a Marianela Molina», audiograbación inédita, La Habana, 5 de junio de 2015.

Mariel con mucha más fuerza. Los actos de repudio no solo se efectuaban en las casas y centros de trabajo, sino también en los lugares de salida como los aeropuertos, por ejemplo. El 4 de mayo de 1980, Antonio Núñez Jiménez, un funcionario conectado a las altas esferas del poder, contó con total desparpajo cómo en esos días se había desarrollado «una nueva modalidad de lucha popular: el "areomitin"» [sic]. De acuerdo con Núñez Jiménez, en el aeropuerto de Nueva Gerona, Isla de la Juventud, el pueblo «despidió» a «dos escorias» que viajaban a La Habana para abandonar el país con destino a España. Los «apátridas», advirtió, mostraban «los signos biológicos de la depauperación moral». Ya en pleno vuelo, se jactaba, «un mulato no puede contener la indignación que le produce viajar junto a la escoria y levanta la voz para gritar: "¡Que fumiguen este avión, que la basura nos ahoga!"». Durante los veinticinco minutos que duró el vuelo, concluyó, todos los pasajeros, «al unísono y rítmicamente», gritaron «¡Que se vayan, que se vayan, que se vayan!». Cuando el avión aterrizó en La Habana, a los «antisociales» los esperaba otro «comité de recepción». Fue tal el asedio que la policía tuvo que intervenir. «Y se fueron, dejando a Cuba más limpia y pura», concluía Núñez Jiménez.[42]

Los actos de repudio se diseñaron de tal modo que crearon una cierta opacidad moral y ética. Los procedimientos utilizados permitieron la participación masiva y la distribución de cuotas de complicidad al interior de la sociedad cubana. Al mismo tiempo, se manejaron en el terreno de lo afectivo y la fidelidad al proceso revolucionario. Además, activaron relaciones de clientelismo político con el Estado. Muchos participaron activamente de estas acciones para asegurar o acumular capital político y simbólico dentro de las instituciones. Después de que las familias abandonaban el país, sus casas y bienes eran repartidos en asambleas organizadas por los CDR en combinación con el Instituto de la Vivienda.

---

[42] Antonio Núñez Jiménez: «El aeromitin: una nueva modalidad de lucha popular», *Granma*, 4 de mayo de 1980, p. 11.

El éxodo del Mariel también fue aprovechado por el gobierno cubano para premiar a los que se quedaban y amortizar un tanto la crisis de viviendas del país. Todo parece indicar que se favoreció la salida a aquellos que vivían solos y que no dejaban a otras personas en sus casas. «¿Y vives solo? ¿Tu casa queda a disposición del Estado?», le preguntó a Reinaldo García Ramos el oficial de un centro de procesamiento conocido como Cuatro Ruedas, antes de darle un salvoconducto que tenía estampado en el reverso la palabra *directo*.[43] El Círculo Militar Gerardo Abreu Fontán de la Playa de Marianao fue otro de los lugares que habilitó el gobierno para esos menesteres. Mientras escribo, no puedo dejar de pensar en ese archivo, en la jerga militar de clasificación, en la papelería minuciosamente creada y destruida quizás al mismo tiempo.

De acuerdo con el periodista Miguel Ángel Masjuán, las asambleas que se efectuaban para entregar las casas de los «elementos antisociales» eran «fiestas de inusitado júbilo popular». Las viviendas que no eran de interés estatal o de los dirigentes eran repartidas a personas que vivían en albergues colectivos. Se confeccionaron «escalafones», una especie de listas muy comunes entonces que se conformaban en base a varios criterios, entre ellos el ideológico. Los aspirantes debían tener ciertas «condiciones políticas, laborales y sociales» y contar con el «aval» del CDR de la cuadra donde estaba situada la residencia. Los que no reunieran esos requisitos, explicaba el periodista, «no recibirán por ahora la vivienda en base a la presente metodología».[44]

Había algunos protocolos para gestionar la violencia colectiva. Un documento del Comité Provincial del Partido Comunista de la provincia de Camagüey así lo demuestra. El panfleto, destinado solo a los militantes, circuló con un largo y truculento título:

---

[43] Reinaldo García Ramos: *Cuerpos al borde de una isla. Mi salida de Cuba por el Mariel*, Editorial Silueta, Miami, 2011, p. 112.

[44] Miguel Ángel Masjuán: «Ya Paulina tiene su casa», *Bohemia*, año LXXII, n.º 24, 13 de junio de 1980, pp. 58, 59 y 60.

«Orientaciones a nuestro pueblo acerca de la conducta a seguir con los apátridas, lumpens, flojos, traidores y vendepatrias que se marchan del país». Con jerga agresiva, se autorizaba la violencia contra aquellos que se iban: «Al conocer de que algún ciudadano de la localidad ha pedido su salida del país, el pueblo tiene derecho a manifestar su opinión a través de actos de repudio a tal actitud, de muy diversas formas y en distintos grados de intensidad, según sea la irritación popular».

Sin embargo, las instrucciones conminaban a evitar la espontaneidad. «Debe organizarse el repudio contra estos elementos de modo tal, que sin merma de la combatividad, ni perder la fuerza de choque de las masas, ni su respuesta enérgica y sin contemplaciones al enemigo, se mantenga el control necesario y la dirección de la manifestación por el CDR de la cuadra...», se lee en el texto. Y agregaba: «Cada acto de repudio debe ser una tribuna de la Revolución». Aunque aplaudía la «justa indignación del pueblo», se sugería que no hubiera cortes de agua, luz eléctrica o gas, ni vandalización de casas, porque «éstas son propiedad del pueblo y con ello no hacemos daño a los que se marchan, sino a los que en el futuro las ocuparán». Se ordenaba, además, que se estableciera una vigilancia sobre las viviendas de los que se iban, para que no pudieran sacar ni muebles, autos u otros objetos que no fueran «estrictamente de orden personal».[45]

Pero la violencia no solo se manifestó a través de los actos de repudio. Algunos testigos aseguran que se usaron prácticas aún más sádicas. En una zona aledaña al puerto de Mariel, el gobierno emplazó en la base militar El Mosquito un tenebroso campo de concentración transicional donde los que se marchaban debían esperar largas horas, incluso días, para poder acceder a los barcos. Era otra forma de suplicio, de castigo. «Pero lo más sobrecogedor de aquel lugar, según lo recuerdo, no fue la presencia de presidiarios, ni de las armas largas y los cascos, ni los

---

[45] Comité Provincial del Partido Comunista de Cuba: «Orientaciones a nuestro pueblo acerca de la conducta a seguir con los apátridas, lumpens, flojos, traidores y vendepatrias que se marchan del país», mayo, 1980, s/p.

gestos ostentosos de los soldados. Lo más aterrador fueron los perros», así lo describe Reinaldo García Ramos.[46]

Según el escritor, los perros, «unos pastores alemanes muy hermosos y fuertes, daban pequeños saltos de impaciencia y a cada rato soltaban rugidos de amenaza».[47] Los animales, explica, eran desplegados cada vez que arribaban a El Mosquito microbuses cargados con presos para ser embarcados hacia Estados Unidos. La comida era escasa en el campo y, cuando los guardias lanzaban alimentos entre las cercas, los concentrados se lanzaban desesperados. Un día, contó García Ramos, «se formó una trifulca con un almuerzo; porque te daban una cajita con arroz frío y un huevo revuelto. Entonces soltaron a los perros y hubo mujeres aplastadas, un horror. Mucha gente se subía a los árboles por los perros. Era un mecanismo de intimidación».[48] Arturo Cobo, quien se desempeñó durante la crisis como voluntario en los centros para los refugiados del Mariel en Key West, dijo que era común ver en los cuerpos de los que desembarcaban signos de abuso, violencia y hasta mordidas de perros.[49]

El escritor Roberto Madrigal también estuvo en El Mosquito. En el lugar, asegura, habían emplazado carpas que estaban divididas por zonas que respondían a los criterios oficiales de clasificación: «En una estaban los "homosexuales", en otra "los delincuentes", en otra "las familias" y finalmente "los diplomáticos"», destinada a los que se habían asilado en la embajada de Perú.[50] Madrigal fue ubicado en esta sección.

---

[46] Abel Sierra Madero: «La memoria es un mecanismo de defensa: Reinaldo García Ramos», *Hypermedia Magazine*, 12 de junio de 2020, <https://www.hypermediamagazine.com/columnistas/fiebre-de-archivo/reinaldo-garcia-ramos-la-memoria-es-un-mecanismo-de-defensa/>, [09/12/2020].

[47] Reinaldo García Ramos: Ob. cit., p. 138.

[48] Abel Sierra Madero: «La memoria es un mecanismo de defensa: Reinaldo García Ramos», ob. cit.

[49] Kate Dupes Hawk *et al.*: *Florida and the Mariel Boatlift of 1980: The First Twenty Days*, The University of Alabama Press, 2015, p. 120. En el documental *Against Wind and Tide: A Cuban Odyssey*, uno de los entrevistados mostró las marcas de mordidas de perros que había recibido.

[50] Roberto Madrigal: «Últimos días en La Habana», *Diletante sin causa*, 11 de mayo de 2014, <https://rmadrigaldil.blogspot.com/2014/05/ultimos-dias-en-la-habana.html>, [20/09/2019].

«Vibra la patria entera embravecida». Consignas políticas y control social

Para contrarrestar las imágenes de los miles de personas que habían manifestado interés por abandonar el país, el régimen cubano necesitaba que la mayoría de la población se manifestara públicamente a su favor. El 19 de abril de 1980 se produjo la primera de las «marchas del pueblo combatiente» en la que millones de ciudadanos desfilaron frente a la embajada de Perú, portando carteles y entonando consignas de apoyo al gobierno. Las manifestaciones y las consignas duraron hasta bien entrada la noche.

Imagen 3. Las marchas y actos de repudio para intimidar a los que se refugiaron en la embajada de Perú, en abril de 1980, fueron el punto de partida de la violencia colectiva gestionada por el Estado cubano durante el tiempo que duró el éxodo del Mariel. Se desconoce el fotógrafo. Associated Press. Archivo personal.

El análisis de las consignas y carteles empleados durante los actos de repudio permite entender los modos en que se imaginó la comunidad nacional durante el éxodo del Mariel. Si a inicios del proceso revolucionario, los emigrados fueron representados en los medios como torturadores, burgueses y explotadores, para 1980, los que partían por el puerto de Mariel fueron descritos como sujetos antisociales, delincuentes y desviados sexuales, pero, sobre todo, como traidores y desertores. No se puede entender el acto de repudio sin tomar en cuenta el uso de esas etiquetas dentro del formato de las consignas utilizadas durante el éxodo. Algunos estudiosos han señalado que las consignas constituyen una forma particular del discurso público que trata de unificar la voz colectiva, al tiempo que se basan en la polarización del pensamiento y en la simplificación de los mensajes para facilitar su aprendizaje y asimilación.[51]

El académico Elliott Colla por su parte, ha explicado que las consignas de ningún modo pueden leerse como expresiones espontáneas, sino que tienen un carácter performativo. No son composiciones, agrega, pensadas para reflejar un sentimiento colectivo, sino para crearlo. Para analizarlas, Colla propone un examen más allá de lo textual porque las consignas, aclara, las cantan y las gritan personas en movimiento y de modo coordinado en espacios públicos.[52] Esta aproximación teórica es fundamental para entender la función de estas composiciones en las marchas y manifestaciones organizadas por el Estado cubano durante la crisis del Mariel.

Además de las consignas, los mítines o actos de repudio contaron con una banda sonora que contribuyó a la activación de resortes afectivos y a acomodar la violencia dentro de la épica revolucionaria. Una de las canciones que acompañó los actos políticos y las congregaciones masivas en ese momento fue la «Marcha del pueblo combatiente», compuesta por Pepín Naranjo y musicalizada por José María Vitier. Pero fue el cantautor Osvaldo Rodríguez quien

---

[51] Cfr. Robert Denton: «The Rhetorical Functions of Slogans: Classifications and Characteristics», *Communication Quarterly*, Vol. 28, No. 2, Spring, 1980, pp. 10-18.

[52] Cfr. Elliott Colla: «In Praise of Insult: Slogan Genres, Slogan Repertoires and Innovation», *Review of Middle East Studies*, Vol. 47, No. 1, Summer, 2013, pp. 37-48.

le puso la voz. Rodríguez dirigía entonces Los 5U4, un grupo musical conformado por invidentes que gozaba de gran popularidad. La canción era una suerte de himno de guerra con el que se solía cerrar los actos políticos de la época, hasta que Osvaldo Rodríguez se asiló en Estados Unidos en la década de los noventa. La canción fue encargada por el Ministerio del Interior y tuvo que grabarse muy rápidamente.[53] Esta es la letra:

Vibra la patria entera embravecida
arde su sangre de valor erguido,
ruje el coraje de su pecho herido
por quien pretende arrebatar su vida.

Ha sonado el llamado de la guerra
prestos sus hijos al clamor reclaman
a combatir por todo lo que aman
por Cuba con Fidel nuestra bandera.

Siempre el enemigo que amenaza
a convertir en polvo lo que amamos,
jamás el miedo a nuestro pecho alcanza,
aquí vencimos a todos los tiranos,
y en sus vidas clavamos nuestras lanzas
¡Este pueblo viril y soberano![54]

Este tipo de mensaje de odio y violencia, empaquetado en canciones dirigidas a los que disintieran del proyecto revolucionario, no era nuevo. Ya en 1960, el trovador Carlos Puebla había compuesto «Duro con él», un son que resaltaba el terror, los paredones de fusilamiento y la vigilancia de los CDR: «que aquí sabe cada quien / el

[53] Abel Sierra Madero y Lillian Guerra: «Osvaldo Rodríguez: la historia detrás de una canción», audiograbación inédita, Miami, 14 de agosto de 2015. Una versión de esta entrevista se publicó en *Diario de Cuba*, 21 de noviembre de 2015, <https://diariodecuba.com/cultura/1448058993_18284.html>, [09/13/2020].

[54] Osvaldo Rodríguez y José María Vitier: «Marcha del Pueblo Combatiente», Single, EGREM, Sello Areito, 1980.

que vive en su manzana». La letra era mucho más agresiva que la «Marcha del pueblo combatiente» y deslegitimaba la disidencia o las contradicciones con la política oficial: «Caballeros no hay razón,/que no hay razón caballeros/de que se le pongan peros/a nuestra revolución». E inmediatamente seguía el estribillo: «Al que asome la cabeza duro con él/Fidel, duro con él». Puebla amenazaba y conminaba a los conspiradores a que recordaran, «por su bien,/que el paredón sigue ahí».[55]

Imagen 4. Osvaldo Rodríguez. Foto tomada por mí el 14 de agosto de 2015 en Miami, durante una entrevista junto a la historiadora Lillian Guerra.

Las consignas y los actos de repudio formaron parte de un proceso que comenzó con la desacreditación de los ocupantes de la embajada de Perú. El régimen aprovechó para filmar los momentos de tensión que se generaron en el lugar por el hacinamiento, la falta de agua, comida y condiciones sanitarias. El grado de hacinación llegó a tal punto que había personas hasta en los techos.

[55] Carlos Puebla y sus tradicionales: «Duro con él», *Después de un año*, ICAIC, La Habana, 1960.

Con los días, la imagen de los ocupantes se deterioró notablemente y los medios enfocaron sus lentes en personas que portaban navajas y usaban símbolos que los conectaban con los Estados Unidos. Muchos de los que compartieron esa experiencia aseguran que, para crear un ambiente de caos y desprestigiar a los ocupantes, el gobierno cubano infiltró delincuentes que tomaron el control del lugar.[56]

El Noticiero ICAIC, dirigido por Santiago Álvarez, también desempeñó un papel importante en la construcción negativa de los acontecimientos en la embajada de Perú. El cineasta montó una narrativa que describía de modo tendencioso a los que estaban en la sede diplomática y los combinaba con una música tenebrosa y secuencias de ratas.[57] Así, la propaganda oficial comenzó a exportar una imagen negativa de aquellas personas, al tiempo que daba contenido y sentido a las manifestaciones de violencia.

Fidel Castro, por su parte, convirtió el descontento por la gestión de su gobierno en una cuestión de soberanía y seguridad nacional. El máximo líder reactivó el nacionalismo revolucionario que descansó, una vez más, en el diferendo con los Estados Unidos, y estableció una conexión entre los que querían abandonar el país y oscuras maniobras imperialistas.

El 1 de mayo de 1980 Castro agradeció el servicio «sanitario» que habían realizado los norteamericanos al recibir a los exiliados de la isla. En esa ocasión, su discurso se apoyó en tres elementos fundamentales: 1) los ejercicios militares que el ejército estadounidense estaba efectuando cerca de las costas cubanas, 2) el reclamo de la base naval de Guantánamo y 3) el cese de los vuelos de espionaje que el país del norte realizaba en el espacio aéreo nacional con aviones SR-71.[58]

---

[56] Cfr. Lisandro Pérez-Rey (dir.): *Más allá del mar/ Beyond the Sea,* The Cuban Research Institute, Florida International University, Estados Unidos/ Cuba, 2003.

[57] Cfr. Santiago Álvarez: *La marcha del pueblo combatiente,* Noticiero ICAIC, Cuba, 1980.

[58] Cfr. Fidel Castro Ruz: «Discurso pronunciado en el acto del Primero de Mayo en la Plaza de la Revolución, 1.º de mayo de 1980», versión taquigráfica del Consejo de Estado, <http://www.cuba.cu/gobierno/discursos/1980/esp/f010580e.html>, [07/08/2019].

Imagen 5. Fotograma del documental *La marcha del pueblo combatiente* (1980), edición especial del Noticiero ICAIC, dirigido por Santiago Álvarez.

Esta retórica, encaminada a construir percepciones de amenaza entre la población, activó sentimientos de rechazo hacia los que querían abandonar el país. En este contexto, los actos de repudio fueron equiparados con acciones defensivas en contra de una invasión enemiga. En cierto sentido, esto contribuyó a restaurar la legitimidad gubernamental y le otorgó racionalidad a las marchas multitudinarias y a las manifestaciones de violencia colectiva.

La velocidad, la organización y el contenido afectivo de esas acciones violentas pueden ser descritas a través de lo que Elías Canetti llamó como «masas de acoso»; es decir, un tipo de formación colectiva creado de modo emergente para matar, ya sea física o simbólicamente, a enemigos declarados por el poder. «Basta dar a conocer tal meta, basta comunicar quién debe morir, para que la masa se forme», explicaba el Premio Nobel de Literatura de 1981. Esa colectividad, agregaba, se estructura sobre la base de la contaminación mutua de modo que, cuando esa masa se disuelva, todos los individuos, sin excepción, aparezcan como culpables, tanto los que golpearon como los que simplemente observaban. Así, «el verdadero verdugo es la masa, que se reúne en torno del cadalso. Ella aprueba el espectáculo».[59]

«Aquí los huevos están por la libre, Mister». Nacionalismo, sexualidad y humor político

Los que ocuparon la embajada de Perú y aquellos que querían abandonar el país fueron identificados fácilmente. Muy pronto se convirtieron en blanco de los actos de repudio porque, para obtener salvoconductos o permisos de salida, había que hacer solicitudes formales en las estaciones de policía, en los centros de trabajo o en centros de procesamiento. Con esa información, la policía confeccionó listas y las distribuyó a todas las instituciones.

Sin embargo, no todos podían marcharse. El gobierno restringió la salida de determinados profesionales como técnicos y médicos, mientras favorecía la emigración de delincuentes para criminalizar el éxodo.[60] Muchos de los que se encontraban recluidos en las cárceles y otros que tenían un expediente delictivo o de «peligrosidad social» fueron presionados para emigrar. Además, existen indicios de que las autoridades sacaron de hospitales y clínicas a enfermos mentales y los embarcaron por el puerto del Mariel. En el documental *Más allá del mar* (2003) de Lisandro Pérez-Rey, José Scull explicó que en el momento en que se inició el éxodo estaba preso en Cuba, pero fue obligado a abandonar el país. Lo amenazaron con extenderle la sentencia, lo sacaron de la cárcel y lo enviaron a su casa a esperar la salida hasta que fue embarcado.[61] Desde 1983, José Scull se encuentra

[59] Elias Canetti: *Masa y poder*, Muchnik Editores, Barcelona, 1981, pp. 49 y 53.

[60] Tanto en el documental *En sus propias palabras*, de Jorge Ulla y Lawrence Ott Jr., como en *La ciudad de las carpas*, de Miñuca Villaverde, aparecen testimonios describiendo este asunto.

[61] «[Testimonio de José Scull]», en Lisandro Pérez-Rey (dir.), *Más allá del mar/ Beyond the Sea*, The Cuban Research Institute, Florida International University, Estados Unidos/ Cuba, 2003. De acuerdo con el Servicio de Inmigración y Naturalización

recluido en una cárcel estadounidense, donde cumple una condena por cargos de asesinato.

Para obtener un salvoconducto no bastaba con el deseo de emigrar. De acuerdo con Roberto Saladrigas, «había que ser algo malo, mi esposa es prostituta, yo soy homosexual y mi hija es puta». Cuando se presentó a uno de los centros de procesamiento, los oficiales le preguntaron los motivos por lo que quería irse del país y aclararon: «Aquí ninguna persona decente se va, si tú eres una persona decente estás equivocado, aquí no puedes venir. ¿Tú has cometido algún delito?». Saladrigas les aseguró que era homosexual. «Ah bueno, los maricones sí se van», le respondieron.[62]

Los homosexuales también se integraron al perfil antisocial y criminal que el Estado estaba construyendo de los que se iban. Muchas personas, que de otra manera no hubieran obtenido el permiso de salida, se hicieron pasar por homosexuales. La académica Susana Peña ha estudiado bien estos procesos y ha explicado cómo muchos hombres cubanos utilizaron la figura de la «loca» –una de las representaciones de la homosexualidad más perseguidas dentro del sistema político cubano– para poder abandonar el país. Se presentaban en las estaciones vestidos con pantalones apretados, luciendo prendas extravagantes, con el pelo teñido, ensayaban poses y gestos para simular manierismos y afeminamiento.[63]

El escritor gay Reinaldo García Ramos cuenta que cuando se presentó en una estación de policía para pedir el permiso de salida había una fila de más de treinta personas que simulaban ser

---

estadounidense, el 19 % de los 124 789 refugiados del Mariel, es decir 23 970, admitió haber estado en prisión en Cuba. En esa cifra están comprendidos unos 5 486 prisioneros políticos. Sin embargo, el 70 % de los que habían estado presos en la isla habían sido encausados por delitos menores que ni siquiera calificaban como crímenes en Estados Unidos. Cfr. Paul Montgomery: «For Cuban Refugees. Promise of US. Fades», *The New York Times*, April 19, 1981, p. 1.

[62] «[Testimonio de Roberto Saladrigas]», en Lisandro Pérez-Rey (dir.), Ob. cit.

[63] Cfr. Susana Peña: *«¡Oye Loca!» From the Mariel Boatlift to Gay Cuban Miami*, University of Minnesota Press, 2013, p. 487.

homosexuales.[64] García Ramos no fue víctima de actos de repudio porque recibió la ayuda de los miembros del CDR de su calle. El Jefe de Vigilancia, muy amigo de la familia, le había escrito una carta para que la entregara a las autoridades con el fin de acelerar su salida. Horacio, como lo llamó el escritor para proteger su identidad, lo calificó de «elemento desafecto de la Revolución» y de «homosexual connotado». Firmó y estampó el documento con el cuño del CDR. El poder, definitivamente, nunca logra ocupar todos los espacios. Un oficial revisó con meticulosidad el documento. «"Aquí dice que tú eres pájaro...", lo increpó. "A ver, ¡camina para allá un poco!", y le hizo señas a otros guardias con la mano, para que se acercaran y miraran. "¡Dale, párate y camina!"».[65]

Este testimonio concuerda con el de un joven médico que fue entrevistado por Jorge Ulla. Así lo cuenta: «Eso que yo utilicé fueron unos métodos que está utilizando la juventud para salir de Cuba, que es hacerse pasar por antisociales, por delincuentes, por homosexuales. En el caso específico mío, me hice pasar por homosexual en la estación de policía y allí recibí veinte vejaciones, pero bueno, todo tiene su precio, y entonces a la semana exacta de yo presentar, me citaron, me fueron a buscar a mi casa en una perseguidora».[66]

Esto no pasó inadvertido para las autoridades cubanas, ni siquiera para Fidel Castro, que en su discurso del 1 de mayo de 1980 se refirió a este asunto: «Algún flojito como dijo alguien (Risas.), algún descarado que estaba tapadito. Ustedes lo saben, los Comités [CDR] saben eso bien, mejor que nadie, saben que alguna gente de esa se coló también, que por cierto, son los que producen más irritación, los simuladores».[67]

---

[64] Abel Sierra Madero: «Entrevista a Reinaldo García Ramos», audiograbación inédita, Miami, 16 de mayo de 2015.

[65] Reinaldo García Ramos: *Cuerpos al borde de una isla. Mi salida de Cuba por el Mariel*, Editorial Silueta, Miami, 2011, pp. 99 y 111.

[66] «[Testimonio de un joven médico]», en Jorge Ulla y Lawrence Ott, Jr. (dirs.), Ob. cit.

[67] Fidel Castro Ruz: «Discurso pronunciado en el acto del Primero de Mayo en la Plaza de la Revolución, 1.º de mayo de 1980», versión taquigráfica del Consejo de Estado, <http://www.cuba.cu/gobierno/discursos/1980/esp/f010580e.html>, [07/08/2019].

Imagen 6. Caricatura homofóbica que denigraba a los ocupantes de la embajada de Perú. Publicada en *Palante*, n.º 28, 18 de abril de 1980, p. 6.

Con la exportación de «indeseables», apunta Susana Peña, el gobierno cubano buscaba que el éxodo no se conectara en modo alguno con el fracaso del modelo socialista. Se trataba, agregó, de reforzar la imagen de Cuba como una nación viril y revolucionaria, y de prevenir una futura confrontación, así como la resistencia de estos grupos tan estigmatizados.[68]

---

[68] Susana Peña: «"Obvious Gays" and the State Gaze: Cuban Gay Visibility and U.S. Immigration Policy during the 1980 Mariel Boatlift», *Journal of the History of Sexuality*, Vol. 16, No. 3, September 2007, p. 490.

Pero la actuación (*performance*) y simulación de una identidad homoerótica no solo fue utilizada como estrategia por hombres heterosexuales que deseaban abandonar la isla. Muchos de los que se encontraban en los campos de refugiados en Estados Unidos también participaron de esos ejercicios. Para abandonar esos enclaves, los cubanos debían tener patrocinadores (*sponsors*) que se encargaran de su manutención. Según algunas fuentes, los homosexuales consiguieron patrocinio con facilidad y empezaron a abandonar los campos muy rápidamente, gracias a organizaciones en favor de los derechos sexuales que buscaron financiamiento para poder ayudarlos. En ese proceso participaron la Metropolitan Community Church, la National Gay Task Force, Gay Rights Advocates, Parents and Friends of Gays, Integrity, Dignity, el Gay Community's Cuban Refugee Project, entre otras instituciones.[69]

De acuerdo con Michael Bergeron, editor en jefe de *Gay Life*, los patrocinadores los ayudaban con la comida, ropa, muebles, aprendizaje de inglés, alojamiento y en la búsqueda empleo.[70] Cuando los hombres heterosexuales empezaron a ver que los gays lograban salir de los campos de refugiados mucho más rápido, comenzaron a simular y a reclamar una identidad homoerótica. El grado de desesperación era tal, que algunos sobreactuaban y resultaban «sospechosos porque parecían más gays que sus contrapartes estadounidenses», dijo un funcionario a *The New York Times*.[71]

Sin embargo, esto no sucedió así en todos los centros de detención. Siro del Castillo, quien estuvo a cargo del programa de atención a refugiados cubanos en Fort Chaffee, me dijo en una entrevista que, para los homosexuales que se encontraban en ese

---

[69] Para una información más detalla sobre el papel del activismo gay en Estados Unidos con respecto a los refugiados cubanos cfr. Julio Capó Jr., «Queering Mariel: Mediating Cold War Foreign Policy and U.S. Citizenship among Cuba's Homosexual Exile Community, 1978-1994», *Journal of American Ethnic History*, Vol. 29, No. 4, Summer, 2010, pp. 78-106.

[70] Cfr. Barbara Brotman: «Gay Cuban Refugees Get Boost to Freedom», *Chicago Tribune*, August 11, 1980, p. A1.

[71] Karen Dewitt: «Homosexual Cubans Get Settlement Aid», *The New York Times*, August 17, 1980, p. 34.

lugar, era más difícil encontrar patrocinadores que les pudieran garantizar el acceso a una nueva vida. En una ocasión, cuenta Del Castillo, un trabajador social que trabajaba en la base interpeló a uno de ellos: «Fíjate lo que te voy a decir, tú aquí entraste como Pedro Pérez, tú no te puedes ir de aquí como Margarita Pérez. Un día recuerdo que vino a mi oficina acompañado de dos refugiados a traerme un cajón con pelucas y vestidos. No era que se quisiera quitarles sus preferencias sexuales. La idea era quitar esa imagen que los perjudicaba a la hora de buscarles un patrocinador».[72]

Los hombres gays tuvieron más cobertura mediática y encontraban patrocinadores mucho más rápido que las mujeres lesbianas. Brooke Jones, activista de la International Lesbian and Gay Association (ILGA), fue una de las pocas periodistas que les dio visibilidad a las lesbianas cubanas refugiadas en aquellos campos. En el verano de 1980 fue al centro de detención Indiantown Gap en Pennsylvania. De esa visita salió un fotorreportaje que se publicó en *Latitudes*, revista de la ILGA, con el título «New Life for Cuban Lesbians». En el texto, algunas lesbianas reconocieron que en Cuba fueron sacadas de las prisiones y montadas en los barcos anclados en Mariel con destino a Estados Unidos. Explicaron que habían sido encarceladas bajo sospecha de ser homosexuales, pero como no estaba penado por la ley de modo oficial les imputaban otros cargos.[73]

---

[72] Abel Sierra Madero: «Entrevista a Siro del Castillo», audiograbación inédita, Miami, 28 de febrero de 2015. En su ensayo «Queering Mariel: Mediating Cold War Foreign Policy and U.S. Citizenship among Cuba's Homosexual Exile Community, 1978-1994», Julio Capó Jr. reprodujo una foto tomada en Fort Indiantown Gap de Pennsylvania. En la imagen, un homosexual cubano aparece junto a un cartel con orientaciones precisas sobre estas *performances* a las que alude Siro del Castillo. En el cartel se lee: «Aviso importante. De parte del coronel Melnyk, queda terminantemente prohibido vestir ropas de mujer, usar maquillaje, sombra, pintura de labios y demás. Quien sea sorprendido en esto realizando actos inmorales, dentro o fuera de la barraca, será preso por la policía militar. Estado Mayor». (Cfr. Julio Capó Jr.: Ob. cit., p. 79.)

[73] Cfr. Brooke Jones: «New Life for Cuban Lesbians», *Latitudes*, Vol. 1, No. 2, Summer, 1980, p. 15. Agradezco a Librada González Fernández y al Archivo Cubanecuir por esta referencia.

Los homosexuales representaban a las partes «blandas» del cuerpo político nacional. El 14 de junio de 1980, Fidel Castro describió cómo estaba conformado ese cuerpo. Para esa fecha, miles de cubanos habían salido del país por el puerto de Mariel. En esa ocasión, el máximo líder expresó:

> De modo que no hay que preocuparse de que perdamos un poco de partes blandas. Nos quedamos con los músculos y con el hueso del pueblo. Con eso nos quedamos, con las partes duras. (*Aplausos.*) Son las partes duras de un pueblo las que son capaces de cualquier cosa. Y a esas partes duras, que son muchas, hay que respetarlas, porque tienen una fuerza impresionante, como se demostró en las batallas de masas de abril y de mayo. Nos quedamos, además, con el cerebro y con el corazón, y los pies bien puestos sobre la tierra. (*Aplausos.*) Con las partes blandas, cirugía plástica. (*Risas.*)[74]

El ejercicio de homologar la sociedad y la política a un campo de batalla fue decisivo en la condonación estatal de la violencia colectiva contra ciudadanos indefensos. Aquí, el acto violento es equiparado a la reconstrucción cosmética, a una cirugía política en el cuerpo nacional. «Se trataba de mostrar nuestra fuerza, pero no simplemente por mostrarla», había explicado Fidel Castro. El comandante representó las acciones violentas como una necesidad histórica: «¡Era necesario hacer esto! [...] Había que mostrarle al enemigo y enseñarle al enemigo que con el pueblo no se juega. Había que demostrarle al enemigo que a un pueblo no se le puede ofender impunemente».

En el plano de los afectos, el dictador argumentó que la «fuerza colectiva» era una manifestación de «odio que se ha expresado contra el vago, contra el parásito, contra el lumpen, contra el antisocial».[75] De

---

[74] Fidel Castro Ruz: «Discurso pronunciado en la inauguración del Complejo de la Salud Ernesto Guevara en la provincia de Las Tunas, 14 de junio de 1980», versión taquigráfica del Consejo de Estado, <http://www.cuba.cu/gobierno/discursos/1980/esp/f140680e.html>, [07/08/2019].

[75] Fidel Castro Ruz: «Discurso pronunciado en el acto del Primero de Mayo en la Plaza de la Revolución, 1.º de mayo de 1980», versión taquigráfica del Consejo de Estado, <http://www.cuba.cu/gobierno/discursos/1980/esp/f010580e.html>, [07/08/2019].

Imagen 7. Fotograma del documental *La marcha del pueblo combatiente* (1980), edición especial del Noticiero ICAIC, dirigido por Santiago Álvarez. En la imagen se ve a Elpidio Valdés, un personaje icónico de la animación cubana, decir «¡Aquí los huevos están por la libre, Mister!», en gesto amenazante que reproduce los ataques contra los emigrantes del Mariel en los actos de repudio.

este modo, el odio se canalizó y se convirtió en un sentimiento positivo y socialmente aceptable. Sin embargo, la prensa y los medios no mostraron nunca el asedio a las casas y los ataques que sufrieron los que se iban, sino que se regodearon en las grandes «marchas del pueblo combatiente» que Fidel Castro clausuraba de modo rimbombante.

Para representar a los homosexuales y reforzar el nacionalismo durante este período, los medios oficiales ensayaron un repertorio de imágenes y discursos codificados dentro del campo del humor político. Por ejemplo, en el filme *La marcha del pueblo combatiente*, se utilizó a Elpidio Valdés, un popular personaje de dibujos animados creado por Juan Padrón. Elpidio, una figura que explotaba el humor criollo, representaba un coronel del ejército cubano que luchó en el siglo XIX contra España y se convirtió en un importante material de tipo didáctico y nacionalista desde finales de los años setenta.[76]

En un fragmento del documental de Santiago Álvarez, Elpidio Valdés sostenía dos posturas avícolas mientras expresaba: «¡Aquí los huevos están por la libre, Mister!».[77] Con este ejercicio se intentaba normalizar y estetizar la violencia de Estado. La frase, en modo alguno, puede leerse como colateral o marginal. Es una expresión codificada para representar la masculinidad revolucionaria y al mismo tiempo tiene la intención de feminizar a los que abandonaban el país. En Cuba, como en otras regiones de habla hispana, a los testículos se les llama «huevos». De este modo, la propaganda revolucionaria cargaba de sentido los órganos sexuales masculinos, para atribuirle cualidades morales como valentía, fuerza y virilidad a toda la colectividad. Ese gesto, además, remite a la política de racionamiento de alimentos que se implantó en la Isla desde 1961. Cuando se dice que un producto está «por la libre», significa que no está regulada su venta.

Los mensajes homofóbicos y de odio comenzaron a circular en la prensa desde los inicios de la crisis. El 7 de abril de 1980, el periódico *Granma* publicó un editorial en el que se señalaba: «Aunque en nuestro país no se persigue ni hostiga a los homosexuales, entre los que se alojaron en el patio de la embajada peruana, había no pocos de ellos, amén de aficionados al juego y a las drogas que no encuentran aquí fácil oportunidad para sus vicios. La exigencia, la disciplina y el rigor están reñidos con la blandenguería, la delincuencia, la vagancia y el parasitismo».[78]

Así quedaba formulada una ecuación ideológica que construyó a los ocupantes de la embajada de Perú como una unidad artificial, ficticia, conformada por homosexuales, indeseables, «blandengues»,

---

[76] El personaje de Elpidio Valdés comenzó a circular en formato de historieta a finales de los años sesenta en varias revistas y suplementos del país como *Pionero, DDT,* entre otras. En 1979, llega al mundo de los dibujos animados con un largometraje, *Elpidio Valdés*, producido por el ICAIC. Para 1980 ya el personaje era muy popular.

[77] Santiago Álvarez: Ob. cit.

[78] «La posición de Cuba», *Granma*, 7 de abril de 1980, p. 1.

«vagos» y «parásitos». Tres días después de ese editorial, el 10 de abril de 1980, *Granma* reprodujo las declaraciones de algunos ciudadanos que criticaban a los que permanecían en la sede diplomática. El capitán de navío Pedro Perera Ruiz fue uno de ellos. El militar manifestó su «repudio a los homosexuales, proxenetas, lumpen, viciosos de todos los matices, vagos y demás desafectos a la Revolución».[79] No resulta extraño entonces que muchas de las consignas utilizadas durante las manifestaciones de apoyo al gobierno cubano utilizaran la homofobia como un recurso movilizador.

Los discursos homofóbicos también circularon en otros formatos y se codificaron en un lenguaje humorístico. Al igual que sucedió con las campañas contra los «enfermitos» en la década de 1960, la propaganda estatal naturalizó los lenguajes de odio y de violencia a través del uso de códigos humorísticos, basados en la polarización y en el reciclaje de estereotipos. El semanario *Palante* desempeñó un papel importante en ese sentido. La publicación se sumó a la cruzada nacional contra los ocupantes de la embajada del Perú y los que abandonaban el puerto del Mariel. Como ya he subrayado, esta publicación estaba orientada al entretenimiento masivo y buscaba llenar con contenido político hasta los momentos de ocio de la población. Mediante la simplificación de los mensajes, y la creación de una voz ideológica que se complementara con la retórica oficial, *Palante* se convirtió no solo en un instrumento para el entretenimiento de masas, en un medio de crítica social controlada por el Estado, sino en un arma política y de control del gobierno revolucionario.

El 18 de abril de 1980, un día antes de celebrarse la «marcha del pueblo combatiente», *Palante* publicó una especie de suplemento al que tituló «El ambientoso. Publicación inscripta como papel sanitario en la embajada».[80] En el encabezado se leía: «A la lucha,

---

[79] Orlando Gómez: «Que se vayan los vagos», *Granma*, 10 de abril de 1980, p. 2.

[80] Cfr. «El ambientoso. Publicación inscripta como papel sanitario en la embajada», *Palante*, n.° 28, 18 de abril de 1980, p. 11. *Ambientoso* fue un término popular para referirse a los delincuentes.

A LA LUCHA, A LA LUCHA, NO SOMOS MACHOS PERO SOMOS MUCHAS...
CARTA DE UN ECOBIO A LA POSTERIDAD

Imagen 8. «A la lucha, a la lucha. No somos machos, pero somos muchas», caricatura homofóbica publicada en *Palante*, n.º 28, 18 de abril de 1980, p. 11.

a la lucha, no somos machos; pero somos muchas». El semanario buscaba conectar a los ocupantes de la embajada del Perú con lo escatológico y lo inmundo, y aclaraba que aquellas personas no pertenecían al cuerpo social, sino que habían sido desechados, o excretados –diría Judith Butler–. Es una estrategia discursiva, señala Butler, «para que los otros se conviertan en mierda, para que los mundos interno y externo permanezcan totalmente distintos».[81]

Palante recicló la jerga biopolítica oficial y la retórica de la animalidad para deshumanizar a los que querían abandonar el país. Desde los inicios del proceso revolucionario, Fidel Castro, precisamente, animalizaba a los enemigos políticos para convertirlos en «especies peligrosas». De hecho, los términos *gusanos, parásitos, lumpen, vagos, yanquis, contrarrevolucionarios, burgueses*, entre otros, fueron los más usados en sus intervenciones desde 1959 hasta 1980, para referirse a los sujetos que no armonizaban con el proyecto revolucionario.

[81] Judith Butler: *Gender Trouble: Feminism and the Subversion of Identity*, Routledge, New York, 1990, p. 170.

La conversión de enemigos políticos en gusanos, ratas y mosquitos legitimó políticas de higiene social que se complementaron también con retóricas normativas de género y sexualidad. El recurso discursivo más utilizado por *Palante* durante el éxodo del Mariel tiene que ver con lo que Ernesto Laclau definió como producción de *cadenas de equivalencias*. Este término es fundamental para entender cómo se construye la hegemonía en el socialismo.

De acuerdo con Laclau, en este tipo de regímenes existen algunas formaciones ideológicas privilegiadas como son la masa, el pueblo o el proletariado, que están orientadas a borrar la identi-

Imagen 9. «No hagan olas, señores», caricatura publicada en *Palante*, n.º 28, 18 de abril de 1980, p. 3. La imagen está orientada a la construcción de una «cadena de equivalencia» negativa, tal y como lo explica Laclau. De este modo, el éxodo del Mariel se asociaba a lo escatológico y a los desechos.

dad estrictamente clasista de sectores que conforman esos polos, aunque cada uno tenga intereses diferenciados o antagónicos. Sin embargo, explica el estudioso, las élites políticas tienen que implementar estrategias discursivas para preservar «formalmente» el carácter clasista de la formación (proletariado). Además, favorecen un tipo de relación entre sectores que desborda el terreno de la clase (pueblo). Entre esas estrategias discursivas Laclau destacó la enumeración. Se trata de un ejercicio diseñado para establecer dos polos opuestos mediante la construcción de antagonismos.

La construcción de equivalencias tiene un carácter performativo, y la creación de unidad entre sectores diversos no es un ornamento discursivo, sino que está en el epicentro de un proyecto político, subrayaba Laclau.[82] De este modo, la retórica comunista utilizó la figura simbólica del hombre nuevo para representar lo «revolucionario» como parte integral de una cadena de equivalencia positiva. En cambio, el término *lumpen proletario* sirvió para la construcción de la otredad simbólica nacional, que estuvo compuesta por una cadena de equivalencias negativa.

El recurso de la enumeración puede rastrearse también en los discursos de Fidel Castro; constituye prácticamente la base de su oratoria. De este modo, las personas que querían abandonar el país, así como los que disentían del proyecto revolucionario, fueron integrados en una cadena de equivalencia negativa conformada, además, por vagos, delincuentes, drogadictos, prostitutas, homosexuales. Estos ejercicios contribuyeron a la tolerancia de la violencia colectiva, física o simbólica promovida por el Estado, lo que se convirtió hasta hoy en una pedagogía de control social y político.[83]

---

[82] Ernesto Laclau y Chantal Mouffe: *Hegemonía y estrategia socialista. Hacia una radicalización de la democracia*, Siglo XXI, Madrid, 1987, pp. 152, 73 y 74.

[83] Sobre los actos de repudio en la actualidad cfr. Ailer González y Antonio G. Rodiles (dir.), *Gusano*, Estado de Sats, Cuba, 2013. Como este documental realizado por el grupo opositor al gobierno Estado de Sats, en YouTube el lector podrá encontrar decenas de videos que ilustran los actos de repudio.

YANQUIS, FLOJOS, DELINCUENTES, LUMPENS, RECUERDEN GIRON

TRES ERAN TRES,
LOS HIJOS DE ELENO...
TRES ERAN TRES...
¡Y NINGUNO ERA BUENO...!

Imagen 10. Caricatura que participa del ejercicio de la enumeración para construir «cadenas de equivalencia» negativas sobre los que abandonaban el país por el puerto del Mariel. Publicada en *Palante*, n.º 28, 18 de abril de 1980, p. 12.

Del otro lado del charco. La generación del Mariel y la revista *Areíto* en la representación del éxodo y la homofobia estatal

Muchos de los refugiados cubanos besaban el suelo de Key West una vez que se bajaban de los barcos. Pensaron que lo peor había pasado. Sin embargo, la campaña de descrédito del gobierno cubano había impactado significativamente en la opinión pública de Estados Unidos. Una encuesta realizada por *The Miami Herald* mostraba que solo el 17 % de los blancos no latinos o anglosajones consideraba que la llegada de los cubanos iba a ser buena para el condado de Miami Dade. El 68 %, en cambio, creía que iba a ser negativa.[84]

De acuerdo con una nota publicada por Alex Brummer en *The Guardian*, Fidel Castro había sobrellenado las embarcaciones para poder exportar disidentes e «indeseables». Con esa estrategia, explicaba el periodista, el dictador presionaba a la policía y al FBI, y reactivaba tensiones étnicas y raciales en Estados Unidos.[85] Por su parte, la radio y la prensa de Key West aseguraban que la llegada de los refugiados había provocado una baja en el turismo de la zona y los dueños de hoteles habían tenido que cancelar reservaciones por temor. Se decía, además, que la gran oleada de cubanos con poco capital económico iba a colapsar el mercado de trabajo en un momento en el que Estados Unidos estaba en recesión y más de 800 000 personas habían sido declaradas como desempleadas.

«No quieres escuchar lo que tengo que decir, porque no va a ser muy agradable. No hay duda de que al inicio había buenas personas, pero ahora no deben ser nada más que maricones y matones. Cualquiera que patrocine a uno de esos tiene que estar muy loco. Deberían dispararles o mandarlos de vuelta. Eso es exactamente lo que creo». Con estas palabras respondió al documentalista a Jim Burroughs un residente de las afueras de Fort Chaffee, Arkansas, donde estaban recluidos miles de refugiados cubanos en 1980 en espera de patrocinadores. Otra de las entrevistadas tampoco escondió

---

[84] Cfr. Alex Brummer: «How Fidel Gave Jimmy Another Disaster...», *The Guardian*, May 23, 1980, p. 15.

[85] Ídem.

su odio: «Creo que todos aquí aportarían algún dinero para comprar un bote enorme y enviarlos de regreso y si se hunde no me importaría».[86]

En este escenario surgió el término *marielito*, una invención creada por la prensa estadounidense y el exilio cubano para desmarcarse de los nuevos refugiados. Pero ese perfil criminológico y delincuencial también se desarrolló en otros espacios. La revista *Areíto* fue uno de ellos. Se trataba de un proyecto editorial creado a mediados de los años setenta por intelectuales y académicos cubanos y cubanoamericanos de izquierda, que reprodujeron la visión oficial del régimen de Castro en Estados Unidos. Román de la Campa, uno de los integrantes de la primera etapa de la publicación, lo explicó mejor. Dijo que los miembros de *Areíto* eran demasiado críticos con el exilio cubano, con el sistema político norteamericano, pero eran «flojos con la Revolución».[87]

Desde esta revista se aseguró que el éxodo del Mariel fue provocado por factores externos y que nada tenía que ver con una crisis política y social en Cuba. En un artículo publicado bajo el título «Cuba, abril-mayo 1980: la historia y la histeria», Lourdes Casal justificaba la violencia colectiva organizada por el régimen. En el texto se lee:

> Mientras tanto, en la población en general, se iba desarrollando una actitud de indignación tremenda en contra de los elementos que habían acampado [en la embajada de Perú], particularmente contra aquellos que hasta semanas antes, se comportaban como si fueran verdaderos revolucionarios. Esto dio origen a la práctica de los mítines de repudio cuando los acampados regresaban a sus casas. Fue necesario orientar, a través de los Comités de Defensa de la Revolución y otras organizaciones que se evitara la violencia física en estos mítines

---

[86] Jim Burroughs: *Against Wind and Tide: A Cuban Odyssey*, Seven League Production/Novacom (Firm), 1981.

[87] Román de la Campa: «Revista *Areíto*: herejía de una nación improbable», *Encuentro de la Cultura Cubana*, n.º 40, primavera, 2006, p. 140.

de repudio, tal era el estado de ánimo de la población y la hostilidad contra los que habían decidido abandonar el país.[88]

Lourdes Casal desconoció el carácter violento de los actos de repudio; los describió como manifestaciones populares espontáneas y como parte de una lógica de indignación popular. Sin embargo, las grandes movilizaciones y las acciones violentas que se produjeron contra individuos o grupos específicos fueron ordenadas y gestionadas por el Estado. Aún en la actualidad, estos ejercicios dependen de los recursos públicos y de instituciones controladas por el régimen. El grado de organización de las demostraciones era tal que el diario *Granma* publicó mapas con los puntos de concentración y recogida de los ómnibus del Estado para garantizar la asistencia masiva. Además, orientó los mensajes y la ropa que debían usarse.[89]

En 1980, en Cuba no existían prácticamente transportistas fuera del sector estatal. El traslado expedito y masivo de personas solo fue posible gracias a las órdenes del régimen. En el momento en que se produjeron los sucesos que desencadenaron el éxodo del Mariel, el Estado era el único empleador; de ahí que la participación colectiva en actos políticos o mítines de repudio estaba condicionada por decisiones administrativas. Desde el diseño e impresión de los mensajes, el sistema de audio que permitía amplificar los discursos y consignas, la música, hasta las coberturas de prensa, radio y televisión fueron manejadas directamente por las instituciones gubernamentales.

El artículo de Lourdes Casal publicado en *Areíto* reivindicaba el papel del régimen cubano en el manejo de la crisis, y construyó una imagen negativa de los que irrumpieron en la embajada de Perú. La profesora aseguró, además, que el gobierno trató de garantizar la alimentación de todos los ocupantes de la sede diplomática

---

[88] Lourdes Casal: «Cuba, abril-mayo 1980: la historia y la histeria», *Areíto*, vol. VII, n.º 23, 1980, p. 16.

[89] «Orientaciones de la Comisión Organizadora», *Granma*, 18 y 30 de abril de 1980, p. 1. Los mapas aparecen en la contraportada.

con comida preparada en la cocina del lujoso cabaret Tropicana. Sin embargo, agregó, «muchas personas pasaron hambre; porque comenzó a observarse un proceso degenerativo en la conducta de los acampados, donde predominaban los delincuentes. Y eran los hombres más fuertes, más violentos, los elementos más lumpenizados, los que controlaban el patio y se apoderaban de la comida que llegaba».[90]

La estudiosa reprodujo la versión oficial del gobierno cubano y su lectura del asunto contrasta con los testimonios de varios ocupantes de la embajada de Perú. Algunos certificaron que la comida que les ofrecieron era mala y escasa, al punto que tuvieron que comer desde hojas de mango hasta papas crudas.[91]

Pero la política editorial de *Areíto* adquirió un carácter más militante cuando algunos escritores que habían abandonado el país durante el éxodo, como Reinaldo Arenas, René Cifuentes, Reinaldo García Ramos, Marcia Morgado, Juan Abreu, entre otros, comenzaron a ganar visibilidad. En 1983, este grupo fundó la revista *Mariel*, un proyecto literario cultural que se extendió hasta fines de 1985. En ese breve período se imprimieron ocho volúmenes.

En el editorial del primer número de *Mariel* se dijo que tanto el contenido social como la significación política del éxodo habían sido deformados por la propaganda del gobierno cubano, y «que la enorme carga de terror y descontento humano que encerraban los refugiados del Mariel fue opacada por la más simple caracterización de una parte ínfima de ellos».[92] Especial atención merece un texto firmado por Reinaldo García Ramos. Se trata de una contestación a varios artículos publicados en Estados Unidos que hablaban del éxodo. García Ramos la emprendió sobre todo contra un texto de Marifeli Pérez-Stable que apareció en *Areíto* en 1982 bajo el de título «El CILC y la "Generación" del Mariel».

[90] Lourdes Casal: Ob. cit., p. 16.

[91] Cfr. Jorge Ulla y Lawrence Ott, Jr. (dirs.): *En sus propias palabras*, producción independiente, 1980.

[92] «Editorial», *Mariel*, año I, n.º 1, primavera, 1983, p. 2.

Pérez-Stable presentaba tanto al Comité de Intelectuales por la Libertad de Cuba (CILC) como a la generación del Mariel (aún no estaba creada la revista), como partes de un *lobby* que coqueteaba con la administración Reagan en la guerra ideológica contra la Revolución cubana. «Los presupuestos ideológicos del CILC y la "generación" del Mariel son extraordinariamente frágiles», aseguraba Pérez-Stable, porque no tenían personalidad política que les otorgara credibilidad a sus argumentos ni que les garantizara una «influencia más allá de la presente coyuntura».[93] En su respuesta, Reinaldo García Ramos resaltaba las conexiones de los miembros de *Areíto* con el régimen revolucionario. En el texto se lee:

> Para ellos Cuba no es una nación, sino un carisma: una voz autoritaria y definitiva que les llena su patético vacío necesitado de flagelación. Para ellos Cuba es Fidel Castro [...]. Si la patria es la obligación de servirle a Fidel Castro de pregonero, entonces yo no tengo patria ni quiero tenerla. Si el único modo de ser cubano es proclamar a Fidel Castro como una condición intrínseca y eterna de nuestra entidad, yo no nací ni viví durante 36 años en el mismo país en que la señorita Pérez-Stable quiere ir a pasar sus vacaciones ideológicas.[94]

Este no fue el último roce que tuvieron *Areíto* y *Mariel*, proyectos con visiones ideológicas y modos distintos de imaginar la nación y el exilio. Una nueva confrontación se produjo en octubre de 1983, cuando el *magazine The New York Native* publicó un dossier sobre «gay latins» con el que contribuyeron Reinaldo Arenas y René Cifuentes. Pero sus artículos estaban precedidos por un pequeño ensayo titulado «The Easy Convenience of Cuban Homophobia». El texto estaba firmado por Ruby Rich, periodista y funcionaria del New York State Council on the Arts, y Lourdes Argüelles, una intelectual de origen cubano que colaboraba

---

[93] Marifeli Pérez-Stable: «El CILC y la "Generación" del Mariel», *Areíto*, vol. 3, n.º 29, 1982, pp. 21-22.

[94] Reinaldo García Ramos: «Mariel en tres mentes», *Mariel*, año 1, n.º 1, primavera, 1983, p. 28.

eventualmente con la revista *Areíto*. Las estudiosas explicaron que la indagación sobre el tema de la homosexualidad en Cuba podía llegar a ser una experiencia difícil e irritante, porque la información era escasa y generalmente dependía de «testimonios poco confiables de gays disidentes en Estados Unidos, y de funcionarios heterosexuales que trabajan para el gobierno en Cuba». De este modo, ponían en entredicho la credibilidad de Arenas y Cifuentes como testigos.

De acuerdo con Rich y Argüelles, la homofobia revolucionaria se asentó como política de Estado, debido a la incapacidad y falta de liderazgo de los homosexuales cubanos para generar un movimiento de liberación como en Estados Unidos. Si en 1959, especulaban, los gays se hubieran expresado, en la isla podría haberse aceptado la homosexualidad tal y como sucedió en los primeros años de la Revolución de los soviets. Aseguraron, además, que la homofobia en Cuba solo tomó fuerza después de la invasión de Bahía de Cochinos en 1961, porque generó una paranoia sobre la contrarrevolución que provocó, entre otras cosas, «uno de los episodios más vergonzosos de la historia de Cuba, los campos en los que cientos de homosexuales fueron encarcelados». Este argumento es perverso porque depositó en factores externos la articulación de la política represiva que se inició desde el mismo año 1959.

En otra parte del texto se dijo que la migración de los gays cubanos solo se politizó en Estados Unidos durante el éxodo del Mariel, y que las leyes homofóbicas en ese país se relajaron, precisamente, para poder acogerlos. Las académicas afirmaron que los testimonios y las denuncias de los emigrados contra el gobierno de la isla fueron utilizados para una «guerra política sucia», y que solo servían para alimentar la «cubafobia».[95] Acusaban a «la nueva generación del Mariel, compuesta por intelec-

---

[95] Si bien es cierto que las autoras reconocen que las autoridades estadounidenses adecuaron las leyes migratorias para asimilar a los cubanos homosexuales, dejan fuera del análisis el activismo de organizaciones gays en Estados Unidos, que también tuvo un papel nada despreciable en este asunto.

tuales de derecha», de utilizar la homofobia como «una munición de la Guerra Fría». Además, cuestionaron su credibilidad como testigos: «Hemos oído de represión, supresión y persecución por simplemente ser gays, de encarcelamiento y discriminación. Algunas de esas historias son indudablemente ciertas, al menos en parte».

En el texto se conminaba a la comunidad internacional a tomar en cuenta que el estatus de refugiado bajo las leyes de Estados Unidos se adquiría sobre la base de demostrar persecución política en su país natal: «Cuba fue y es una sociedad profundamente homofóbica; pero la gente no va a la cárcel solo por homosexualidad, ellos van a la cárcel por crímenes comunes, por robo».[96] Este tipo de argumentos se ha utilizado recurrentemente para restarle peso y credibilidad a los testimonios de los refugiados cubanos y para evitar que la Revolución sea leída desde una perspectiva totalitaria.

Sin embargo, a Ruby Rich y Lourdes Argüelles les asistía algo de razón. En esos momentos, la homosexualidad era penada en Estados Unidos y constituía un impedimento tanto para que los cubanos entraran al país y pudieran, además, reclamar la nacionalidad. Para poder asimilar a los refugiados cubanos, se readecuó la política migratoria con el argumento de que provenían de un país comunista. Otros refugiados, como los haitianos, por ejemplo, que huían de la dictadura de François Duvalier no corrieron con la misma suerte.[97]

En la primavera de 1984, la revista *Mariel* publicó un número dedicado a la homosexualidad en Cuba y los editores querían integrar el texto de Rich y Argüelles a la discusión. Ana María Simo y Reinaldo García Ramos les propusieron traducir el

---

[96] Ruby Rich & Lourdes Argüelles: «The Easy Convenience of Cuban Homophobia», *The New York Native*, Vol. 3, No. 23, October 10-23, 1983, pp. 34-35.

[97] Para un estudio más detallado del papel de Refugee Act de 1980 en la asimilación de los gays cubanos cfr. Julio Capó, Jr., «Queering Mariel: Mediating Cold War Foreign Policy and U.S. Citizenship among Cuba's Homosexual Exile Community, 1978-1994», *Journal of American Ethnic History*, Vol. 29, No. 4, Summer, 2010, pp. 78-106.

artículo y publicarlo íntegramente junto a la respuesta de *Mariel*, pero nunca respondieron. «Es sintomático que estas autoras se sientan en el deber de hablar de los cubanos, pero no a los cubanos. [...] Y no se sienten seguras de poder sostener sus argumentos ante quienes en definitiva nacieron en Cuba y sufrieron allí las diversas formas de persecución que Castro despliega con afán», comentaron Simo y García Ramos.[98]

En 2015 sostuve una conversación con Lourdes Argüelles sobre este asunto. Me comentó que, a pesar de su apoyo al proyecto *Areíto*, ella no era «muy cercana al consejo de redacción de la revista» y que tenía algunas diferencias ideológicas con ellos, porque «sus conocimientos del capitalismo y de la política en Estados Unidos eran muy limitados». Y continuó: «Yo era más radical, pero también tenía una visión crítica de la Revolución cubana, que no era muy bien vista por algunos miembros de *Areíto* y que me hacía sentir fuera de lugar».[99]

Las contradicciones llegaron a tal punto, aseguró Argüelles, que algunas de sus contribuciones al tema de la homofobia y la homosexualidad en Cuba fueron censuradas en la revista. El texto «Homosexuality, Homophobia, and Revolution: Notes toward an Understanding of the Cuban Lesbian and Gay Male Experience I» –escrito en coautoría con la propia Ruby Rich y publicado por la revista *Signs* en 1984– se escribió primeramente en español con la idea de ser publicado en *Areíto*. De acuerdo con Argüelles, el trabajo fue desestimado porque tenía una visión crítica la Revolución. Otro artículo que preparó sobre el éxodo del Mariel también corrió con la misma suerte en *Areíto*. En el material, aseguró, criticaba los métodos empleados por el gobierno cubano en el manejo de la crisis: «Esos textos resultaron problemáticos, tanto para aquellos que tenían una posición

[98] Ana María Simo y Reinaldo García Ramos: «Hablemos claro», *Mariel*, año 2, n.º 5, primavera, 1984, p. 9.

[99] Abel Sierra Madero: «Lourdes Argüelles: "Soy anarquista, la crítica al Estado es muy importante"», *Hypermedia Magazine*, 30 de octubre de 2020, <https://www.hypermediamagazine.com/columnistas/fiebre-de-archivo/lourdes-arguelles-anarquista-critica-estado/>, [09/12/2020].

más militante de apoyo a la Revolución, como para los que en el exilio desde la derecha me atacaban por comunista, y yo lo que era en realidad era anarquista que criticaba a los dos Estados. Después entendí que no se puede quedar bien con dios y con el diablo».[100]

«No los queremos, no los necesitamos»

«Quien no tenga genes revolucionarios, quien no tenga sangre revolucionaria, quien no tenga una mente que se adapte a la idea de una Revolución, quien no tenga un corazón que se adapte al esfuerzo y al heroísmo de una Revolución, no los queremos, no los necesitamos en nuestro país», había expresado Fidel Castro el 1.º de mayo de 1980 durante la «marcha del pueblo combatiente».[101] En este discurso, el máximo líder desplegó una serie de nociones biopolíticas para construir fronteras afectivas y simbólicas entre los que se iban y los que se quedaban. Entonces, la ciudadanía se restringió al hecho de quedarse o irse; no había otra salida. Los que se marchaban del país pasaban automáticamente a ser considerados traidores y se convirtieron en blanco de ataques físicos y simbólicos. Contra ellos cayó todo el peso de un Estado que convirtió el odio en un sentimiento positivo y el acto de repudio en una práctica socialmente aceptable.

Han transcurrido más de cuarenta años de aquellos acontecimientos. Sin embargo, en los últimos tiempos hemos visto cómo estas acciones se han reciclado e implementado contra disidentes y activistas de la sociedad civil cubana independiente. Los actos de repudio se han asentado como una pedagogía y no pueden ser leídos solamente como una herramienta de control social por parte del Estado. Este tipo de ejercicios ha sobrevivido, precisamente, por la ausencia de instituciones democráticas y leyes que castiguen

---

[100] Ídem.
[101] Fidel Castro Ruz: «Discurso pronunciado en el acto del Primero de Mayo en la Plaza de la Revolución, 1.º de mayo de 1980», versión taquigráfica del Consejo de Estado, <http://www.cuba.cu/gobierno/discursos/1980/esp/f010580e.html>, [07/08/2019].

la violencia política. En la actualidad, estas acciones no tienen un carácter tan masivo como en 1980, pero siguen siendo organizadas fundamentalmente por las organizaciones políticas y de masas en conjunto con el Departamento de Seguridad del Estado del Ministerio del Interior. Como se sabe, las «brigadas de respuesta rápida», conformadas de modo emergente por individuos de diversa índole, operan con total impunidad y cuentan con los recursos y la logística necesaria para actuar, como en aquellos oscuros días durante el éxodo del Mariel.

Epílogo
Cuba, poscomunismo y memoria

«Para ser honesto, en todos los lugares donde le hago el amor a una mujer busco ese olor, en la cama, el césped, la alfombra, el bosque, la ducha. Sin ese olor no puedo sentirme completamente satisfecho», escribió el chino Zhang Xianliang en su novela autobiográfica de 1989 *Xiguan Siwang* («Acostumbrado a morir»).[1] El olor al que se refiere el escritor es el de la soya, la comida más frecuente que le daban en los campos de trabajo forzado, por los que pasó durante casi toda su vida. La soya estaba inscrita en su memoria y lo perseguía a todas partes.

Entiendo muy bien ese trauma, pero a diferencia de Xianliang, he tratado de desprenderme de los olores que conectan mi vida al encierro, a las becas revolucionarias y al hambre. Han pasado muchos años de esa experiencia, pero aún no soporto el olor de la soya, me produce náuseas, asco. En Cuba la soya no tiene que ver con la dieta vegana, sino con el racionamiento. Por varias décadas el gobierno ha utilizado la legumbre como extensor de la carne. El olor y el sabor de aquella piltrafa conocida como «picadillo de soya» me resultaban repugnantes. Tampoco soporto los chícharos ni las lentejas. No importa lo que les pongan: chorizo, jamón o tocino; me da igual, me retrotraen al tufo de los comedores escolares y a

---

[1] Zhang Xianliang: *Xiguan siwang*, Baihua wenyi, Tianjin, 1989. Tomé la cita de la versión en inglés del libro, cfr. *Getting Used to Dying*, Haper Collins, Toronto, 1991, p. 188. La traducción al español es mía.

los años duros de la década de 1990. Algunos recuerdan aquellas becas con melancolía. Yo prefiero mirar al pasado con un ojo crítico, no quiero que la nostalgia convierta la memoria en un espacio de sentimentalismo, sin historia.

En esa época ya se sabía que el proyecto de creación del hombre nuevo no solo había sido un fracaso, sino también una gran farsa. El 15 de octubre de 1988, en plena perestroika, *Komsomolskaja Pravda*, órgano oficial de la juventud comunista, dijo que Alekséi Stajánov había sido un fraude, era imposible que un hombre produjera, él solito, alrededor de cien toneladas de carbón en una jornada de seis horas. Empezaban a caer los héroes socialistas. Poco después también le pasaron la cuenta a Pavlik Morózov, otra de las figuras emblemáticas y míticas de la propaganda. Se rumoraba que, durante el período de la colectivización, Morózov puso por encima de sus lazos sanguíneos y familiares la lealtad al partido y denunció a sus padres. Hasta una estatua le levantaron.

En Cuba el desencanto con el ideal del hombre nuevo llegó un poco antes y, curiosamente, por parte de los mismos comisarios oficiales. El 23 de abril de 1980, en pleno éxodo del Mariel, Carlos Rafael Rodríguez, uno de los ideólogos del socialismo tropical, le dijo a un periodista de *Le Monde* que el hombre nuevo era una condición excepcional a la que solo podían aspirar unos cuantos, el Che, entre ellos, claro. El viejo militante insinuó que en la isla ya habían renunciado al proyecto de construcción de comunistas en masa. Habían pasado aquellos momentos de entusiasmo, en los que creyeron «que bastaba invocar al hombre nuevo para hacerlo aparecer mágicamente».[2]

¿No Castro, No Problem?

Muchos piensan que con el fin del castrismo llegará la tan ansiada y postergada libertad a Cuba. «No Castro, No Problem», dicen. Pero ¿qué significa la libertad?: ¿vivir sin miedo a la policía política?, ¿la libertad de emprendimiento y consumo? Ojalá todo fuera tan

---

[2] Carlos Rafael Rodríguez: «Sobre el hombre nuevo», *Letra con filo*, t. 2, Ediciones Unión, La Habana, 1987, pp. 566-567.

sencillo. Fidel Castro ya es Historia, pero los traumas colectivos, el desastre económico y social que ha dejado a su paso el régimen que implantó todavía está por cuantificarse y estudiarse. Los grandes problemas de la isla están aún por llegar. Hay que dejar a un lado los modos tradicionales de entender las transiciones como procesos lineales y continuos que llevarán a un lugar preestablecido y a un ideal de democracia de tipo occidental para entender lo que viene. Expertos de las transiciones de las extintas Unión Soviética y las repúblicas comunistas de Europa del Este han demostrado cómo en muchos países la caída del comunismo no llevó a la democracia.

Las sociedades poscomunistas han generado mucha frustración por el tipo de modelo que se implementó. En muchos de esos países la sociedad democrática no fue más que una ilusión, porque los camaradas de ayer se convirtieron de la noche a la mañana en millonarios y magnates. Ese proceso ha provocado que en Rusia, por ejemplo, una nostalgia por la era soviética esté tomando cada vez más fuerza. El culto a Stalin ha regresado, ¿qué importan los miles de personas que mató o mandó al gulag?

De acuerdo con Svetlana Aleksiévich, con el retorno del vodka «soviético» han aparecido muchos programas televisivos y portales en Internet dedicados a alimentar la nostalgia de esos tiempos. La gente, agrega, trata de reproducir los sabores y los olores de la infancia. Los campos de trabajo forzado en Solovki se han convertido en destinos turísticos: «El anuncio de la empresa que organiza los viajes promete que a cada turista se le proporcionará un uniforme de preso y un pico para garantizarle así una experiencia llena de sensaciones genuinas. También podrá visitar los barracones reformados. Para concluir el viaje, todos los turistas se irán juntos de pesca». Putin goza de un poder absoluto y se comporta como un antiguo Secretario General del PCUS; «el lugar del marxismo-leninismo lo ocupa ahora la doctrina de la Iglesia ortodoxa rusa».[3]

---

[3] Svetlana Aleksiévich: *El fin del «Homo sovieticus»*, Acantilado, Barcelona, 2015, pp. 19 y 20.

A diferencia de los soviéticos o los rumanos, que no tenían ni la más mínima idea del capitalismo antes de la transición, muchos cubanos saben de qué va la cosa gracias a los viajes al exterior, los contactos con el exilio y la diáspora. Otros han sentido el rigor del capitalismo de Estado que el régimen castrista ha impuesto desde hace algunos años. Aunque la Revolución los abandonó y dejó en la miseria, todavía están atrapados en el ideal, la utopía, y piensan que el problema de Cuba radica aún en el embargo estadounidense. No se enteran de que a sus espaldas los políticos y los militares ya se han repartido el país. Tampoco reconocen las iniciativas de corte neoliberal que implementa el PCC –muy a tono con las políticas globales de recortes de presupuestos en el sector estatal, incluso en campos como salud pública y educación–, que han sido pilares fundamentales de legitimación política.[4] El Estado cubano le ha otorgado al mercado una función reguladora que excluye a amplios sectores sociales. De este modo, se han abierto muchas brechas dentro del modelo «igualitario» sobre el que descansaba la legitimidad revolucionaria.

El hombre nuevo de la Revolución se convirtió en un engendro poscomunista al que le aterra hablar de política. A muchos solo les interesa que desde Miami les «recarguen» los teléfonos para consumir contenido chatarra, les manden paquetes de café La Llave o los *sneakers* de moda. La época de los obreros de vanguardia, por suerte, ha quedado atrás. Ahora los reguetoneros son los hombres de éxito y en las redes sociales ostentan su victoria económica: carros, ropas de Gucci, sus mujeres *made in* My Cosmetic Surgery. Ellos, junto a los hijos de los viejos dirigentes y demás pillos, son los vencedores de toda esta tragedia.

Banana Republic. La memoria es mala para los negocios

En ese contexto qué importa la memoria. *Memory is bad for business*, bien lo saben los empresarios europeos que han sido llevados

---

[4] Cfr. Carmelo Mesa-Lago: *Cuba en la era de Raúl Castro. Reformas económico-sociales y sus efectos*, Editorial Colibrí, Madrid, 2012.

a cortes en Estados Unidos porque sus negocios se han establecido en enclaves confiscados y expropiados por el Estado cubano. Lo sabía Karl Lagerfeld cuando llevó una colección de Chanel a La Habana en medio del «deshielo» que Barack Obama presentó como su «legado». Lo saben las turoperadoras, las compañías de cruceros y los grupos que están a favor del *engagement* y la «normalización» con el régimen, para poder sacar su tajada de la crisis. Los que gestionan el poder desde la cultura oficial también lo saben, por eso desarrollan una política de la memoria que tiende al borrado y a la asimilación.

Hoy las remesas están entre las primeras fuentes de ingreso del gobierno. Los exiliados dejaron de ser traidores para convertirse en «traidólares» y nada más, porque no pueden participar de la política doméstica, ni siquiera entrar y salir de su país libremente. El ingreso a la isla es supervisado por la Seguridad del Estado que vigila las redes sociales constantemente. Esto explica que muchos de los que han emitido críticas al gobierno hayan sido regresados en el mismo avión en el que viajaron, y a otros no se les ha permitido ni siquiera abordar. Para que las remesas sigan fluyendo, la memoria debe pacificarse y acomodarse.

Esa estrategia se ha trasladado también a la literatura. La cultura oficial ha empezado a «recuperar» algunos de los nombres que fueron borrados de diccionarios y sacados por arte de magia de las bibliotecas. Ahora se les rinden homenajes y se les incluye algún que otro libro en los planes editoriales o ferias.

En el campo de la sexualidad, hay algunas estrategias orientadas a que Cuba se convierta en un Estado *gay friendly,* con el objetivo de generar grandes negocios en áreas como el turismo y las operaciones de cambio de sexo. Hasta ahora, el principal mercado de estas cirugías está en Tailandia. Pero el escenario podría cambiar, porque los médicos cubanos ya realizan esos procedimientos de modo independiente, después de haber recibido por varios años el *know-how* de especialistas europeos. Al frente de ese programa está el CENESEX que, como ya he explicado, es dirigido por Mariela Castro Espín.

En 2018, el Grupo Gaviota, una corporación manejada por los militares cubanos, firmó un acuerdo con la cadena europea Muthu Hotels & Resorts para administrar un hotel en la isla dirigido a la comunidad LGTBIQ+. La compañía hizo el anuncio con bombos y platillos en su cuenta en Twitter. Este es un negocio redondo, porque al tiempo que se abre un mercado rentable, contribuye a borrar la historia de las redadas policiales, los campos de trabajo forzado y las décadas de homofobia estatal sin tener que establecer debates acerca de la justicia o la compensación a las víctimas de esas políticas.

La memoria es mala para los negocios, incluso para las víctimas del castrismo. El caso de Justo Pérez, un exconfinado de las Unidades Militares de Ayuda a la Producción, es un claro ejemplo. En 2016 le hice una entrevista a la que accedió a regañadientes: estuvo reacio y displicente. En esa ocasión llegó a decir que en las UMAP también «se gozó».[5] Es posible que su postura tenga que ver con su desempeño como empresario y sus conexiones con el poder. En 1979, una década después del desmantelamiento de las UMAP, el gobierno le permitió tener un restaurante privado en Varadero, pero el chef recibía solo el diez por ciento de la ganancia. Justo Pérez fue, además, uno de los que cocinó para Fidel Castro durante treinta y cinco años. En 2015, declaró que al dictador cubano «le encantaba "el pez perro" o cherna a la plancha, el arroz frito y las pastas. Ha tenido siempre un paladar muy especial, aunque ahora debe seguir una dieta [...]. En la intimidad, Fidel es un encanto de persona, un tipazo, quien no lo conoce no sabe. No hay nadie que se le parezca.»[6]

En la actualidad, Justo Pérez es uno de los dueños de Al Carbón, uno de los restaurantes privados (paladares) más concurridos de la Habana Vieja. El sitio goza de gran reputación en Trip Advisor, también entre la farándula y los comisarios políticos. En el otoño

---

[5] Abel Sierra Madero: «Entrevista a Justo Pérez», audiograbación inédita, La Habana, 17 de enero de 2016.

[6] Delfo Rodríguez: «Justo Pérez, cocinero: Fidel Castro, en la intimidad, es un encanto de persona, no hay nadie que se le parezca», Fidel. Soldado de las Ideas, 3 de diciembre de 2015, <http://www.fidelcastro.cu/es/articulos/justo-perez-cocinero-fidel-castro-en-la-intimidad-es-un-encanto-de-persona-no-hay-nadie>, [15/12/2020].

de 2019, los reyes de España comieron en el lugar. La memoria, definitivamente, es mala para los negocios. No critico en lo absoluto la iniciativa privada ni el éxito de los emprendimientos, mi observación está orientada a explicar los modos en que la memoria se acomoda en función de ciertos intereses. Justo Pérez sacó sus cuentas, y en esa matemática su experiencia en las UMAP interfiere con su empresa.

¿Qué importancia tiene el debate sobre las UMAP y el trabajo forzado? Tal y como están las cosas, parece que Cuba se convertirá en una república bananera o maquilera regida por militares que gobiernan *backstage*, un híbrido entre Rusia y China –ya sabemos lo que eso significa–. El modelo de extracción de fuerza de trabajo que implementó el socialismo durante décadas ha sentado un peligroso precedente para el futuro de los trabajadores. El Estado se apropia de la mayor parte de la fuerza de trabajo y paga una miseria que apenas alcanza para comer, con el objetivo, se dice, de garantizar que la salud y la educación sean gratuitas y de calidad. Estos servicios, totalmente colapsados, son públicos, pero no gratuitos. Hay que aclarar esta distorsión con la que el régimen capitaliza constantemente; pero esa es otra discusión.

Esa política de explotación era un secreto a voces, hasta que se supo que el gobierno cubano se agencia alrededor del ochenta por ciento del salario de los médicos y enfermeros que envía algunos países. A esos profesionales les restringen las libertades fundamentales y están sujetos a una férrea vigilancia de la Seguridad del Estado, que les retiene los pasaportes para que no puedan escapar. Además, les congelan las cuentas en Cuba hasta que regresen. Por estas razones, organizaciones de derechos humanos consideran que los médicos están sometidos a un régimen de trabajo forzoso y que viven en condiciones de semiesclavitud. El gobierno, que solo en 2018 ingresó alrededor de seis mil millones de dólares gracias a esas misiones, asegura que estos programas forman parte de su vocación solidaria y humanista. La discusión sobre los médicos y las conexiones con el trabajo forzado han consolidado la política de negación de las UMAP y de borrado de esa memoria.

La mala memoria

Los relatos y las discusiones sobre la memoria de los campos de concentración en Europa y América Latina siguen despertando mucho interés, pero las narrativas sobre las UMAP no han sido canonizadas o digeridas por las instituciones culturales o las editoriales globales.

Contradictoriamente, el testimonio ha sido uno de los géneros más difundidos y leídos en la academia norteamericana desde que Casa de las Américas creara, en 1970, un premio en esta modalidad de escritura para difundir las historias de las guerrillas y de otros movimientos sociales. En cierto sentido llegó a constituirse en el género oficial de la Revolución. Mientras *Biografía de un cimarrón* (1966) de Miguel Barnet o *La montaña es algo más que una inmensa estepa verde* (1982) del nicaragüense Omar Cabezas Lacayo han sido traducidos a varios idiomas y se enseñan en las universidades más importantes de Estados Unidos, los textos sobre las UMAP apenas se conocen. La recepción de estas narrativas ha estado sobredeterminada ideológicamente y, como fueron producidas «fuera de la Revolución», no se consideran ni siquiera como parte de «lo cubano». Es como si los exiliados hubieran perdido el *brand* una vez que salen de la isla.

Los testimonios sobre las UMAP parecen no encajar dentro de los campos de estudio que esas instituciones promueven. La mayoría de esos testimonios fue producida por sujetos blancos, varones y religiosos. A los campos de concentración revolucionarios no se enviaban a mujeres, de ahí que no puedan ser asimilados por los Feminist Studies. Dentro de los Gays and Lesbian Studies solo los libros de Arenas han sido incorporados, pero no el de Jorge Ronet.

Los relatos sobre las UMAP tampoco se adecuan a los Black and Ethnic Studies porque ninguno articula la narrativa desde la negritud o la discriminación racial. Uno de los libros testimoniales cubanos más difundidos en Estados Unidos, después de *Biografía de un cimarrón*, es *Reyita, sencillamente. Testimonio de una negra cubana nonagenaria* (1996). Se trata de la historia de María de los Reyes Castillo Bueno, una anciana que cuenta su pasado esclavo y su vida durante el siglo XX. Su hija Daisy Rubiera Castillo fue quien la grabó y preparó el volumen. *Reyita...* generó gran interés no solo por la calidad del testimonio, sino también porque encajaba en un canon académico y podía ser digerido por varios campos a la vez. Hago esta referencia no para criticar el libro, sino como parte de una reflexión que me lleva a cuestionar los modos en que determinadas narrativas son más digeribles que otras. Textos como *Reyita...* tienen un fin utilitario en la academia norteamericana en la medida en que producen sujetos «subalternos» que se adecuan a las categorías y marcos teóricos que se generan en estos espacios.

Por otra parte, los Cuban Studies han estado contaminados por relaciones clientelares que históricamente han establecido académicos estadounidenses con comisarios culturales y funcionarios del régimen. Existe un contrato tácito que implica cierta condescendencia política. Las voces críticas suelen ser castigadas y penalizadas con la prohibición de entrar a la isla. Salvo excepciones, la mayoría de los «expertos» sobre Cuba en Estados Unidos evita hacer declaraciones públicas sobre la realidad política. Algunos se manifiestan con vehemencia con respecto a violaciones de derechos humanos en otros lugares, pero con respecto a la isla sus silencios son escandalosos. Tal parece que el repertorio de herramientas analíticas y categorías que usan para criticar otras realidades no aplicaran al caso cubano. De este modo, Cuba se ha constituido como un espacio excepcional en los centros de producción de conocimiento.

Las narrativas de las UMAP conforman una suerte de cuerpo extraño, pesado, que no ha podido ser digerido, siquiera, por los estudios sobre los campos de trabajo forzado. Si los testimonios, como señala John Beverley, tienen que ver con una urgencia de comunicar ya sea situaciones de represión, pobreza, subalternidad, encarcelamiento, ¿por qué estas escrituras críticas a la Revolución cubana, que relatan situaciones extremas de abusos y violencia en el contexto de un país socialista, han sido desestimadas? Esto no ocurrió con los relatos sobre los campos de exterminio nazis o sobre el gulag soviético. Mucho menos, con las narrativas sobre los campos franquistas o las que se refieren a otras dictaduras latinoamericanas.

Los cubanos parecen haber llegado tarde a esa conversación. Cuando las UMAP fueron desmanteladas, entre los testigos de esa experiencia se impuso un pacto de silencio provocado por el propio trauma. Escribieron o hablaron sobre el asunto mucho después. Félix Luis Viera, por ejemplo, demoró más de treinta años para publicar su novela *Un ciervo herido* (2002). Solo los textos de José Mario Rodríguez fueron escritos con cierta urgencia. Se publicaron en las revistas *Mundo Nuevo* y *Exilio* rápidamente.

Por otra parte, en la academia estadounidense las narrativas críticas sobre el proceso revolucionario no tienen mucho espacio. Se las analiza como casos aislados, pero nunca como parte de una voz colectiva que representa a una comunidad. Estos ejercicios contradicen las mismas premisas que usan los estudiosos del testimonio y del relato autobiográfico para referirse a otras escrituras latinoamericanas. De acuerdo con John Beverley, «cada testimonio individual evoca una polifonía de voces, vidas y experiencias posibles», de ahí que «cualquier vida narrada de esta manera pueda tener valor representativo».[7] Sin embargo, los testimonios sobre las UMAP parecen constituir un corpus marginal, minoritario y poco representativo de Cuba, casi siempre identificada, sobre todo en los círculos liberales, con la Revolución y no con una formación más abarcadora.

Los regímenes totalitarios, en particular aquellos enquistados en el tiempo, tienden a diluir y distorsionar el pasado de represión. Borrón y cuenta nueva, piden algunos. El modelo cubano, inmerso en una profunda transición postsocialista, no es una excepción. La nueva oleada de políticas homofóbicas en Rusia, las purgas de homosexuales y la instalación de campos de concentración en Chechenia, por ejemplo, son consecuencia directa de ese proceso. En 2014, la organización Human Rights Watch difundió varios videos que muestran acciones violentas contra la comunidad LGBTI en

---

[7] John Beverley: *Testimonio. Sobre la política de la verdad*, Bonilla Artigas Editores, México, 2010, p. 26.

Rusia. Estos grupos operan con total impunidad y son respaldados por el gobierno de Vladimir Putin, que promulgó una ley que prohíbe la «propaganda gay». En 2017, la periodista Elena Milashina, del diario de oposición ruso *Novaya Gazeta*, denunció la creación de prisiones secretas en Chechenia, un país con gran influencia islámica donde se tortura y asesina a personas gays sin ningún escrúpulo. El gobierno checheno lo ha negado y asegura que es imposible, sencillamente porque en ese país no existen homosexuales.[8]

La homofobia en los países poscomunistas está relacionada con el conservadurismo y la religión, cosas que en Cuba también van tomando cada vez más fuerza. En 2018, varias denominaciones evangélicas se manifestaron en contra de la aprobación del Artículo 68 de la nueva carta magna que contemplaba «la unión voluntaria concertada entre dos personas con aptitud legal para ello». El cambio podía abrir un camino al reconocimiento del matrimonio homosexual en Cuba. Estos grupos argumentaban que el matrimonio igualitario no estaba en sintonía con la cultura cubana «ni con los líderes históricos de la Revolución».[9]

La aprobación del matrimonio igualitario significaría un paso en el reconocimiento de los derechos individuales, diluidos históricamente en la masa impersonal y colectiva. Crearía, además, un amparo legal para heredar bienes y propiedades. Sin embargo, eso no sucedió. El parlamento cubano, controlado totalmente por el régimen, terminó cediendo a las presiones de los religiosos y de los militares conservadores, y dejó el Artículo 68 fuera del texto final de la Constitución. Algunos voceros dijeron que el tema se someterá a referendo consultivo. Aquí habría que decir que los derechos no se plebiscitan, se garantizan. Sin protección jurídica y constitucional hay probabilidades de que la homofobia se instaure

---

[8] Redacción BBC Mundo: «"Campos de concentración para homosexuales": aumentan las denuncias sobre una brutal "purga" gay en Chechenia», *BBC Mundo*, 14 de abril de 2017, <https://www.bbc.com/mundo/noticias-internacional-39599262>, [15/12/2020].

[9] Marlo J. Pentón: «Evangélicos en Cuba: el matrimonio gay no cabe en un país comunista», *El Nuevo Herald*, Miami, 6 de julio de 2018, <https://www.elnuevoherald.com/noticias/mundo/america-latina/cuba-es/article214421134.html>, [15/12/2020].

nuevamente como política de Estado, tal y como sucedió durante varias décadas. Cada vez resulta más imperiosa la creación de una memoria histórica y una conciencia política que no pase por la nostalgia y el acomodo del pasado, sino que contribuya a crear nuevos consensos e imágenes sobre la Revolución, también sobre el presente. Se trata de que la amnesia o el olvido no se instauren en el imaginario colectivo, de que la justicia no se diluya en discursos vacíos y perversos sobre la sanación, el perdón, la convivencia y la reconciliación. Una Cuba democrática no será posible sin nuevos espacios de justicia que compensen a las víctimas de toda esta tragedia.

New York-Miami, marzo de 2022.

Fuentes

Bibliohemerográficas

9 M. M.: «Una pandillita de elvispreslianos», *Mella*, n.º 214, 6 de abril de 1963, pp. 4-5.

AGAMBEN, GIORGIO: *Remnants of Auschwitz: The Witness and the Archive*, Zone Books, New York, 1999.

_____: *State of exception*, University of Chicago Press, 2005.

AGUILILLA, ARACELI: *Por llanos y montañas*, UNEAC, La Habana, 1975.

AHMED, SARA: *The Cultural Politics of Emotion*, Routledge, New York, 2004.

«¡Ahora sí vamos a construir el socialismo!», *Granma*, 27 de diciembre de 1986, p. 1.

ALEKSIÉVICH, SVETLANA: *El fin del «Homo sovieticus»*, Acantilado, Barcelona, 2015.

ALMENDROS, NÉSTOR & Orlando Jiménez Leal: «*Improper Conduct*», *American Film*, No. 10, 9, September 1, 1984, p. 18.

_____: *Conducta impropia*, Editorial Playor, Madrid, 1984.

ALMENDROS, NÉSTOR: «"An Illusion of Fairness". Almendros replies to Alea», *The Village Voice*, Vol. XXIX, August 14, 1984, p. 40.

ALONSO, OLGA: *Testimonios*, Departamento de Orientación Revolucionaria del Comité Central del Partido Comunista de Cuba, La Habana, 1974.

AMAYA, HECTOR: *Screening Cuba: Film Criticism as Political Performance during the Cold War*, University of Illinois Press, 2010.

AMÉRY, JEAN: *Más allá de la culpa y la expiación. Tentativas de superación de una víctima de la violencia*, Editorial Pre-Textos, Valencia, 2001.

«Antología de las consignas del pueblo en la Marcha del Pueblo Combatiente», *Granma*, 23 de abril de 1980, p. 4.

APPLEBAUM, ANNE: *Gulag: A History*, Doubleday, New York, 2003.

Arcos Bergnes, Ángel: *Evocando al Che*, Editorial de Ciencias Sociales, La Habana, 2007.
Arcos, Luis M.: «UMAP. Donde el trabajo forma al hombre», *Adelante*, 13 de abril de 1966, p. 5.
Arenas, Reinaldo: *Antes que anochezca*, Tusquets, Barcelona, 1992.
_____: *Arturo, la estrella más brillante*, Montesinos, Barcelona, 1984.
_____: *El color del verano o nuevo jardín de las delicias*, Ediciones Universal, Miami, 1991.
_____: *Leprosorio (Trilogía poética)*, Editorial Betania, Madrid, 1990.
_____: *Necesidad de libertad. Mariel: testimonios de un intelectual disidente*, Kosmos, México, 1986.
Arendt, Hannah: *Auschwitz et Jérusalem*, Deuxtempes, Paris, 1993.
Armas, Juan: «Premios en las UMAP», *Verde Olivo*, año VIII, n.º 43, 30 de octubre de 1966, p. 15.
Associated Press in Moscow: «Russian museum discovers secret order to destroy Gulag data», *The Guardian*, International Edition, June 8, 2018, <https://www.theguardian.com/world/2018/jun/08/russian-museum-discovers-secret-order-to-destroy-gulag-data>, [28/07/2019].
Ávila, Leopoldo: «Los condenados de condado», *Verde Olivo*, año IX, n.º 43, 22 de septiembre de 1968, p. 17.
Báez, Luis: «Unidades Militares de Ayuda a la Producción (UMAP)», *Granma*, 14 de abril de 1966, p. 6.
Bal, Mieke, Jonathan Crewe & Leo Spitzer (eds.): *Acts of Memory: Cultural Recall in the Present*, University Press of New England, 1998.
Bandrés, Javier y Rafael Llavona: «La psicología en los campos de concentración de Franco», *Psicothema*, vol. VIII, n.º 1, 1996, pp. 1-11.
Barnet, Miguel: *Biografía de un cimarrón*, Instituto de Etnología y Folklore, La Habana, 1966.
Bartlett, Djurdja: *FashionEast: The Spectre That Haunted Socialism*, MIT Press, Cambridge, 2010.
Benadusi, Lorenzo: *The Enemy of the New Man. Homosexuality in Fascist Italy*, University of Wisconsin Press, 2012.
Benson, Devyn S.: *Antiracism in Cuba: The Unfinished Revolution*, University of North Carolina Press, 2016.
Bernal Lumpuy, Luis: *Tras cautiverio, libertad. Un relato de la vida real en la Cuba de Castro*, Ediciones Universal, Miami, 1992.
Beverley, John: *Against Literature*, University of Minnesota Press, 1993.
_____: *Testimonio. Sobre la política de la verdad*, Bonilla Artigas Editores, México, 2010.

Bongers, Wolfgang y Tanja Olbrich (comps.):*Literatura, cultura, enfermedad*, Paidós, Buenos Aires, 2006.
Bravet, Rogelio Luis: «Guanahacabibes: ni es penal ni tiene eucaliptos», *Bohemia*, año LVII, n.º 43, 22 de octubre de 1965, pp. 4-10.
«Breve conversación con el comandante Raúl Castro», *Adelante*, 9 de abril de 1966, p. 1.
«Brigadas Juveniles de Trabajo Revolucionario», *El Mundo*, 19 de mayo de 1960, p. A-4.
Brokhin, Yuri: *Hustling on Gorky Street: Sex and Crime in Russia Today*, The Dial Press, New York, 1975.
Brotman, Barbara: «Gay Cuban Refugees Get Boost to Freedom», *Chicago Tribune*, August 11, 1980, p. A1.
Brown, Charles J. & Armando M. Lago: *The Politics of Psychiatry in Revolutionary Cuba*, Freedom House, New York, 1991.
Brummer, Alex: «How Fidel Gave Jimmy Another Disaster...», *The Guardian*, May 23, 1980, p. 15.
Bustamante, José A.: *Psiquiatría*, Editorial Científico-Técnica, La Habana, 1972.
Butler, Judith: *Gender Trouble: Feminism and the Subversion of Identity*, Routledge, New York, 1990.
Caballero Blanco, José: *UMAP. Una muerte a plazos*, Alexandria Library, Miami, 2008.
Cabezas Lacayo, Omar: *La montaña es algo más que una inmensa estepa verde*, Casa de las Américas, La Habana, 1982.
Cabrera Arús, María Antonia: «Pañoletas y polainas. Dinámicas de la moda en la Cuba soviética», *Kamchatka*, n.º 5, julio, 2015, pp. 243-260.
Cabrera Infante, Guillermo: *Vidas para leerlas*, Alfaguara, Madrid, 1992.
Cabrera, René: *Agua de rosas*, Alexandria Library, Miami, 2012.
Camera d'Afflitto, Isabella: «Prison Narratives: Autography and Fiction», en Robin Ostle Moor & Stefan Wild (eds.), *Writing the Self: Autobiographical Writing in Modern Arabic Literature*, Saqi Books, London, 1997, pp. 148-156.
Canetti, Elias: *Masa y poder*, Muchnik Editores, Barcelona, 1981.
Capó, Jr., Julio: «Queering Mariel: Mediating Cold War Foreign Policy and U.S. Citizenship among Cuba's Homosexual Exile Community, 1978-1994», *Journal of American Ethnic History*, Vol. 29, n.º 4, Summer, 2010, pp. 78-106.
Cardenal, Ernesto: *En Cuba*, Editorial Pomaire, Buenos Aires, 1973.
Cardi, Juan Ángel: «Diagnóstico del enfermito», *Palante*, año IV, n.º 46, 10 de septiembre de 1964, p. 7.

«Carta del compañero Efigenio Ameijeiras al pueblo de Cuba», *Bohemia*, año LVIII, n.º 12, 25 de marzo de 1966, p. 61.

Casal, Lourdes: *El caso Padilla. Literatura y revolución. Documentos*, Ediciones Nueva Atlántida, New York, 1971.

_____: «Cuba, abril-mayo 1980: la historia y la histeria», *Areíto*, vol. VII, n.º 23, 1980, p. 16.

_____: «Fragmentos de un diario de viaje a Cuba», *Nueva Generación*, año 4, n.º 27, junio, 1974, pp. 1-11.

_____: «Literature and Society», en Carmelo Mesa-Lago (ed.), *Revolutionary Change in Cuba*, University of Pittsburgh Press, 1971, pp. 447-469.

Casañas Lostal, Esteban: «Vivienda y medio ambiente. Las microbrigadas», *Conexión Cubana*, <http://www.conexioncubana.net/vivienda-y-medio-ambiente/370-las-microbrigadas>, [13/03/2019].

Casasús, Juan E.: *Código de Defensa Social y Derecho Penal Complementario*, Molina y Compañía, La Habana, 1950.

Castro López, Hiram: *La histeria*, Academia de Ciencias de Cuba, Instituto de Investigaciones Fundamentales del Cerebro, La Habana, 1975.

Castro Ruz, Fidel: «Discurso en el acto conmemorativo del octavo aniversario de los Comités de Defensa de la Revolución en la Plaza de la Revolución, 28 de septiembre de 1968», Departamento de Versiones Taquigráficas del Gobierno Revolucionario, <http://www.cuba.cu/gobierno/discursos/1968/esp/f280968e.html>, [19/01/2020].

_____: «Discurso en la clausura del cuarto aniversario del Asalto al Palacio Presidencial en la escalinata de la Universidad de La Habana», 13 de marzo de 1963», Departamento de Versiones Taquigráficas del Gobierno Revolucionario, <http://www.cuba.cu/ gobierno/discursos/1963/esp/f130363e.html>, [14/12/2019].

_____: «Discurso en la concentración para celebrar el cuarto aniversario de la integración del Movimiento Juvenil Cubano, en la Ciudad Escolar Abel Santamaría, Santa Clara, 21 de octubre de 1964», Departamento de Versiones Taquigráficas del Gobierno Revolucionario, <http://www.cuba.cu/gobierno/discursos/1964/esp/f211064e.html>, [15/12/2019].

_____: «Discurso en la inauguración de las obras de San Andrés de Caiguanabo, Pinar del Río, 28 de enero de 1967», Departamento de Versiones Taquigráficas del Gobierno Revolucionario, <http://www.cuba.cu/gobierno/discursos/1967/esp/f280167e.html>, [19/01/2020].

_____: «Discurso en la Plaza Mayor de la ciudad de Valparaíso, Chile, 30 de noviembre de 1971», Departamento de Versiones Taquigráficas del Gobierno Revolucionario, <http://www.cuba.cu/gobierno/discursos/1971/esp/f301171e.html>, [20/04/2018].

_____: «Discurso en la primera gran asamblea de los Comités de Defensa de la Revolución en la Plaza de la Revolución José Martí, 28 de septiembre de 1961», Departamento de Versiones Taquigráficas del Gobierno Revolucionario, <http://www.cuba.cu/ gobierno/discursos/1961/esp/f280961e.html>, [15/12/2019].

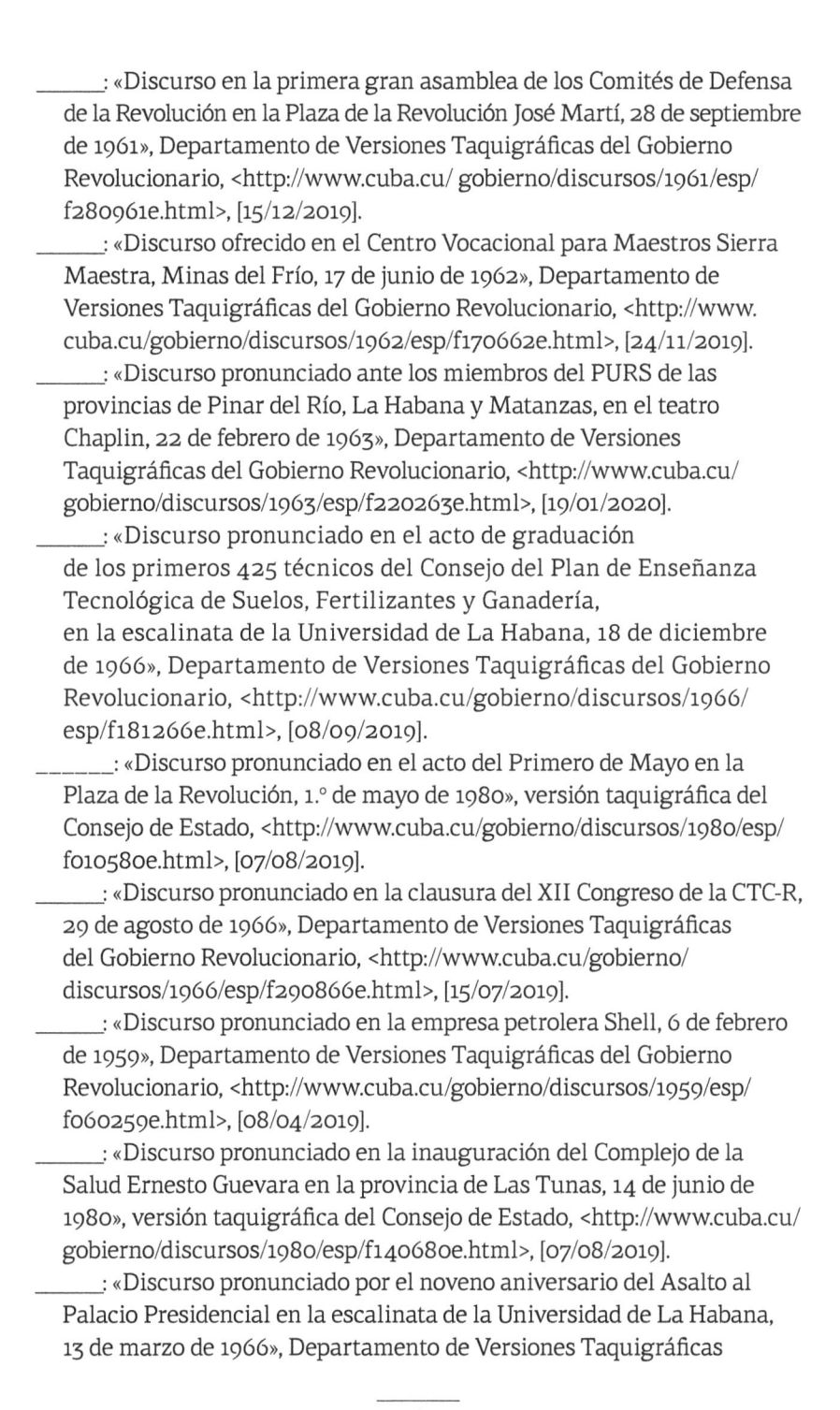

_____: «Discurso ofrecido en el Centro Vocacional para Maestros Sierra Maestra, Minas del Frío, 17 de junio de 1962», Departamento de Versiones Taquigráficas del Gobierno Revolucionario, <http://www.cuba.cu/gobierno/discursos/1962/esp/f170662e.html>, [24/11/2019].

_____: «Discurso pronunciado ante los miembros del PURS de las provincias de Pinar del Río, La Habana y Matanzas, en el teatro Chaplin, 22 de febrero de 1963», Departamento de Versiones Taquigráficas del Gobierno Revolucionario, <http://www.cuba.cu/gobierno/discursos/1963/esp/f220263e.html>, [19/01/2020].

_____: «Discurso pronunciado en el acto de graduación de los primeros 425 técnicos del Consejo del Plan de Enseñanza Tecnológica de Suelos, Fertilizantes y Ganadería, en la escalinata de la Universidad de La Habana, 18 de diciembre de 1966», Departamento de Versiones Taquigráficas del Gobierno Revolucionario, <http://www.cuba.cu/gobierno/discursos/1966/esp/f181266e.html>, [08/09/2019].

_____: «Discurso pronunciado en el acto del Primero de Mayo en la Plaza de la Revolución, 1.º de mayo de 1980», versión taquigráfica del Consejo de Estado, <http://www.cuba.cu/gobierno/discursos/1980/esp/f010580e.html>, [07/08/2019].

_____: «Discurso pronunciado en la clausura del XII Congreso de la CTC-R, 29 de agosto de 1966», Departamento de Versiones Taquigráficas del Gobierno Revolucionario, <http://www.cuba.cu/gobierno/discursos/1966/esp/f290866e.html>, [15/07/2019].

_____: «Discurso pronunciado en la empresa petrolera Shell, 6 de febrero de 1959», Departamento de Versiones Taquigráficas del Gobierno Revolucionario, <http://www.cuba.cu/gobierno/discursos/1959/esp/f060259e.html>, [08/04/2019].

_____: «Discurso pronunciado en la inauguración del Complejo de la Salud Ernesto Guevara en la provincia de Las Tunas, 14 de junio de 1980», versión taquigráfica del Consejo de Estado, <http://www.cuba.cu/gobierno/discursos/1980/esp/f140680e.html>, [07/08/2019].

_____: «Discurso pronunciado por el noveno aniversario del Asalto al Palacio Presidencial en la escalinata de la Universidad de La Habana, 13 de marzo de 1966», Departamento de Versiones Taquigráficas del Gobierno Revolucionario, <http://www.cuba.cu/gobierno/discursos/1966/esp/f130366e.html>, [11/12/2019].

_____: «Discurso pronunciado por el séptimo aniversario de la Revolución en la Plaza de la Revolución, 2 de enero de 1966», Departamento de Versiones Taquigráficas del Gobierno Revolucionario, <http://www.cuba.cu/gobierno/discursos/1966/esp/f020166e.html>, [19/01/2020].

_____: «Palabras a los intelectuales», en Virgilio López Lemus (ed.), *Revolución, Letras, Arte*, Editorial Letras Cubanas, La Habana, 1980, pp. 7-33.

CASTRO RUZ, RAÚL: «Carta a los jóvenes que se desmovilizan», *Verde Olivo*, año IX, n.º 26, 30 de junio de 1968, p. 3.

_____: «El diversionismo ideológico: arma sutil que esgrimen los enemigos contra la Revolución», *Verde Olivo*, año XIV, n.º 30, 6 de junio de 1972, pp. 4-12.

_____: «La formación del hombre nuevo. Extractos de discursos», *Granma*, 9 de julio de 1966, p. 2.

CAZALIS, SEGUNDO: *Cuba ahora*, Ediciones Isla Sola, Caracas, 1966.

CEJAS SÁNCHEZ, ANTONIO: «La peligrosidad social predelictiva», *Revista Cubana de Jurisprudencia*, año I, n.º 8, agosto, 1962, pp. 15-25.

CENTRAL INTELLIGENCE AGENCY: «UMAP Camps», Assassination Archives and Research Center, Box JFK16, Folder F68, RIF#: 1993.07.17.10:47:37:310440, 04/26/1967, <https://www.maryferrell.org/showDoc.html?docId=72455>, [18/02/2019].

_____: «Umap Headquarters Staff», Assassination Archives and Research Center, Box JFK16, Folder F68, RIF#: 1993.07.17.10:38:36:250440, 04/20/1967, <https://www.maryferrell.org/showDoc.html?docId=72462>, [18/02/2019].

CENTRO TEÓRICO-CULTURAL CRITERIOS: *La política cultural del período revolucionario: memoria y reflexión. Ciclo de conferencias organizado por el Centro Teórico-Cultural Criterios*, Centro Teórico-Cultural Criterios, La Habana, 2007.

CHANAN, MICHAEL: «Estamos perdiendo todos los valores [entrevista a Tomás Gutiérrez Alea]», *Encuentro de la Cultura Cubana*, n.º 1, verano, 1996, pp. 71-76.

_____: *The Cuban Image: Cinema and Cultural Politics in Cuba*, BFI Publishing, London, 1985.

CHERNAVIN, VLADIMIR: «Life in Concentration Camps in USSR», *The Slavonic and East European Review*, Vol. 12, No. 35, January 1934, pp. 387-408.

CHOMÓN, FAURE: «Discurso pronunciado por el Comandante Faure Chomón, Ministro de Transportes y miembro de la Dirección Nacional del

Partido Unido de la Revolución Socialista de Cuba, en la Universidad de La Habana, el día 6 de junio de 1965», *Alma Mater*, 13 de junio de 1965, pp. 1-8 [suplemento].

«Coacción al *Diario*», *El Mundo*, 24 de junio de 1959, p. A-4.

Cofiño, Manuel: *Andando por ahí, por esas calles*, Editorial Letras Cubanas, La Habana, 1982.

Colla, Elliott: «In Praise of Insult: Slogan Genres, Slogan Repertoires and Innovation», *Review of Middle East Studies*, Vol. 47, No. 1, Summer, 2013, pp. 37-48.

Collazo, Miguel Ángel: «Pantalones pitusa», *Palante*, año IV, n.º 3, 12 de noviembre de 1964, p. 15.

Comisión Nacional de Alfabetización: *Alfabeticemos. Manual del alfabetizador*, Gobierno Revolucionario, Ministerio de Educación, La Habana, 1961.

Comités de Defensa de la Revolución: *CDR: 10 años de trabajo*, Instituto Cubano del Libro, La Habana, 1971.

_____: *Memorias de los Comités de Defensa de la Revolución. 1963*, Ediciones Con la Guardia en Alto, La Habana, 1964.

«Condenaron a admiradores de Elvis», *El Mundo*, 3 de noviembre de 1959, p. A-2.

«Conferencia Nacional de Instituciones Psiquiátricas», *Revista del Hospital Psiquiátrico de La Habana*, vol. IV, n.º 2, abril-junio, 1963, pp. 177-400.

Conte Agüero, Luis: *América contra el comunismo*, Frente Anticomunista Cristiano, 1962.

Corzo, Pedro, Idolidia Darias y Amado Rodríguez: *Cuba. Desplazados y pueblos cautivos*, Ediciones Universal, Miami, 2011.

Cossío Woodward, Miguel: *Brumario*, Editorial Letras Cubanas, La Habana, 1980.

Crombet, Jaime: «Tenemos que incorporarnos al trabajo de la molienda», *Juventud Rebelde*, 4 de marzo de 1966, p. 4.

Cubillas Jr., Vicente: «Un baldón de Cuba: El Reformatorio de Torres», *Revolución*, 2 de febrero de 1959, p. 4.

Cumming, Carman: «Uniform Change in Cuban Jails. Victory for Castro», *The Medicine Hat News*, November 14, 1967, p. 8.

Cvetkovich, Ann: *An Archive of Feelings: Trauma, Sexuality, and Lesbian Public Cultures*, Duke University Press, Durham, 2003.

De la Campa, Román: «Revista *Areíto*: herejía de una nación improbable», *Encuentro de la Cultura Cubana*, n.º 40, primavera, 2006, pp. 137-141.

De la Fuente, Alejandro: *A Nation for All: Race, Inequality, and Politics in Twentieth-Century Cuba*, University of North Carolina Press, 2011.

De la Torre, Carolina: *Benjamín. Cuando morir es más sensato que esperar*, Editorial Verbum, Madrid, 2018.

De Quirós, Beltrán: *Los unos, los otros... y el seibo*, Ediciones Universal, Miami, 1971.

Del Olmo, Rosa: «The Cuban Revolution and The Struggle Against Prostitution», *Crime and Social Justice*, No. 12, Winter, 1979, pp. 34-40.

Deleuze, Gilles: «Desire and Pleasure», *Two Regimes of Madness: Texts and Interviews, 1975-1995*, ed. by David Lapoujade, Semiotext(e), New York, 2006, pp. 122-134.

Denton, Robert: «The Rhetorical Functions of Slogans: Classifications and Characteristics», *Communication Quarterly*, Vol. 28, No. 2, Spring, 1980, pp. 10-18.

Depestre, René: «Birilín. Para la mayor zafra de la Historia», *Casa de las Américas*, año XI, n.º 62, septiembre-octubre, 1970, pp. 110-118.

Derrida, Jacques: «Archive Fever: A Freudian Impression», *Diacritics*, Vol. 25, No. 2, Summer, 1995, pp. 9-63.

_____: *Glas*, University of Nebraska Press, Lincoln/ London, 1986.

Desnoes, Edmundo: «Cuba: caña y cultura», *Casa de las Américas*, año XI, n.º 62, septiembre-octubre, 1970, pp. 46-58.

Dewitt, Karen: «Homosexual Cubans Get Settlement Aid», *The New York Times*, August 17, 1980, p. 34.

Díaz Infante, Duanel: «Azúcar y revolución (Réquiem)», *Diario de Cuba*, 18 de mayo de 2013, <http://www.diariodecuba.com/cultura/1368826739_3303.html>, [16/03/2019].

Díaz, Jesús: «El fin de otra ilusión. A propósito de la quiebra de *El Caimán Barbudo* y la clausura de *Pensamiento Crítico*», *Encuentro de la Cultura Cubana*, n.º 16-17, primavera-verano, 2000, pp. 106-119.

Díaz, Roberto: «Otra mención a *Los pasos*», *El Caimán Barbudo*, n.º 45, marzo, 1971, pp. 16-22.

Dickerson, James L.: *Inside America's Concentration Camps: Two Centuries of Internment and Torture*, Lawrence Hill Books, New York, 2010.

Diego, Eliseo Alberto: *Informe contra mí mismo*, Alfaguara, Madrid, 1996.

Domínguez, Jorge I.: *Cuba: Order and Revolution*, Belknap Press of Harvard University Press, 1978.

Doran, Jamie & Piers Bizony: *Starman: The Truth Behind the Legend of Yuri Gagarin*, Bloomsbury, London, 2011.

Dorticós Torrado, Osvaldo: «¡A las puertas de esta reunión los espera el pueblo!», *Noticias de Hoy*, 20 de agosto de 1961, p. 7.

_____: «La formación del hombre nuevo. Discurso pronunciado por el presidente de la República a estudiantes becados», *Verde Olivo*, n.º 25, 23 de junio de 1963, pp. 26-29.

Duchesne Winter, Juan: *Narraciones de testimonio en América Latina. Cinco estudios*, Editorial de la Universidad de Puerto Rico, 1992.

Dueñas Becerra, Jesús: «Consideraciones etiológicas acerca de la homosexualidad», *Revista del Hospital Psiquiátrico de La Habana*, vol. XII, n.° 3, septiembre-diciembre, 1971, pp. 375-391.

_____: «El homosexualismo y sus implicaciones científicas y sociales», *Revista del Hospital Psiquiátrico de La Habana*, vol. XI, n.° 1, enero-abril, 1970, pp. 53-62.

Dumont, René: *Cuba ¿Es socialista? ¿Se militariza la Revolución? Una crítica constructiva al régimen de Fidel Castro*, Editorial Tiempo Nuevo, Caracas, 1970.

_____: *Socialism and development*, Grove Press, New York, 1970.

Echarri, Alfredo: «Campamentos juveniles del MININT. ¿Podremos evitar que existan menores delincuentes?», *Juventud Rebelde*, 9 de marzo de 1968, p. 2.

_____: «Crónica de un futuro sonriente. Quizá por primera vez...», *Juventud Rebelde*, 18 de junio de 1968, p. 2.

_____: «¡Destruido un sueño yanqui! Los chicos del "cuarto mundo"», *Juventud Rebelde*, 12 de octubre de 1968, p. 8.

_____: «Donde trabajar se hace un hábito: la UMAP», *Juventud Rebelde*, 16 de julio de 1966, p. 8.

_____: «Más importante aún que la promoción y que la producción es la formación del hombre nuevo. Entrevista con José Llanusa», *Juventud Rebelde*, 22 de abril de 1966, p. 2.

Eckstein, Susan: «The Debourgeoisement of Cuban Cities», en Irving Louis Horowitz (ed.), *Cuban Communism*, Transaction Books, New Brunswick, 1984, pp. 91-112.

«Editorial», *Mariel*, año I, n.° 1, primavera, 1983, p. 2.

«Editorial», *Palante*, año I, n.° 1, 16 de octubre de 1961, p. 2.

Edwards, Jorge: «Antes que anochezca», *Letras Libres*, México, mayo, 2001, pp. 40-42.

«El trabajo social de un orientador revolucionario», *El militante comunista*, febrero, 1970, pp. 64-65.

«¡En cuarentena!», *Palante*, año III, n.° 46, 10 de septiembre de 1964, p. 8.

«En paz descansen cabarets, cabaretuchos y similares», *Alma Mater*, Suplemento especial «Ofensiva», Unión de Jóvenes Comunistas/ Federación Estudiantil Universitaria, marzo, 1968, p. 4.

«Encuentro de los intelectuales cubanos con Fidel Castro. (Fragmentos de la primera sesión). Biblioteca Nacional, La Habana, 16 de junio, 1961», *Encuentro de la Cultura Cubana*, n.° 43, Invierno, 2006/ 2007, pp. 157-165.

Enzensberger, Hans Magnus: *The Havana Inquiry*, Rinehart and Winston, New York, 1974.

Esposito, Roberto: *Bíos. Biopolitics and Philosophy*, University of Minnesota Press, 2008.

Farge, Arlette: *La atracción del archivo*, Edicions Alfons El Magnànim, Institució Valenciana D'Estudis I Investigació, Valencia, 1991.

Faulkner, William: *Requiem for a Nun*, Knopf Doubleday Publishing Group, 2011.

Feijóo, Samuel: «Revolución y vicios», *El Mundo*, 15 de abril de 1965, p. 4.

Felman, Shoshana & Dori Laub: *Testimony: Crises of Witnessing in Literature, Psychoanalysis and History*, Routledge, London, 1991.

Fernández Larrea, Ramón: «La risa en la sombra: muerte del humor político cubano», *El Nuevo Herald*, 17 de mayo de 2009, <https://www.elnuevoherald.com/article1995487.html>, [09/10/2019].

Fernández, Numancia: «Necesidad del trabajo en el frente infantil», *Guía para la acción*, vol. 3, Ediciones Con la Guardia en Alto, La Habana, 1966, pp. 31-46.

Fleites-Lear, Marisela: «"¡Mi cielo, alcánzame las botas!": Feminismos, *mujeres* y el "hombre nuevo" dentro de la revolución cubana», *Journal of Iberian and Latin American Research*, Vol. 14, No. 1, July 2008, pp. 49-75.

Foucault, Michel y Daniel Link: *¿Qué es un autor? Seguido de Apostillas a ¿Qué es un autor?*, Ediciones Literales, Buenos Aires, 2010.

_____: *La verdad y las formas jurídicas*, Gedisa, Barcelona, 1996.

_____: *La vida de los hombres infames: ensayos sobre desviación y dominación*, Altamira, La Plata, 1996.

«Franco y Fidel Castro: la verdadera historia de una relación inconfesable», *La Sexta Columna*, 22 de noviembre de 2019, <https://www.lasexta.com/programas/sexta-columna/noticias/franco-y-fidel-castro-la-verdadera-historia-de-una-relacion-inconfesable_201911225dd828ef0cf2a277e0099a1a.html>, [23/11/2019].

Franco, Victor: *La Revolución sensual*, Editorial Pomaire, Santiago de Chile, 1962.

Freeman, Elizabeth: *Time Binds: Queer Temporalities, Queer Histories*, Duke University Press, Durham, 2010.

Fuentes, Norberto: *Condenados de condado*, Casa de las Américas, La Habana, 1968.

Fusco, Coco: *Dangerous Moves: Performance and Politics in Cuba*, Tate Publishing, London, 2015.

Gámez Torres, Nora: «Cumbre de las Américas: las frases memorables, los actos de repudio y lo que no sucedió», *El Nuevo Herald*, 13 de abril de 2015, <https://www.elnuevoherald.com/noticias/mundo/america-latina/article18459476.html>, [21/05/2020].

García Franco, Raimundo: *Llanuras de sombras. Diario de las UMAP*, Centro Cristiano de Reflexión y Diálogo-Cuba, Cárdenas, Matanzas, 2017.

García Galló, Gaspar Jorge: *Conferencias sobre educación*, Ministerio de Educación/ Sindicato Nacional de los Trabajadores de la Educación, La Habana, 1962.

_____: *Nuestra moral socialista*, Consejo Provincial del Sindicato Nacional de los Trabajadores de la Educación y la Ciencia, La Habana, 1963.

García Ramos, Reinaldo: *Cuerpos al borde de una isla. Mi salida de Cuba por el Mariel*, Editorial Silueta, Miami, 2011.

_____: «Mariel en tres mentes», *Mariel*, año 1, n.º 1, primavera, 1983, pp. 27-29.

García Vázquez, Jorge Luis: «Psiquiatría y psicotrópicos. Notas y Solicitudes de la Conexión La Habana-Berlín», *STASI-MININT Connection Blog*, 23 de julio de 2011, <https://stasi-minint.blogspot.com/2011/07/psiquiatria-y-psicotropicos-notas-y.html>, [13/12/2020].

García, José: *Voces del Mariel. Historia oral del éxodo cubano de 1980*, Alexandria Library, Miami, 2012.

Gentile, Emilio: *Politics as Religion*, Princeton University Press, 2006.

Girard, René: *El chivo expiatorio*, Anagrama, Barcelona, 1986.

Goffman, Erving: *Asylums. Essays on the Social Situation of Mental Patients and Other Inmates*, Aldine Publishing Company, Chicago, 1968.

Goldáraz, Luis H.: «Norberto Fuentes: "A mí en Cuba me hicieron verdaderos horrores, pero tenía que resistir"», *Libertad Digital*, 28 de noviembre de 2019, <https://www.libertaddigital.com/cultura/libros/2019-11-28/norberto-fuentes-castrismo-cuba-hemingway-en-cuba-fidel-castro-heberto-padilla-cabrera-infante-hemingway-1276648690/>, [13/12/2020].

Goldfarb, Alvin: «Theatrical Activities in Nazi Concentration Camps», *Performing Arts Journal*, Vol. 1, No. 2, Autumn 1976, pp. 3-11.

Goldstein, Richard: «¡Cuba Sí, Macho No! Persecution of Gays in a Leftist Land», *The Village Voice*, July 24, 1984, p. 43.

Gómez, Orlando: «Que se vayan los vagos», *Granma*, 10 de abril de 1980, p. 2.

González Muñoz, Alberto I.: *Dios no entra en mi oficina. Luchando contra la amargura cuando somos víctimas de la injusticia*, ABG Ministries, Frisco, Texas, 2003.

González, Gilberto: «Entrevista a Luis Mario Isaac», *Juventud Rebelde*, La Habana, 29 de enero de 1968, p. 6.

González, Rosa y Vicente Hernández: «[Carta a la Sección Política de las UMAP]», ¡Sin Tregua!, n.° 6, junio, 1967, p. 4.

Gorki, Máximo: *Artículos y panfletos*, Ediciones en Lenguas Extranjeras, Moscú, 1950.

Gotkowitz, Laura & Richard Turits: «Fiction or Documentary? Screenwriter Ambrosio Fornet on UMAP and *Improper Conduct*», *Gay Community News*, Vol. 12, No. 11, September 29, 1984, p. 9.

Granados, Manuel: «De testimonio 70», *Casa de las Américas*, año XI, n.° 62, septiembre-octubre, 1970, pp. 60-75.

Granda, Francisco: «Desata UJC Ofensiva Revolucionaria entre los estudiantes», *Juventud Rebelde*, 26 de marzo de 1968, p. 1.

Grau, Günter, Claudia Schoppmann & Patrick Camiller: *Hidden holocaust? Gay and lesbian persecution in Germany, 1933-45*, Fitzroy Dearborn, Chicago, 1995.

Greene, Graham: «Shadow and Sunlight in Cuba», *Weekend Telegraph*, December 9, 1966, p. 10.

Grillo Longoria, José A.: *Los delitos en especie*, 2 t., Editorial de Ciencias Sociales, La Habana, 1982.

Guerra, Lillian: «Fidel, ¿por qué no desapareces? Entrevista inédita con Carlos Franqui», *Letras Libres*, año 17, n.° 196, 2015, pp. 25-31.

_____: *Heroes, Martyrs, and Political Messiahs in Revolutionary Cuba, 1946-1958*, Yale University Press, 2018.

_____: *Visions of Power in Cuba: Revolution, Redemption, and Resistance, 1959-1971*, University of North Carolina Press, 2012.

Guerra, Omelia: «Actos de repudio. Actividad desarrollada contra la delincuencia», *Con la Guardia en Alto*, tercera época, año 14, n.° 6, junio, 1975, pp. 16-17.

_____: «El repudio de las masas», *Con la Guardia en Alto*, año 17, n.° 4, abril, 1978, pp. 16-17.

Guevara, Alfredo: «Alfredo Guevara responde a las "Aclaraciones"», en Graziella Pogolotti, *Polémicas culturales de los 60*, Editorial Letras Cubanas, La Habana, 2006, pp. 169-174.

_____: *Tiempo de fundación*, Iberoautor Promociones Culturales, Madrid, 2003.

Guevara, Ernesto: «El socialismo y el hombre en Cuba», en Virgilio López Lemus (ed.), *Revolución, Letras, Arte*, Editorial Letras Cubanas, La Habana, 1980, pp. 34-48.

Gutiérrez Agramonte, Edmundo: «La homosexualidad. Contribución al estudio de su etiología», *Revista del Hospital Psiquiátrico de La Habana*, vol. IX, n.° 1, enero-marzo, 1968, pp. 73-80.

_____: *Las personalidades psicopáticas*, Editorial Neptuno, 1962.
GUTIÉRREZ ALEA, TOMÁS: «¡Cuba Sí, Almendros No!», *The Village Voice*, October 2, 1984, pp. 46-47.
GUZMÁN, OSCAR: «Campamento juvenil», *Verde Olivo*, año VIII, n.º 6, 12 de febrero de 1967, pp. 27-29.
HAMILTON, CAROLYN et al.: *Refiguring the Archive*, Kluwer Academic Publishers, Norwell, Massachusetts, 2002.
HERNÁNDEZ SOLER, ERNESTO: «Granja para rehabilitar confundidos», *El Mundo*, 20 de agosto de 1961, p. 1.
HAWK, KATE DUPES et al.: *Florida and the Mariel Boatlift of 1980: The First Twenty Days*, The University of Alabama, 2015.
«¡Hay que hervirlos!», *Mella*, 7 de mayo de 1965, p. 20.
HEALEY, DAN: *Homosexual desire in revolutionary Russia. The regulation of sexual and gender dissent*, University of Chicago Press, 2001.
HEGER, HEINZ: *Los hombres del triángulo rosa. Memorias de un homosexual en los campos de concentración nazis*, Amaranto, Madrid, 2002.
HELLER, MICHEL: *El hombre soviético. De la utopía a la realidad*, Planeta, Barcelona, 1985.
HERLING-GRUDZIŃSKI, GUSTAW: *Un mundo aparte*, Libros del Asteroide, Barcelona, 2012.
HERNÁNDEZ BUSTO, ERNESTO: *Inventario de saldos. Ensayos cubanos*, Bokeh, Leiden, 2017.
HIERRO, JUAN: «Padres ejemplares», *Con la Guardia en Alto*, vol. 8, enero, 1969, pp. 32-33.
HILB, CLAUDIA: *Silencio, Cuba. La izquierda democrática frente al régimen de la Revolución cubana*, Edhasa, Buenos Aires, 2013.
HIRSH, MARIANNE: «Projected Memory: Holocaust Photographs in Personal and Public Fantasy», en Mieke Bal, Jonathan Crewe & Leo Spitzer (eds.), *Acts of Memory: Cultural Recall in the Present*, University Press of New England, Hanover, 1998, pp. 3-23.
HOROWITZ, IRVING LOUIS: «The Political Sociology of Cuban Communism», in Carmelo Mesa-Lago (ed.), *Revolutionary Change in Cuba*, University of Pittsburgh Press, 1971, pp. 127-141.
HOSODA, HARUKO: *Castro and Franco: The Backstage of Cold War Diplomacy*, Routledge, New York/ London, 2019.
IBARRA, MIRTHA (ed.): *Tomás Gutiérrez Alea. Volver sobre mis pasos*, Ediciones Unión, La Habana, 2008.
«Inauguran Clínica de Conducta», *El Mundo*, 18 de noviembre de 1959, p. B-5.

«Instrucción sobre la desmovilización de vagos ya rehabilitados», *Boletín Informativo del Ministerio del Trabajo*, n.º 13, MINTRAB, La Habana, octubre-noviembre, 1968, pp. 14-15.

Inter-American Commission on Human Rights: *Report on the Situation of Political Prisoners and their Relatives in Cuba*, Pan American Union, General Secretariat, Organization of American States, Washington D. C., May 1963.

«Interviene el INIT 2 898 negocios particulares», *Juventud Rebelde*, 19 de marzo de 1968, p. 1.

Jane: «UMAP», *Juventud Rebelde*, 13 de abril de 1966, p. 8.

Jiménez Leal, Orlando y Manuel Zayas (coord.): *El caso PM. Cine, poder y censura*, Editorial Colibrí, Madrid, 2012.

Johnson, Paul: *Intelectuales*, Javier Vergara Editor, Buenos Aires, 2000.

Jol: «Yo no lo digo... me lo dijeron», *Combate*, 25 de agosto de 1959, p. 4.

Jruschov, Nikita: «La educación comunista y el desarrollo universal del individuo. (Del informe de Nikita Jruschov ante el XXII Congreso del PCUS, 17 de octubre 1961)», en «Escuela y Revolución en Cuba», *Revista de Educación*, año I, n.º 1, La Habana, febrero-marzo, 1963, pp. 56-60.

Jurado Marín, Lucas: *Identidad. Represión de los homosexuales en el franquismo*, Editorial La Calle, Antequera, 2014.

Karol, K. S.: *Guerrillas in Power. The Course of the Cuban Revolution*, Hill & Wang, New York, 1970.

Karpf, Anne: «Chain of Testimony: The Holocaust Researcher as Surrogate Witness», en Nicholas Chare & Dominic Williams (eds.), *Representing Auschwitz: At the Margins of Testimony*, Palgrave Macmillan, London, 2013, pp. 85-103.

Kidd, Paul: «Castro's Cuba: Police Repression is Mounting», *Desert News*, November 9, 1966, p. A-17.

_____: «The Price of Achievement Under Castro», *The Saturday Review*, May 3, 1969, pp. 23-25.

Krause Peter, Monika: «Desviaciones sexuales», en VV. AA., *Material de consulta para desarrollar el Curso Facultativo de Educación Sexual*, Editorial Pueblo y Educación, La Habana, 1985, pp. 56-61.

«La moda», *Alma Mater*, n.º 8, 20 de julio de 1967, pp. 4-5.

«La posición de Cuba», *Granma*, 7 de abril de 1980, p. 1.

«La UJC debe forjar jóvenes fuertes y alegres, jóvenes forjados en el esfuerzo y el sacrificio», *Juventud Rebelde*, 3 de mayo de 1966, p. 2.

LaCapra, Dominick: *History and Memory after Auschwitz*, Cornell University Press, 1998, p. 11.

LACLAU, ERNESTO y CHANTAL MOUFFE: *Hegemonía y estrategia socialista. Hacia una radicalización de la democracia*, Siglo XXI, Madrid, 1987.

LANZMANN, CLAUDE: «De l'Holocauste à *Holocauste* ou comment s'en débarrasser», *Les Temps Modernes*, annee 34, No. 395, juin, 1979, pp. 1897-1909.

LAQUEUR, WALTER & GEORGE L. MOSSE: *Literature and Politics in the Tweintieth Century*, New York, 1967.

LATHAM, KEVIN: «Rethinking Chinese Consumption: Social Palliatives and the Rhetorics of Transition in Postsocialist China», en Chris M. Hann (ed.), *Postsocialism: Ideals, ideologies and practices in Eurasia*, Routledge, London/ New York, 2002.

LEBOW, KATHERINE: «Kontra Kultura: Leisure and Youthful Rebellion in Stalinist Poland», en David Crowley & Susan E. Reid (eds.), *Pleasures in Socialism: Leisure and Luxury in the Eastern Bloc*, Northwestern University Press, Evanston, 2010, pp. 71-94.

LEINER, MARVIN: *Sexual Politics in Cuba. Machismo, Homosexuality, and AIDS*, Westview Press, Colorado, 1994.

LEVI, PRIMO: *Los hundidos y los salvados*, Muchnik Editores, Barcelona, 1989.

_____: *Si esto es un hombre*, Muchnik Editores, Barcelona, 1987.

«Ley N.º 1249. Título XI: "Delitos contra el normal desarrollo de las relaciones sexuales y contra la familia, la infancia y la juventud"», en *Gaceta Oficial de la República de Cuba*, año 71, n.º 13, La Habana, 23 de junio de 1973, pp. 48-51.

«Ley N.º 111 de 27 de febrero de 1959. Órgano del Ministerio de Bienestar Social», en *Folletos de divulgación legislativa. Leyes del Gobierno Provisional de la Revolución*, vol. III, 1 a 28 de febrero de 1959, Editorial Lex, La Habana, 1959, pp. 226-240.

«Ley N.º. 546 de 15 de septiembre de 1959. Modificación de artículos del Código de Defensa Social, de la Ley de Ejecución de Sanciones y de la Ley de Enjuiciamiento Criminal», en *Folletos de divulgación legislativa. Leyes del Gobierno Provisional de la Revolución*, vol. XII, 1 a 30 de septiembre de 1959, Editorial Lex, La Habana, octubre, 1959, pp. 23-27.

«Ley N.º 548 de 15 de septiembre de 1959. Creación de "Casas de Observación" para reprimir la delincuencia juvenil», en *Folletos de divulgación legislativa. Leyes del Gobierno Provisional de la Revolución*, vol. XII, 1 a 30 de septiembre de 1959, Editorial Lex, La Habana, 1959, pp. 30-32.

«Ley N.º 798 del 20 de mayo de 1960. Prohibición de instalar en zonas rurales bares o establecimientos análogos», *Folletos de divulgación legislativa. Leyes del Gobierno Provisional de la Revolución*, n.º XX,

1 a 31 de mayo de 1960, Editorial Lex, La Habana, junio, 1960, pp. 25-27.
«Ley N.º 993 de 19 de diciembre de 1961», en *Folletos de divulgación legislativa. Leyes del Gobierno Provisional de la Revolución*, vol. XXXIX, 1 a 31 de diciembre de 1961, Editorial Lex, La Habana, enero, 1962, pp. 25-27.
«Ley N.º 1129 del 26 de noviembre de 1963 del Servicio Militar Obligatorio», *Folletos de divulgación legislativa. Leyes del Gobierno Provisional de la Revolución*, Editorial Nacional de Cuba, n.º 50, noviembre y diciembre, 1963, pp. 8-17.
«Ley N.º 1231», *Gaceta Oficial de la República de Cuba*, edición ordinaria, año LXIX, n.º 1, Imprenta de la Dirección Política de las FAR, La Habana, 26 de marzo de 1971, pp. 1-4.
Lira Saad, Carmen: «Soy el responsable de la persecución a homosexuales que hubo en Cuba: Fidel Castro», *La Jornada*, 31 de agosto de 2010, <https://www.jornada.com.mx/2010/08/31/mundo/026e1mun>, [11/10/2019].
Llovio-Menéndez, José Luis: *Insider: My Hidden Life as a Revolutionary in Cuba*, Bantam, New York, 1988.
López, María Encarnación: «Treinta años de *Conducta impropia* [entrevista a Orlando Jiménez Leal]», *Diario de Cuba*, 26 de julio de 2014, <https://diariodecuba.com/cultura/1406363179_9658.html>, [24/09/2020].
López-Labourdette, Adriana: «El sueño de la revolución produce monstruos. Cuerpos extra/ordinarios y aparato biopolítico en *La sombra del caminante* (Ena Lucía Portela, 2001)», *Mitologías Hoy*, n.º 12, 2015, pp. 31-50.
«Los desviados se esconden tras la noche», *Mella*, n.º 291, 28 de septiembre de 1964, p. 9.
«Los Testigos de Jehová: una secta que ayuda a la contrarrevolución», *Verde Olivo*, año 3, n.º 36, 9 de septiembre de 1962, pp. 60-61.
«Los vagos se disfrazan de enfermitos», *Mella*, n.º 293, 5 de octubre de 1964, p. 9.
Madrigal, Roberto: «Últimos días en La Habana», *Diletante sin causa*, 11 de mayo de 2014, <https://rmadrigaldil.blogspot.com/2014/05/ultimos-dias-en-la-habana.html>, [20/09/2019].
Marcuse, Herbert: *Eros y civilización*, Sarpe, Madrid, 1983.
Marico, Antonio (Ñico): «Los enfermitos», *Palante*, año II, n.º 23, 28 de marzo de 1963, p. 11.
Marqués de Armas, Pedro: *Ciencia y poder en Cuba. Racismo, homofobia y nación (1790-1970)*, Editorial Verbum, Madrid, 2014.
Martín, Miguel: «Tenemos que desarraigar los rezagos de la ideología pequeño-burguesa en el movimiento estudiantil», *Juventud Rebelde*, La Habana, 24 de enero de 1966, p. 4.

Martínez, Iván César: «Guanahacabibes. Para los que se equivocan de buena fe», *Mella*, 11 de mayo de 1963, pp. 4-5.

Masjuán, Miguel Ángel: «Ya Paulina tiene su casa», *Bohemia*, año LXXII, n.º 24, 13 de junio de 1980, pp. 58-60.

Matthews, Herbert L.: *Fidel Castro*, Simon and Schuster, New York, 1969.

Mbembe, Achille: «The Archives and the Political Imaginary», in Carolyn Hamilton et al., *Refiguring the Archive*, Kluwer Academic Publishers, Norwell, Massachusetts, 2002, pp. 19-26.

McDoom, Omar Shahabudin: «The Psychology of Threat in Intergroup Conflict. Emotions, Rationality, and Opportunity in the Rwandan Genocide», *International Security*, Vol. 37, No. 2, Fall, 2012, pp. 119-155.

McLellan, Josie: «"Even under Socialism, We Don't Want to Do Without Love": East German Erotica», en David Crowley & Susan E. Reid (eds.), *Pleasures in Socialism: Leisure and Luxury in the Eastern Bloc*, Northwestern University Press, Evanston, 2010, pp. 218-237.

McLellan, Josie: *Love in the Time of Communism: Intimacy and Sexuality in the GDR*, Cambridge University Press, 2011.

Medina, Ileana y Manuel Zayas: «En el Punto G de la Revolución Cubana [Entrevista a Monika Krause]», *Diario de Cuba*, 24 de febrero de 2012, <https://diariodecuba.com/cuba/1558448675_46474.html>, [04/10/2019].

Medvedev, Katalin: «Ripping Up the Uniform Approach: Hungarian Women Piece Together a New Communist Fashion», en Regina Lee Blaszczyk (ed.), *Producing Fashion: Commerce, Culture, and Consumers*, University of Pennsylvania Press, 2008, pp. 250-272.

Mendiola Gonzalo, Fernando y Edurne Beaumont Esandi: *Esclavos del franquismo en el Pirineo. La carretera Igal-Vidángoz-Roncal (1939-1941)*, Txalaparta, Tafalla, Navarra, 2007.

Mesa-Lago, Carmelo: *Cuba en la era de Raúl Castro. Reformas económico-sociales y sus efectos*, Editorial Colibrí, Madrid, 2012.

_____: «Economic Significance of Unpaid Labor in Socialist Cuba», *Industrial and Labor Relations Review*, Vol. 22, Issue 3, April 1, 1969, pp. 339-357.

_____: «Los incentivos morales y el hombre nuevo en Cuba», *Exilio*, vol. 6, n.º 3, 1972, pp. 131-142.

Middleton, Rachel: «North Korea Bans Jeans and Piercings in Crackdown Against Western Culture», *International Business Times*, April 17, 2016, <https://www.ibtimes.co.uk/north-korea-bans-jeans-piercings-crackdown-against-western-culture-1555313>, [05/08/2019].

Miles, Barry: *Ginsberg: A Biography*, Harper Perennial, New York, 1990.

Ministerio de Educación: *Memorias. Congreso Nacional de Educación y Cultura*, Ministerio de Educación, La Habana, 1971.

Ministerium des Innern Büro des Ministers: «Cable de José Abrantes a la Stasi», Der Bundesbeauftragte für die Stasi-Unterlagen (BStU), Tgb-Nr 506.

Miranda, Julia: *Diario para Uchiram. Cuba 1962-1969*, Editorial Verbum, Madrid, 2008.

Molina, Carlos: «Diez días de actos de repudio en la Cuba castrista», *Tumiamiblog*, 17 de mayo de 2020, <http://www.tumiamiblog.com/2020/05/diez-dias-de-acto-de-repudio-en-la-cuba.html>, [09/12/2020].

Montaner, Carlos Alberto: *Fidel Castro y la revolución cubana*, Plaza & Janés, Barcelona, 1985.

Montgomery, Paul: «For Cuban Refugees. Promise of US. Fades», *The New York Times*, Abril 19, 1981, p. 1.

Montiel Alonso, Justina: «[Carta a la Sección Política de las UMAP]», *¡Sin Tregua!*, n.º 6, junio, 1967, p. 4.

Monto, José: «Perversidad juvenil», *El Mundo*, 6 de noviembre de 1959, p. A-4.

Moore, Robin D.: *Music and Revolution. Cultural Change in Socialist Cuba*, University of California Press, 2006.

Moretti, Franco: «The Slaughterhouse of Literature», *Modern Language Quarterly*, Vol. LXI, No. 1, March 2000, pp. 207-227.

Mosse, George L.: *The Image of Man. The Creation of Modern Masculinity*, Oxford University Press, 1998.

Mowitt, John: «Trauma Envy», *Cultural Critique*, No 46, Autumn, 2000, pp. 272-297.

«Multados Jefes de la policía», *El Mundo*, 6 de junio de 1959, p. A-1.

Muñiz Angulo, Luis: «Los caminos del homosexualismo», *Revista del Hospital Psiquiátrico de La Habana*, vol. X, n.º 3, septiembre-diciembre, 1969, pp. 359-366.

Muñoz, José Esteban: *Cruising Utopia: The Then and There of Queer Futurity*, New York University Press, 2009.

Murov, Maureen Spillane: «An Aesthetics of Dissidence: Reinaldo Arenas and the Politics of Rewriting», *Journal of Caribbean Literatures*, Vol. 4, No 1, Fall, 2005, pp. 133-148.

Negro, Dalmacio: *El mito del hombre nuevo*, Ediciones Encuentro, Madrid, 2009.

Negrón-Muntaner, Frances: «"Mariconerías" de Estado: Mariela Castro, los homosexuales y la política cubana», *Nueva Sociedad*, n.º 218, noviembre-diciembre, 2008, pp. 163-179.

Ngai, Sianne: *Ugly Feelings*, Harvard University Press, 2005.

Nieves, José Jasán: «El silencio que no entierra a las UMAP», *OnCuba*, 30 de noviembre de 2015, <https://oncubanews.com/cuba/

sociedad-cuba/historia/el-silencio-que-no-entierra-a-las-umap/>, [23/11/2019].

Noa, Nelson: *UMAP. Cuatro letras y un motivo, destruirnos*, Senda, Miami, 1993.

«Nuestra opinión», *Alma Mater*, n.° 49, 5 de junio de 1965, p. 2.

Núñez Jiménez, Antonio: «El aeromitin: una nueva modalidad de lucha popular», *Granma*, 4 de mayo de 1980, p. 11.

Núñez Noriega, Guillermo: «Reconociendo los placeres, deconstruyendo las identidades. Antropología, patriarcado y homoerotismos en México», *Desacatos*, n.° 6, pp. 15-35.

Núñez Pascual, Alfredo: «Jornada contra el ausentismo», *El Mundo*, 14 de octubre de 1961, p. 4.

_____: «Nada más negativo que el ausentismo», *El Mundo*, 14 de septiembre de 1961, p. 4.

«Ofrecerán cursos sobre el tema del socialismo», *Noticias Semanales de Cuba*, año I, n.° 1, 5 de septiembre de 1961, p. 11.

Ojito, Mirta: *Finding Mañana. A Memoir of a Cuban Exodus*, Penguin Press, New York, 2005.

«Orientaciones de la Comisión Organizadora», *Granma*, 18 y 30 de abril de 1980, p. 1.

Oring, Elliott: «Risky Business: Political Jokes under Repressive Regimes», *Western Folklore*, Vol. 63, No. 3, Summer, 2004, pp. 209-236.

Ostle, Robin & Stefan Wild (eds.): *Writing the Self: Autobiographical Writing in Modern Arabic Literature*, Saqi Books, London, 1997.

Padilla, Heberto: *Fuera del juego*, Ediciones Unión, La Habana, 1968.

_____: *La mala memoria*, Plaza & Janés, Barcelona, 1989.

_____: «Respuesta a la redacción saliente», *El Caimán Barbudo*, n.° 19, marzo, 1968, p. 5.

Palmeiro, Cecilia: *Desbunde y felicidad. De la Cartonera a Perlongher*, Título, Buenos Aires, 2011.

Partido Comunista de Cuba: *Tesis y resoluciones. Primer Congreso del Partido Comunista de Cuba*, Departamento de Orientación Revolucionaria, Comité Central del Partido Comunista de Cuba, La Habana, 1976.

Pavón Tamayo, Luis: «¿Qué es la UMAP? El Servicio Militar en las Unidades de Ayuda a la Producción», *Verde Olivo*, año VII, n.° 12, 27 de marzo de 1966, p. 8-9.

Paz, Octavio: *El laberinto de la soledad*, Fondo de Cultura Económica de España, Madrid, 1981.

Pentón, Mario J.: «Evangélicos en Cuba: el matrimonio gay no cabe en un país comunista», *El Nuevo Herald*, 6 de julio de 2018, <https://

www.elnuevoherald.com/noticias/mundo/america-latina/cuba-es/article214421134.html>, [15/12/2020].
Peña, Susana: «"Obvious Gays" and the State Gaze: Cuban Gay Visibility and U.S. Immigration Policy during the 1980 Mariel Boatlift», *Journal of the History of Sexuality*, Vol. 16, No. 3, September 2007, pp. 482-514.
_____: *«¡Oye Loca!» From the Mariel Boatlift to Gay Cuban Miami*, University of Minnesota Press, 2013.
Peraza, Carlos G.: *Machado. Crímenes y horrores de un régimen*, Cultural, Habana, 1933.
Pérez, Jr., Louis A.: *To Die in Cuba: Suicide and Society*, University of North Carolina Press, 2005.
Pérez Valdés, Noemí: «Dibujo de la figura humana en sujetos de conducta homosexual, siguiendo la técnica de Karen Machover», *Revista del Hospital Psiquiátrico de La Habana*, vol. XI, n.º 2, mayo-agosto, 1970, pp. 230-242.
Pérez, Justo: [«Carta de Justo Pérez a Héctor Santiago, 13 de abril de 1966»], en Héctor Santiago Papers, Cuban Heritage Collection, University of Miami, CHC5176, Caja 3, Folder 15.
_____: [«Carta de Justo Pérez a Héctor Santiago, 18 de noviembre de 1966»], Héctor Santiago Papers, Cuban Heritage Collection, University of Miami, CHC5176, Caja 3, Folder 15.
_____: [«Carta de Justo Pérez a Héctor Santiago, 29 de marzo de 1967»], en Héctor Santiago Papers, Cuban Heritage Collection, University of Miami, CHC5176, Caja 3, Folder 15.
Pérez-Stable, Marifeli: «El CILC y la "Generación" del Mariel», *Areíto*, vol. 3, n.º 29, 1982, pp. 54-57.
Peris Blanes, Jaume: *La imposible voz. Memoria y representación de los campos de concentración en Chile: la posición del testigo*, Editorial Cuarto Propio, Santiago de Chile, 2005.
«Pioneros Rebeldes. Juramento ante el presidente Dorticós y el comandante Raúl Castro», en *Obra revolucionaria*, n.º 2, Imprenta Nacional de Cuba, La Habana, 15 de enero de 1962, p. 15.
Pita Astudillo, Félix: «Europa está enferma. ¿Qué pasa con los *hippies*?», *Juventud Rebelde*, 5 de septiembre de 1967, p. 5.
Portelli, Alessandro: «History-Telling and Time: An Example from Kentucky», *The Oral History Review*, Vol. 20, No. 1-2, Spring-Autumn, 1992, pp. 51-66.
_____: *The Death of Luigi Trastulli and Other Stories: Form and Meaning in Oral History*, SUNY Press, New York, 1991.

Portuondo, José Antonio: «Itinerario estético de la Revolución cubana», en Virgilio López Lemus (ed.), *Revolución, Letras, Arte*, Editorial Letras Cubanas, La Habana, 1980, pp. 160-187.
Pratt, Mary-Louise: «Lucha-libros. Me llamo Rigoberta Menchú y sus críticos en el contexto norteamericano», *Nueva Sociedad*, n.° 162, julio-agosto, 1999, pp. 24-39.
Prensa Latina: [«En discurso pronunciado por Nikita Jruschov...»], *Revolución*, 11 de marzo de 1963, p. 4.
Prieto Morales, Abel: «Homosexualismo», *Bohemia*, año LXI, n.° 8, 21 de febrero de 1969, pp. 108-109, 113.
Prohías, Antonio: «Cartel constructivo», *El Mundo*, 4 de febrero de 1959, A-4.
Puterbaugh, Geoff: «[I was dismayed...]», en «*Improper Conduct*: Pro and Con», *American Film*, No. 10, 2, November 1, 1984, p. 6.
Quintero, Tania y Magda Martínez: «Desde el diseño hasta la talla. Encuesta de *Bohemia* sobre las confecciones textiles», *Bohemia*, 16 de enero de 1981, pp. 32-34.
Rajatablas, Chucho: «Barbas a destiempo. Especial para los enfermitos», *Palante*, año IV, n.° 4, 19 de noviembre de 1964, p. 15.
Rama, Ángel: *Diario. 1974-1983*, Ediciones Trilce, Caracas, 2001.
Ramírez, Marta María: «Pedir perdón sería una gran hipocresía. Entrevista con Mariela Castro Espín, directora del Centro Nacional de Educación Sexual (CENESEX)», Swiss Cooperation Office Cuba, 6 de octubre de 2010.
Rancière, Jacques: *Política de la literatura*, Libros del Zorzal, Buenos Aires, 2011.
_____: «S'il y a de l'irreprésentable», en Jean-Luc Nancy (ed.), *L'Art et la Mémoire des camps. Représenter, exterminer*, Le Genre humain, No. 36, Seuil, Paris, 2001, pp. 94-96.
Randall, Margaret: *To Change the World: My Years in Cuba*, Rutgers University Press, New Brunswick, New Jersey/ London, 2009.
«Reglamento de la Columna Juvenil del Centenario», *Juventud Rebelde*, 3 de agosto de 1968, p. 3.
«Rehabilitación Social. Reeducación de delincuentes. Granjas Agropecuarias de Rehabilitación Penal del Ministerio del Interior. Resolución n.° 934 de 16 de marzo de 1962», en *Folletos de divulgación legislativa. Leyes del Gobierno Provisional de la Revolución*, vol. XLII, marzo, abril y mayo, 1962, Editorial Nacional de Cuba, 1963, pp. 172-173.
Reid, Susan E.: «This is Tomorrow! Becoming a Consumer in the Soviet Sixties», en Anne E. Gorsuch & Diane P. Koenker (eds.), *The Socialist Sixties. Crossing Borders in the Second World*, Indiana University Press, 2003, pp. 25-65.

«Resolución N.º 536 de 23 de abril de 1980 del Ministerio de Relaciones Exteriores y Culto», en Derecho a la verdad. Acceso a los archivos históricos de la cancillería, Buenos Aires, <http://desclasificacion.cancilleria.gov.ar/userfiles/documentos//RESOLUCIONES/Res0536-1980.pdf>, [19/11/2019].

RICH, RUBY & LOURDES ARGÜELLES: «The Easy Convenience of Cuban Homophobia», *The New York Native*, Vol. 3, No. 23, October 10-23, 1983, pp. 10-23.

RICH, RUBY: «Bay of Pix», *American Film*, Vol 9, No. 9, July-August 1984, pp. 57-59.

RIERA, PEPITA: *Servicio de inteligencia de Cuba comunista*, Editorial AIP, Miami, 1966.

RIEUMONT, JOAQUÍN: «Premian a soldados de las UMAP destacados en la pasada zafra», *Adelante*, 25 de octubre de 1966, p. 1.

ROCA CALDERÍO, BLAS: «Preguntas sobre películas», *Noticias de Hoy*, 12 de diciembre de 1963, p. 2.

RODRÍGUEZ LEYVA, NELSON: *El regalo*, Editorial Betania, Madrid, 2015.

RODRÍGUEZ MOREJÓN, GERARDO: «UMAP: forja de ciudadanos útiles a la sociedad», *El Mundo*, 14 de abril de 1966, p. 4.

RODRÍGUEZ, CARLOS RAFAEL: *Letra con filo*, 3 t., Ediciones Unión, La Habana, 1987.

RODRÍGUEZ, DELFO: «Justo Pérez, cocinero: Fidel Castro, en la intimidad, es un encanto de persona, no hay nadie que se le parezca», Fidel. Soldado de las Ideas, 3 de diciembre de 2015, <http://www.fidelcastro.cu/es/articulos/justo-perez-cocinero-fidel-castro-en-la-intimidad-es-un-encanto-de-persona-no-hay-nadie>, [15/12/2020].

RODRÍGUEZ, JOSÉ MARIO: «2279: ¿definitivamente?», *Exilio*, vol. 3, n.º 1, primavera, 1969, p. 33.

_____: «Allen Ginsberg en La Habana», *Mundo Nuevo*, n.º 34, 1969, pp. 49-54.

_____: «Bar», *Exilio*, vol. 3, n.º 2, 1969, p. 49.

_____: «Cabrera Infante entristece a los tigres», *Hypermedia Magazine*, 21 de mayo de 2021, <https://www.hypermediamagazine.com/columnistas/fiebre-de-archivo/jose-mario-cabrera-infante-entristece-a-los-tigres/>, [22/05/2021]..

_____: «El primer día», *Hypermedia Magazine*, 11 de junio de 2021, <https://www.hypermediamagazine.com/columnistas/fiebre-de-archivo/jose-mario-novela/>, [12/07/2021].

_____: «El stadium», *Exilio*, vol. 4, n.º 2-3, verano-otoño, 1970, pp. 93-102.

_____: «Hinostroza aconseja a los lobos», *Exilio*, verano, 1972, p. 20.

Rodríguez, Silvio: «[Comentario de Silvio Rodríguez sobre Mike Porcel]», *Segunda Cita*, 4 de marzo de 2020, <https://www.blogger.com/comment.g?blogID=2044430452931794159 & postID=2186269196387316053 & isPopup=true & bpli=1 & pli=1>, [10/03/2020].
Rojas, Rafael: *La máquina del olvido: mito, historia y poder en Cuba*, Taurus/Penguin Random House, México, 2011.
Romero, Pío Rafael: *Aislada Isla*, Editorial Sargantana, Valencia, 2016.
Romeu, Jorge Luis: «The Poet Who Added 12 Years to My Life», *Hispanic Link News Service*, February 12, 2001, <http://web.cortland.edu/romeu/padilla.html>, [03/10/2019].
Ronet, Jorge: *La mueca de la paloma negra*, edición de Néstor Almendros, prólogo de Reinaldo Arenas, Editorial Playor, Madrid, 1987.
Ros, Enrique: *La UMAP. El gulag castrista*, Ediciones Universal, Miami, 2004.
Rosa, Isaac: *El vano ayer*, Seix Barral, Barcelona, 2004.
Rubiera Castillo, Daisy: *Reyita, sencillamente. Testimonio de una negra cubana nonagenaria*, Instituto Cubano del Libro, La Habana, 1996.
Rubiera, Alberto: «Puntos suspensivos», *Cuba Internacional*, agosto, 1988, p. 96.
Sánchez, Yoani: "El mito de Cuba ya se ha despedazado en gran parte"», *14yMedio*, 14 de julio de 2014, <https://www.14ymedio.com/entrevista/Mario_Vargas_Llosa_0_1596440346.html>, [15/10/2019].
Santiago, Héctor: *El loco juego de las locas*, The Presbyter's Peartree, Princeton, 1995.
_____: «José Mario, "El Puente" de una generación perdida», New York, 27 de octubre de 2002, en Héctor Santiago Papers, Cuban Heritage Collection, University of Miami, CHC5176, Caja 3, Folder 14.
_____: «Teatro de resistencia en los campos de concentración de la UMAP en Cuba», en Héctor Santiago Papers, Cuban Heritage Collection, University of Miami, CHC5176, Caja 3, Folder 15.
Sartre, Jean Paul: *Huracán sobre el azúcar*, Ediciones Uruguay, Montevideo, 1961.
_____: *Situations, X. Politique et autobiographie*, Gallimard, Paris, 1976.
Sautié, Félix y Ramón E. Perdomo: «La depuración en la Universidad de La Habana», *Mella*, n.º 318, 5 de abril de 1965, p. 2.
Sautié, Félix: «Editorial», *El Caimán Barbudo*, segunda época, n.º 18, La Habana, 1968, pp. 2-4.
Scarry, Elaine: *The Body in Pain: The Making and Unmaking of the World*, Oxford University Press, 1985.
Sekula, Allan: «The Body and the Archive», *The MIT Press*, Vol. 39, Winter, October 1986, pp. 3-64.

«Sentencia N.º 48», *Gaceta Oficial de la República de Cuba*, edición ordinaria, año LXXI, n.º 22, Imprenta de la Dirección Política de las FAR, La Habana, 24 de septiembre de 1973, pp. 166-169.

Serra, Ana: *The «New Man» in Cuba Culture and Identity in the Revolution*, University Press of Florida, 2007.

Sgovio, Thomas: *Dear America! Why I Turned against Communism*, Partners' Press, New York, 1979.

Shewerert, Arnaldo: «[Nota transmitida el 7 de octubre de 1955 a las 5:56 p. m. en la sección "Tome nota" del Noticiero de CMQ]», archivo personal de Lillian Guerra, Hoja 114.

Sierra Madero, Abel: «Academias para producir machos en Cuba», *Letras Libres*, año 18, n.º 205, 2016, pp. 34-38.

_____: «Félix Sautié: "Mi teléfono te lo dio la Seguridad del Estado"», *Hypermedia Magazine*, 26 de junio de 2020, <https://www.hypermediamagazine.com/columnistas/fiebre-de-archivo/felix-sautie-mi-telefono-te-lo-dio-la-seguridad-del-estado/>, [09/12/2020].

_____: *Fidel Castro. El comandante Playboy. Sexo, Revolución y Guerra Fría*, Editorial Hypermedia, Miami, 2019.

_____: «Hasta hoy, no sé quién me delató: Juan Manuel Cao», *Hypermedia Magazine*, 21 de agosto de 2020, <https://www.hypermediamagazine.com/columnistas/fiebre-de-archivo/hasta-hoy-no-se-quien-me-delato-juan-manuel-cao/>, [12/11/2020].

_____: «"Here, Everyone's Got *Huevos*, Mister!": Nationalism, Sexuality, and Collective Violence during the Mariel Exodus», en Michael J. Bustamante & Jennifer L. Lambe (eds.), *The Revolution from Whithin. Cuba 1959-1980*, Duke University Press, Durham/ London, 2019, pp. 244-275.

_____: «La memoria es un mecanismo de defensa: Reinaldo García Ramos», *Hypermedia Magazine*, 12 de junio de 2020, <https://www.hypermediamagazine.com/columnistas/fiebre-de-archivo/reinaldo-garcia-ramos-la-memoria-es-un-mecanismo-de-defensa/>, [09/12/2020].

_____: «Lourdes Argüelles: "Soy anarquista, la crítica al Estado es muy importante"», *Hypermedia Magazine*, 30 de octubre de 2020, <https://www.hypermediamagazine.com/columnistas/fiebre-de-archivo/lourdes-arguelles-anarquista-critica-estado/>, [09/12/2020].

Sierra Madero, Abel y Lillian Guerra: «"Lo de las UMAP fue un trabajo *top secret*": Entrevista a la Dra. María Elena Solé Arrondo"», *Cuban Studies*, n.º 44, 2016, pp. 357-366.

_____: «Osvaldo Rodríguez: la historia detrás de una canción», *Diario de Cuba*, 21 de noviembre de 2015, <https://diariodecuba.com/cultura/1448058993_18284.html>, [09/13/2020].

Simo, Ana María: «[As one of the people...]», en «*Improper Conduct*: Pro and Con», *American Film*, Vol. 10, No. 2, November 1, 1984, pp. 6-7.
Simo, Ana María y Reinaldo García Ramos: «Hablemos claro», *Mariel*, año 2, n.º 5, primavera, 1984, pp. 9-10.
Sklodowska, Elzbieta: *Testimonio hispanoamericano. Historia, teoría, poética*, Peter Lang, New York, 1992.
Smith, Lois M. & Alfred Padula: *Sex and Revolution. Women in Socialist Cuba*, Oxford University Press, New York/ Oxford, 1996.
Smith, Paul Julian: *Vision Machines: Cinema, Literature and Sexuality in Spain and Cuba, 1983-1993*, Verso, London/ New York, 1996.
«Sobre desviaciones sexuales», *Granma*, 27 de febrero de 1966, p. 6.
Solzhenitsyn, Aleksandr: *Archipiélago gulag (1918-1956)*, Tusquets, Barcelona, 2002.
_____: *Un día de Iván Denísovich*, Colección Cocuyo, Editorial del Consejo Nacional de Cultura/Editorial Nacional de Cuba, La Habana, 1965.
Sommer, Doris: «Resistant Texts and Incompetent Readers», *Latin American Literary Review*, Vol. 20, No. 40, July-December 1992, pp. 104-108.
Sontag, Susan: *Ante el dolor de los demás*, Alfaguara, México, 2003.
_____: *Illness as Metaphor and AIDS and Its Metaphors*, Picador, New York, 1978.
_____: *On Photography*, Anchor Books Doubleday, New York, 1977.
_____: «Some Thoughts on the Right Way (for us) to Love the Cuban Revolution», *Ramparts*, Vol. 7, No. 11, April 1969, pp. 6-19.
Sorín Zocolsky, Mónica: *Cuba, tres exilios. Memorias indóciles*, Editorial Verbum, Madrid, 2015.
Stites, Richard: *Revolutionary Dreams: Utopian Visions and Experimental Life in the Russian Revolution*, Oxford University Press, 1989.
Suárez Solís, Rafael: «Las peleas de gallos», *El Mundo*, 21 de agosto de 1963, p. 4.
Swanger, Joanna: *Rebel Lands of Cuba: The Campesino Struggles of Oriente and Escambray, 1934-1974*, Lexington Books, Lanham, 2015.
Tahbaz, Joseph: «Demystifying las UMAP: The Politics of Sugar, Gender, and Religion in 1960s Cuba», *Delaware Review of Latin American Studies*, Vol. XIV, No. 2, December 31, 2013, <http://udspace.udel.edu/handle/19716/19725>, [19/01/2020].
Terdiman, Richard: *Present Past: Modernity and the Memory Crisis*, Cornell University Press, Ithaca, 1993.
Theweleit, Klaus: *Male Fantasies. Volume 2. Male Bodies: Psychoanalyzing the White Terror*, University of Minnesota Press, 1989.
Thomas, Hugh: *Cuba: The Pursuit of Freedom*, Harper & Row, New York, 1971.

Todorov, Tzvetan: *Memoria del mal, tentación del bien. Indagación sobre el siglo XX*, Ediciones Península, Barcelona, 2002.
_____: *Voices from the Gulag: Life and Death in Communist Bulgaria*, The Pennsylvania State University Press, 1999.
Tortorici, Zeb: «Visceral Archives of the Body. Consuming the Dead, Digesting the Divine», *GLQ: A Journal of Lesbian and Gay Studies*, Vol. 20, No. 4, Duke University Press, 2014, pp. 407-437.
Traverso, Enzo: *La historia desgarrada. Ensayos sobre Auschwitz y los intelectuales*, Herder, Barcelona, 2001.
Troitsky, Artemy: *Back in the USSR: The True Story of Rock in Russia*, Faber and Faber, London, 1987.
Trotski, Lev: *Literatura y revolución*, El Yunque Editora, Buenos Aires, 1974.
Tse-Tung, Mao: *Sobre el tratamiento correcto de las contradicciones en el seno del pueblo*, Editorial Nacional de Cuba, La Habana, 1961.
Ulla, Jorge, Lawrence Ott, Jr. y Miñuca Villaverde: *Dos filmes de Mariel: el éxodo cubano de 1980*, Editorial Playor, Madrid, 1986.
Unión de Jóvenes Comunistas y Unión de Estudiantes Secundarios: «La gran batalla del estudiantado», *Mella*, n.º 326, 31 de mayo de 1965, pp. 2-3.
Urías Horcasitas, Beatriz: *Historias secretas del racismo en México (1920-1950)*, Tusquets, Barcelona, 2007.
V. C.: «Adiós Felicidad. Ela O'Farrill hace aclaraciones», *Revolución*, 8 de abril de 1965, p. 5.
Valdés, Zoé: «Una carta del Movimiento de la Nueva Trova a Mike Porcel. Para no olvidar», *Zoé Valdés*, 8 de abril de 2010, <https://zoevaldes.net/2010/04/08/una-carta-del-movimiento-de-la-nueva-trova-a-mike-porcel-para-no-olvidar/>, [23/01/2019].
Valdés-Rodríguez, José Manuel: «Nuestros filmes buscan formar el nuevo hombre», *El Mundo*, 8 de noviembre de 1961, p. 8.
Vargas Llosa, Mario: «Crónica de Cuba», *Obras completas*, t. IX y X, Galaxia Gutenberg, Barcelona, 2012.
Vatulescu, Cristina: *Police Aesthetics: Literature, Film, and the Secret Police in Soviet Times*, Stanford University Press, 2010.
Vega, René, Noemí Pérez Valdés y María Elena Solé: «Conducta afeminada en niños varones», *Revista del Hospital Psiquiátrico de la Habana*, vol. VII, n.º 4, octubre-diciembre, 1966, pp. 288-289.
Victoria, Carlos: *La travesía secreta*, Ediciones Universal, Miami, 1994.
Viera, Félix Luis: *Un ciervo herido*, Editorial Plaza Mayor, Puerto Rico, 2002.
Villa Landa, Francisco: *Psicopatología clínica. Introducción Semiológica a la Psiquiatría*, *Revista del Hospital Psiquiátrico de La Habana*, vol. VIII, número extraordinario, La Habana, 1968.

Villares, Luis Ricardo: «El pueblo administrador de justicia», *Bohemia*, n.º 65, 31 de agosto de 1973, pp. 36-37.
Vitier, Cintio: «Apuntes cañeros», *Casa de las Américas*, año XI, n.º 62, septiembre-octubre, 1970, pp. 78-82.
Vivés, Juan: *Los amos de Cuba*, Emecé Editores, Buenos Aires, 1982.
VV. AA.: *Polémica Sartre-Camus. Textos de Francis Jeanson, Albert Camus y Jean-Paul Sartre*, Ediciones El Escarabajo de Oro, Buenos Aires, 1964.
Webb, Ronald G.: «Political Uses of Humor», *ETC: A Review of General Semantics*, Vol. 38, No. 1, Spring, 1981, pp. 35-50.
Whyte, Martin King: «Corrective Labor Camps in China», *Asian Survey*, Vol. 13, No. 3, March 1973, pp. 253-269.
Wu, Hongda Harry: *Laogai: The Chinese Gulag*, Westview Press, Boulder, Colorado, 1992.
Xianliang, Zhang: *Getting Used to Dying*, Haper Collins, Toronto, 1991.
Yasells, Eduardo: «Batiblancos y bandidos: Prédica y crimen», *Verde Olivo*, n.º 15, 14 de abril de 1963, pp. 10-11.
_____: «La operación vaca», *Verde Olivo*, n.º 29, noviembre, 1960, pp. 15-17.
Yglesias, José: *In the Fist of the Revolution. Life in Castro's Cuba*, Penguin Books, Middlesex, 1970,
Young, Allen & Karla Jay (eds.): *Out of the Closets: Voices of Gay Liberation*, New York University Press, 1992.
Young, Allen: *Los gays bajo la Revolución cubana*, Playor, Madrid, 1984.
Yudice, George: «Testimonio and Postmodernism», en Georg Gugelberger & Michael Kearney (eds.), «Voices of the Voiceless in Testimonial Literature. Part I», *Latin American Perspectives*, Issue 70, Vol. 18, No. 3, Summer, 1991, pp. 15-31.
Zayas, Manuel: «Nicolás Guillén Landrián», *Cinémas d'Amérique Latine*, No. 18, 2010, <https://journals.openeditioNo.rg/cinelatino/1418#bodyftn3>, [22/12/2019].

Audiovisuales

Almendros, Néstor y Jorge Ulla (dirs.): *Nobody listened/ Nadie escuchaba*, The Cuban Human Rights Film Project, United States of America, 1987.
Álvarez, Santiago: *La marcha del pueblo combatiente*, Noticiero ICAIC, Cuba, 1980.
Burroughs, Jim (dir.): *Against Wind and Tide: A Cuban Odyssey*, Seven League Productions/ Novacom (Firm), United States of America, 1981.
Cao, Juan Manuel: «El cantautor cubano Mike Porcel habla sobre documental sobre su vida censurado en Cuba», *El Espejo*,

AméricaTeVe, 3 de marzo de 2020, <https://www.youtube.com/watch?v=1hs1GxTU48I>, [15/06/2020].
Carleton, James: *Voices from Mariel*, NFocus Pictures, United States of America, 2011.
Cherkasov, Aleksandr (dir.): *Solovki. Campamentos de Solovki con propósito especial*, Sovkino, 1938.
Dalton, Jorge (dir.): *En un rincón del alma*, Susy Caula Producciones, El Salvador, 2016.
Delgado, Frank: «Maletas de madera», *Inmigrante a media jornada*, Colección A Guitarra Limpia, Centro Pablo de la Torriente Brau, La Habana, 2007. CD.
Fernández, Ray: «Lucha tu yuca, taíno», *El conciertosky*, EGREM, 2014. CD.
Fuerzas Armadas Revolucionarias: *Que se vayan*, Sección Fílmica de las Fuerzas Armadas Revolucionarias/ NOTIFAR, La Habana, 1980.
González, Ailer y Antonio G. Rodiles (dir.): *Gusano*, Estado de Sats, Cuba, 2013.
Milanés, Pablo: *Proposiciones*, EGREM, La Habana, 1988. Vinilo.
Pérez-Rey, Lisandro (dir.): *Más allá del mar/ Beyond the Sea*, The Cuban Research Institute, Florida International University, Estados Unidos/ Cuba, 2003.
Pin Vilar, Juan (dir.): *Pablo Milanés*, Xpin Producciones, La Habana, 2017.
Redacción Radio Televisión Martí: «De Mike Porcel a Silvio Rodríguez: "No tengo nada que decirle"», *Radio Televisión Martí*, Miami, 6 de marzo de 2020, <https://www.radiotelevisionmarti.com/a/de-mike-porcel-a-silvio-rodr%C3%ADguez-no-tengo-nada-que-decirle-/259692.html>, [09/12/2021].
Rodríguez, Osvaldo y José María Vitier: «Marcha del Pueblo Combatiente», EGREM, Sello Areíto, 1980. Vinilo.
Rodríguez, Silvio y Pablo Milanés: «Canción de la Columna Juvenil del Centenario», en *Grupo de Experimentación Sonora del ICAIC*, vol. 3, EGREM/ FONOMUSIC, La Habana, 1997. CD.
Sierra Madero, Abel: «Entrevista a Arcadio Ruiz Castellanos», audiograbación inédita, Nueva York, 7 de marzo de 2016.
_____: «Entrevista a Armando López», audiograbación inédita, Miami, 17 de mayo de 2016.
_____: «Entrevista a Carolina de la Torre», audiograbación inédita, La Habana, 3 de marzo de 2012.
_____: «Entrevista a Esperanza Torres», audiograbación inédita, Miami, 12 de enero de 2015.

_____: «Entrevista a Felipe Guerra Matos», audiograbación inédita, La Habana, 5 de junio de 2014.

_____: «Entrevista a Félix Luis Viera», audiograbación inédita, Miami, 23 de mayo de 2016.

_____: «Entrevista a Héctor Santiago», conversación telefónica, audiograbación inédita, 22 de enero de 2014.

_____: «Entrevista a Jorge Luis Romeu», audiograbación inédita, Miami, 12 de febrero de 2019.

_____: «Entrevista a José Mario Chaviano Negrín», audiograbación inédita, Nueva York, 9 de marzo de 2016.

_____: «Entrevista a Juan Pita Vento», audiograbación inédita, La Habana, 11 de marzo de 2012.

_____: «Entrevista a Justo Pérez», audiograbación inédita, La Habana, 17 de enero de 2016.

_____: «Entrevista a Lázaro Brito», audiograbación inédita, New York, 9 de marzo de 2016.

_____: «Entrevista a Lillian Guerra», audiograbación inédita, Miami, 20 de mayo de 2015.

_____: «Entrevista a Luis Nodarse», audiograbación inédita, La Habana, 3 de junio de 2015.

_____: «Entrevista a Marianela Molina», audiograbación inédita, La Habana, 5 de junio de 2015.

_____: «Entrevista a Nereyda Barnet», audiograbación inédita, Naples, 22 de enero de 2018.

_____: «Entrevista a Noemí Madero», audiograbación inédita, La Habana, 18 de julio de 2012.

_____: «Entrevista a Orlando Borrego», audiograbación inédita, La Habana, 22 de septiembre de 2011.

_____: «Entrevista a Raiza Portal», audiograbación inédita, La Habana, 8 de enero de 2012.

_____: «Entrevista a Raúl Ferrera Balanquet», audiograbación inédita, 16 de febrero de 2016.

_____: «Entrevista a Reinaldo García Ramos», audiograbación inédita, Miami, 16 de mayo de 2015.

_____: «Entrevista a Reynaldo García Reina», audiograbación inédita, La Habana, 22 de febrero de 2012.

_____: «Entrevista a Tomás Fernández Robaina», audiograbación inédita, La Habana, 3 de julio de 2003.

STONE, DAVID: «Columna-Exemplary Workers [video]», The Cuban Revolution Collection, Yale University Library Manuscript Group, No. 650.

«Trovador Mike Porcel le responde a Silvio Rodríguez», *Noticiero Televisión Martí*, Radio Televisión Martí, 5 de marzo de 2020, <https://www.youtube.com/watch?v=7iyFdiuObtY>, [10/03/2020].

Ulla, Jorge y Lawrence Ott, Jr. (dirs.): *En sus propias palabras*, producción independiente, Estados Unidos, 1980.

Índice

Introducción |9|

CAPÍTULO 1
Los «enfermitos». Higiene social, consumo cultural y sexualidad en Cuba durante los años sesenta y setenta |29|

Templando al hombre nuevo |29|

«Estudio, trabajo, fusil». La Campaña de Alfabetización, pedagogía e identidad revolucionaria |50|

Laboratorio y Revolución. Lumpen, lacras sociales y discursos de la enfermedad |56|

Amanerados, maestros y doctores |69|

«Higiene social revolucionaria se llama esto». Homosexuales, lacras y el lumpen proletario |75|

«Actitudes elvispreslianas». *Blue jeans, rock and roll* y la construcción ideológica de la enfermedad |86|

«El mundo de los diferentes». Humor político y diagnósticos ideológicos |113|

«¡Destruido un sueño yanqui!». Trabajo, extravagancia y enfermedad |134|

«¡Hay que hervirlos!». Purgas y depuraciones |148|

CAPÍTULO 2
Médicos, afocantes y locas. Producción de saber, archivo y teatro de resistencia en las UMAP |161|

Una operación *top secret*. La psiquiatría y la psicología contra el enemigo |164|

Al margen de la imagen. Las fotos de las UMAP |188|

Cartas a Héctor. Archivo, restos y memoria |193|

El loco juego de las locas |202|

Teatro, cabaret y resistencia en las UMAP |211|

Capítulo 3
Nadie escuchaba. Guerra Fría, trabajo forzado y reescritura de la Historia |221|

    Albert Camus *vs.* Jean-Paul Sartre |224|

    Conducta impropia. Testimonio, izquierda y militancia |226|

    «Fidel ni Raúl saben nada de esto». De Guanahacabibes a las UMAP |244|

    «El vano ayer». Travestismo de Estado, lavado de memoria y reescritura de la Historia |281|

    Trauma, resentimiento y perdón. Una lectura desde las UMAP |292|

    El fantasma de Auschwitz y la universalización de la experiencia |304|

Capítulo 4
Azúcar, plantación y Revolución. Trabajo forzado, literatura y testimonio |317|

    El cuerpo como archivo. La gestión de la memoria |317|

    Una cerca y un número |328|

    La maldita circunstancia de la caña por todas partes |335|

    Reinaldo Arenas. El escritor como testigo y la literatura como testimonio |349|

    Plantación socialista y hombre nuevo |362|

    «Humo en las torres, humo en las altas torres» |366|

Capítulo 5
Narrativas en conflicto. Historia oficial y control de la memoria |379|

    «UMAP: Forja de ciudadanos útiles a la sociedad». Control de daños y propaganda |380|

    «¿Acaso van a convertir el país en un campo de concentración?» |400|

    Nuevos modelos de trabajo forzado. Operación Mambí y la Columna Juvenil del Centenario |403|

    Los campamentos para apátridas |412|

Capítulo 6
«¡Aquí los huevos están por la libre, Mister!». Nacionalismo, sexualidad y violencia colectiva en Cuba durante el éxodo del Mariel |431|

«Al que asome la cabeza, duro con él. Fidel, duro con él» |431|

Los actos de repudio: ¿una tradición política en Cuba? |436|

«¡Que se vayan! ¡Que se vayan!». Actos de repudio y violencia colectiva durante el éxodo del Mariel |443|

«Vibra la patria entera embravecida». Consignas políticas y control social |457|

«Aquí los huevos están por la libre, Mister». Nacionalismo, sexualidad y humor político |463|

Del otro lado del charco. La generación del Mariel y la revista *Areíto* en la representación del éxodo y la homofobia estatal |477|

«No los queremos, no los necesitamos» |485|

Epílogo
Cuba, poscomunismo y memoria |487|

¿No Castro, No Problem? |488|

Banana Republic. La memoria es mala para los negocios |490|

La mala memoria |494|

Fuentes |499|

Bibliohemerográficas |499|

Audiovisuales |525|